GUO JIA SHI FAN XING GAO ZHI YUAN XIAO JIAN SHE XIANG MU CHENG GUO

国家示范性高职院校建设项目成果

CCIT

公共基础课系列

大学生基本素质训练教程（第2版）

——礼仪 团队 心理 拓展训练

徐畅 庞杰 主编

黄天民 主审

清华大学出版社

北京

内 容 简 介

　　根据高职院校学生发展以及未来实际工作的需要,国家已确立高职院校大学生的基本素质教育的主要内容为基本礼仪规范、团队合作精神、良好的心理素质等。本书从体验式教育的角度出发,以培养高职院校学生的基本素质为目的,着重从礼仪、团队、心理、拓展训练4个方面训练大学生的基本素质。本书在内容上强调实用与科学,在形式上突出训练与自我操练,全书强调实用、操作、可读的统一。

　　本书是常州信息职业技术学院国家示范性高等职业院校建设成果之一。

　　本书适合高职院校学生、学校学生工作者以及学生家长阅读,其既可以作为高职院校的素质教育教材,也可以作为企业员工的培训教材。

图书在版编目(CIP)数据

　　大学生基本素质训练教程——礼仪　团队　心理　拓展训练/徐畅,庞杰主编.—2版.
—北京:清华大学出版社,2012.1(2017.8重印)
　　(国家示范性高职院校建设项目成果.公共基础课系列)
　　ISBN 978-7-302-27338-7

　　Ⅰ.①大…　Ⅱ.①徐…②庞…　Ⅲ.①大学生—修养—高等职业教育—教材
　　Ⅳ.①G641

　　中国版本图书馆 CIP 数据核字(2011)第 237432 号

责任编辑:田　梅
责任校对:袁　芳
责任印制:王静怡

出版发行:清华大学出版社
　　　　网　　址:http://www.tup.com.cn,http://www.wqbook.com
　　　　地　　址:北京清华大学学研大厦 A 座　　　　邮　　编:100084
　　　　社 总 机:010-62770175　　　　　　　　　　邮　　购:010-62786544
　　　　投稿与读者服务:010-62776969,c-service@tup.tsinghua.edu.cn
　　　　质 量 反 馈:010-62772015,zhiliang@tup.tsinghua.edu.cn
印 装 者:三河市君旺印务有限公司
经　　销:全国新华书店
开　　本:185mm×260mm　　　印　　张:20.5　　　字　　数:461 千字
版　　次:2012 年 1 月第 2 版　　　　　　　　　　印　　次:2017 年 8 月第 8 次印刷
印　　数:17101~21500
定　　价:42.00 元

产品编号:043719-02

编 委 会 成 员

出版说明

特色教材建设是推动课程改革和专业建设的基础,是提升人才培养质量的重要举措,也是高职院校内涵建设的重点之一。

2007年,经教育部、财政部批准,常州信息职业技术学院进入100所国家示范性高职院校建设行列。开展示范院校建设以来,学院坚持以科学发展观为指导,针对市场设专业,针对企业定课程,针对岗位练技能,围绕区域经济建设、信息产业发展的实际需求,全面推进以"三依托、三合一"为核心的工学结合人才培养模式改革,强化职业素质和职业技能的培养,构建了具有学院自身特色的校企合作管理平台,在培养高素质技能型人才、为服务区域经济等方面取得了显著成效。

为展示课程建设成果,学院和清华大学出版社合作出版了常州信息职业技术特色教材30部,这也是学院示范院校建设的成果之一。作为一种探索,这套教材在许多方面还不尽成熟完善,但它从一个侧面反映了学院广大教师多年来对有中国特色高职教育教学,特别是教材建设层面的创新与实践,希望能对深化以职业能力培养为核心的专业改革、切实提高教育教学质量发挥应有的作用。

在人才培养模式的创新、课程改革和教材建设中,我们始终得到了教育部、财政部、江苏省教育厅、财政厅和国家示范性高职院校建设工作协作委员会等各级领导、专家的关心指导,得到众多行业企业、兄弟院校和清华大学出版社的大力支持,在此一并致谢!

常州信息职业技术学院
清华大学出版社
2011 年 6 月

《中共中央国务院关于深化教育改革全面推进素质教育的决定》发表已有十年。十年来素质教育的局面发生了很大的变化,随着我国经济体制的快速转型,经济全球化进程的加快,现代化企业对人才的要求越来越高,同时随着改革开放的不断深化,多元价值观对青年一代形成冲击的客观事实等因素,实施素质教育的大背景发生了巨大的变化,这既是素质教育面临的新形势、新挑战,同时也为素质教育的研究、探索、实践提供了崭新的环境和极好的机遇。

作为一名教育工作者,我经常思索着一个问题,我们的素质教育工作应该如何实施才是科学而有效的? 如果我们不能对学校素质教育的目的、内容、形式和方法等方面作一些本源性的思考和研究,也许我们很难有所成效。结合我国的国情,我们既要开展理想教育,也不能忽视最基本的素质修养;既要着眼于培养社会主义事业的接班人和建设者,也不能忽视培养合格公民和优秀公民的意义所在。最基本的素质,往往具有根本性和稳定性。长期从事德育教育研究的中央教育科学研究所所长兼党委书记朱小蔓教授,在研究中外学者有关道德本源与道德个性成长的各种学术流派的基础上,结合我国德育教育的现状,提出了3 个基本调整的建议:第一,从知识化、认知化到重视情感体验及情感发展;第二,从单向灌输到双向互动;第三,从封闭的校园到社会生活实践。这 3 点建议,对于我们实施素质教育具有很好的指导作用。联合国教科文组织 1972 年发表的《学会生存》报告中提出,"教育的一个特定目的就是要培养感情方面的品质,特别是在人和人的关系中的感情品质。系统的训练有助于人们学会彼此如何交往,如何在共同的任务中彼此合作"。将素质训练作为教育的一项基础性工作坚持下去,通过训练及适时的导向,使之内化为稳定的心性品质,这是我们实践中的关键所在。

《大学生基本素质训练教程——礼仪 团队 心理 拓展训练》的出版,正是一批长期从事大学生素质教育的工作者在实践探索中宝贵经验的结晶。这本教材的显著特色就是针对性强,易于实施,突出了过程体验和内化提升的训练模式,同时顺应了现代企业对员工素质较为普遍的要求,具有基础性、实践性和时代的特征。尽管在素质教育领域中,这只是一朵小小的浪花,但在阳光无限的照射下,期望其迸发出更多、更为绚丽的光彩。

黄天民

2011 年 6 月 27 日

常州信息职业技术学院作为国家示范性高职院校,一直关注学生综合素质的提高,并在学生管理方面努力探索。从2004年开始,学院开始实施大学生素质拓展,并取得了一定成效。但依然有许多企业希望我们加大团队精神训练,加强心理素质教育,希望我们的学生有更好的行为规范。在这种情况下,学院开始在大学生中尝试开设心理素质训练、团队、礼仪训练等课程,得到了学生的好评和同行的肯定,并于2009年出版了教材——《大学生基本素质训练教程——礼仪 团队 心理 拓展训练》。

在两年的使用过程中,我们始终遵循不断完善,并追寻易于操作和方便自助的思路,逐渐发现有些内容有理论深度,却不易于操作,在自助方面也不便于实现。为了改变这种状况,我们进行了多次研讨,并进行课程体验。同时,学院也非常重视大学生综合素质训练作为一门课程的建设和发展,开展了大学生综合素质训练课程设计与实施研究并申报第一期(2010年)江苏省职业教育教学改革研究课题,获准立项为重点自筹项目(课题号:ZCG11)。本版教材正是这个课题的部分研究成果。

在研究过程中,我们逐步完善礼仪训练中的公共礼仪、职场礼仪部分以适应学生实际生活和工作的需要。在团队训练模块中,我们在信任训练的操作方面增加了内容,以便于学生有更多的可选择性。

在心理训练部分,我们感到难度最大的是学习心理训练部分,第1版的内容突出了理性的引导、方法的介绍,却忽略了具体学习策略的训练,这是第2版需要解决的问题。

拓展训练部分介绍拓展项目的内容比较多,对学生为什么要参与这些训练项目以及如何获得启迪与感悟介绍的比较少,在两年的实践后,我们希望在第2版中可以有所改善。为此,我们对第2版的大纲进行了修改,突出了训练的目的以及为实现这些目的而设计的拓展活动。

基本结构

本书由4个模块、共20个训练内容组成。4个模块分别是礼仪训练、团队训练、心理训练、拓展训练。内容涉及团队精神的熔炼、礼仪规范的学习、心理素质的教育和训练,以及通过户外拓展训练来推动个人综合素质的提高。

各模块的训练在整体构思上突出训练主题,将理论知识进行简单介绍,并辅以游戏活动,让同学在参与游戏活动的过程中体验人际的互动,体验解决问题的思考、沟通、决策与执行等过程。在活动结束后,学生们需要进行反思和提炼,以形成综合性的、启示性的知识和经验。这种由体验而获得的知识更利于我们的理解和记忆，并帮助我们健康成长。

适用对象

大学生，尤其是高职院校大学生，以及希望提高自己综合素质的人。

高等职业类院校思想政治教师、辅导员、班主任、心理健康教育教师。

高等职业类院校学生干部、辅导员助管、社区助管人员等。

对生活中的心理学问题、自我训练感兴趣的人。

本书特色

鲜活的语言 在看书的时候，学生仿佛在与作者对话，进行着心理的交流。这个过程实际上是心灵沟通的过程，没有人会教训你，但会给你建议，并为你的成长提供一些自我训练的方法。

凝练的内容 我们看到的似乎是几个可以相互独立，也可以相互关联的内容，这就是本书的特点。每个模块的内容都可以独立成为训练项目，也可以协同操作成为一个整体。这四者之间存在一个由浅入深的过程，要求在实际操练的过程中，我们的心灵逐渐开放，我们的体验逐步深刻，我们的思想逐步深化，我们的收获逐渐增多。

有效的训练 自我训练是每个人都可以做到并有能力帮助自己的方式。本书提供许多自我训练的方法，以帮助我们自我实践，并在自我践履的过程中改善行为、完善思想，以达到自我提高综合素质的目的。学有所得，学以致用是我们的目标。

忠心致谢

在形成和编写本书的过程中，作者参阅了大量国内外的文献资料，引述良多，未一一注明，在此说明，恳请原作者见谅，并向原作者致以谢意。我们还要向多年来从事心理健康教育并取得丰硕成果的国内外专家、学者和从事企业团队训练、礼仪训练的管理者们以及众多户外拓展训练公司的教练表示由衷的敬意，他们出色的工作方式和成就给我们的教学很多启迪。同时，还要感谢百度网的社会服务，我们从百度网上获取了大量的资料以及部分图片，丰富了本书的内容，也增加了本书的直观性与可读性。

许多同学积极参与训练活动，为我们活动的设计、体验提供了实践支持和完善的建议。他们非常优秀和真诚，本书许多图片资料也记录了他们的成长，对他们的变化我们充满欣喜和钦佩。

可敬的同事是我们平时训练活动的践履者，他们的体验和创新，让我们充满惊奇和敬意，他们非常了不起，正是他们的大胆实践，坚定了我们进行综合素质训练的信心。这些同事是常州信息职业技术学院的大学生和综合素质训练师资团的老师们。

感谢清华大学出版社对本书出版给予的大力支持。感谢编辑对本书在结构、编写等方面给予的热情指导，让我们的教材在逻辑安排、版面设计等方面具有很好的可视性和可读性。

共同完稿

本书由4个模块、共20个训练内容组成，由常州信息技术职业技术学院、内蒙古电子信息职业技术学院的老师共同编写，各部分执笔人员如下。

礼仪训练模块：严海霞负责统稿；理论知识介绍部分，吕明；训练一，杨雪、安杰；训练二,严海霞。

团队训练模块:张晓红负责统稿;训练一、训练四,张晓红;训练二,吴云飞;训练三,张晓红、吴凤彬;训练五,庞杰、李永才。

心理训练模块:徐畅负责统稿;训练一、三、五、七,徐畅;训练二,王莉、徐畅;训练四,王燕,训练六,时倩、徐畅;训练八,张静。

拓展训练模块:陶大伟负责统稿;理论知识介绍,邵正喜、李俊洪、许佳;训练一,陶大伟、张正;训练二,黄丽娟。

全书由徐畅、庞杰主编和统稿,李永才、张晓红、陶大伟、严海霞任副主编,黄天民任主审。

两点说明

1. 本书模块三中的"心理钥匙"部分所涉及的所有测试结果仅供参考。

2. 本书中所采用的图片系常州信息职业技术学院的学生和部分老师的拓展活动图片,图片的使用已经得到所涉及老师和学生的许可。

尽管我们在编写中作了很大努力,并借鉴了许多工作中的有益经验,但是由于专业水平和训练技术的限制,其中恐有不妥之处,谨望读者批评指正,以便我们今后加以修改和完善。

编　者
2011 年 6 月

本书为 2009 年江苏省高等教育教学改革研究一般项目《高职大学生综合素质训练体系的探索与构建》以及 2009 年常州信息职业技术学院国家示范性院校建设研究课题《大学生综合素质训练的探索与研究》的部分研究成果。

作为国家示范性高职院校的常州信息职业技术学院,一直关注学生综合素质的提高,并在学生管理方面努力探索。从 2004 年开始,学院开始实施大学生素质拓展,并取得了一定成效。但依然有许多企业希望我们加大团队精神训练,加强心理素质教育,希望我们的学生有更好的行为规范。在这种情况下,学院开始在大学生中尝试开设心理素质训练、团队、礼仪训练等课程并得到了学生的好评和同行的肯定,并出版了《大学生团队训练教程》用于学生的选修课。

几年来,我们致力于训练学生的合作精神,在逐渐延伸之后,我们的思路渐渐清晰。在学生快速的成长中,我们体会到收获和喜悦,更增强了完善和训练学生的信心。

在训练的过程中我们发现,这种体验式的教育强烈吸引着学生的注意力,学生的激情投入、富有启发的讨论、富有成效的训练结果令人欣喜。体验式学习让我们看到以下效应。

1. 学习变得有益并且有趣。不枯燥、不晦涩、易于参与和体验。

2. 运用比理论更重要。在运用中学习,有更好的收获、持续的影响与记忆。

3. 对教师而言,这种教学可以使我们根据课程内容、设置、学生的表现、兴趣及时调整,对学生作出及时有效的反馈。

4. 学生在体验中对自身的关注、认可,促进了他们良好自我感的形成。

5. 学生掌握了人际沟通的技术,并逐步打破以自我为中心的坚冰,加速了与社会、他人的融合过程。学生们学习了资源取向的思维方式,他们能更好地与人合作,并懂得竞争的意义和方略。

基本结构

本书由四个模块,共 20 个训练内容组成。四个模块分别是礼仪训练、团队训练、心理训练、拓展训练。内容涉及团队精神的熔炼,礼仪规范的学习,心理素质的教育和训练,以及通过拓展训练来推动个人综合素质的提高。

各模块的训练在整体构思上突出训练主题,将理论知识进行简单介绍,并辅以游戏活动,让同学在参与游戏活动的过程中体验人际的互动,体验解决问题的思考、沟通、决策与执行等过程。在活动结束后,学生们需要进行反思和提炼,以形成综合性的、启示性的知识和经验。这种由体验而获得的知识更利于我们的理解和记忆,并帮助我们健康成长。

适用对象

大学生，尤其是高职院校学生，以及希望提高自己综合素质的人。

高等职业类院校思想政治教师、辅导员、班主任、心理健康教育教师。

高等职业类院校学生干部、辅导员助管、社区助管人员等。

对生活中的心理学问题、自我训练感兴趣的人。

本书特色

鲜活的语言 对话式的语言，读者看书的时候，仿佛在与作者对话，进行着心理的交流，这个过程实际上是心灵沟通的过程。没有人会教训你，但会给你建议，并为你的成长提供一些自我训练的方法。

凝练的内容 我们看到的似乎是几个可以相互独立，也可以相互关联的内容，这就是本书的特点。每个模块的内容都可以独立成为训练项目，也可以协同操作成为一个整体。这四者之间存在一个由浅入深的过程，要求在实际操练的过程中，我们的心灵逐渐开放、体验逐步深刻、思想逐步深化和收获逐渐增多。

有效的训练 自我训练是每个人都可以做到并有能力帮助自己的方式。本书提供许多自我训练的方法，以帮助我们自我实践，并在自我践履的过程中改善行为、完善思想，以达到自我提高综合素质的目的。学有所得，学以致用是我们的目标。

忠心致谢

在形成和编写本书的过程中，作者参阅了大量国内外的文献资料，引述良多，未一一注明，在此说明，恳请原作者见谅，并向原作者致以谢意。我们还要向多年来从事心理健康教育并取得丰硕成果的国内外专家、学者和从事企业团队训练、礼仪训练的管理者们以及众多户外拓展训练公司的教练表示由衷的敬意，他们出色的工作方式和成就给我们的教学很多启迪。同时，还要感谢百度网的社会服务，我们从百度网上获取了大量的资料以及部分图片，丰富了本书的内容，也增加了本书的直观性与可读性。

许多同学积极参与训练活动，为我们活动的设计、体验提供了实践支持和完善的建议。他们非常优秀和真诚，本书许多图片资料也记录了他们的成长，对他们的变化我们充满欣喜和钦佩。

可敬的同事是我们平时训练活动的践履者，他们的体验和创新，让我们充满惊奇和敬意，他们非常了不起，正是他们的大胆实践，坚定了我们进行综合素质训练的信心。这些同事是常州信息职业技术学院的大学生和综合素质训练师资团的老师们。

感谢清华大学出版社对本书出版给予的大力支持。感谢编辑对本书在结构、内容等方面给予的热情指导，让我们的教材在逻辑安排、版面设计等方面具有很好的可视性和可读性。

共同完稿

本书由4个模块、共20个训练内容组成，由常州信息技术职业技术学院、内蒙古电子信息职业技术学院的老师共同编写，各部分执笔人员如下。

礼仪训练模块：严海霞负责统稿；理论知识介绍部分，吕明；训练一，杨雪、安杰；训练二，严海霞。

团队训练模块：张晓红负责统稿；训练一、训练四，张晓红；训练二，吴云飞；训练三，张晓红、吴凤彬；训练五，庞杰、李永才。

心理训练模块：徐畅负责统稿；训练一、三、五、七，徐畅；训练二，王莉、徐畅；训练四，王燕；训练六，时倩、徐畅；训练八，张静。

拓展训练模块：陶大伟负责统稿；理论知识介绍，邵正喜、李俊洪、许佳；训练一，陶大伟；训练二，张正；训练三，黄丽娟。

全书由徐畅、庞杰主编和统稿，李永才、张晓红、陶大伟、严海霞任副主编，黄天民任主审。

两点说明

1. 本书模块三中的"心理钥匙"部分所涉及的所有测试结果仅供参考。

2. 本书中所采用的图片系常州信息职业技术学院的学生和部分老师的拓展活动图片，图片的使用已经得到所涉及老师和学生的许可。

尽管我们在编写中作了很大努力，并借鉴了许多工作中的有益经验，但是由于专业水平和训练技术的限制，其中恐有不妥之处，谨望读者批评指正，以便我们今后加以修改和完善。

编　者

2009 年 6 月

目录

模块一　大学生礼仪训练

训练一　礼在心中
训练项目一　学礼与知礼　2
训练项目二　懂礼与行礼　11
训练项目三　礼仪自我训练方程式　13

训练二　礼行天下
训练项目一　仪容仪态　14
训练项目二　社交礼仪　24
训练项目三　公共礼仪　35
训练项目四　自我礼仪训练方程式　43

训练三　礼在职场
训练项目一　求职礼仪　49
训练项目二　职场人际礼仪　58
训练项目三　职场业务礼仪　63
训练项目四　职场礼仪自我成长方程式　65

模块二　大学生团队训练

训练一　团队文化建设
训练项目一　基础知识介绍　72
训练项目二　团队文化建设　80
训练项目三　自我融入团队方程式　35

训练二　团队信任建设
训练项目一　信任意识与能力培养　87
训练项目二　团队信任能力自测　93
训练项目三　信任能力自我成长方程式　94

训练三　团队沟通与协作
训练项目一　语言沟通技巧　96
训练项目二　有效倾听技巧　101

训练项目三　肢体语言技巧　　　　　　　　　　105

训练项目四　反馈技巧　　　　　　　　　　　　108

训练项目五　沟通能力自我成长方程式　　　　　110

训练四　团队竞争与合作

训练项目一　竞争意识培养　　　　　　　　　　112

训练项目二　合作意识培养　　　　　　　　　　116

训练项目三　合作与竞争意识的培养　　　　　　120

训练项目四　竞争与合作意识自我成长方程式　　122

训练五　团队创新与解决问题能力

训练项目一　创新能力训练　　　　　　　　　　124

训练项目二　创新思维训练　　　　　　　　　　127

训练项目三　团队创新训练　　　　　　　　　　132

训练项目四　创新能力自我成长方程式　　　　　134

模块三　大学生心理训练

训练一　自我探索

训练项目一　自我世界分析　　　　　　　　　　138

训练项目二　发现自我的能力　　　　　　　　　141

训练项目三　构建和谐的自我世界　　　　　　　143

训练项目四　自我成长训练方程式　　　　　　　147

心理钥匙　九型人格自我测试　　　　　　　　　149

训练二　人际和谐

训练项目一　我的人际轮　　　　　　　　　　　153

训练项目二　人际关系模式　　　　　　　　　　155

训练项目三　人际和谐技术　　　　　　　　　　159

训练项目四　自我人际和谐方程式　　　　　　　161

心理钥匙　人际交往能力自我测验　　　　　　　163

训练三　两性情感世界

训练项目一　感受爱情　　　　　　　　　　　　165

训练项目二　直面性爱　　　　　　　　　　　　171

训练项目三　自我爱情成长方程式　　　　　　　175

心理钥匙　喜欢与爱情量表　　　　　　　　　　177

训练四 心理和谐

训练项目一 走进心理世界 　　　　　　　　179

训练项目二 直面心理问题 　　　　　　　　182

训练项目三 自我心理干预方程式 　　　　　188

心理钥匙 健康自测评定 　　　　　　　　　191

训练五 心理适应与压力管理

训练项目一 心理适应 　　　　　　　　　　192

训练项目二 压力管理 　　　　　　　　　　195

训练项目三 自我管理与成长方程式 　　　　201

心理钥匙 心理适应性测试 　　　　　　　　202

训练六 感知幸福

训练项目一 体味幸福 　　　　　　　　　　205

训练项目二 幸福感训练 　　　　　　　　　206

训练项目三 感恩生命 　　　　　　　　　　208

训练项目四 自我幸福训练方程式 　　　　　213

心理钥匙 幸福测试 　　　　　　　　　　　214

训练七 情绪管理

训练项目一 感知情绪 　　　　　　　　　　216

训练项目二 表达情绪 　　　　　　　　　　219

训练项目三 管理情绪 　　　　　　　　　　221

训练项目四 自我情绪管理方程式 　　　　　224

心理钥匙 情绪稳定性测试 　　　　　　　　227

训练八 学会学习,乐在学习

训练项目一 胜在得法 　　　　　　　　　　229

训练项目二 乐在学习 　　　　　　　　　　233

训练项目三 战胜考试焦虑 　　　　　　　　238

训练项目四 学习自我训练方程式 　　　　　241

心理钥匙 学习动力自我测试 　　　　　　　242

模块四 　大学生拓展训练

拓展训练导论

训练项目一 拓展训练简介 　　　　　　　　246

训练项目二 拓展训练理论基础 　　　　　　248

　　训练项目三　拓展训练的流程环节　　　　　　253
　　训练项目四　拓展训练的安全规范与简单救援技术　　258

训练一　意志磨练

　　训练项目一　背摔　　　　　　　　　　　262
　　训练项目二　空中断桥　　　　　　　　　263
　　训练项目三　空中单杠　　　　　　　　　264
　　训练项目四　攀岩　　　　　　　　　　　266

训练二　熔炼团队

　　训练项目一　盲人方阵　　　　　　　　　267
　　训练项目二　穿越黑洞　　　　　　　　　268
　　训练项目三　无敌风火轮　　　　　　　　269
　　训练项目四　有轨电车　　　　　　　　　270

训练三　合力制胜

　　训练项目一　天梯　　　　　　　　　　　272
　　训练项目二　空中相依　　　　　　　　　273
　　训练项目三　穿越电网　　　　　　　　　275
　　训练项目四　穿越沼泽　　　　　　　　　276

训练四　竞争激励

　　训练项目一　红黑对决　　　　　　　　　278
　　训练项目二　合力建桥　　　　　　　　　280
　　训练项目三　鼓舞人心　　　　　　　　　281

训练五　创新思维

　　训练项目一　头脑风暴　　　　　　　　　283
　　训练项目二　驿站传书　　　　　　　　　284
　　训练项目三　孤岛求生　　　　　　　　　285
　　训练项目四　雷阵　　　　　　　　　　　288

训练六　超越自我

　　训练项目一　胜利墙　　　　　　　　　　291
　　训练项目二　极速60秒　　　　　　　　292
　　训练项目三　七巧板　　　　　　　　　　294
　　训练项目四　生命之旅　　　　　　　　　295

附件A　"迷失丛林"工作表之专家的选择　　297

附件B　情感心理测试　　298

附件 C　情绪词汇集锦 299

附件 D　心理学图片参考解释 300

附件 E　孤岛求生任务单 301

附件 F　七巧板任务书 302

参考文献 304

模块一

大学生礼仪训练

知识目标

1. 了解礼仪的涵义和特征。
2. 了解仪容、仪态的基本知识和要求。
3. 掌握社交礼仪的种类、相关知识与规范要求。
4. 了解求职礼仪的基本规范。
5. 把握礼仪训练的方法和技术。
6. 使当代大学生理解现代礼仪文明，掌握人际交往中的基本礼仪，塑造良好的个人形象和职业形象，了解和掌握现代礼仪和商务礼仪的知识与实务。

技能目标

1. 运用礼仪的规律及基本原则进行社交礼仪活动。
2. 结合自身特点修饰、美化自己的仪容。
3. 明确在不同场合使用合适的公共礼仪、社交礼仪，如电梯礼仪、名片接与送等。
4. 表现出良好的仪态，符合优美的站姿、坐姿、走姿、蹲姿的标准要求。
5. 掌握面试、职场礼仪技巧。
6. 在电话面试及上网求职过程中符合礼仪要求，给人留下良好印象。
7. 运用训练的方法提高自我礼仪素养。

训练一 礼在心中

礼仪是在他的一切别种美德之上加上一层藻饰,使它们对他具有效用,去为他获得一切和他接近的人的尊重与好感。

【英国】洛克

训练项目一 学礼与知礼

礼仪,是中华民族传统美德宝库中的一颗璀璨明珠,是中国古代文化的精髓。身居礼仪之邦,应为礼仪之民。知书达理,待人以礼,应当是当代大学生的一个基本素养。有人说:"良好的礼仪是帮助一个人走向成功的重要条件之一,也是走向社会、走向工作岗位的基础。"礼仪不仅是一个人素质的体现,也是社会文明进步的要求。

在现代社会,礼仪可以有效地展示人的风度和魅力,是一个人的学识、修养和价值的外在体现,同时,也是人际交往中不可缺少的润滑剂和联系纽带。

一、礼仪的涵义

英语中"礼仪"(Etiquette)一词是由法语演变而来的。法语原意是指法庭上的"通行证",用来发给进入法庭的每一个人,上面写有进入法庭时应遵守的事项,以作为入庭后的行为准则。后来,各种其他场合也都制定了相应的行为规则,这些规则由繁而简,形成体系,逐渐得到人们的公认,成为共同遵守的礼仪。可见,礼仪是一种社会成员相互交往时共同遵守的行为规范,是一个人被周围人所接受并得到尊重与好感的"通行证"。

礼仪,从广义上讲,指一个时代的典章制度;从狭义上讲,指人们在社会交往中由于受历史传统、风俗习惯、宗教信仰、时代潮流等因素的影响而形成,既为人们所认同,又为人们所遵守,是以建立和谐关系为目的的各种符合礼仪的精神及要求的行为准则或规范的总和。

要想真正了解礼仪,应先明确礼仪的基本涵义。

与"礼"相关的词最常见的有 3 个,即礼仪、礼节、礼貌。在大多数情况下,它们被视为一体,混合使用。但严格来说,三者不能简单地混为一谈,它们之间既有区别,又有联系。

礼貌,侧重于表现人的品质与素养,指在人际交往中,通过言语、动作向交往对象表示谦虚和恭敬。礼节,指人们在交际场合,相互表示尊重、友好的惯用形式,是礼貌的具体表现方式。它与礼貌的相互关系是:没有礼节,就无所谓礼貌;有了礼貌,就必然伴有具体的礼节。

礼仪,是对礼节、仪式的统称,指在人际交往中,自始至终地以一定的、约定俗成的程序、方式来表现律己、敬人的完整行为。

礼貌是礼仪的基础,礼节是礼仪的基本组成部分。换言之,礼仪在层次上要高于礼貌、礼节,其内涵更深、更广。礼仪,实际上是由一系列的、具体的、表现礼貌的礼节所构成的,是一个表示礼貌的系统而完整的过程。

礼仪可以从下面几个不同的角度进行解释。

从个人修养的角度来看,礼仪是一个人的内在修养和素质的外在表现。也就是说,礼仪即教养、素质体现于对交往礼节的认知和应用。

从道德的角度来看,礼仪是为人处世的行为规范或标准做法、行为准则。从交际的角度来看,礼仪是人际交往中适用的一种艺术,也可以说是一种交际方式。从民俗的角度来看,礼仪是在人际交往中必须遵守的律己敬人的习惯形式,也可以说是在人际交往中约定俗成的待人以尊重、友好的习惯做法。简言之,礼仪是待人接物的一种惯例。从传播的角度来看,礼仪是一种在人际交往中进行相互沟通的技巧。从审美的角度来看,礼仪是一种形式美,它是人的心灵美的必然外化。

二、礼仪的特征

礼仪是人们在漫长的社会实践中逐步形成、演变和发展起来的,与其他学科相比,礼仪具有一些独具的特征,主要表现在其规范性、地域性、可操作性、传承性、变动性5个方面。

(一)规范性

礼仪是一种规范。这种规范,不仅约束着人们在一切交际场合的言谈话语、行为举止,使之合乎礼仪,也是人们在一切交际场合必须采用的一种"通用语言",是衡量他人、判断自己是否自律、敬人的一种尺度。因此,任何人要想在交际场合中表现得合乎礼仪、彬彬有礼,都必须对礼仪无条件地加以遵守。礼仪是约定俗成的一种自尊且尊敬他人的惯用形式。

在外事活动中,周恩来总理十分注重礼节。他病重期间,重要的外事活动还坚持参加。后来病得连脚板都肿起来了,他原来的皮鞋、布鞋都不能穿,只能穿着拖鞋走路。参加外事活动时,工作人员关心总理,让他穿着拖鞋参加外事活动,认为外宾是能够理解的。周总理不同意,他慈祥而又严肃地说:"不行,要讲礼仪嘛!"于是,他让工作人员为他特制了一双鞋。

(二)地域性

中西礼仪的差距基于东西方文化的差别,呈现出一定的地域特色。从举止礼仪到规范礼仪、从风俗礼仪到宗教礼仪等,不同的国家,不同的民族,其表达方式均有所不同。如中国人崇拜龙,就是从原始社会的图腾崇拜开始的,进入君主社会,龙又变成了"真命天子"的象征。到今天,龙又成了吉祥喜庆的代名词。然而在英国以至整个西方世界,龙是凶残阴险的标志，人人惧怕，而且很多关于龙（蛇）的故事中，它总是落个被宰杀的下场。所以，给中国人送龙的贺卡，表示大吉大利，若对英国人也如此，则是大大的失礼了。又如在阿拉伯地区，男人之间手拉手走路是一种无声的友好和尊重的表示，到了美国这种行为就会被怀疑是同性恋。

礼仪的这一特点，提示我们在社交和礼仪活动中既要注意各民族、国家、区域文化的共同、共通之处，又要十分注意并谨慎处理相互间的文化差异，把地域差别作为交流、互补的条件。

（三）可操作性

礼仪应用于交际场合，是人类进行交际和应酬的实践活动。切实有效、实用可行、规则简明、易学易会、便于操作是礼仪的特征。它不是纸上谈兵、空洞无物、故弄玄虚、夸夸其谈，而是既有总体上的礼仪原则、礼仪规范，又在具体的细节上以一系列的方式、方法，仔细周详地对礼仪原则、礼仪规范加以贯彻，把它们落到实处，真正地使之"言之有物"、"行之有礼"。

（四）传承性

每个国家的礼仪都具有自己鲜明的民族特色，作为人类的文明积累，礼仪将人们在交际应酬之中的习惯做法固定延续下来，流传下去，并逐渐形成自己的民族特色。任何国家的当代礼仪都是在古代礼仪的基础上继承、发展起来的。

（五）变动性

20世纪初，在欧美如果有一位少妇外出遛狗，将被视为极大地丧失风度、有辱礼节。即使那只狗很有"教养"，但同样，这位少妇还是会被认为是没有教养，周围人们异样的眼光会使她陷入非常尴尬的境地。

20年后，欧美遛狗成风，遛狗成为少妇最具风度的行为。遛狗的少妇在人们羡慕的眼光里，不但气度非凡，而且被视为上层社会的代表。

历史的长河奔流不息，每一个发展阶段都有与之相适应的礼仪规范，并非一成不变，随着时间的推移，它也在不断地发展着、变化着。所以，礼仪在运用时也具有灵活性。一般说来，在非正式场合，有些礼仪不必拘泥于约定俗成的规范，可增可减，具有随意性。但在正式场合，讲究礼仪是很必要的。

随着世界经济的国际化倾向日益明显，各个国家、各个地区、各个民族之间的交往日益密切，相互间的礼仪随之也不断地相互影响，相互渗透，相互取长补短，不断地被赋予新的内容，这就使礼仪具有相对的变动性。了解到这一点，我们就不应该把它当作一成不变的东西，而能够更好地以发展、变化的眼光去看待它。

三、礼仪的构成要素

从内容上讲，礼仪是由礼仪的主体和客体、礼仪的媒体、礼仪的环境3项基本要素构成的。

（一）礼仪的主体和客体

1. 礼仪的主体

礼仪的主体指的是礼仪活动的操作者和实施者。它既可以是个人,也可以是组织。当礼仪活动规模较小、较为简单时,其主体通常是个人。当礼仪活动规模较大、较复杂时,其主体则通常是组织。没有礼仪主体,礼仪活动就不可能进行,礼仪也就无从谈起。

2. 礼仪的客体

礼仪的客体又叫礼仪的对象,它指的是礼仪活动的指向者或承受者。从外延上讲,它可以是人,也可以是物;可以是物质的,也可以是精神的;可以是具体的,也可以是抽象的;可以有形,也可以无形。没有礼仪客体,礼仪就失去了对象,就不称其为礼仪。礼仪的客体与礼仪的主体之间既对立,又依存,而且在一定条件下相互转化。

3. 礼仪主体和礼仪客体的关系

礼仪主体与礼仪客体是相互矛盾的两个方面,它们之间的关系既是一种相互对立又相互依存,同时又在一定的条件下相互转化的关系。一般来说,礼仪主体是矛盾的主要方面,礼仪行为或礼仪活动的发展方向是由礼仪主体决定的。刘备之所以请得孔明出山,是因为刘备对孔明实施了一系列的礼仪活动。但礼仪主体与礼仪对象之间是可以相互转化的。如服务员使用礼貌语言接待顾客,服务员是礼仪的主体,顾客是礼仪的客体,如果顾客也非常礼貌地回应服务员,那么,服务员就是礼仪对象了。

（二）礼仪的媒体

礼仪的媒体指的是礼仪活动所依托的一定的媒介。进而,它实际上是礼仪内容与礼仪形式的统一。任何礼仪都必须使用礼仪媒体,不使用礼仪媒体的礼仪不可能存在。礼仪的媒体,具体是由人体礼仪媒体、物体礼仪媒体、事体礼仪媒体等构成的。在具体操作礼仪时,这些不同的礼仪媒体往往是交叉、配合使用的。

（三）礼仪的环境

礼仪的环境指的是礼仪活动得以进行的特定的时空条件。它可以分为礼仪的自然环境与礼仪的社会环境。礼仪的环境,经常制约着礼仪的实施,不仅实施何种礼仪由其决定,而且具体礼仪的实施方法也由其决定。

四、礼仪的规律

了解礼仪规律,有助于减少人际礼仪失误,获得人际礼仪成功。例如,在各种人际礼仪行为和活动中,凡是涉及时间和空间位置的地方,都有这样或那样的规定。上公共汽车的时候,男士应让女士先上;赴宴的时候,宴席的座位有上、下之分,应让尊者、长者坐上座等。掌握了这些规律,就等于有了理解各种具体人际礼仪规范的钥匙,就可以化繁为简,触类旁通，以不变应万变。否则，就会有失检点，不是损坏了自身的形象，就是令对方尴尬而不知所措。

多年前，在我国设在某国的使馆中举行的一次国庆招待晚宴上，曾发生这样一件事：罗马尼亚驻该国的武官刚刚上任，这位第一次出任外交官的武官恰巧第二天就赶上出席我国使馆举行的国庆招待晚宴。那时，中罗关系很好，所以在欢迎他前来赴宴的过程中，气氛热烈而友好。这位武官与参会嘉宾互致问候，当他走到我使馆漂亮的女秘书面前时，一改与其他人握手的方式，他热情地张开双臂，紧紧地拥抱着我方的这位"馆花"，非常投入地"热吻"着，边吻还边说着听不懂的罗马尼亚语。这突然到来的"友好"令女秘书猝不及防，顿时红晕飞上面颊。要是不配合吧，事关两国关系；但任由对方这么"好客"吧，这种在众人面前的"第一次体验"也实在难为了这位女秘书。要知道，这正是我国"斗私批修"、"破除四旧"的"文革"期间。当时在场的我国大使看出了属下的心思，为大局着想，忙不迭地鼓励着女秘书说："一回生，两回熟，要想适应，需多体验。"弄得女秘书更加哭笑不得。

平心而论，这位武官的举动是出于友好，无可厚非。但他却无意中违背了人际礼仪的基本规律，那就是"到什么山上唱什么歌"、"入乡随俗"、"入境问禁"。

那么，人际交往活动中应该遵循哪些规律呢？

（一）约定俗成律

约定俗成律是指各种人际交往礼仪规范都是在社会生活中共同约定、众所习用而形成的。既然共同约定，又众所习用，那么，人际交往礼仪规范一旦形成，便具有强大的生命力，改变起来是非常困难的。

某高校聘请美国的一位物理学家为客座教授，有一年夏天，这位教授前来该校讲学。一天傍晚，学校的几位物理教授一同前往专家楼探望他。不料，对方开门后看见是他熟悉的同行教授们，不但没有热情地让其进门，反而脱口说道："我现在正在准备明天的讲座内容，因为你没有事先预约，所以没有计划与你们交谈的时间，我看还是另约时间再谈吧！"结果，教授们的好意拜访未能如愿。第二天，该校的教授们在预约征得其同意后才得以去拜访这位来自大洋彼岸的客座教授。

大家都明白，和美国人打交道，或有事求助，或登门拜访，均需事先有约。如果破坏了这个规矩，当不速之客，"山姆大叔"是不会欢迎的。由这个事例可知，对于各种交际礼仪规范，由于它的约定俗成，人们最好不要违背它。正确的态度是：谨修其法而审行之。

（二）等级相称律

等级相称律是指人际交往礼仪是划分为一定等级的，人际交往礼仪的等级与礼仪主体和客体的等级必须相称。

等级相称律的要求，从根本上说就是人际交往礼仪的规模、规格和形式都恰如其分。既不能"贵用贱礼"，也不能"贱用贵礼"，应做到长幼有序、上下有别。根据等级相称律，在不同情况下，应该适时适当地选择相称的交际礼仪，这样分别视不同情况而选择不同的礼仪，正是平等精神和相互尊重原则的体现。比如徐特立先生是毛泽东同志青年时代的老师，后来也加入了中国共产党。在党内，毛泽东同志是领导者，徐特立先生是被领导者，但这不能改变他们之间是师生关系的事实。在徐特立先生 60 寿辰时,身为中共中央主席的毛泽东同志亲笔致信祝贺。毛泽东说:"你是我二十年前的先生,你现在仍然是我的先生,将来必定还是我的先生。"可以说,这是现代礼仪等级相称律和平等精神、相互尊重原则完美统一的生动事例。

(三) 时空有序律

时空有序律是指各种人际交往礼仪行为和活动中的时间、空间顺序都是有意义的。时空有序律的实质在于礼仪行为和活动中的时间、空间顺序,是人际交往礼仪主体和客体等级秩序的体现。从表面上看,其只是时间或空间的先后顺序,但其实质则是交际礼仪主体和客体各自的地位、权力、尊严和荣誉的问题。

很早以来,时空对于人们进行的交流活动具有深刻的意义。时空有序律启示我们:在实施和介入交际礼仪行为和活动时,对时间和空间的顺序切不可掉以轻心,务必高度重视,妥善处理。比如,迎宾待客、行路乘车、喜庆盛典、外出旅游等,都要尽可能对尊者、长者、亲者、女士予以优先关心和照顾,将方便让给对方,把困难留给自己。有这样一则有趣的故事:一个细雨绵绵的早晨,一名贵夫人带着一条小狗上了公共汽车。这条小狗脏兮兮的,贵夫人却很高傲地说:"售票员,假如我为这条小狗买车票,你能为它准备一个像其他乘客一样的座位吗?"售票员微微一笑,说:"当然可以,不过和其他乘客一样,它不能把脚放在座位上。"一句话,周围的乘客会心地笑了,贵夫人自知理亏,也哑然了。与那位贵夫人不同,一位有修养的中年男性,就很注意对特殊场合所发生事情的处理:一辆公共汽车正在行驶,突然前方有个路障,汽车急刹车,人们不由自主地向前倾倒。一位中年男性无意地踩住了前面一位年轻、打扮入时的姑娘的脚,那位姑娘不待中年男性道歉,冷冷地抛出一句:"德性!"男士忙不迭地道歉,直说对不起。同时像是解释似地说:"小姐啊!你错了,这是惯性,不是德性。"一句话,惹得周围的乘客笑声不止,那位姑娘也收起倒竖的柳眉,不好意思地笑了。这位男士多会处理问题啊,一句得体的语言就"化干戈为玉帛"了。

由上可见,在人际交往活动或特定的场合下,根据交际场合和对象的不同,对时间和空间进行恰当的安排和处理,是十分重要的。

(四) 客随主便律

客随主便律是指作为交际活动的客方应遵循主方的有关礼仪规范。在这个问题上,世界上不同民族、不同国家的回答惊人的一致。《礼记·曲礼上》讲:"礼从宜,使从俗"。意思是:依礼行事要适宜,出使的人要遵从当地的风俗。像"入乡随俗"、"入境问禁"的提示就更多了。

俄罗斯有一则谚语:"不要把自己的规矩带到别人家中。"在欧洲则流行这样一则古谚:"在罗马行如罗马人。"非洲人则夸张地形容说:"到了独脚人居住的村子就应该用一条腿走路。"了解当时当地的差异是遵循客随主便规律的前提。例如,人们或多或少都有幽默感。但我们可曾想过,世界各国的幽默却是大相径庭的:英国的幽默像红酒,喝了以后还有半小时的回味;美国的幽默到处都是,非常普遍,是必需的,像可口可乐;德国的幽默像威士忌，不是每个人都能喝的，但喝了以后，可能过了1小时还在回味。再如，就连人们的穿着打扮也要符合客随主便的规律。1983年6月，美国前总统里根出访欧洲四国时，就曾因穿了一套格子西装出席晚宴而引起轩然大波，招致在场的部分人向他身上扔鸡蛋。因为按照惯例，在正式的晚宴上应穿黑色或白色晚礼服，以示庄重、热烈、友好。

同时，主应客求也是应当注意的。也就是说作为主方，应替客方着想，考虑对方的要求和习惯，这样既是对对方的尊重，也可防止尴尬场面的出现。

1985年9月20日，邓小平来到人民大会堂的会见大厅，准备会见新加坡总理李光耀。邓小平同志有一个习惯，每次会见外宾时，总是从家里自带香烟，先点燃一支烟后再听有关人员的汇报。可是这一次却未掏烟点烟，工作人员把香烟递过来时，他断然说："烟，今天不吸了。"旁边的人惊奇地问："邓主任今天为什么宣布不吸烟了？"邓小平同志说："李光耀总理闻不得烟味儿。"原来1978年邓小平同志访问新加坡时，拜会李光耀总理和李光耀总理回拜时，李光耀总理都没有吸烟。这件事，邓小平一直记忆犹新，所以这一次作为主人会见李光耀，邓小平同志主动不吸烟了，这正是出于对客人的尊重。

五、礼仪的基本原则

一个孩子经常逃学、打架，甚至偷窃，结果招致母亲的毒打，孩子却心满意足，原因是他怕母亲忘记他，他想用这些过激行为吸引母亲的注意力；一位学生被老师侮辱后，跳楼自杀；张先生突然辞职南下，原因是领导提拔了一个能力比他低的人。

这三则事例说明，每个人都把自己看得很重要，每个人都有很强的自尊心，如果这种自尊心受到伤害，人就会采取极端的行为。这是因为自尊心是人类本身拥有的最宝贵的东西。人的肉体受到伤害，可以复原，人也就会"好了伤疤忘了痛"；人的东西被盗走，可以再买；但人的自尊心一旦受到伤害，它带给人的心灵创伤则是难以医治的。自尊是人格的核心。一位哲人说：把你的智慧和体力卖给出价最高的人，但永远不要给自己的灵魂和人格出价。也正因为这个道理，人人把自己的人格看得是那么至高无上。在获得和满足自尊的驱使下，人们重视人际交往、渴望人际交往，期待人际交往的成功，希求人际关系的融洽和美好。而这一切，都离不开对人际交往礼仪原则的掌握和运用。

（一）相互尊重

相互尊重是人际交往的前提。在人际交往中，每个人都必须做到能以平等的态度待人，不盛气凌人，既尊重自己的人格，也尊重他人的人格，不卑不亢，不骄不躁。懂得了这个道理，在人际交往中先人后己，或舍己为人，必能得到应有的报偿。俗话说得好："你敬我一尺，我敬你一丈"。相反，如果不能做到相互尊重，那么就会导致"你不尊重我，我也不尊重你"的事情发生；或者一方对另一方的尊重得不到尊重的回报，那么正常的交往就会陷入恶性循环之中。

（二）诚实守信

3只乌龟结伴去喝咖啡，刚到咖啡店门口，天空中便乌云密布，雷声隆隆。于是，大乌龟对小乌龟说："你回去拿把伞来吧。"小乌龟想了一下说："如果你们不喝我的咖啡，我就去。"大乌龟说："好！"过了很久，大乌龟对中乌龟说："看样子他是不会来了，我们把咖啡都喝了吧。"中乌龟点头同意。这时，门外传来了一个声音："要是你们敢喝，我就不去！"

诚实守信是交际的基础。古人曰："吾日三省吾身，为人谋而不忠乎？与朋友交而不信乎？"待人以诚，真挚友好，不仅能显示交际者的诚实忠厚，而且也容易感染对方。

在交际中，要信守诺言。比如为朋友帮忙，既然答应，就应千方百计，尽力而为，不拖延，不中途变卦，即使遇到困难，也要想办法解决。久而久之，就会在朋友中得到好感，取得良好的信誉，获得朋友的尊重和理解。

（三）平等互利

平等互利是交际的条件。现代交际注重双方人格地位平等，反对居高临下、高人一等的态度。了解这些道理之后，在交际中，应尊重他人的自尊和感情，不干涉他人的私生活，不践踏他人的人身权利。"己所不欲，勿施于人"。所以，交往必须树立平等待人意识，反对高低贵贱之分，为交际创造良好的条件。人的两只眼，全是平行的，所以应当平等看人；人的两耳，是左右并列的，所以不可偏听一面之词；人的鼻端，共有两个孔，所以不应当随着别人一个鼻孔出气；人只有一条舌，所以不能说两面话；人虽只有一颗心，然而有左右两心房，所以做事不但要为自己想，也当为别人想。

人际交往是一种目的性很强的活动，即代价——酬赏活动。人们在人际交往过程中必然要付出代价，如时间、感情、实物、金钱、信息等。作为酬赏，交际双方必然期望从对方那里获得相应的回报。正如我国古人所言："将欲取之，必先予之。"如果一方付出了而一无所获，或得到的酬赏是冷漠、讥笑、斥责、惩罚、不解……那么交际就会终止。所以，互利同样是人际交往中应遵循的原则。

（四）适度得体

适度得体是人际交往的必需。孔子说："上交不谄，下交不渎。"意思是说，在交往中既不要低声下气，也不要傲慢无礼。这是人际交往的一条重要原则。交际适度得体表现在两个方面：一是态度行为的适度得体，要注重礼仪，讲究场合，恰如其分，举止得体，进退有据，不卑不亢；二是时间、场合、地点适度得体。交际的情境特点告诉我们，人际交往要因人制宜、因时制宜、因地制宜。具体讲，就是要看对象，分清时间和场合。因为社交场合是千变万化的，交往对象是千差万别的，对于不同的人要使用不同的方法。即便是对同一个人，也要区别时间和地点，采用灵活机动的办法，切不可"以不变应万变"，呆板僵化，以致在人际交往中遭到事与愿违的结果。

一位刚毕业的女大学生到一家公司应聘财务会计工作，面试时即遭到拒绝，因为她年轻，公司需要的是有丰富工作经验的资深会计人员。女大学生却没有气馁，一再坚持。她对主考官说："请再给我一次机会，让我参加完笔试。"主考官拗不过她，答应了她的请求。结果，她通过了笔试，由人事经理亲自复试。人事经理对这位女大学生颇有好感，因她的笔试成绩最好，不过，女孩的话让经理有些失望，她说自己没工作过，唯一的经验是在学校掌管过学生会财务。找一个没有工作经验的人做财务会计不是他们的预期，经理决定收兵："今天就到这里，如有消息我会打电话通知你。"女孩从座位上站起来，向经理点点头，从口袋里掏出两块钱双手递给经理："不管是否录取，请都给我打个电话。"经理从未见过这种情况，竟一下子呆住了。不过他很快回过神来，问："你怎么知道我不给没有录用的人打电话？""你刚才说有消息就打，那言下之意就是没有被录取就不打了。"经理对这个年轻女孩产生了浓厚的兴趣，问："如果你没被录用，我打电话，你想知道些什么呢？""请告诉我，在什么地方不能达到你们的要求，我在哪方面不够好，我好改进。""那两块钱……"女孩微笑道："给没有被录用的人打电话不属于公司的正常开支，所以由我付电话费，请你一定打。"经理也微笑道："请你把两块钱收回，我不会打电话了，我现在就通知你，你被录用了。"就这样，女孩用两块钱敲开了机遇大门。

在交往中，得体的礼仪会为你创造机遇，切不要态度轻慢，粗鲁无理，卑躬屈膝，行动猥琐，漠然置之，随随便便。唯有如此，才能得到人们的理解和尊重，获得成功。

（五）宽容体谅

宽容体谅是人际交往的发展原则。"金无足赤，人无完人"。在交往中，人们需要"求大同，存小异"，对他人多一份宽容，多一份理解。所谓宽容，即宽宏大量，豁达大度。"海纳百川，有容乃大"。一个拥有坦荡宽广胸怀的人在交际中往往能够宽容对方，体谅对方的难处，虚怀若谷，不计得失，心无芥蒂，自然易于被对方接纳、信任，从而建立起良好的人际关系。反之，心胸狭窄，斤斤计较，挑剔苛求，以己之长，比人之短，则会造成交际双方感情的疏远，甚至导致关系破裂。

宽容体谅的原则包括两个方面的内容。一是严于律己。在人际交往中，凡是要求别人做到的，自己首先要做到，"己所不欲，勿施于人"。不要强加于人，更不能发号施令，要让对方在实际行动中感受到自己的美好品格，赢得对方的信任。二是宽以待人。"水至清则无鱼，人至洁则无朋"。每个人都有长处和短处，交际双方难免有性格、兴趣、为人处世等方面的差异，也可能会因一些问题而发生争执，这是正常的。美国第十六届总统林肯出身于一个鞋匠家庭，而当时的美国社会非常看重门第。林肯为竞选总统在参议院演说时，受到一个参议员的羞辱。那位参议员说："林肯先生，在你开始演讲之前，我希望你记住你是一个鞋匠的儿子。"林肯不卑不亢地回答："我非常感谢你使我想起我的父亲，他已经过世了，我一定会永远记住你的忠告，我知道我做总统无法像我父亲做鞋匠做得那么好。"参议员都陷入了沉默，林肯转头对那个傲慢的参议员说："就我所知，我的父亲以前也为你的家人做过鞋子。如果你的鞋子不合脚，我可以帮你修好它。虽然我不是伟大的鞋匠，但我从小就跟父亲学到了做鞋子的技术。"然后，他又对所有的参议员说："对参议院的任何人都一样，如果你们穿的那双鞋是我父亲做的，而它们需要修理或改善，我一定尽可能帮忙。但是有一件事是可以肯定的，我无法像他那么伟大，他的手艺是无人能比的。"说到这里，林肯流下了眼泪，就连嘲笑者也同大家一样，为林肯精彩而真诚的话语鼓掌。

作为一个出身卑微的人，林肯没有任何贵族社会的硬件。他唯一可以倚仗的只是自己出类拔萃的扭转不利局面的才华和宽以待人的坦荡胸怀。也正是因为这样，他被人们誉之为"最完美的人"。林肯的故事也启示我们："记人之善,忘人之过",拥有宽容的胸怀,就一定能拥有更多的朋友。

训练项目二 懂礼与行礼

礼仪在中国是一种文化形态,它既包括一套以仁、义、礼、智、信为中心的价值观念,也包括一系列以礼节仪式为内容的风俗习惯。这些礼节仪式的形成和发展,是人类文明的结晶与标志,从而使人和动物、文明和愚昧区别开来。

一、现代礼仪的发展

在中国古代,"礼仪"的含义很广,既表现为一般的行为规范,又涵盖政治法律制度。近代以后,礼仪的范畴逐渐缩小,礼仪与政治体制、法律典章、行政区划、伦理道德等基本分离。现代礼仪一般只有仪式和礼节的意思,去掉了繁文缛节、复杂琐碎的内容,吸收了许多反映时代风貌、适应现代生活节奏的新形式。现代礼仪简明、实用、新颖、灵活,体现了高效率、快节奏的时代旋律。

现代礼仪的出现和发展,反映了社会形态的巨大变革和社会文明程度的提高。我国现代许多礼仪形式是辛亥革命以后,尤其是新中国成立以后才形成的。现代礼仪以科学精神、民主思想和现代生活为基础,在继承传统的基础上,表现出新型的社会关系和时代风貌。现在,我国对重大活动、重要事件的仪式、程序及出席人士的安排等都作出了具体规定,日常的行政、经济、文化、军事活动中的各种公务礼仪礼节也在不断得以完善。随着社会活动的发展及文明程度的提高,新的礼仪形式不断出现,交际礼仪、节庆礼仪、人生礼仪等各种新的形式越来越被人们广泛接受。人们也逐步认识到:现代高质量的人生=体力+智力+形象力,礼仪也成为步入文明社会的"通行证"、开启成功之门的"金钥匙"。

二、懂礼

到了今天,"礼仪"成为现代社会的道德规范,成为人们待人接物的行为准则。懂得适度的礼仪知识不仅可以展示一个人的风度,也能反映一个人的内在修养。礼仪内容多种多样,主要涉及3个场景7块内容。

3个场景主要是商务礼仪、社交礼仪和公共礼仪。其中,商务礼仪包括会议礼仪、外交礼仪、职场礼仪、服务接待、与人相处、商务洽谈和各种商业仪式等内容;社交礼仪包括介绍、拜访、交谈、宴请、馈赠和社会禁忌等内容;公共礼仪包括日常生活、习俗、风俗节令等内容。

11

掌握了这些礼仪知识并把它应用于我们平常的待人接物中去，每个人都真正做到学礼、懂礼、知礼、按礼办事，人与人之间就不会有不满，不会有矛盾，人人都会充满爱心。而人们互相讲究礼节，也是源于内心的仁爱，是对对方人格的尊敬。一个人人都怀有爱心和尊严的社会也必将充满和谐、长治久安！

补充阅读——礼仪小故事

子路是孔子的学生，学识渊博，并以懂礼貌著称。有一天，孔子走过庭院，要到门外去，恰好子路在庭院里读书，子路看到老师，立刻放下手中的书，对老师行礼。那时的"礼"是要鞠躬的，孔子并没有看到他，只是看到了庭院里的樱花而停下脚步，子路就鞠身站着，一直等到孔子看到他，那时他的身体已经酸麻得失去了知觉。孔子称赞他说："子路真是一个懂礼貌的好学生啊！"

三、习礼

中国作为礼仪之邦，文明程度越高，礼仪的运用和要求就越高，礼仪就显得越来越重要。荀子说过："故学至乎礼而止矣，夫是之谓道德之极。"意思是说，一个人学习了礼并按照它的要求去做，他就具备了最高道德。

礼仪包括两个层面：礼是内在的尊重；仪是外在的表现。具体生活中需要通过外在的仪来体现内在的礼。具体的礼仪可以分为仪礼、仪容、仪表、仪态、仪餐、仪柬、仪式。

仪礼就是人与人之间的这种文明礼貌的要求。

仪容是指人的容貌，通常是指人的外观、外貌。其中的重点则是指人的容貌。在人际交往中，每个人的仪容都会引起交往对象的特别关注，并将影响到对方对自己的整体评价。

仪表是人的外表的综合，它包括人的形体、容貌、健康状况、姿态、举止、服饰、风度等方面，是人举止风度的外在体现。

仪态是人的身体展示出的姿态和风度，它们都是仪表的重要组成部分。风度是指举止行为、待人接物时，一个人的德才学识等各方面的内在修养的外在表现。风度是构成仪表的核心要素。

仪餐是指人们用餐的礼仪，包括座位的安排、就餐的顺序、敬酒的程序以及就餐方式的要求等。

仪柬指人与人之间使用信函、请柬的礼仪，如信函的格式、信函的保密度、信函的回复时机、接送请柬的方式等。

仪式是举行的各种活动的形式，包括会议仪式、典礼仪式、签字仪式等各种活动的形式。

礼节是不妨碍他人的美德，是恭敬人的善行，也是自己行万事的通行证，现代人不知礼、不懂礼、不学礼，则必失礼，可见知礼、懂礼、学礼、用礼才可以彬彬有礼。

训练项目三　**礼仪自我训练方程式**

一、情景

情景 1　2004 年 6 月 8 日,八国集团首脑会议在美国佐治亚州的海岛召开。会议中布什总统建议所有人都穿着随意一些。会议上美国专门制作了样式新颖、别致的八国首脑专用车。会议场所的设置淡雅、轻松,然而这次会议上其他七国首脑穿着素雅、轻便、休闲,唯独法国总统希拉克身着西装,正襟危坐。

情景 2　1807 年,法国皇帝拿破仑与沙皇亚历山大一世会晤时,为了确保双方坐在一起又不失面子,两位皇帝在会晤地点上煞费苦心,安排了一条精心制造的驳船停泊在普鲁士的涅曼河的正中,这里是两个帝国的边界线。船上造起了两间一样的房子,各自的房门朝河的一岸。而且双方商定,各方君主要在相同的时间到达己方的河岸,并在同一个时间被渡到驳船上开始会谈,以显示双方的平等与尊严。

情景 3　上海国泰电影院曾发生这样一件事:到了年终,电影院把员工包括退休人员及其家属都请来参加一个茶话会。会前,景院专门制作了这些退休人员和在职职工的生活录像片,会上给大家看。每个人,尤其是退休职工很感动。这一举动,不仅加深了退休职工对自己单位的感情,也使在职职工感到振奋,团体凝聚力大大增强。

请针对以上 3 个情景进行分析,并将分析的内容填入表 1-1 中。

表 1-1　礼仪表现情景分析表

情景状态	礼仪表现(存在问题或优缺点)	受到启示
情景 1		
情景 2		
情景 3		

二、思考与操作

(1) 谈谈你对礼仪的理解,感受礼仪修养的重要性。

(2) 请用生活中的案例理解礼仪的构成要素。

(3) 同学们分组,运用礼仪的规律,表演一场礼仪情景剧。

(4) 结合自己身边的人或事,谈谈礼仪的基本原则的重要意义。

训练二 礼行天下

生活里最需要的是礼仪,它比最高的智慧,比一切学识都重要。

【德国】赫尔芩

训练项目一 仪容仪态

一、仪容礼仪

仪容是仪表所包括的内容,一般指人的外观、外貌,突出表现为一个人的容貌。仪容在人际交往中可以直接反映出个体的精神以及健康状况,往往会引起交往对象的特别关注和评价。所以仪容在个人礼仪中是极为关键的部分。

靳羽西曾经有感而发:"每当我看上去最美丽的时候,我工作得也最出色!"同时国外一份调查资料也显示,在相同情况下,经常化妆的女性比平时不化妆的女性精神状态好,不易疲劳,更充满自信。仪容礼仪是保持健康和活力的手段,是树立自信的有效方法,是实现悦己悦人目的的途径,是对自己的尊重和对别人的一种礼貌。

仪容的首要要求是仪容美,主要包括 3 个方面:自然美、仪容修饰美、内在美。

小王身材高大,口语表达能力好,对公司的产品介绍很得体,做事踏实认真,在业务人员中学历最高,老总对他抱有很大期望。可他做销售代表半年多了,业绩总上不去,问题出在哪儿呢?原来,他是个不修边幅的人,双手拇指和食指喜欢留着长指甲,指甲里经常藏着很多"东西",头发油腻腻的,脖子上的白衣领经常是酱灰色,有时候手上还写着电话号码,他喜欢吃大饼卷大葱,吃完后,不知道去除异味的必要性。在大多数情况下,客户不愿意与他见面。

每个人都有自己的社会角色,当一个人以某种特定的角色出现时,在仪容仪表方面就应符合社会对这个角色的期望。小王就不太注意自己的仪容,也给他的事业带来不利影响。我们每个人都需要了解一个人在社会交往中的常规礼仪,以及与社会角色相对应的仪容仪态。

真正意义上的仪容美,应当是上述 3 个方面的高度统一。忽略其中任何一个方面,都会使仪容美有失偏颇。在这三者之间,仪容的内在美是最高的境界,仪容的自然美是人们的心愿,而仪容的修饰美则是仪容礼仪关注的重点。

要做到仪容修饰美,自然要注意修饰仪容。修饰仪容的基本规则是:美观、整洁、卫生、得体。

一个人对自己的容貌进行精心修饰打扮之后，会朝气蓬勃、神采奕奕，从而创造良好的第一印象。同时，由于人们的物质生活水平的提高，人们越来越注重自己的仪容仪表。特别是随着科学技术的发展，出现了许许多多的美容仪器和美容产品，为人们追求仪容的美创造了客观条件，使人们追求高雅气质、翩翩风度的愿望成为现实。

二、表情礼仪

一天，约翰站在珠宝店的柜台前挑选珠宝，把包放在旁边。这时，一个衣着讲究、仪表堂堂的男士也过去看珠宝，约翰礼貌地把他的包移开。但这个人却愤怒地瞪着约翰，告诉约翰他是个正人君子，绝对无意偷他的包裹。这个人觉得他受到了侮辱，重重地把门关上，走出了珠宝店。

莫名其妙地被人这么嚷了一通，约翰也很生气，也没心思看珠宝了，出门开车回家。马路上的车缓慢地蠕动，看着前后左右的车约翰就生气：哪来这么多车；哪来这么多臭司机，简直就不会开车；那家伙开这么快，不要命了；这家伙开这么慢，怎么学的车……

后来约翰与一辆大型卡车同时到达一个交叉路口，他想："这家伙仗着他的车大，一定会冲过去。"当他下意识地准备减速让行时，卡车却先慢了下来，司机向约翰招招手，示意约翰先过去，脸上挂着一个开朗、愉快的微笑。当约翰将车子开过路口时，满腔的不愉快突然消失的无影无踪。

表情是内心情感的外在表现，是人际交流的重要辅助手段之一。有人将表情称为人类的第一语言。心理学家和行为学家通过研究发现了一个"信息传递公式"，即

信息传递（100%）＝表情（55%）＋语气（38%）＋语言（7%）

这一公式虽然未必精确，但提醒人们在人际交往中表情的效果不容忽视。

（一）表情礼仪

美国心理学家登布在其《推销员如何了解顾客心理》一文中说："假如顾客的眼睛朝下看，脸转向一边，表示你被拒绝了；假如他的嘴唇放松，笑容自然，下颚向前，则可能会考虑你的提议；假如他对你的眼睛注视几秒钟，嘴角至鼻翼部位都显出微笑，笑得很轻松，而且很热情，这项买卖就做成了。"由此可见，面部表情在传情达意方面有着重要的作用。这里主要介绍一下眼神和微笑。

1. 眼神

眼神主要由注视的时间、视线的位置和瞳孔的变化 3 个方面组成。

（1）注视的时间

据研究，人们在交谈时，视线接触对方脸部的时间约占全部谈话时间的 30%～60%，若时间超过这一平均值，可认为对方对谈话者本人比对谈话内容更感兴趣；若时间低于平均值，则表示对方对谈话内容和谈话者本人都不怎么感兴趣。如果谈话时心不在焉、东张西望，或只是由于紧张、羞怯不敢正视对方，目光注视的时间不到谈话时间的三分之一，这样的谈话，难以被人接受和信任。在社交过程中，与朋友会面或被介绍认识时，可凝视对方稍久一些，这既表示自信，也表示对对方的尊重。

（2）视线的位置

人们在社会交往中，不同的场合和对象，目光所及之处也是有差别的。有的人在与比较陌生的人打交道时，往往因为不知把目光怎样安置而窘迫不安；已被人注视而将视线移开的人，大多怀有相形见绌之感；仰视对方，一般体现"尊敬、信任"的语义；频繁而又急速的转眼，是一种反常的举动，常被用作掩饰的一种手段。如果谈话时死死地盯着对方或者东张西望，也显得谈话者的漫不经心而且不太礼貌。与人交谈时，应注视对方的眼鼻之间，表示重视对方并对其发言感兴趣。

当双方缄默不语时，就不要再看着对方，以免加剧因无话题本来就显得冷漠、不安的尴尬局面。

当别人说了错话或显拘谨时，请勿马上转移视线，以免对方把自己的眼光误认为是对其的嘲笑和讽刺。

如果希望在辩论中获胜，千万不要移开目光，直到对方眼神转移为止。送客时，要等客人走出一段路，不再回头张望时，才能转移目送客人的视线，以示尊重。

（3）瞳孔的变化

瞳孔的变化即视觉接触时瞳孔的放大或缩小。心理学家往往用瞳孔变化大小的规律，来测定一个人对不同事物的兴趣、爱好、动机等。兴奋时，人的瞳孔会扩张到平常的4倍大；相反，生气或悲哀时，消极的心情会使瞳孔收缩到很小，眼神必然无光。

眼神能表达出异常丰富的信息，但微妙的眼神有时是只可意会、难以言传的，我们只能靠在社会实践中用心体察、积累经验、努力把握，方能在社交中灵活运用眼神。

2. 微笑

微笑，是一种特殊的、世界通用的体态语言——情绪语言。它可以和有声语言及行动相配合，起到互补的作用，它沟通人们的心灵，架起友谊的桥梁，给人以美好的享受。

美国有一个城市被称为"微笑之都"，它就是爱达荷州的波卡特洛市。该市通过了一项法令，法令规定：全体市民不得愁眉苦脸或拉长面孔，否则违者将被送到"欢容遣送站"去学习微笑，直到学会微笑为止。波卡特洛市还每年举办一次"微笑节"。

世界著名的希尔顿饭店的总经理希尔顿，每当遇到员工时，都要询问这样一句话："你今天对顾客微笑了没有？"他指出："饭店里第一流的设备重要，而第一流服务员的微笑更重要，如果缺少服务员的美好微笑，好比花园里失去了春日的太阳和春风。假如我是顾客，我宁愿住进虽然只有破旧地毯，却处处可见到微笑的饭店，而不愿走进只有一流设备而不见微笑的地方。"正是因为希尔顿深谙微笑的魅力，才使希尔顿饭店誉满全球。

近年来，日本许多公司员工都在业余时间参加"笑"的培训，他们认为这样可以增强企业内部凝聚力，改善对外服务，提高企业效益。

补充阅读——生活中的礼仪故事

微笑能改变你的生活。史坦哈已经结婚18年了，在这段时间里，从早上起来，到他要上班的时候，他很少对自己的太太微笑，或对她说上几句话。史坦哈觉得自己是百老汇最闷闷不乐的人。

后来,在史坦哈参加的继续教育培训班中,他被要求准备以微笑的经验发表一段谈话,他就决定亲自试一个星期看看。

现在,史坦哈要去上班的时候,就会对大楼的电梯管理员微笑着,说一声"早安";他以微笑跟大楼门口的警卫打招呼;他对地铁的检票小姐微笑;当他站在交易所时,他对那些以前从没见过自己微笑的人微笑。

史坦哈很快就发现,每一个人也对他报以微笑。他以一种愉悦的态度,来对待那些满腹牢骚的人。他一面听着他们的牢骚,一面微笑着,于是问题就容易解决了。史坦哈发现微笑带给自己更多的收入,每天都带来更多的钞票。

史坦哈跟另一位经纪人合用一间办公室,对方的职员之一是个很讨人喜欢的年轻人。史坦哈告诉那位年轻人最近自己在微笑方面的体会和收获,并声称自己很为所得到的结果而高兴。那位年轻人承认说:"当我最初与您共用办公室的时候,我认为您是一个非常闷闷不乐的人。直到最近,我才改变看法,当您微笑的时候,充满了慈祥。"

人们的笑容就是好意的信使。笑容能照亮所有看到它的人。对那些整天都看到皱眉头、愁容满面、视若无睹的人来说,笑容就像穿过乌云的太阳。尤其对那些受到上司、客户、老师、父母或子女的压力的人,一个笑容能帮助他们了解一切都是有希望的,也就是世界是有欢乐的。

(1) 微笑的规范

微笑是有规范的,一般要注意 4 个结合。

① 口眼结合。要口到、眼到、神色到,笑眼传神,微笑才能扣人心弦。

② 笑与神、情、气质相结合。神就是要笑出自己的神情、神色、神态,做到情绪饱满神采奕奕;情就是要笑出感情,笑得亲切、甜美,反映美好的心灵;气质就是要笑出谦逊、稳重、大方、得体的良好气质。

③ 笑与语言相结合。语言和微笑都是传播信息的重要符号,只有注意微笑与美好语言相结合,声情并茂,相得益彰,微笑方能发挥出它应有的特殊功能。

④ 笑与仪表、举止相结合。以笑助姿、以笑促姿,形成完整、统一、和谐的美。

(2) 应该微笑的时刻

① 看到熟悉的人或美好的事物时。

② 别人帮助你或给予你谅解时。

③ 面对别人的微笑时。

④ 受到别人的注视或问候时。

⑤ 受到赞美或冷落时。

⑥ 表达赞美、问候、谅解或歉意时。

⑦ 面对客户时。

3. 眼神训练

眼神在社会交往中的作用有时比语言与动作更为重要,其在各种情况下都起着至关重要的作用。经常练习下面3种方法,可以训练出一双炯炯有神且灵活自如的眼睛,为人际交往增色不少。人们在训练中要注意结合感情表现,进行眼睛训练,因为"手之所至,腿随之;情之所至,心随之;心之所至,情随之"。

（1）定视法

眼睛盯着一个目标,分正定法和斜定法两种。

① 正定法。在前方2～3米远的明亮处,选一个点,点的高度与眼睛或眉基本相平,最好找一个不显眼的标记。进行定眼训练时,眼睛要自然睁大,但眼轮匝肌不宜收得太紧,双眼正视前方目标上的标记,目光要集中。

② 斜定法。要求与正定法相同,所视目标与视者的眼睛成25°斜角,训练要领同正定法。

（2）转视法

眼珠在眼眶里上、下、左、右来回转动,包括定向转、慢转、快转、左转、右转等。以上训练开始时,一拍一次,一拍两次,逐渐加快,但不要操之过急,正反都要练。

（3）扫视法

眼睛像扫把一样,视线经过路线上的东西都要全部看清。

① 慢扫眼。在离自己2～3米处,放一张画或其他物品。头不动,眼睑抬起,由左向右,做放射状缓缓横扫,再由右向左,4拍一次,进行练习。视线扫过所有东西并尽量一次全部看清。眼球转到两边位置时,眼睛一定要定住。逐渐扩大扫视长度,两边可增视斜25°,头可随眼走动,但要平视。

② 快扫眼。要求同慢扫眼,但速度要加快,由两拍到位,加快至一拍到位,两边定眼。初练时,眼睛稍有酸痛感。这些都是练习过程中的正常现象,其间可闭目休息两三分钟。

4. 微笑训练

（1）他人诱导法。同桌、同学之间互相通过一些有趣的笑料、动作引发对方发笑。

（2）情绪回忆法。通过回忆自己曾经的往事,幻想自己将要经历的美事进而引发微笑。

（3）口型对照法。通过一些相似性的发音口型,找到适合自己的最美的微笑状态。如人们照相时,经常采用的方法是请被拍照的人说"一"、"茄子"、"田七"等。

（4）假装微笑法。强迫自己忘却烦恼、忧虑,假装微笑。时间久了,次数多了,就会改变心灵的状态,发出自然的微笑。

（5）咬笔训练法。在牙齿中咬一支笔,做出微笑状,让笑容肌展现出来,坚持1～2分钟后,会发现自己的微笑真的很美。具体方法如图1-1所示。

5. 这样的目光不受人喜欢

（1）在公共场合长时间盯着人看。

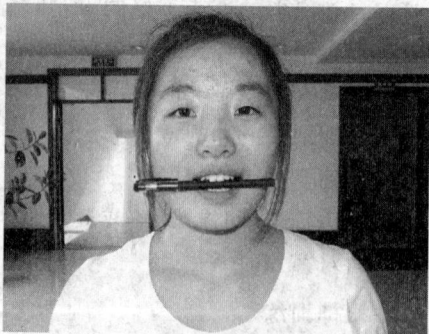

图1-1 咬笔训练法

(2) 打招呼时,问路时不看对方的眼睛。

(3) 偶然与对方的目光相遇时,立刻触电般迅速转移。

(4) 和别人交谈时不时地盯着自己的手指或脚尖。

(5) 斜视和突然注视别人。

(6) 总是注视别人外表上的缺憾,如别人的伤疤或是衣服上的破洞。

(7) 长时间与异性对视,或是注视异性的胸部或下半身。

6. 这样的微笑不得体

(1) 微笑时不自觉地眨眼睛、皱眉毛、转眼珠。

(2) 微笑时嘴巴张得过大。

(3) 微笑时露出的牙齿上有污垢或食物残渣。

(4) 微笑时目光没有流露出真诚,笑容僵硬、虚假、不自然。

(5) 微笑时没有得体的身体语言相配合,使人感到突兀。

(二)表情情景训练

情景 1 住在内地一家饭店的一位台湾客人外出时,他的一位朋友来拜访他,得知客人不在时这位朋友便要求进他房间去等候,由于客人事先没有留下话,总台服务员没有答应其要求。台湾客人回来后十分不悦,来到总台与服务员争执起来。公关部王小姐闻讯赶来,刚要开口解释,怒气正盛的客人就言辞激烈地指责起来。在这种情况下,王小姐明白任何解释都是毫无意义的,反而会使客人的情绪更加冲动。于是她默默无言地看着客人,让他尽情地发泄,脸上则始终保持一种友好的微笑。

一直等到客人平静下来,王小姐才心平气和地告诉他饭店的有关规定,并表示歉意。客人被王小姐的微笑征服了,他接受了王小姐的劝说,并慢慢消解了怒气。

情景 2 小张和小陈是同一公司的新人,但小张在公司的人缘却远远超过了小陈,这主要是因为平时小张接人待物总是面带微笑,眼神亲切友善,不但增加了个人魅力,而且让人心生好感,而小陈一见到人,目光黯淡,眼神游离不定,让人感觉到他的不自信,慢慢地别人也就不再愿意和他多交流。小陈也为此非常苦恼,可就是不知道该如何改变。

请针对以上两个情景进行分析,并将分析的内容填入表1-2。

表 1-2　表情表现情景分析表

情景状态	表情表现(存在问题或优缺点)	受到启示
情景1		
情景2		

三、仪态礼仪

仪态又称体态,是指人的身体姿态和风度。姿态是身体所表现的样子,风度则是内在气质的外在表现。人们可以通过自己的仪态向他人传递自己的学识与修养，并能够与其交流思想、表达感情。正如艺术家达·芬奇所说："从仪态了解人的内心世界、把握人的本来面目，往往具有相当的准确性和可靠性。"

（一）仪态的种类

1. 站姿

（1）标准的站姿

标准的站姿，如图 1-2 所示。从正面看，全身笔直，精神饱满，两眼正视，两肩平齐，两臂自然下垂，两脚跟并拢，两脚尖张开 60°，身体重心落于两腿正中；从侧面看，两眼平视，下颌微收，挺胸收腹，腰背挺直，手中指贴裤缝，整个身体庄重挺拔。

站姿的要领是：一要平，即头平正、双肩平、两眼平视；二要直，即腰直、腿直，后脑勺、背、臀、脚后跟成一条直线；三要高，即重心上拔，看起来显得高。

（2）站姿的训练

介绍两种站姿训练的方法。

① 把身体背靠墙站好，使你的后脑、肩、腰、臀及足跟均能与墙紧贴，这说明你的站立姿势是正确的，假若无法贴紧，那就是你的站姿不正确。

② 利用顶书本的方法进行练习，如图 1-3 所示。为了使书本不掉下来，练习者自然会把颈部挺直，下巴向内收，上身挺直。经常这样练习，站立姿势自然就会优美高雅。

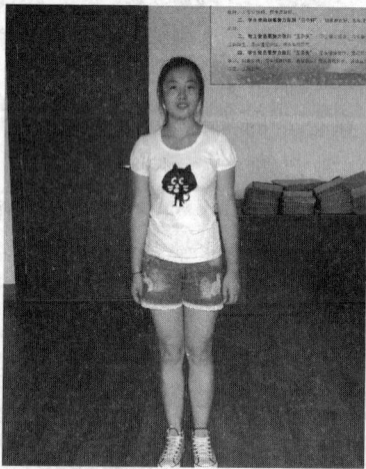

图 1-2　标准站姿

图 1-3　顶书训练法

当然，以上所说的仅是基本的站姿，至于日常生活中各种社交场合的站姿就不能这么呆板了，应见机行事。

2. 坐姿

无论什么场合，正确的坐姿都有助于树立庄重礼貌的外在形象。

（1）标准的坐姿

坐姿要求端正、大方、舒展，如图 1-4 所示。坐立时，上身正直而稍向前倾，头、肩平正，两臂贴身下垂，两手可随意放在大腿上，两腿外沿间距与肩宽大致相等，两脚平行自然着地。

（2）不同场合的坐姿

谈判、会谈时，场合一般比较严肃，适合正襟危坐，但不要过于僵硬。要求上体正直，端坐于椅子中部，注意不要使全身的重量只落于臀部，双手放在桌上、腿上均可。双脚为标准坐姿的摆放。

倾听他人教导、传授、指点时，对方是长者、尊者、贵客，坐姿除了要端正外，还应坐在座椅、沙发的前半部或边缘，身体稍向前倾，表现出一种谦虚、迎合、重视对方的态度。

在比较轻松、随便的非正式场合，可以坐得轻松、自然一些。全身肌肉可适当放松，可不时变换坐姿，以作休息。

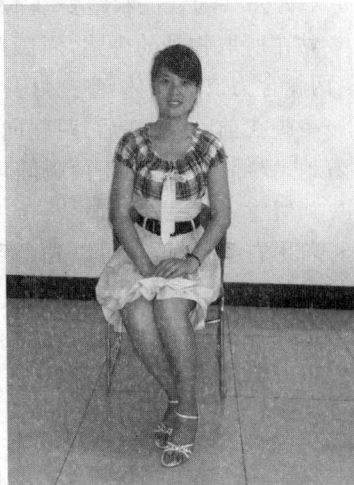

图 1-4　标准坐姿

3．走姿

（1）标准的走姿

有人编了走路的动作口诀，体现走姿的要领：双眼平视臂放松，以胸领动肩轴摆，提髋提膝小腿迈，跟落掌接趾推送。

标准的走姿：上身基本保持站立的标准姿势，挺胸收腹，腰背笔直；两臂以身体为中心，前后自然摆动。起步时身子稍向前倾，重心落前脚掌，膝盖伸直；脚尖向正前方伸出，行走时双脚踩在一条线缘上。

正确的行走：上体的稳定与下肢频繁规律的运动形成对比和谐，干净利落、鲜明均匀的脚步形成节奏感，前后、左右行走动作的平衡对称，都会呈现行走时的形式美。

（2）不同场合的走姿

参观展览、探望病人，环境静谧，不宜出声响，脚步应轻柔。进入办公场所、登门拜访，在室内这种特殊场所，脚步应轻而稳。走入会场、走向话筒、迎向宾客，步伐要稳健、大方、充满热情。陪同来宾参观，要照顾来宾行走的速度，并善于引路。

4．蹲姿

（1）标准的蹲姿

一般采取下列两种方法。

① 交叉式蹲姿。下蹲时右脚在前，左脚在后，右小腿垂直于地面，全脚着地。左腿在后与右腿交叉重叠，左膝由后面伸向右侧，左脚跟抬起脚掌着地。两腿前后靠紧，合力支撑身体。臀部向下，上身稍前倾。

② 高低式蹲姿。下蹲时左脚在前，右脚稍后（不重叠），两腿靠紧向下蹲。左脚全脚着地，小腿基本垂直于地面，右脚脚跟提起，脚掌着地。右膝低于左膝，左膝内侧靠于左小

腿内侧，形成左膝高右膝低的姿势，臀部向下，基本上以右腿支撑身体。男士选用这种蹲姿时，两腿之间可有适当距离。

（2）公共场合优雅蹲姿基本要领

站在所取物品的旁边，屈膝蹲下去拿，而不要低头，也不要弓背，要慢慢地把腰部低下，两腿合力支撑身体，掌握好身体的重心，臀部向下。

一脚在前，一脚在后，两腿向下蹲，前脚全着地，小腿基本垂直于地面，后脚跟提起，脚掌着地，臀部向下。男士两腿间可留有适当的缝隙，女士则要两腿并紧，穿旗袍或短裙时需更加留意，以免尴尬。

若用右手捡东西，可以先走到东西的左边，右脚向后退半步后再蹲下来。脊背保持挺直，臀部一定要蹲下来，避免弯腰翘臀的姿势。特别是穿裙子时，如不注意背后上衣的自然上提，露出臀部皮肉和内衣很不雅观。即使穿着长裤，两腿展开平衡下蹲，撅起臀部的姿态也不美观。

5. 不要这样"站"

（1）站立时女性双脚大幅度打开，或双手环抱胸前。

（2）站立时伸长脖子东张西望，双手放在衣袋，腿脚不自觉地抖动。

（3）站立时身体过于僵硬或将身体倚靠在墙上。

（4）站立时腰背弯曲，软而无力，驼背。

（5）站立时为了背部挺直而耸肩。

6. 不要这样"坐"

（1）坐的时候不要不自觉地晃动两腿，这样看起来缺乏教养，女性尤其不能这样做。

（2）坐的时候不要弯腰弓背，浑身瘫软，这样显得很没底气，不自信、不乐观。

（3）用脚来回地搓地面或纸片等杂物。

（4）把双腿别成"4"字。

（5）双手抱腿，盘腿而坐。

（6）用力将脚勾在座椅下面。

（7）坐在桌子上或椅背、把手上。

（8）上身前倾趴伏在桌椅或自己腿上。

7. 不要这样"走"

（1）行走时，弯腰驼背低头，侧背手或挺着肚子。

（2）行走时，吃东西，看书，和别人打闹。

（3）行走时，双臂横向甩动，用脚掌蹭地面。

（4）行走时，东张西望，心神不定。

（5）行走时，和别人抢路，脚步太重，托在地面走并发出沉重的声音。

8. 不要这样"蹲"

（1）在人潮拥挤的地方下蹲，或在异性、长辈面前下蹲。

（2）在公共场合，蹲在桌椅或其他高出地面的平台上。

（3）捡拾东西时，距离很远就开始下蹲。

（4）穿长裙下蹲时，不要让裙角拖地，应适时挽一下。

（二）仪态情景训练

情景 1 一次，有位老师带着 3 个毕业生同时应聘一家公司的业务员职位，面试前老师担心学生面试时紧张，同人事部主任商量让 3 位同学一起面试。3 位同学进入人事部主任办公室时，主任上前请 3 位同学入座。当主任回到办公桌前，抬头一看，欲言又止，只见两位同学坐在沙发上，一个跷起二郎腿，另一个身子松懈的斜靠在沙发一角，两手攥握，手指咯咯作响，只有一个同学端坐在椅子上等候面试，人事部主任起身非常客气地对两位坐在沙发上的同学说："对不起，你们二位的面试已经结束了，请退出"。两位同学四目相对，不知何故，面试怎么什么都没问，就结束了。

情景 2 小温到一家知名广告公司应聘广告设计，按招聘方的要求坐在了主考官的对面。因为他迫切想进这家公司，加上来的时候有些匆忙，小温心里有些紧张。坐下之后，双手不由自主地握在一起，不断地用一只手抚摸另一只手，双腿的姿势也显得有些僵硬。因为身体保持挺直的时间过长，小温觉得累，于是轻轻地向前挪动身体，不料他的动作不小心带动了椅子，椅子跟着往前动，发出刺耳的声响。小温心里暗暗叫苦，回答问题时显然被自己的失态分心了，说话很不流畅。当主考官问到他的相关经验时，小温仰头作思考状，一只手不自觉地摸向脑后，这个动作使主考官忍不住微笑了一下，安慰他说："别紧张，慢慢想。"这样一来，小温觉得自己的心里被人家识破，更紧张了，就像小温担心的那样，他没有被广告公司录用。

情景 3 第二次世界大战时期盟军部队进入比利时，德军仓惶溃退。一天，两名士兵在驻地附近逮捕了一个叫艾米里约·布朗格尔的人。著名反间谍专家奥莱斯特·平托上校感觉到这个人的穿着和谈吐虽然是典型的北方农民，口音也是地道的瓦隆地区（比利时某地区）的土音，但他粗壮的颈部和魁梧的运动员体形，与当地常见的惰性十足的人截然不同，于是决定对他进行审讯。

第一次审讯的对话内容如下。

问：你是农民吗？

答：过去是，现在不是。德国鬼子抢走了我的牲畜，杀死了我的家人。

问：会数数吗？

答：数数？

问：对，把桌上这盘豆子数一数吧。

答：一、二、三……（慢慢地用法语数）

在第一次审讯中，上校未发现任何破绽，但仍不气馁，决定进行第二次审讯。

这次审讯换用了特殊的方式。他派人在布朗格尔的住处放了几捆草，一个士兵点着了草后，烟从门的下面进到了屋里，值勤的士兵用德语大喊："着火了!"布朗格尔惊醒，动了动，又睡了。接着平托上校用法语大声喊道："着火了!"布朗格尔一下子跳了起来，绝望地敲打着门。这一次，上校仍未发现破绽。

第三次审讯，上校又用了新的方案。在布朗格尔被带来时，上校拿起一支从他身上搜出的铅笔。

问：你带这个干什么？

答：不就是支铅笔吗？

问：用他来写情报？

答：（流露出不屑回答的样子）

"可怜的家伙"上校用德语向身边的军官说，军官也用德语反问："为什么？"上校说："他还不知道明天上午就要被绞死，已经21点了。他肯定是个间谍，不会有别的下场。"

平托上校一边说一边用眼睛斜视着布朗格尔，特别注意他的眼睛和喉头。但布朗格尔没有任何表示，他以神态证明自己不懂德语。很明显，第三次审讯没有结果，到此为止，上校几乎绝望了，开始怀疑自己以前的判断。但直觉让他进行最后一次审讯——第四次审讯。如果再没有突破，就决定立即释放布朗格尔。

最后一次审讯是这样进行的：当布朗格尔像平时一样走进平托上校的办公室时，上校装作正看一份文件，看完后拿起铅笔在上面签了字，然后抬起眼睛突然用德语对布朗格尔说："好啦，你自由了，现在就可以走了。"布朗格尔长长地出了一口气，动了动肩膀，像是卸了一个沉重的包袱，他仰起脸，眼睛放着光，愉快地呼吸着自由空气。当他发现平托上校嘲笑的眼光时，一切都已经晚了，身后的士兵已紧紧地抓住了他。

请针对以上3个情景进行分析，并将分析的内容填入表1-3。

表1-3　仪态表现情景分析表

情景状态	仪态表现（存在问题或优缺点）	受到启示
情景1		
情景2		
情景3		

训练项目二　社交礼仪

社交礼仪涉及的内容众多，了解社交时的礼仪，可以帮助我们顺利通往交际的殿堂，获得良好的"首因效应"。本训练将涉及介绍与称呼、握手与致意、名片的使用、接待与拜访、电梯礼仪、空间礼仪、网络礼仪等较为基本和常用的社交礼仪。

一、介绍与称呼

（一）介绍

在社交礼仪中，介绍是一个非常重要的环节，可以说人际交往始自介绍。换而言之，跟任何人打交道，把介绍这个程序去掉了，恐怕就非常唐突了，所以介绍是"交际之桥"。

小罗刚大学毕业，在大华公司总经理办公室做秘书。一天，公司王总经理派他到机场去接广州明光公司销售部的吴丽晶经理。小罗准时来到机场,在出口处吴经理见到小李手中的字牌,走到小罗面前说:"你好!你是小罗吧,我是吴丽晶!"小罗连忙用不太标准的普通话说:"是的是的,我是小罗,您好!您就是广州过来的狐狸精(吴丽晶)吧?我是王总派来接您的。我是东方大学行政管理专业的研究生,现在是王总的秘书。"面对小罗这样的称呼、这样的自我介绍,吴经理感觉不太舒服。

1. 介绍礼仪

(1) 介绍他人的礼仪

将某人介绍给别人时,按礼宾顺序应该是向年长者引见年轻者,向女士引见男士,向职位高的引见职位低的,同时连同双方的单位、职务一起作简单介绍;在人数众多的场合,如果其中没有职位、身份特殊的人在场,又是年龄相仿的人聚会,则可按照一定的次序介绍;当单独介绍两人相识时,应事先了解一下他们彼此是否都有想认识对方的愿望,免得造成不必要的尴尬。同时在向他人介绍某人时,应有礼貌地以手掌示意,以及语言要简洁、语气要诚恳。

(2) 被人介绍的礼仪

当自己被介绍给他人时,应该面对着对方,显示出想结识对方的诚意;等介绍完毕后,可以握一握手并说:"你好!"、"幸会!"、"久仰!"等客气话表示友好。如果你是一位男士,被介绍给一位女士时,应该主动点头并稍稍欠身,然后等候对方的反应。按一般规矩,男士不用先伸手,如果对方不伸手也就罢了,如果对方伸出手来,男士应立即伸手轻轻一握;如果你是一位女士,被介绍给一位男士时,只要微笑点头,就合乎礼貌了,但如果愿意和对方握手,则可以先伸出手来。

(3) 自我介绍的礼仪

自我介绍是一门艺术,懂得并善于自我介绍的人更能占优势。许多招聘者都说,见到应聘者的第一眼,他们就开始决定是否聘用他,等到应聘者作完自我介绍,结论基本已经定下。对于面前的人来说,脸就是名片,而自我介绍就是名片的注解。给人留下深刻的印象是必要的,更重要的是这印象应该是良好的、能激发对方深入了解的欲望。一段精心设计的自我介绍就是一个商业广告,一个产品包装,成功与否在于灵活变化。

自我介绍时,既可以主动打招呼,如说声"你好!"来引起对方的注意,然后说出自己的姓名、身份,也可一边伸手跟对方握手,一边作自我介绍。但在介绍的过程中,介绍者与被介绍者的态度要热情得体、举止大方,同时整个介绍过程中,双方应当保持站立姿势,相互热情应答。

2. 介绍的顺序

在不同场合里,作介绍的方式是不同的,而介绍的顺序和介绍的内容也很有讲究。小高有心让朋友老王和自己的新朋友小李认识,正好一次小李陪小高看展览,遇到了老王。小高马上热情地招呼老王。小高先对小李说:"这就是我常和你提起的老王,是博弈高手。"随即对老王说:"老王,这是我新认识的朋友小李,对博弈挺有研究的。"人到中年的老王见小李只是个 20 多岁的普通青年,不禁感到被介绍给他很丢面子。打个哈哈就走了,不仅没有接受小李这个朋友,把小高也冷落到一旁去了。

看来不懂得介绍的礼仪顺序,会让人深陷尴尬境地,正确的介绍顺序如下。

(1) 在一般场合,介绍时应遵循女士优先的原则。因此,应将男士先介绍给女士。

(2) 应将职位低的人介绍给职位高的人。

(3) 应将年纪轻的介绍给年纪大的。

(4) 应将未婚者介绍给已婚者。

(5) 应将宾客介绍给主人。

(6) 把后来者介绍给先到者。

3. 介绍时应注意事项

(1) 介绍者为被介绍人介绍之前,一定要征求一下被介绍双方的意见,切勿上去开口即讲,显得很唐突,让被介绍者感到措手不及。

(2) 被介绍者在介绍者询问自己是否有意认识某人时,一般不应拒绝,而应欣然应允,实在不愿意时,则应说明理由。

(3) 介绍人和被介绍人都应起立,以示尊重和礼貌;待介绍人介绍完毕后,被介绍双方应微笑点头示意或握手致意。

(4) 在宴会、会议桌、谈判桌上,视情况介绍人和被介绍人可不必起立,被介绍双方可点头微笑致意;如果被介绍双方相隔较远,中间又有障碍物,可举起右手致意,点头微笑致意。

(5) 介绍完毕后,被介绍者双方应依照合乎礼仪的顺序握手,并且彼此问候对方。问候语有"你好"、"很高兴认识你"、"久仰大名"、"幸会幸会",必要时还可以进一步作自我介绍。

(6) 介绍时需要注意,语言要清晰,让对方听清,语调平和有礼貌。

(7) 普通男女之间,对男士均称先生,对已婚女士称夫人或太太,对未婚女性称小姐。一般而言,这种称呼下属对上司、年轻人对年长者、学生对教师、生意人称呼对方等,均可使用。

(8) 自我介绍,如"我叫李巍,信用社信贷员。"或"很荣幸遇见您,我叫李巍,信用社信贷员。"

(9) 必要的寒暄。当一个人被介绍给新朋友认识时,应先开口寒暄。

(二) 称呼

社交场合中我们经常称呼他人,有没有称呼和如何称呼,都涉及礼仪问题。学生既要有敬称人的意识和意愿,又要学会如何敬称他人,如何避免无意识地在称谓问题上伤害他人。

刚上班的小王就曾因此备受称呼尴尬之苦。报到的那一天,接待她的是公司的一位部长,四十来岁的人却年轻得像二十五六岁,第一次见面,小王恭恭敬敬地喊了一声:"××部长,您好!"部长听了,嘿嘿一乐,很随和地说道:"别那么认真,叫我小××好了。"再遇到部长时,还是不知道该怎么称呼他。

在现实生活中,称呼是我们每个人都无法回避的问题。其实小王只要静观他人的称呼,然后同他人保持一致就可以了。遵循了这一点一般就不会犯太大的错误,大可不必为此担心分神。一般地说，称谓是一种随交情的递增而逐步随意化的，初识称先生或女士、同志，近了就称全名全姓，再近就称小×、老×，再近一点就可以称兄道弟、称姐道妹了。

在社交场合中，一般对男子称先生，对女子称女士、小姐，已婚女子称夫人，未婚女子统称小姐，对婚姻状况不明的女子可称女士。如同一些少妇，被一些不熟识的长辈称为"姑娘"一样，心中一定会美滋滋的。称呼对方时还要遵循先上级后下级、先长辈后晚辈、先女士后男士、先疏后亲的礼遇顺序进行。

每个人都有名字，但这不是唯一供人称呼的。每个人在社会上都扮演着好多个不同的角色，每个角色都有不同的称呼，所以，我们要选择最得当的称呼以表示敬重。选择原则是：既要符合自己与对方的关系，又要让对方显示出社会地位。

（三）介绍与称呼情景训练

情景 1　一位年轻人准备去青海湖风景区旅游。那天天气炎热，他下车后已走得筋疲力尽，口干舌燥，不知距目的地还有多远，举目四望，不见一人。正失望时，远处走来一位老者，年轻人大喜，张口就问："喂，离青海湖还有多远呀？"老者目不斜视地回了两个字："五里"。年轻人精神倍增，快速向前走去。他走呀走，走了好几个五里，青海湖也不见踪迹，他恼怒地骂起了老者。

情景 2　斯诺在其《西行漫记》中曾经记述了这样一个耐人寻味的生动故事：我坐下来和驻扎在这里的交通处的一部分人员一起吃饭……，像平常一样，除了热开水以外，没有别的喝的，而开水又烫得不能进口，因此我口渴得要命。

饭是由两个态度冷淡的孩子侍候的，确切地说是由他们端来的……他们最初不高兴地看着我，可是在几分钟后，我就想法惹起了其中一个孩子的友善的微笑。这使我胆子大了一些，他从我身边走过时，我就招呼他："喂，给我们拿点冷水来。"

那个孩子压根儿不理我，几分钟后，我又招呼另外一个孩子，结果也是一样。

这时我发现戴着厚厚玻璃眼镜的交通处长李克农在笑我。他扯扯我的袖子，对我说："你可以叫他'小鬼'，或者可以叫他'同志'，可是，你不能叫'喂'，这里什么人都是同志。这些孩子是少年先锋队员，他们是革命者，所以志愿到这里来帮忙。他们不是佣人，他们是未来的红军战士。"

正好这个时候，冷水来了。"谢谢你——同志！"我道歉说。那个少先队员大胆地看着我，"不要紧，"他说，"你不用为了这样一件事情感谢一个同志！"

我想，这些孩子真了不起。我从来没有在中国儿童中间看到这样高度的个人自尊。

情景 3

（1）这位是××公司的人力资源部张经理，他可是实权派，路子宽，朋友多，需要帮忙可以找他。

（2）约翰·梅森·布朗是一位作家兼演说家。一次他应邀去参加一个会议，并进行演讲。演讲开始前，会议主持人将布朗先生介绍给观众，下面是主持人的介绍语：先生们，请注意了。今天晚上我给你们带来了不好的消息，本想要求伊塞卡·马克森来给我们讲话，但他来不了，病了。（下面嘘声）后来我们要求参议员布莱德里奇前来，可他太忙了（嘘声）。最后，我们试图请堪萨斯城的罗伊·格罗根博士，也没有成功（嘘声）。最终我们请到了约翰·梅森·布朗(掌声)。

（3）我给各位介绍一下;这小子是我的铁哥们儿,开小车的,我们管他叫"黑蛋"。

请针对本训练上述 3 个情景进行分析,并将分析的内容填入表 1-4。

表 1-4　介绍与称呼礼仪表现情景分析表

情景状态	介绍与称呼礼仪表现(存在问题或优缺点)	受到启示
情景 1		
情景 2		
情景 3-(1)		
情景 3-(2)		
情景 3-(3)		

二、握手礼仪

握手是社交场合中必不可少的基本礼仪之一。一位世界级形象设计大师给一个经理人上礼仪课时郑重地强调:"握手是陌生人之间的首次身体接触,就是这稍纵即逝的三五秒钟,意味着经济效益!"握手意味着礼貌、尊重、友好,有时是表示礼节性的问候,有时则是表示希望与对方结识和交往的诚意。

行握手礼是一个并不复杂却十分微妙的问题。因不懂握手的规则而遭遇尴尬的场面,是谁也不愿意遇到的。作为一个细节性的礼仪动作,做得好,它好像没有什么显著的积极效果;做得不好,它却能凸显负面效果。

（一）握手的分类

1. 单手相握

用右手进行单手相握,是常用的握手方式。

（1）平等式握手:手掌垂直于地面并合握。地位平等或为了表示自己不卑不亢多采用这种方式。

（2）友善式握手:自己掌心向上与对方握手。这种握手方式能够显示自己谦恭、谨慎的态度。

（3）控制式握手:自己掌心向下与对方握手。这种握手方式让自己显得强大,有控制欲。

2. 双手相握

双手相握又称"手套式握手",即用右手握住对方右手后,再以左手握住对方右手的手臂。这种方式,适用于亲朋好友之间,以表达自己的深厚情义,不适用于初识者或异性,那样,会被误解为讨好或失态。

（二）握手的次序

在正式场合,握手时伸手的先后次序主要取决于职位、身份;在社交、休闲场合,则主要取决于年纪、性别、婚否。握手的次序需要注意以下方面。

（1）上下级之间：上级伸手后，下级才能伸手相握。

（2）长辈与晚辈之间：长辈伸出手后，晚辈才能伸手相握。

（3）男女之间：女士伸出手后，男士才能伸手相握。

（4）已婚者与未婚者之间：已婚者先伸出手来。

（5）主人与客人之间：主人应先伸出手来，与到访的客人相握；客人告辞时，应首先伸出手来与主人相握。

（三）握手动作要领

（1）握手时应面含笑意，注视对方双眼。神态要专注、热情、友好而自然。口中的问候，也是必不可少的。

（2）人行握手礼时应起身站立，以示对对方的尊重。

（3）双方彼此之间的最佳距离为 1 米左右。距离过大，显得一方冷落一方；距离过小，手臂难以伸直，也不太雅观，如图 1-5 所示。

（4）双方将要相握的手各向侧下方伸出，伸直相握后形成一个人形角。

（5）与人握手不可以不用力，否则会使对方感到你缺乏热忱与朝气；同样不可以拼命用力，否则会有示威、挑衅的意味。

图 1-5 握手

（6）握手的时间不宜过短，也不宜过长，握手的全部时间应在 3 秒内。时间过短，会显得敷衍；时间过长，尤其是和异性握手，则可能会被怀疑为居心不良。

（四）握手禁忌

（1）握手时切忌左顾右盼，心不在焉，用眼睛寻找他人，而冷落对方。

（2）与客人见面或告辞时，不能跨门握手，要么进门，要么同门外人握手。

（3）除非是年老体弱或者有残疾的人，一般总是要站着而不能坐着握手。

（4）伸出右手与人握手时，左手应自然下垂，不能插在口袋里。

（5）男士不能戴着帽子和手套与他人握手，军人则不必脱帽，先行军礼，然后再握手。

（6）在社交场合中，女士戴薄纱手套或网眼手套可以不摘而握手。但在商务活动中讲究男女平等，女士应该摘手套握手，当然，这时男士仍旧不要先主动同女士握手。

（7）忌用左手同他人握手，除非右手有疾或太脏了，在这种特殊情况下应向对方说明原因并道歉。在印度和中东的一些国家里，左手只能用于洗澡或上洗手间，因而被认为是不洁的。所以与这些国家的人握手时尤其不能用左手。

（8）握手时不要抢握，切忌不可交叉相握。有的西方国家视交叉握手为凶犯的象征，交叉成"十"字意为十字架，被认为必定会招来不幸。

（五）握手情景训练

情景 1　甲公司的秘书小凤是个年轻女孩,有幸随总经理会见乙公司的总经理刘程。看到甲公司的总经理,刘程马上加快脚步走过去迎接对方,并伸出右手。小凤被刘程的领导风范所折服,一看到刘程向自己投来问候的目光,条件反射地伸出手,热情地说:"刘总,您好!"刘程一边伸出右手,口中寒暄着,一边暗自猜测:"这是谁呢? 这么年轻,看起来像个秘书,可是她主动和我握手,派头还不小。难道是另一位经理? 没听说过啊!"这时小凤对刘程自我介绍说:"我是秘书小凤,请您多指教。"刘程这才明白小凤的身份。他觉得这个秘书不是不懂礼仪就是妄自尊大,心里马上看轻了小凤。心想:第一次和甲公司打交道就遇上这么个小错误,以后的合作过程中还不知道会出什么错呢! 刘程还没进甲公司经理办公室的门,就已经给对方判了刑。

情景 2　在一次赛车爱好者的俱乐部活动中,张凯认识了一个外地的优秀赛车手,两人就实践中的许多问题展开了热烈而深入的交流和讨论。交谈之后,他们又去结识新的朋友,度过了一个充实的下午。活动结束前,张凯在人群中找到那个外地车手,主动伸出手说:"你是我在这次聚会上认识的第一位朋友,认识你让我感到非常荣幸,希望以后咱们能继续联系!"对方露出惊喜的表情,很高兴地握住张凯的手说:"一定的,你是我在这次聚会上认识的最有礼貌的朋友,认识你也让我感到荣幸,电话联系吧!"那位外地车友起初并没有记清楚张凯的容貌,因为这次告别时的主动握手,张凯给外地车友留下了良好的印象,最后两人成了很好的朋友。

情景 3　一位旅美华人在家乡举办了一次酒会,宴请当地几个房地产界的商人,希望借宴会增进彼此间的了解,寻找合适的合作伙伴。郑先生是本地房地产大户,声名远扬,是旅美华人最为看好的合作对象。但遗憾的是旅美华人与郑先生握手时,握到了一只潮湿柔软的手,这只死鱼一般的手与他的主人的洒脱热情的外表极端不相称。握手以后,旅美华人对郑先生心生巨大的失望和厌恶。最终,这次合作机会被另一位实力稍逊的地产商获得。郑先生在房地产界大失颜面,事后却百思不得其解。

请针对以上 3 个情景进行分析,并将分析的内容填入表 1-5。

表 1-5　握手礼仪表现情景分析表

情景状态	握手礼仪表现(存在问题或优缺点)	受到启示
情景 1		
情景 2		
情景 3		

（六）模拟握手操作训练

项目 1：握手

训练目标：掌握不同场合的握手礼仪。

训练方法：每两个同学一组,设计不同的场景进行模拟表演,同学们互相评价,并写出自我的收获,最后教师总结点评。

项目 2：握手礼仪自检表

训练目标：帮助同学们掌握握手的礼仪。

训练方法：根据自身情况如实填写表 1-6。并记录自我的收获。

表 1-6　握手礼仪自检表

	握手的礼仪	是否触犯规则	及时改进
握手的基本要求	面含笑意,注视对方	是　　否	
	一边握手一边东张西望,或忙于跟其他人打招呼	是　　否	
	向他人行握手礼时起身站立	是　　否	
	握手时双方彼此之间的最佳距离为 1 米左右	是　　否	
	双方将要相握的手各向侧下方伸出	是　　否	
	握手用力适中	是　　否	
	握手的时间适中	是　　否	
伸手的顺序	上下级之间：上级伸手后,下级才能伸手相握	是　　否	
	长辈与晚辈之间：长辈伸出手后,晚辈才能伸手相握	是　　否	
	男女之间：女士伸出手后,男士才能伸手相握	是　　否	
	已婚者与未婚者之间：已婚者先伸出手来	是　　否	
	主人与客人之间：主人应先伸出手来,与到访的客人相握;客人告辞时,应首先伸出手来与主人相握	是　　否	
握手禁忌	心不在焉	是　　否	
	戴着墨镜、手套	是　　否	
	只用左手	是　　否	
	用脏手与人握手	是　　否	

三、接待与拜访

接待与拜访是社交活动的最基本形式,做到文明待客,礼貌拜访,是表达情谊,也是体现素养的重要环节,在整个接待与拜访的过程中,应遵循礼仪规范。

(一) 接待礼仪

(1) 对来访者,应起身握手相迎,对上级、长者、客户来访,要起身上前迎候。对于不是第一次见面的同事、员工,可以不起身。

(2) 不能让来访者坐冷板凳。如果自己有事暂不能接待来访者,要安排助理或相关人员接待客人。不能冷落了来访者。

(3) 认真倾听来访者的叙述。来访者都是有事而来,因此要尽量让来访者把话说完,并认真倾听。

(4) 对来访者的意见和观点不要轻率表态,应思考后再作答,对一时不能作答的,要约定一个时间再联系。

(5) 能够马上答复的或立即可办理的事,应当场答复,不要让来访者等待,或再次来访。

（6）正在接待来访者时，有电话打来或有新的来访者，应尽量让助理或他人接待，以避免中断正在进行的接待。

（7）对来访者的无理要求或错误意见，应有礼貌地拒绝，而不要刺激来访者，使其尴尬。

（8）要结束接待，可以婉言提出借口，也可用起身的体态语言告诉对方本次接待就此结束。

（二）拜访礼仪

（1）拜访人员服饰要整洁、端庄、得体、高雅；女性应避免佩戴过于夸张或有碍工作的饰物，化妆应尽量淡雅。

（2）拜访前应事先和被访对象约定，以免扑空或扰乱主人的计划。拜访时要准时赴约，拜访时间长短应根据拜访目的和主人意愿而定，一般而言时间宜短不宜长。

（3）到达被访人所在地时，一定要用手轻轻敲门，进屋后应待主人安排指点后坐下。后来的客人到达时，先到的客人应该站起来，等待介绍。

（4）拜访时应彬彬有礼，注意一般交往细节。告辞时要同主人和其他客人一一告别，说"再见"、"谢谢"；主人相送时，应说"请回"、"留步"、"再见"。

（5）如果受访者是事先约定好的重要客人，则应根据其地位、身份等确定相应的规格和程序。

（三）接待、拜访礼仪注意事项

（1）在接待时，不要当着客人的面与他人发生争吵、纠纷，以免客人误会。如在家接待，不要让客人给自己打下手，如果自己暂时没有时间陪客人，可提供书报、电视、音乐等消遣给客人，请其稍等。

（2）接待客人时，准备足够的空间和时间，准备好充足的招待用品。

（3）在同时接待几位客人的时候，不要只和你喜欢的或是相熟的客人交谈，不要对某个人窃窃私语或制造小圈子，不要谈论某些客人看来很无聊、很厌恶的话题。

（4）在公务接待中，不要恭敬地对待身份较高的客人而对普通客人视而不见，不要触犯客人的风俗禁忌。在接待过程中，不要铺张浪费或过于简朴，不要暴露不能公开的任何资料和信息。

（5）不要在知道对方声明不见任何人的时间段贸然拜访。不要在深夜、凌晨或主人工作繁忙及吃饭、休息时间上门拜访。

（6）拜访别人时不要不辞而别。如果自己拜访的人和自己的关系一般，不要将主人的客套话当真而真的留下来吃饭。

（四）接待与拜访情景训练

情景1 以下是大连一灯婚庆公司接待客户和准客户时制定的独到的礼仪规范。
前台接待流程如下。

电话用语。"您好，一灯婚庆，××为您服务。"

接待客人。前台所有人始终微笑服务，接待时，时常看新人的眉心位置，不允许自顾自低头讲单。不允许只盯着新郎讲或者只盯着新娘讲，话语的最终落脚点在新娘身上。

分组：1组两个人，A主要负责迎宾、接待客人；B主要负责接单。

客人进门后：

（1）问询。A："您好，欢迎光临一灯，您是咨询婚庆还是有预约？"同时前台其他婚礼顾问（没谈单的顾问）必须在位置上站好，客人目光看到谁，谁要说："您好"。客人落座后，其他人才可落座。

（2）请客人落座。A说："请这边坐"，同时伴随着手势（一般情况下伸朝向座位方向的手，大臂微弯）。

（3）饮品。A问客人："您想喝点什么？我们这儿有果汁和咖啡。"如果客人选择其中一种，A再问："我们这有××果汁/咖啡，您想喝哪种？"如果客人说来点水就可以了，绝不能给客人倒水，而要说，要不然建议您来点果汁（清凉润喉）/咖啡（提神醒脑）吧。

（4）介绍搭档B。A说："给您介绍一下，这是我们首席高级策划师××，由她为您服务。"介绍完后，A去客人倒水。

（5）B自我介绍。B说："您好，我是一灯婚庆的婚礼策划师，我叫××，你也可以叫我××。"同时双手把名片递上。在坐下的同时，坐垫要高起来，位置要比客人高，目的是增加心理优势。B在谈单时，不要一开始就讲单，首先要了解客人的自然情况，想办什么样的婚礼。A倒完水，为B拿笔、咨询表等。

（6）A坐在B旁边旁听，辅助B。

（7）送客。讲完单后，客人不起身，接待人员不能起身。要先客人一步到达门口，为客人开门，然后寒暄说"感谢您的光临"，送客人要送到楼梯下边，客人走了之后再回来。

情景2　泰国某机构为泰国一项庞大的建筑工程向美国公司招标。经过筛选，最后剩下4家候选公司。泰国人派遣代表团到美国亲自去各家公司商谈。代表团到达芝加哥时，那家工程公司由于忙乱中出了差错，又没仔细复核飞机到达时间，未去机场迎接泰国客人。但是尽管泰国代表初来乍到不熟悉芝加哥，还是自己找到了芝加哥商业中心的一家旅馆。他们打电话给那位急促不安的美国经理，在听了他们的道歉后，泰国人同意在第二天11时在经理办公室会面。第二天美国经理按时到达办公室等候，直到下午三四点钟才接到客人的电话说："我们一直在旅馆等候，始终没有人前来接我们。我们对这样的接待实在不习惯。我们已订了下午的飞机赴下一个目的地。再见吧！"

情景3　贝尔应邀访问10年前认识的中国朋友长青。临走时，长青取出事先买好的机票，并为贝尔准备了一件包装精美的石雕工艺品作为礼品，亲自开车带着妻子和女儿将贝尔送到机场。长青的妻子和女儿一起，待贝尔下车后，分别与贝尔握手，祝福，并目送贝尔登机。贝尔进舱前，向长青一家人频频挥手，只见长青和他的家人仍然站在原地，注视着飞机，他们的这一集体形象深深印入了贝尔的脑海。贝尔再次访问中国时，听说长青在做汽车卫星定位系统的项目，他热情地帮长青联系了一个合作伙伴，长青的事业因此而得到迅速的发展。

情景4 王新到刚认识的老乡刘洋家做客，吃过午饭，稍坐了一会儿，王新提出告辞。刘洋露出惊讶和不舍的表情说："哎呀，都是外面混的，好不容易咱老乡见老乡，就这么一会儿就要走啊？说什么也得再歇会儿！坐下坐下！"说着就去按已经站起身的王新。王新难为情地说："算了老刘，客气什么呀，都吃了午饭了，再坐下去会耽误你们休息的。改日你上我那里去，咱们来日方长嘛！"边说边要走。刘洋一把抓住王新的胳膊说："看你说的什么话？谁跟你客套了？让你坐你就坐嘛！"王新觉得盛情难却，就真的又坐下了。这下刘洋却心里暗暗叫苦了，他想："怎么叫你坐你就真的又坐了呢？真不懂礼貌！"两人重新坐下却又不知道再说什么好，很是尴尬。

情景5 一天上午，惠利公司前台接待秘书小张匆匆走进办公室，像往常一样进行上班前的准备工作。她先打开窗户，接着，打开饮水机开关，然后，翻看昨天的工作日志。这时，一位事先有约的客人要求会见销售部李经理，小张一看时间，他提前了30分钟到达。小张立刻通知了销售部李经理，李经理说正在接待一位重要的客人，请对方稍等。小张就如实转告客人说："李经理正在接待一位重要的客人，请您等一会儿。"话音未落，电话铃响了，小张用手指了指一旁的沙发，没顾上对客人说什么，就赶快接电话去了。客人尴尬地坐下……待小张接完电话后，发现客人已经离开了办公室。

请针对以上5个情景进行分析，并将分析的内容填入表1-7。

表 1-7 接待拜访礼仪表现情景分析表

情景状态	接待拜访礼仪表现（存在问题或优缺点）	受到启示
情景 1		
情景 2		
情景 3		
情景 4		
情景 5		

（五）模拟接待、拜访操作训练

项目1：接待客人模拟训练

训练目标：熟悉、掌握接待的有关礼节，能够正确运用其礼仪规范。

训练方法：准备一些简单办公家具，茶具、茶叶、热水瓶或饮水机，企业宣传资料等。一部分学生扮演来访团体成员，一部分学生扮演接待方成员，模拟演示以下情景，并记录自我成长的收获。

（1）在门口迎接客人。

（2）引导客人前往接待室。

（3）与客人搭乘电梯。

（4）引见介绍。

（5）招呼客人。

（6）为客人奉送热茶。

（7）送别客人。

项目2：拜访礼仪模拟训练

训练目标：熟悉、掌握拜访的礼节，并规范地进行交际。

训练方法：设计场景，比如到客户办公室进行业务拜访或礼节性拜访。让学生分组进行情景表演，并请同学记录自我成长的收获。

训练项目三　公共礼仪

一、空间礼仪

空间礼仪产生于人类对领域的占有欲和安全感。在非语言符号系统中，交往空间是一种特殊的无声语言。它是指一个人与另外一个人交往时，会无形中感到彼此间应该有一种距离才能心定神安。在某个宽敞而又空闲的阅览室里，一个人正独自坐在一张大桌子前，此时有另外一个人坐在他的身旁，而且越靠越近，会立即引起这个人的"觉醒"或"心神不定"，或显得反感，向另一旁挪动。这是因为人都具有一个把自己圈住的心理上的个体空间，它就像一个无形的"气泡"一样为自己"割据"了一定的"领土"，一旦这个"气泡"被人侵犯，就会感到不舒服、不安全，甚至恼怒起来。人际的交往只有在这个空间允许的限度内才会显得自然。否则一旦冲破这个界限，就会给进一步的交往带来困难。

（一）人际空间理论

美国人爱德华·霍尔博士划分了4种人际区域或距离，每种距离分别与双方的关系相称。

1. 亲密距离

亲密距离是人际交往中的最小间隔或几无间隔，即通常所说的"亲密无间"。其近段距离在15厘米以内，彼此可能肌肤相触，耳鬓厮磨，以至相互能感受到对方的体温、气味和气息，如拥抱、接吻等。远段距离在15～44厘米之间，表现为挽臂执手，促膝谈心等。这一距离有非常特定的场景和对象，一般属于私下情境，说悄悄话，或在贴心朋友、夫妻和情人之间。在社交场合、大庭广众面前或一般的异性之间是绝对禁止的，否则不仅不雅观，还会因为不行"礼"而引起另一方的反感甚至冲突。

2. 个人距离

个人距离在人际间隔上稍有分寸感，表现为较少的直接身体接触。一般近段距离在46～76厘米之间，正好能相互亲切握手，友好交谈。远段距离在76～120厘米之间，已有一臂之隔，恰恰可能的身体接触之外。这一距离通常为人们在交往场合所接受，它有较大的开放性，任何朋友和熟人都可以自由地进入这个空间。

3. 社交距离

社交距离已超出了亲密或熟悉的人际关系，而是体现出一种社交性的或礼节性的较正式关系。近段距离在120～210厘米之间，一般出现在工作环境和社交聚会上的交往。远段距离在210～360厘米之间，往往表现为正式交往的关系。一些有较高身份和地位的人往往通过一个特大办公桌的相隔与下属交谈。这一距离大多是考虑到交往的正式性和庄重性，如企业或国家领导人之间的谈判，教授与学生间的论文答辩等，以增加一种庄重的气氛。

4. 公众距离

在这个空间中，人际间的直接沟通大大减少了。其近段距离在360～750厘米之间，远段距离则在750厘米以外。这是一个几乎能容纳一切人的"门户开放"的空间。人们完全可以对处于这个空间内的其他人"视而不见"，不予交往，因为相互间未必发生一定联系。在这个空间的交往，大多是当众演讲之类的。

这4种交往距离、范围的划定，为人们寻求最为适合的交往空间提供了一个模式，但这一距离范围并不是"铁板"一块，不同的人所需的个体空间范围有所不同，同一个人在不同心理状态下所需的个体空间也会有所变化。因此，交往空间仍有较大的伸缩性和可交往性。

（二）人际空间在不同状况下的差异

1. 不同文化背景或民族差异

地中海国家的人交往时允许有较多的身体接触，相互靠得较近；而北欧国家的人则相互离得较远，很少有肌肤接触。同是欧洲国家，法国人与英国人交谈时，法国人总是保持较接近的距离，乃至气息也会喷到对方脸上，而英国人会感到很不习惯，步步退让，维持适合于自己的空间范围。

同是美洲国家，对北美人来说，最适宜的交谈距离是距一臂至4英尺，而南美人交谈则喜欢近一些。北美人为了避免文化差异造成的个体空间不协调，常常以桌椅作为隔开的屏障，而南美人甚至会不由自主地跨过这些屏障，以便达到他感到舒服的交谈距离。

东西方文化的差异对交往距离的影响就更大一些，如一个美国人和一个日本人站在一个大厅里谈话，由于两个人有不同的交际距离概念又没能相互了解对方，便闹出一场笑话：美国人喜欢站在三四步远的地方谈话，而日本人总想站近一点，致使双方都为能保持让各自感到舒适的距离，日本人不断向前以调整他的空间需要，而美国人则步步后退以满足自己的空间不受"侵犯"。一进一退，绕了大厅走了一圈。把这段情形录像下来并以快速放映时，会感到这位日本人在带这位美国人绕着大厅跳舞。结果，日本人觉得美国人太冷淡、太别扭、太腼腆；而美国人则觉得日本人亲昵过度，太危险。

2. 社会地位和年龄差异

地位尊贵的人物，较之地位低的人需要更大的个体空间，一般是有意识地与下属和人群保持相当距离，更不能容忍这些人紧靠着他说话，乃至抚肩拍背或气息喷到脸上。同样，年龄差异较大的人之间的交往距离的人为缩小产生的感觉，较之同龄人之间会淡化一些，比如抚摸儿童的头和脸，而在成年的同龄人之间这是一种不敬的表示，会显得粗俗无礼。

3. 性格差异

性格开朗,喜欢交往的人更乐意接近别人和别人的靠近,个体空间相对较小。而性格内向,孤僻自守的人不愿主动接近别人,宁愿把自己孤立地封闭起来,当然对靠近他的人也就十分敏感,他们的个体空间一旦受到侵占,最容易产生不舒服感和焦虑感。具有主动性格的人,容易无意识地单方侵入对方的个体空间,而客观上给对方造成威迫的压力或巴结的情势。在正式的社交场合,易为对方看不起。日本的公关人员往往就是通过就座的空间位置来判断公众的性格和心理。

4. 性别差异

女性相聚比男性相聚会站得近。女性同男性对空间位置的安排也不同:女性往往靠在她喜欢的人旁边,而男性则选择在他喜欢的人对面坐着。女性最反感陌生人坐在自己旁边,男性最不喜欢陌生人占据自己对面的位置。而且,男性会把坐在对面的"闯入者"视为竞争的威胁,女性则把坐在身旁的"闯入者"视为有意识的侵犯。

5. 情绪状态和交往场景差异

人在心情愉快舒畅时,个体空间就会缩小,允许别人靠得很近;而若闷闷不乐时,个体空间便会非理性地扩张,甚至连亲密朋友也可能被拒之门外。在拥挤的社交场合,如舞会、聚会等,人们无法考虑满足自己的个体空间的需要,而较易容忍别人靠得很近,但会设法避免视线或呼吸的接触。当面对面时,眼睛会很自然地注意对方的头顶或空间的某个位置。然而,若在较为空旷的社交场合,人的个体空间就会自然扩大,当别人毫无理由地侵入时,便会引起怀疑和不自然的感觉。

以上是根据人的生理心理原理和礼仪规范的基本要求对人际交往的空间作出的概括性和普遍性的分析。尽管从社会到个人都存在一定的差异,并会对交往距离产生不同程度的影响,但人们还是应该学会在实践中摸索总结出既能适合对方,又能适合场景、适合自己的交往空间的三维标准。只有这样,才能应酬于各种社交场合,在人际交往中始终达到沟通与行"礼"的最高统一。

(三)空间礼仪需要注意的几个问题

(1)尊重并理解人际空间的存在。
(2)不要随意侵犯他人的亲密空间。
(3)具体人际空间感,因情形而变,需要灵活把握。

二、电梯礼仪

电梯是大多数人生活中密不可分的交通工具,但懂得电梯礼仪的人并不多,下面是一些电梯礼仪知识,可以帮助大家在乘坐电梯时既安全又得体并遵守电梯礼仪。

(一)箱式电梯礼仪

(1)电梯门口处,如有很多人在等候,此时请勿挤在一起或挡住电梯口,以免妨碍电梯内的人出来，而且应先让电梯内的人出来之后方可进入，不可争先恐后。

（2）靠电梯最近的人先上电梯，然后为后面进来的人按住"开门"按钮，当出去的时候，靠电梯最近的人先走。男士、晚辈或下属应站在电梯开关处提供服务，并让女士、长辈或上司先行入电梯，自己再随后进入。

（3）在电梯里，尽量站成"凹"字形，挪出空间，以便让后进入者有地方可站，进入电梯后，正面应朝电梯口，以免造成面对面的尴尬。在前面的人应站到边上，如果必要应先出去，以便让别人出去。

（4）在电梯内不宜谈论重要事项，尤其是机密事项或公司财政、人事等。

（5）在电梯内要站到最里面，不要总是倚在门边不出入，妨碍其他人进出。

（6）有人挡着自己出入时，要礼貌地说"对不起，请让一下"才进出，不要无礼地冲出冲入。

（7）在没有明令禁止宠物乘电梯的地方，小宠物应由主人抱起乘电梯；大型宠物应在没有其他乘客的情况下方可由主人带乘电梯。

（二）扶梯礼仪

一般公共场所多设立扶梯。

（1）乘用扶梯时，要靠右边站立，留出左边让赶路的人通过。"靠右边站"是基本的礼仪规范，如图1-6所示。

（2）在上下扶梯时，要稳步快速进入和离开。不要长时间两人并排谈话，以至于阻挡通道。

（3）乘梯时，应有一只手扶住电梯扶手，以免电梯发生意外突然停止时失足跌落。

（4）按顺序排列乘梯，如确需快速超前，应该有礼貌地告知前面的人，再从扶梯的左侧安全地通过。如果不小心碰到别人，要示意他人表示抱歉。

图1-6 扶手电梯

（5）一般上电梯时男士站在女士后面，下电梯时男士站在女士前面。

（三）共乘电梯所要注意的礼仪

1. 与上司共乘电梯

（1）身为下属的你最好站在电梯口处，以便在开关电梯时为上司服务。而上司的理想位置是在对角处，以使得两人的距离尽量最大化，并卸下下属的心理负担。

（2）在电梯里讲话时不宜盯着对方的眼睛不放，目光可适当下移，以嘴巴和颈部为限。

（3）因电梯空间很小，所以讲话时最好不要有手部动作，更不能指手画脚，动作过大。

（4）打破沉默并不是下属的专利，上司也可利用这几十秒钟增进对下属的了解。

（5）如果上司正在思考或明显不想开口，那完全没必要非要找个话题。

（6）酒后或吃大蒜后，最好嚼块口香糖再上电梯，而香烟则应在上电梯前掐灭。

（7）上下梯时长者、女士优先。

2．与客人共乘电梯

（1）伴随客人或长辈来到电梯厅门前时，先按电梯呼梯按钮。轿厢到达厅门打开时，若客人不止一人时，可先行进入电梯，一手按"开门"按钮，另一手按住电梯侧门，礼貌地说"请进"，请客人们或长辈们进入电梯轿厢。

（2）进入电梯后，按下客人或长辈要去的楼层按钮。若电梯行进间有其他人员进入，可主动询问要去几楼，帮忙按下。电梯内可视状况是否寒暄，例如没有其他人员时可略作寒暄，有外人或其他同事在时，可斟酌是否必要寒暄。电梯内尽量侧身面对客人。

（3）到达目的楼层后，一手按住"开门"按钮，另一手作出请出的动作，可说："到了，您先请！"客人走出电梯后，自己立刻步出电梯，并热诚地引导行进的方向。

3．日常乘电梯礼仪

（1）为了您和他人的方便，切忌为了等人，让电梯长时间停在某一楼层，这样会引起其他乘客的不满。但也不要一上电梯就关门，不等电梯门口的人。

（2）进出电梯要礼让，先出后进。遇到老、幼、病、残、孕者，应让他们先行。如果电梯里的人很多，不妨静候下一趟电梯。

（3）拎着鱼、肉等物品时，要包裹严实，尽量放在电梯角落，防止蹭在他人身上。

（四）十大电梯陋习

（1）站在近电梯门处妨碍他人进出。

（2）面朝门的方向站立，把脊背对着电梯里的其他人。

（3）不依序进出电梯，插队，甚至冲撞他人。

（4）不等待即将快步到达者而关闭电梯门。

（5）不帮助不便按电控按钮者。

（6）对着电梯里的镜子旁若无人地理头发或者涂口红。

（7）大声喧哗，打情骂俏，大声打电话。

（8）吸烟和过度使用香水。

（9）带宠物进电梯。

（10）电梯陋习中的陋习就是：性骚扰，这已经不是道德问题，而是违法行为了。

三、网络礼仪

网络礼仪是指在网上交往活动中形成的礼节和仪式。换句话说就是人们在互联网上交往所需要遵循的礼节，是一系列使人们在网上有合适表现的规则。

使用互联网的人们懂得并遵守这些规则，互联网的效率才能得到更充分，更有效的发挥。下面有 10 条网络行为的基本规范。

（一）记住别人的存在

互联网给予来自五湖四海的人们一个共同的地方聚集，我们面对着电脑荧屏与别人交流的时候,要记住人的存在。如 QQ 聊天,你离开前需要告知对方,并礼貌离开;收到别人的邮件和信息要及时回复等。

（二）网上网下行为一致

在现实生活中,大多数人都是遵纪守法的,网上的道德和法律与现实生活是相同的,不要以为在网上与电脑交易就可以降低道德标准。

（三）入乡随俗

同样是网站,不同的论坛有不同的规则。在一个论坛可以做的事情在另一个论坛可能不便做。比方说,在聊天室散布传言和在一个新闻论坛散布传言是不同的。

（四）尊重别人的时间和带宽

在提问题以前,先自己花些时间去搜索和研究。很有可能同样问题别人已经问过了,现成的答案触手可及。不要以自我为中心,别人为你寻找答案需要消耗时间和资源。

（五）给自己网上留个好印象

因为网络的匿名性质,别人无法从你的外观来判断,因此,你的一言一语成为别人对你印象的唯一判断。发帖以前仔细检查语法和用词,不要故意挑衅和使用脏话。

（六）分享你的知识

我们从网上可以获得很多知识和信息,这是别人的劳动成果,我们需要尊重,如果自己可以,也不妨提供一些有利的信息和大家一起共享。

（七）平心静气地争论

争论与大战是正常的现象。要以理服人,不要人身攻击,微博上要注意语言的文明。

（八）尊重他人的隐私

别人与你的电子邮件或私聊(ICQ/QQ)的记录应该是隐私一部分。如果你认识某个人用笔名上网,在论坛未经同意将他的真名公开也不是一个好的行为。如果不小心看到别人打开电脑上的电子邮件或秘密,不应该到处散播。

（九）不要滥用权利

管理员版主比其他用户有更多权利,应该珍惜使用这些权利。游戏室内的高手应该对新人手下留情。

（十）宽容

我们都曾经是新手,都会有犯错误的时候。当看到别人写错字,用错词,问一个低级问题或者写篇没意义的长篇大论时,你不要在意。如果你真的想给他建议,最好用电子邮件私下提议。

四、用餐礼仪

中国人经常要参加各种宴会,掌握宴请方面的礼仪对大家来说是十分重要的。一般用餐礼仪主要注意以下几方面。

(一)入座与进餐

先请客人入座上席,再请长者入座客人旁,依次入座,最后自己坐在离门最近处的座位上。如邻座是年长者或妇女,应主动协助他们入座。入座时,要从椅子左边进入,坐下以后要端正身子,不要低头,使餐桌与身体的距离保持在10~20厘米。入座后不要动筷子,更不要弄出什么响声来,也不要起身走动,如果有什么事情,要向主人打个招呼。取菜时,自己食盘内不要盛得太多,如遇本人不能吃或不喜欢的菜,服务员上菜或主人劝菜时,不要拒绝,可取少量放在盘内,并及时致谢。对不合口味的菜,切勿露出难堪的表情。吃东西时不要发出声音,要闭嘴嚼,鱼刺、骨头、硬壳等,不要直接外吐,应用筷子取出(西餐时,吐在叉上),然后放在食盘内,不要放在桌上。用过的牙签等细小物品最好也都应放进食盘里面。喝汤时也不要发出声响,最好用汤匙一小口一小口地喝,不宜把碗端到嘴边喝,汤太热时凉了以后再喝,不要一边吹一边喝。进餐时不要打嗝,也不要出现其他声音,如果出现打喷嚏、肠鸣等不由自主的声响时,就要说一声"真不好意思"、"对不起"、"请原谅"之类的话,以示歉意。

(二)交谈

要明确此次进餐的主要任务。现在商海如潮涌,很多生意都是在餐桌上谈成的,所以要明确以谈生意为主,还是以联络感情为主,或是以吃饭为主。如果是前者,在安排座位时就要注意,把主要谈判人的座位相互靠近便于交谈或疏通情感;如果是后者,只需要注意一下常识性的礼节就行了,把重点放在欣赏菜肴上。

(三)离席

离席时必须要向主人表示感谢,或者就在此时邀请主人以后到自己家做客,以示回谢。

(四)餐桌座次的暗示

在中国的饮食礼仪中,坐在哪里非常重要,主座一定是买单的人,主座是指距离门口最远的正中央位置,主座的对面坐的是邀请人的助理,主宾和副主宾分别坐在邀请人的右侧和左侧,位居第三位、第四位的客人分别坐在助理的右侧和左侧。让邀请人和客人相对而坐,或让客人坐在主桌上都算失礼,中国的文化是不让客人感到紧张。邀请人可以指定客人的座位,自己的部下或晚辈也可被安排在比自己更重要的位置上。

趣味心理探秘 **就餐礼仪看性格**

吃饭是人维持自身生存的一种本能，有道是："吃相如人相"。日本著名心理学家涩谷昌三经过多年研究发现，一个人在吃饭这个本能行为中的种种不经意的表现的确可以深层次反映一个人的心理。

从找座位方式看性格

在带别人一起上餐厅的时候会环顾四周后找到空位，然后说："坐那里吧!"带领大家就座的人，不仅判断力卓越，也极具自信，是会直接表达内心想法的人，但也容易流于独断而惹人厌。

带领着大家就座，却发现位子不够或是有他人先到，于是在店里四处徘徊重新寻找。有这种习惯的人判断力欠佳，且会做出错误判断，经常会出现小失败，不过却反而凸显个人魅力，乐于配合他人，老实的性格受人欢迎。

总是跟在大家后面的人，是需要别人照顾或依赖感很强的人，凡事不会自己积极主动，只是配合周围人的举止而行动，是那种不会在意细枝末节、性格大方的人。

马上去问店员哪里还有空位的人，虽然做事会以合理化的方式往前迈进，不过会有以眼前结果(所有人都就位)为优先，而疏忽喜好与气氛等心理因素的倾向，也有不考虑别人意见与想法的一面。

从点菜方式看是否深思熟虑

速战速决点菜的人下决定速度快，但性子急，有想法太过天真、缺乏深思熟虑的一面，拥有领导者特质，但过于独断且不相信别人，有"凡事求快"、"不想落后于人"的竞争心理。

犹豫不决，无法下决定的人太过在意别人，缺乏决断力，会因为胃口太大，对不同事物都转移焦点而迷失。

"跟大家一样"的人没有主见，总是左思右想对自己缺乏自信，跟别人步调一致，行动不积极。

会问别人要点什么的人做事很有要领，个性亲切，虽然计划周详，却不会有更深入的想法，与总是跟人点同样菜的人相同，是"同调性"很高的人，如果一边问别人，一边却点了跟对方不同的菜色，是不在乎他人而自行其道的人。

最后还是点了跟别人一样菜色的人遵从多数意见，希望与别人一样的倾向性很强，不会坚持己见，经常会因为配合别人而改变意见，是难以信赖的人，对自己所属的团体归属意识强烈，不喜欢离开团体或让团体产生混乱。

从吃法可了解是否在意别人言行

开始想吃别人菜肴的人，善变，无论如何也都无法得到满足感。对自己缺乏自信，经常在意别人的言行，是那种看到别人比自己优秀就会产生自卑感的类型。在人前一副开朗的模样，但一落单后就会想不开，自寻烦恼。

一道一道吃的人，将好几盘菜从最边缘开始按顺序吃的人，眼前该做的事情就会勇往直前，一旦开始埋头苦干，就毫不在乎周围人的眼光。一件事没有做完，就绝不会心有旁骛。这样的人可以发挥卓越的集中力，但同时进行多项工作就不拿手了，要他以宽广的视野看待事物，做出权衡的判断是很困难的。在个性上，这种人也有一本正经与顽固的地方。

不管别人，马上吃完的人，极度自私、性急，自以为是，不想配合他人的步调，虽然能处理较具积极与活动性的工作，但都以自己步调来进行。就算造成别人困扰也不以为然，神经超粗；也有的人一旦下定决心，就绝不会动摇信念，虽然态度强硬，但对批评毫不在乎，仍贯彻始终。

从剩菜残留方式，发现个性

吃得乱七八糟的人性格粗枝大叶，任性；盘子干干净净的人做事有计划，一丝不苟；整齐地留下食物的人，在意别人的眼光，对别人很严格；即使只剩一口也不吃完的人，姑息自己，直率。

训练项目四　自我礼仪训练方程式

一、自我仪容训练

仪容具有一定的社交功能，学会并尝试自我训练，是提高自我仪容美的必要方法。这些方法都很简单，但需要坚持和自我重视并懂得仪容文化。

（一）自检法

请在以下表 1-8 中，检查自己的仪容状况，并进行必要的改进。

表 1-8　仪容自检表

检查部位	清洁度	健康程度	自我满意度	改进措施
脸部				
眼睛				
眉毛				
耳朵				
鼻子				
嘴巴				
胡须				
脖子				
胳膊				
手部				
腿部				
脚部				
汗毛				

（二）照镜法

自己照镜子对仪容进行观察，对照书中所说的原则，以及社会基本接受的仪容规范进行自我修饰，以自我感觉自然和愉悦为准。

（三）他人评价法

照镜子只是一种自我的观察，但仪容的状况是具有社会性的，具有人际交往的功能。而且每个人的欣赏观点存在差异，自我欣赏的仪容还需要得到社会的认可，让他人可以接受，能够符合社会规范。

（四）专家指导法

可以请礼仪专家进行指导，尤其是进行针对性的指导。还可以参加礼仪俱乐部，经常参加仪容方面的知识与技能培训，以提高自身技能。

二、自我仪态训练

（一）自我表情模拟训练

1. 眼神

训练目标：掌握眼神的基本要领，正确使用眼神。

训练方法：

（1）按照要求，练习定视法、转视法、扫视法。

（2）每人一面小镜子，并准备一些音乐、优秀影视剧中的演员和节目主持人通过眼神表达内心情感的影像资料等。请同学观看影像资料，注意观察和体会优秀影视剧中的演员和节目主持人是如何通过眼神表达来体现内心情感的。训练时可以配上优美的音乐，放松心情，减轻单调、疲劳之感。

模拟训练手记：通过训练，"我的收获"记录如下。

我 的 收 获

```



```

2. 微笑

训练目标：掌握微笑的基本要领，在交往中正确使用微笑，养成爱微笑的习惯。

训练方法：

（1）他人诱导法。

（2）情绪回忆法。

（3）口型对照法。

（4）假装微笑法。

（5）牙齿暴露法。

模拟训练手记：通过训练，"我的收获"记录如下。

我 的 收 获

```
┌─────────────────────────────────────────────────┐
│                                                 │
│                                                 │
│                                                 │
│                                                 │
└─────────────────────────────────────────────────┘
```

（二）自我仪态模拟训练

1. 站姿

训练目标：掌握站姿的基本要领和不同场合下的站姿，纠正不良站姿。

训练准备：装有及地镜子的形体训练室、书籍、音乐等。

训练方法：

（1）面向镜子按着动作要领体会标准站姿。

（2）个人靠墙站立，要求脚后跟、小腿、臀、双肩、后脑勺都紧贴墙，进行整体的直立和挺拔训练。每次训练 20 分钟左右（应坚持每天一次）。

（3）在头顶放一本书使其保持水平促使人把腿部挺直，下巴向内收，上身挺直。每次训练 20 分钟左右（应坚持每天一次）。

（4）为了使双腿站直，可在两腿之间夹一本书进行训练。

（5）训练时可以配上优美的音乐，放松心情，减轻单调、疲劳之感。女性穿半高跟鞋进行训练，以强化训练效果。

模拟训练手记：通过训练，"我的收获"记录如下。

我 的 收 获

```
┌─────────────────────────────────────────────────┐
│                                                 │
│                                                 │
│                                                 │
│                                                 │
└─────────────────────────────────────────────────┘
```

2. 坐姿

训练目标：掌握坐姿的基本要领和不同场合下的坐姿，纠正不良坐姿。

训练准备：装有及地镜子的形体训练室、靠背椅子若干把、书籍、音乐等。

训练方法：

（1）面向镜子按坐姿基本要领，着重脚、腿、腹、胸、头、手部位的训练，体会不同坐姿，纠正不良习惯，尤其注意起座、落座练习。每次训练 20 分钟左右（应坚持每天一次）。

（2）训练时可以配上优美的音乐，放松心情，减轻单调、疲劳之感。女性穿半高跟鞋进行训练,以强化训练效果。

模拟训练手记:通过训练,"我的收获"记录如下。

我 的 收 获

（空白框）

3. 走姿

训练目标:掌握走姿的基本要领和不同场合下的走姿,纠正不良走姿。

训练准备:装有及地镜子的形体训练室、书籍、音乐等。

训练方法:

(1) 摆臂训练。直立身体,以肩为轴,双臂前后自然摆动。注意摆动的幅度要适度,纠正过于僵硬、双臂左右摆动的毛病。

(2) 步位步幅训练。在地上画一条直线,行走时检查自己的步位和步幅是否正确,纠正"外八字"、"内八字"及脚步过大或过小。

(3) 稳定性训练将书本放在头顶中心,保持行走时头正、颈直、目不斜视。

(4) 协调性训练。配以节奏感强的音乐,行走时注意掌握好走路的速度、节拍,保持身体平衡,双臂摆动对称,动作协调。

(5) 训练时可以配上优美的音乐,放松心情,减轻单调、疲劳之感。女性穿半高跟鞋进行训练,以强化训练效果。

模拟训练手记:通过训练,"我的收获"记录如下。

我 的 收 获

（空白框）

4. 蹲姿

训练目标:掌握蹲姿的基本要领和公共场合下的蹲姿,纠正不良蹲姿。

训练准备:装有及地镜子的形体训练室、书籍、音乐等。

训练方法:

(1) 加强腿部膝关节、踝关节的力量和柔韧性训练,具体方法是压腿、踢腿、活动关节。

(2) 有意识地、主动经常地按照蹲姿的标准进行训练,养成良好习惯。

(3) 训练时可以配上优美的音乐,放松心情,减轻单调、疲劳之感。女性穿半高跟鞋进行训练,以强化训练效果。

模拟训练手记:通过训练,"我的收获"记录如下。

我 的 收 获

对于以上操作,需要认真并用心去做,每天拿出 10～20 分钟的时间练习站姿、坐姿、走姿、蹲姿,还需要观察一下你周围的人的站姿、坐姿、走姿、蹲姿等方面存在什么问题,提醒自己避免出现这些问题。此外还需要思考这些问题,即对自己的仪态满意吗?当观察陌生人的姿态时,对什么样的姿态留有好感?通过模拟练习、经常反思,注意培养使用良好的仪容仪态,天长日久就会起到良好的效果。

5. 介绍

请朋友与自己面对面站立,并保持一定距离;做出鞠躬、问候、握手的动作,并进行自我介绍(重复 3～4 次)。

注意:

(1) 保持面部表情自然、微笑。

(2) 注意动作的规范性。

三、公共礼仪情景训练

(一) 情景认识分析法

情景 1 一天,一位客人乘坐酒店观光电梯准备下到大堂。当电梯行至酒店行政办公楼层时,走进两位着酒店制服,正准备去参加每月生日会的员工。两位员工边聊边随手按了一下电梯按钮。但员工随即发现错按了五楼,而员工生日会通常在三楼或二楼举办。于是员工改按了三楼的按钮。当到达三楼,电梯门打开后,员工发现三楼好像没有来参加生日会的人,生日会应该是在二楼举办,于是员工又按了二楼。员工的行为引起了一同乘坐电梯的客人不快,当电梯到达大堂后,客人向大堂副经理投诉,认为酒店员工不应该乘坐客用电梯,且员工乱按电梯完全不考虑客人的感受。

情景 2 张敏的办公电脑出了故障,无法上网,但又急需打开自己的网络邮箱查看一份资料。于是她就借用同事李梅的电脑。资料下载完后,她看到李梅的 QQ 在不停闪烁,很是好奇,就打开李梅的 QQ 对话框,还充当李梅和对方聊了起来。

情景 3 孙笑升职为财务总监以后,从集体办公室换到了独立的办公单间里,先前和她在同一办公室并且关系不错的张静一时间很不适应,第一次汇报工作,张静走进孙笑的办公室,还想像往常一样亲密地坐在她身边,但当张静看到坐在宽大的老板桌后正襟危坐的孙笑时,她立即感受到了工作环境以及上下级之间特有的严肃氛围,虽然她感到有些不适应,但很快就进入了状态,张静很自然地向孙笑道贺,并简短地汇报了工作,很有礼貌地退出了孙笑的办公室。

情景4 赵女士有一次去探望一个亲属，这个亲属见到晚辈来访十分快乐，席间，不住地用她的筷子给赵女士夹菜，一筷子接一筷子，手一套嘴一套，弄得赵女士目不暇接。而且赵女士发现，她在用餐时又特喜欢用嘴嗍筷子头儿，简直每吃一口都嗍一下，看得赵女士一个劲儿地反胃，顿时食欲皆无。

请根据以上情景，进行分析，并填写表1-9。

表1-9　公共礼仪表现情景分析表

情景状态	公共礼仪表现（存在问题或优缺点）	受到启示
情景1		
情景2		
情景3		
情景4		

（二）情景模拟分析法

1. 电梯礼仪模拟训练

（1）按照要求，练习扶手电梯和箱式电梯的正确使用和礼仪细节。

（2）请学员组成小组，设定情景，练习电梯礼仪。

模拟训练手记：通过训练，"我的收获"记录如下。

我 的 收 获

2. 公共空间礼仪训练

（1）按照要求，掌握亲密距离、个人距离、社交距离、公众距离4种空间距离的尺度。

（2）请学员组成小组，设定情景，练习不同空间距离的礼仪。

模拟训练手记：通过训练，"我的收获"记录如下。

我 的 收 获

训练三　礼在职场

大多数人录用的是有礼节的人,而不是最能干的人。

【美国】奥里欧文

职场是每个人生命中的一个最重要组成部分。我们从一个懵懂的学生到一个社会新鲜人,直到最后退休,人生中约三分之二的时间在职场中度过。身在职场人们经常会有这样的问题,我面试该怎么做?我穿什么衣服能给领导一个好印象?我不会说话怎么办?在职场里怎么跟人沟通?名片怎么用?电话怎么讲?……所有这些问题都跟职场礼仪有关,所以懂得职场礼仪、用好职场礼仪对每一个职场人来说至关重要。面对如此多的问题,本模块训练将会让你轻松迈入职场达人行列!

训练项目一　求职礼仪

求职应聘是走出校门踏入社会必经的一个过程,而且是一个很重要的过程。百年一遇的经济危机,让我们在求职路上走得更坎坷,要想在求职者中脱颖而出,求职礼仪会为我们增加不少砝码。但许多人对应聘中的礼仪知识知之甚少,直接影响到求职效果。注重应聘礼仪,能够更好地帮助你抓住每一个机会,以最快的速度找到自己理想的工作。

一、应聘面试礼仪

应聘礼仪是公共礼仪的一种,是求职者在求职过程中与招聘单位的接待者接触时应具有的礼貌行为和仪表形态规范。它通过求职者的应聘资料、语言、仪态举止、仪表、着装打扮等方面体现其内在的文化素质、道德水准及个性特征。

(一)应聘前的心理准备

每一位求职者,都希望在面试的时候留给主考官一个好印象,从而增大录取的可能性。所以,事先了解一些求职特别是面试的礼仪,是求职者迈向成功的第一步。

1. 面试前的心理准备

这是尊重自我和尊重他人的过程,基本可以反映一个人的素质状况。招聘单位会通过观察来对你的准备工作进行了解。你需要做如下工作。

(1)搜集应聘信息

是否准备相关资料,并搜集有关信息,这是对搜集信息能力的考查,也是观察你对公司的重视程度。对信息的搜集，可以通过以下途径。

① 校方信息。学校就业指导办公室及相关部门专门提供给学校的就业信息，这类信息一般与学校的专业较为对口。

② 人才招聘会。各地人才交流中心每年定期召开人才招聘会，这会吸引各地的大中型企业在会上发布招聘信息。

③ 报纸杂志的行业发展信息。平时多花一些心思，注意报纸杂志的分析报道，全盘掌握整个产业的发展状况，可以从感兴趣的行业和公司多方面收集相关信息。

④ 网络招聘信息。毕业生可以直接登录一些人才网站搜集招聘信息。还可以登录公司网站，在公司网站上不仅可以了解公司的动态，还可以时常查询到招聘资讯以及企业文化、薪水福利、公司结构等资讯。

（2）准备履历

参加面试之前，应准备好笔、身份证、个人证件照、学历证书、成绩单、获奖证书等备查文件的正本和复印件外，还应准备毕业生就业推荐表和个人简历。毕业生就业推荐表是反映毕业生综合情况并附有校方书面意见的推荐表。很多用人单位都把毕业生就业推荐表作为接收毕业生的主要依据。

（3）个人简历

简历针对的是应聘的工作。求职者将自己的客观情况、相关的经验、业绩、能力、性格等简要列举出来，以达到推荐自己的目的。好的简历不仅有好的外观，更应掌握好内容的写作，无精彩内容的简历，是不会吸引人的。简历的书写要求如下。

① 要真实可靠。用人单位都将诚实视为重要品质，如发现有虚假行为，即使才华再出众也不会被录用。

② 内容尽量简洁。简历的内容主要包括个人信息、获奖情况、兴趣爱好及特长、社会实践、求职意向。如对方有意愿想进一步了解情况，会要求在面试时带去。简历的最佳效果就是让用人单位在最短的时间获得你的最多的信息。

③ 内容要有针对性。越是针对性强的简历越容易受到认可。在设计简历时，要突出优点，但不能把自己说成是一个全才。

④ 书写不要过分谦虚。简历过分谦虚的表现，会让招聘者认为你什么职位都不适合。自信但不自夸，充分准确地表达自己才能即可。

2. 如何投简历

毕业后，找到一份理想的工作是大学生目前最紧迫的任务。跑各种各样的招聘会，参加各种网络招聘，成了大家的"日常工作"。然而，还是有很多同学一直在抱怨："都已经投了100多份简历，连个面试的机会都没有"，"在网上投简历，往往石沉大海，音信全无……"。面对这样的困惑，不是大学生的简历制作有问题，而是要思考在投简历的过程中是否有疏忽的地方。

小许是一位英语专业的研究生，他的职业目标首先是高校教师，其次是高校辅导员，最后是外贸公司翻译人员。为此，她设计了3份简历，应聘高职院校教师的简历突出自己的教学能力水平，应聘高校辅导员的简历就突出自己的学生工作经历，应聘外贸公司翻译人员的简历就突出自己的语言运用能力。3份简历投往不同的岗位，她认为，这样才有的放矢。

人力资源专家指出,千万不要用同一份简历去投递所有的职位,要讲究针对性,针对每一个公司和职位制作不同的简历。在简历中重点列举与所申请公司及职位相关的信息,弱化对方并不重视的内容,这样才容易脱颖而出。

简历就是个人的广告,它是最初联系着应聘者和用人单位的纽带,它在大学毕业生的求职历程中起着举足轻重的作用。而如何巧妙地投简历从而敲开用人单位的大门,这恐怕是每个大学毕业生都渴望知道的。在这里,提醒大家注意以下事项。

(1)切忌求量不求质

① 有的同学为了节约成本,利用用过的纸的反面来印制自己的简历,并向多家单位投递。这样做在告诉对方,你不在意对方。

② 注意有的放矢。有很多应届毕业生应聘"技术部高级经理"一职。而该职位的任职要求的第一条就是"5年以上的相关工作经验。"这说明,此岗位是有比较丰富的技术和管理经验才能胜任的。请在投递简历之前考虑一下胜出的几率,免得浪费自己的时间和精力。

(2)切忌投寄同一个公司多个职位

现在的求职面试中,面试官经常问到的一个问题就是"你的职业生涯规划"。有了发展的方向,才更容易找到适合自己的职位,事半功倍,达到双赢的效果。投寄简历的时候,切忌一口气投寄同一个公司的多个职位,特别是一些根本不相关的职位。比如说同时应聘"技术部高级经理"和"销售部高级经理"。这样只能说明两个问题。

① 对自己的未来没有规划,信心不足。

② 对这家公司重视不够,给人随意和敷衍的感觉。

(3)网上投简历千万不要把简历只作为附件发出去

可以用附件同时在留言栏中将你的简历展现出来。这样做说明懂得尊重他人的基本礼节。这是为他人节约时间,让读者直截了当看到内容,减少等待打开附件的时间。附件向读者提供了详细而且规范的文档记录。如果读者有兴趣打开,并保存,就无须担心文档的格式需要调整或转换。

(二)面试礼仪

大学生在面试中表现出的礼仪水平,不仅反映出大学生的人品和修养,而且直接影响面试官的最终决定。在面试中,一个仪表出众、懂得礼仪的大学生,更能得心应手,也较别人有更大的成功机会。

一家需要招聘高级管理人才的公司,对一群大学生进行复试。应聘者满怀信心地回答了考官们甚为简单的提问,可当他们听到结果退出来时,无一例外都是满脸失望。轮到后来一个,他走进房门时,发现干净的地毯上很不协调地扔着一个纸团,一丝不苟的习惯使他弯腰捡起它。这时考官说:"请看看你捡起的纸团。"这位学生打开纸团,见上面写着:"热忱欢迎到我们公司任职。"

1. 面试中的"面子"很重要

凤凰卫视著名主持人曾子墨在自传——《墨迹》中,描述了自己应聘美林时的情形。

她在"'借'一身套装去面试"一节中写道："做学生时，我从来都是 T 恤牛仔，外加一个大大的 Jansports 双肩背包。为了让自己脱胎换骨，向职业女性看齐，到了纽约，一下飞机，我便直奔百货商店 Bloomingdale。"试衣镜里的自己果然焕然一新，看上去职业而干练。这是曾子墨的一段有趣的面试经历，从中不难发现合理的着装对于面试者的重要性不言而喻了。

（1）女生着装

应聘是正式场合，应穿着适合这一场合的衣服，着装应该以较为正式的套装、西装为主。颜色以中性为主，避免夸张、刺眼的颜色。裙长应至少盖住大腿的三分之二。

女生最好穿黑色、棕色或暗红色的带跟皮鞋，高度不要超过 7 厘米，同时要注重细节，如鞋子是否干净、衣服是否齐整等，这些都是在细节中显示着品位。女生最好选择颜色稳重柔和而设计简约的包，如黑色、白色、米色或暗红色，尽量把化妆品、笔、零碎的小东西有条有理地收拾好置于一个包内。宜使用保守淡雅的彩妆，勿浓妆艳抹，也不宜脂粉不施。包括头发、指甲、配件等细节都应干净清爽，给人以洗练、爽脆的良好印象。配饰宜求简洁高雅。

切忌佩戴造型过于夸张、会叮当作响的饰品，会给人以庸俗、轻浮的印象。

（2）男生着装

男生的衣着主要是要求整洁、合体、大方，避免华丽、鲜艳、五彩缤纷。面试场合中男生的衣着不应有过多颜色变化，大致以不超过 3 种颜色为原则。

在面试场合穿西装要强调整洁、得体，皱巴巴的西装无论如何也不会有助于面试成功。穿哪种衬衫绝对是应聘者的注意点，千万不要穿那种已经洗得发白，衣领和袖口有磨破痕迹的衬衫，同时也不要穿崭新的从没洗过的，因为太新使人产生你刻意打扮的印象。

对于男生来说，黑色的皮鞋是比较稳妥的选择。鞋子务必要舒服。

2. 面试中的细节问题要留意

（1）遵守面试时间

参加应聘应特别注意遵守时间，一般提前 5～10 分钟到达面试地点，以表示求职的诚意，给对方以信任感。如果提前半小时以上会被视为没有时间观念，切忌面试时匆匆赶到或迟到。这样做会被认为没有自我管理和约束能力。

（2）敲门进入

进入应聘室之前，不论门是开是关，都应先轻轻敲门，得到允许后才能进入，切忌冒失入内。见面时要向招聘者主动打招呼问好致意，称呼得体。在招聘者没有请你坐下时，切忌急于落座。你坐下时应道声"谢谢"，然后等待询问开始。

（3）应聘过程中应保持端庄的体态

许多求职者只注重自己的着装而忽略了形体语言的使用。进入面试场地，应始终面带微笑。微笑会使考官们对你友善，而友善是面试成功的最好条件。

坐姿要端正，身体不要紧贴椅背，坐好后身体略向前倾，一般以坐满三分之二为宜。不随意拖拉椅子，背部要与椅背平行，腰部挺直，上体保持直立，双手自然下垂，头部保持平稳，两眼平视，下颌微收，看上去显得精神饱满。切忌跷二郎腿并不停抖动，两臂不要交叉在胸前，更不能把手放在邻座椅背上，不要给别人一种轻浮傲慢、有失庄重的印象。

面试时,也可以通过站姿表现自己的自信。正确的站姿:身体挺直舒展、收腹立腰、眼睛平视、手臂自然下垂,也可相握放到身前。这种站姿给人庄重、稳定、朝气蓬勃的感觉。

面部表情应谦虚和气,有问必答,眼睛是心灵的窗户,应聘过程中最好把目光集中在招聘人的额头上,且眼神自然,以传达你对别人的诚意和尊重。

(4)应聘时如何回答对方的问题

在应聘中,对招聘者的问题要一一回答。回答时尽量不要用简称、方言、土语和口头语,以免对方难以听懂,要讲普通话。切忌把面谈当作是你或他唱独角戏的场所,更不能打断招聘者的提问,以免给人以急躁、随意、鲁莽的坏印象。当不能回答某一问题时,应如实告诉对方,含糊其辞和胡吹乱侃会导致失败。面试的时间最好是在 30~45 分钟左右。太长或太短会影响考官对你的印象。一般是在高潮话题结束之后或在主考官暗示之后应主动告辞。

3. 面试中的禁忌

(1)忌不良用语

① 急问待遇。"你们的待遇怎么样?"工作还没干,就先提条件,何况还没被录用呢!谈论报酬待遇无可厚非,只是要看准时机,一般在双方已有初步意向时,再委婉地提出。

② 报有熟人。"我认识你们单位的××","我和××是同学,关系很不错"等,这种话主考官听了会反感,如果主考官与你所说的那个人关系不怎么好,甚至有矛盾,那么你这话引起的结果就会更糟。

③ 不当反问。主考官问:"关于工资,你的期望值是多少?"应试者反问:"你们打算付多少?"这样的反问就很不礼貌,很容易引起主考官的不快。

④ 不合逻辑。考官问:"请你告诉我一次失败的经历。""我想不起我曾经失败过。"如果这样说,在逻辑上讲不通。又如:"你有何优缺点?""我可以胜任一切工作。"这也不符合实际。

⑤ 本末倒置。例如,一次面试快要结束时,主考官问应试者:"请问你有什么问题要问我们吗?"这位应试者欠了欠身,开始了他的发问:"请问你们的单位有多大? 招考比例有多少? 请问你们在单位担任什么职务? 你们会是我的上司吗?"参加面试,一定要把自己的位置摆正,像这位应试者,就是没有把自己的位置摆正,提出的问题已经超出了应当提问的范围,使主考官产生了反感。

(2)忌不良习惯

面试时,个别应试者由于某些不拘小节的不良习惯,破坏了自己的形象,使面试的效果大打折扣,导致失败。

① 手。这个部位最易出毛病,如双手总是不安稳,忙个不停,做些玩弄领带、挖鼻孔、抚弄头发、掰关节、玩弄考官递过来的名片等动作。

② 脚。神经质般不住晃动、前伸、跷起等,不仅人为地制造紧张气氛,而且显得心不在焉,相当不礼貌。

③ 眼。或惊慌失措,或躲躲闪闪,该正视时,却目光游移不定,给人缺乏自信或者隐藏不可告人的秘密的印象,容易使考官反感;另外,死盯着考官,又难免给人压迫感,招致

不满。

④ 脸。或呆滞死板，或冷漠无生气等，如此僵尸般的表情怎么能打动人？得快快改掉，一张活泼动人的脸很重要。

⑤ 行。其动作手足无措，慌里慌张，明显缺乏自信；反应迟钝，不知所措，不仅会自贬身价，而且考官会将你看"扁"。

（3）忌不良态度

① 目空一切、盛气凌人。

② 孤芳自赏、态度冷漠。

（4）忌不良表现

① 准备不足。

② 迟到失约。

③ 欠缺目标。

④ 逞强好胜、耍小聪明。

（三）面试后礼仪

许多大学生只留意应聘面试时的礼仪，而忽略了应聘后的善后工作，而这些步骤亦能加深别人对你的印象。面试结束并不意味着求职过程就完了，也不意味着求职者就可以袖手以待聘用通知的到来，有些事你可以去做。

1. 面试结束时的举止

在应聘面试结束时，一面以眼神正视对方，趁机作最后的表白，以显示自己的满腔热忱，并打好招呼。比如说："谢谢您给我一个应聘的机会，如果能有幸进入贵单位服务，我必定全力以赴。"然后欠身行礼，说声"再见"，轻轻把门关上退出。特别要注意的是告别话语要说得真诚，发自内心，才能让招聘者"留有余地"，产生"回味"。

2. 不要过早打听面试结果

在一般情况下，考官组每天面试结束后，都要进行讨论和投票，然后送人事部门汇总，最后确定录用人选，可能要等3～5天。求职者在这段时间内一定要耐心等候消息，不要过早打听面试结果。

3. 查询结果

一般来说，你如果在面试两周后或在主考官许诺的通知时间到了，还没有收到对方的答复时，就应该写信或打电话给招聘单位或主考官，询问是否已作出了决定。在面试结束后的两星期之内，如果没有收到任何通知可以打电话，询问一下面试结果。询问面试结果是公事，必须在正常工作日的时间段内打电话。在打电话时要注意避开工作繁忙时间和休息时间。在接通电话后，首先要说一声："您好！"然后自报家门，让对方知道你是谁。

4. 做好再次冲刺的思想准备

应聘中不可能个个都是成功者，万一你在竞争中失败了，也不要气馁。这一次失败了，还有下一次，就业机会不止一个，关键是必须总结经验教训，找出失败的原因，并针对这些不足重新做准备，"吃一堑，长一智"，谋求"东山再起"。

如果知道自己没有被录用,可以谦虚地问一下原因,但注意控制自己的情绪,谦虚的态度可以让你赢得对方的同情,同时给你下一次的面试机会。

5. 表示感谢

面试结束并不意味着求职结束。为了加深考官对你的印象、增大求职的成功率,最好在面试后的两三天内,给主考官打电话表示感谢。电话要简短,不超过3分钟。

最后,别忘了应聘归来之后写一封感谢信,招聘者的记忆是短暂的,感谢信是最后机会,它能使你显得与其他的应聘者不一样。

二、电话求职和网上求职

(一)电话求职

在求职过程中,很多时候会采取电话求职,那么通过电话求职,需要注意一些什么样的通信礼仪和电话礼仪呢?下面就通过文明礼仪的角度来谈谈电话求职礼仪。

小田正逛街,突然接到某公司的电话面试。此时周围有商场背景音乐和人群的嘈杂声,对面试不利。于是小田非常礼貌地告诉对方:"不好意思,我正在外面,环境比较吵闹,是否能过10分钟给您打回去?"对方应允,并留下电话。

很多企业在收到简历后,为节约时间,会先通过电话面试做初步筛选。电话面试会准备几个目的性问题,用以核实求职者的背景,考查求职者的语言表达能力。通话时间一般在15~20分钟左右。不管企业是否有电话面试环节,为获取胜率,求职者最好还是做好充分准备以备不时之需。这样当突然接到来电时就可顺畅对话。若接电话时正好有事,上面这位求职者的做法值得借鉴,同时也可利用"时间差"来理清思路。"喂,您好"、"请问"、"谢谢"等礼貌的电话用语能给自己加印象分。

1. 电话应聘要做好充分的准备

(1)拿着简历回答问题。若接电话时正好手边有简历,记住一定要把它拿出来,对照着回答问题。一般来说,招聘方会进行常规的简历信息核实。对于一些跳槽多次、工作经验复杂的求职者,对照着简历可以避免错报数次以及跳槽时间等内容,免得留下"不诚实"的印象。

(2)在手边准备纸和笔。有时公司会出一些小技术题或逻辑题请应聘方回答,手边有纸笔可方便记录和计算。

(3)注意语速。人的语速有很大差别,注意尽量配合面试官的语速。若面试官语速相对较慢,你就该放弃一贯快速的说话方式,转为和对方语速同步。同时注意不要抢话,要等对方提问完毕后才回答。另外,回答时不要滔滔不绝,也不能只答"是"或"好"。

(4)控制语气语调。在通话时要态度谦虚、语调温和,语言简洁、口齿清晰,并且语气、态度也应该配合对方,这样有利于双方愉快地交流。

2. 电话应聘过程中不要过于谦虚,否认自己的价值

月薪8000元的Tom突然接到猎头电话。对方首先询问Tom是否会××技术,在等到肯定答复后说："现在市场上会××技术且有5年经验的人不多,现有个月薪1.5万元的职位,你是否有兴趣?"Tom谦虚地回答:"我走了要赔钱给现在的公司的。其实会××技术的人多了,我的同学、周围同事都会的。"

Tom的做法一方面过于谦虚,否认了自己的价值;另一方面过快回绝一个月薪翻倍的职位,也是不明智的。接到猎头电话,首先,应与猎头顾问保持良好的关系。即使目前没有跳槽打算,也不要贸然回绝;其次,通过对话了解猎头公司的背景,确认公司的可信度和专业性,了解猎头本人的专业性;再次,倾听职位信息和要求,这也是了解市场行情、充分认清自我价值的一个良好途径。

3. 电话求职要选择恰当的时间场合

小薛下午5点多在报摊上买了份招聘类报纸,查阅到了一个心仪职位。为在第一时间与招聘方联系,就立刻拨通了对方电话:"喂,请问是××公司吗?我看了报纸,想来应聘……"还没等她说完,对方就表示人力资源部负责人正在开会,而且下班时间快到,没空细聊,但还是记下了她的手机号码,表示第二天会联系她。

小薛没有在合适的时间找到合适的人,主动致电变为被动等候,是一次很失败的电话应聘。正确的电话应聘应该注意以下几点。

(1)选择恰当的通话时间。一般来说,应该在公司工作时间打电话,上午9:30～11:00以及下午1:30～4:30之间较为合适。此外,在刚上班的时段内,对方会比较繁忙,而临近下班时又会归心似箭,无心工作,应该避开这些敏感时段。

(2)找到合适的人。求职者要注意广告上的联络人姓名,避免转接或误接,甚至给人留下糊涂的印象。

(3)找到安静的环境。不要在喧嚣的马路或吵闹的环境下打电话,避免漏听、重复叙述的情况发生。

(4)准备通话要点。虽然是简单应聘,但还是需要准备好问题,以免遗漏。如职位要求、招聘人数,简单概括出自己符合职位的特长和擅长的技能,简明扼要地介绍自己的经验;询问招聘流程、面试时间、上岗时间等。

(二)网上求职

网上招聘是一种特殊的择业形式,避免了人群大范围集中和近距离接触,给用人单位提供了更广阔的选择空间,也使天南海北的求职者有了平等的表现机会。因此,网上招聘受到了越来越多用人单位和毕业生的青睐。但也有很多人反映自己发的简历如石沉大海,网上求职的效果不佳。

在常州上学的赵军希望毕业后回家乡徐州工作,于是,他萌生了在网上试试看的想法。按照网站上规定的格式,赵军填写了一些个人基本信息,他说:"网上求职不是面对面的交流,招聘单位只能从个人简历获得对求职者的第一印象,然后才谈得上面试或录用。我就读的学校不是名牌重点院校,但我的优点是动手能力强、做事认真,而且我还当过学生会干部,具备较强的组织能力。我把这些优点全都写在简历中,可能会引起招聘单位的注意。"赵军的简历在网上挂了一段时间,但很少有人问津。他又试着给几家公司发过邮件,也是石沉大海,没有回音。

为了能在网上找到自己满意的工作，吴虹用搜索引擎找到许多网上的求职站点。上面有许多用人信息，按地区、按工种都可查询，相当方便。吴虹发求职简历时秉承"多多益善"的原则，对自己心仪的公司从经理级别的职位到业务员级别的职位一个不落地"全面发送"，觉得这样就可以增加保险系数。如果遇到特别中意的公司，在第一次发出简历没有面试消息后，她总会将简历重复发送一遍。

一转眼，吴虹上网求职已有一个多月，她遗憾地对笔者说："我每天都上网查看我的电子邮件，但好长时间过去了仍杳无音信。"

大学毕业生小东今年的求职有些惊险。为了能寻找到合适的就业机会，小东不得不整天泡在网上。一次，他在某人才网上得知一家企业广告部正在招聘，曾经在报社实习过一段时间的小东感觉很适合，就将自己的简历通过电子邮件发了过去。

没几天，对方就回信说基本同意小东的应聘申请。过了几天，小东又收到该企业的E-mail，并被告知，按照招聘程序，他需要先期缴纳存档费、培训费、工装费等各项费用。为不失去这个不错的就业机会，心存犹豫的他最终还是将钱寄了出去。但在这以后，小东就再也没办法与该公司取得联系。200元对小东来说不是个大数目，却还是很心疼。

从上面的3个案例中可以看出网上求职不仅存在一定的不确定性，也存在一定的风险。但目前来看，网络招聘却也成为企业招聘和人员求职的重要渠道，各大招聘网站上各类职位每天都有大量更新。企业在网上招聘是怎样的流程？求职者利用网络求职时又有什么技巧可以为自己增加成功率呢？

1. 网上简历要有特色

写简历无疑是网上求职中的重要一步，而赵军平铺直叙的描述很难产生令人眼前一亮的效果。写出出色的个人简历的一个原则是要有重点。不要忘记用人单位寻找的是适合某一特定职位的人。因此，如果简历的陈述没有工作和职位重点，或是把自己描写成一个适合于所有职位的求职者，很可能将无法胜出。

2. 避免"广种"换"薄收"，要有针对性地发送简历

许多求职者与吴虹一样，认为网上的信息来得方便，所以"捡到篮里都是菜"，频频向招聘单位发送简历。但只求量的"广种"，其结果往往会是"薄收"。首先，如果不合"硬性"条件的话在第一轮过滤条件时就会被刷下；其次，这样做会让人力资源经理认为求职者不明确自己的定位，缺乏明确的求职意向，不具备职业素质。所以，请把自己最好、最适合的一点加以突出表现，有针对性地发送简历。

另外，尽量避免在3天之内重复发送简历至一家公司，这种行为很可能引起对方公司的反感从而过滤掉你的邮件。

3. 当心网络求职陷阱，多管齐下，了解公司的可信度

面对网络求职陷阱，毕业生首先借助"多管齐下"的方式判断公司招聘的诚意，有些公司不只采用一种招聘方式，在网站、报纸、人才市场同时进行招聘，一般这类招聘的规模大，比较可信。其次在应聘时，一定要对公司的地址进行核实，以辨别是否是"皮包公司"。大学生网上求职应参加由学校、教育部门、人事部门组织的正规网上招聘活动。最后，还需牢记不掏钱的原则。

4. 发出求职资料后,要主动与用人单位联系

在网上招聘会结束后几天,要主动通过 E-mail 或打电话询问情况,向用人单位表示诚意,也让自己心中有数。

5. 网上求职,可以化被动为主动,建立个人主页

利用自己的技术优势,在互联网上建立自己的个人主页,充分展示自身特色,吸引用人单位的目光。个人主页应该图文并茂,内容包括自己的求职信、简历、论文、实习报告、日记、个人论坛以及见报文章等。

6. 网上求职要保持平和的心态

如今大学生就业形势严峻,网上招聘会提供的岗位有限,而应聘者又多,求职的大学生要坦然地面对挫折和困难,不必自卑胆怯和过分焦虑,要积极调整心态迎接挑战。

训练项目二 职场人际礼仪

现代大学生的特点是张扬个性,彰显自我风格,追求与众不同。这种风气与氛围培养了不少"特别"的大学生。但当他们新到一个公司,面临崭新的生活方式、陌生的社会环境、复杂的人际关系,就会显得难以适应、四处碰壁。职场有职场的规则,单纯的讲礼貌是不够的。融入环境的手段之一是要学习基本的职场人际礼仪知识。身处其中,一言一行,一举一动都要符合职场规范。

一、打招呼

打招呼在人际关系建立之初,能发挥润滑剂的功效。在和上司、同事还不熟悉的时候,多打招呼有利于加深印象。打招呼可以分为上对下、下对上以及平级之间的招呼语。以上对下的招呼为例,这一类招呼由于各个办公室的气氛不相同,也各有差异。有些单位十分严肃,上对下的招呼多是官样文章;有些企业打招呼则像是朋友一般亲切,令人分不出哪位是主管,哪位是下属。可见,打招呼并没有一定的语言模式,却是办公室礼仪当中最好的开始和人际的润滑剂。

问候语在人际沟通当中属于基本寒暄语言的一种,问候语也是一种起始语言,在展开各种话题的时候,多多应用问候语常让双方可以迅速化解冰冻,进入应有的主题。适当的问候语听起来要自然、要投入自己的关心与亲切的互动。

赞美语不同于阿谀奉承,而是自我内心的真实表达。练习赞美语首先需要细心观察对方的举措,找到对方可以赞美的地方,然后用简单、深刻的语言,赞美别人。

二、名片礼仪

名片是重要的交际工具。它直接承载着个人信息,担负着保持联系的重任。要使名片发挥的作用更充分,就必须掌握相关的礼仪。

(一) 使用名片的方法

1. 递送名片礼仪

(1) 递送名片时应起身站立,走上前去,使用双手或者右手将名片正面对着对方,递给对方。

(2) 若对方是外宾,最好将名片印有英文的那一面对着对方。

(3) 将名片递给他人时,应说"多多关照"、"常联系"等话语,或是先作一下自我介绍。

(4) 与多人交换名片时,应讲究先后次序。或由近而远,或由尊而卑进行。位卑者应当先把名片递给位尊者。

(5) 不要先于上司向别人递交名片。

2. 接受名片礼仪

(1) 他人递名片给自己时,应起身站立,面含微笑,目视对方。

(2) 接受名片时,双手捧接,或以右手接过;不要只用左手接过;不要立即收起来,也不应随意玩弄和摆放。

(3) 接过名片后,要从头至尾把名片认真默读一遍,意在表示重视对方。要注意对方的姓名、职务、职称,轻读不出声,以示敬重。对没有把握念对的姓名,可以请教一下对方,然后将名片放入自己口袋或手提包、名片夹中。

(4) 最后,接受他人名片时,要点头致谢,并使用谦词敬语,如"谢谢"、"请多关照"。

3. 索要名片礼仪

(1) 向对方提议交换名片。

(2) 主动递上本人名片。

(3) 委婉地索要名片。

① 向尊长索取名片,可以这样说:"今后如何向您老请教?"

② 向平辈或晚辈索要名片,可以这样说:"以后怎样与您联系?"

(4) 当他人索取本人名片,而自己又不想给对方时,应用委婉的方法表达此意。可以说:"对不起,忘了带名片。"或者说:"抱歉,我的名片用完了。"

4. 存放名片的礼仪

(1) 随身所带的名片,最好放在专用的名片包、名片夹里。公文包以及办公桌抽屉里,也应经常备有名片,以便随时使用。

(2) 接过他人的名片看过之后,应将其精心存放在自己的名片包、名片夹或上衣口袋内。

(3) 把所收到的名片加以分类整理,以便今后使用方便。不要将它随意夹在书刊、文件中,更不要把它随便地扔在抽屉里面。

存放名片要讲究方式方法,做到有条不紊。这里推荐几种名片的分类方法。

① 按姓名拼音字母分类。

② 按姓名笔画分类。

③ 按部门、专业分类。

④ 按国别、地区分类。

⑤ 输入商务通、计算机等电子设备中,使用其内置的分类方法。

5. 名片除在面谈时使用外,还有其他一些妙用

(1) 去拜访顾客时,对方不在,可将名片留下,顾客来后看到名片,就知道你来过了。

(2) 把注有时间、地点的名片装入信封发出,可以代表正规请柬,又比口头或电话邀请显得正式。

(3) 向顾客赠送小礼物,如让人转交,则随带名片一张,附几句恭贺之词,无形中关系又深了一层。

(4) 熟悉的顾客家中发生了大事,不便当面致意,寄出名片一张,省时省事,又不失礼节。

(二) 名片使用情景训练

情景 1 王经理约见一个重要的客户方经理。见面之后,客户就将名片递上。王经理看完名片就将名片放到了桌子上,两人继续谈事。过了一会儿,服务人员将咖啡端上桌,请两位经理慢用。王经理喝了一口,将咖啡杯子放在了名片上,自己没有感觉,客方经理皱了皱眉头,没有说什么。

情景 2 一次,我到外地上课,在一家宾馆入住,因对周围的环境不了解,就到前台向一位工作人员打招呼,希望能了解一下周围的人文情况。有位小姐很热情地带我到大门口,做了详细的介绍。接下来,她说:"袁小姐,很高兴您入住我们酒店!"我非常惊叹,问她是怎么知道我的称呼的。她说因入住的时候看到我的资料记住了,我非常开心。当我准备离开时,这位小姐热情地欢迎我下次再来入住她们的酒店,并从裤兜里掏出一叠名片,像打扑克牌一样拢了拢,拿出其中一张发给我(单手的哦),并说道:"很高兴认识您,请问小姐贵姓?"她见我当时一愣,立刻想起曾经已经称呼了我……

请针对以上两个情景进行分析,并将分析的内容填入表1-10。

表1-10　名片使用礼仪表现情景分析表

情景状态	名片使用礼仪表现(存在问题或优缺点)	受到启示
情景 1		
情景 2		

(三) 模拟使用名片的情景训练

项目 1:名片的递接

训练目标:掌握名片的使用礼节。

训练方法:每两个学生为一组,设计不同的场景进行模拟表演,同学们互相评价,并记录自我收获,最后教师总结点评。

项目 2：名片使用礼仪自检表

训练目标：帮助同学们掌握名片使用的礼仪。

训练方法：根据自身情况如实填写表 1-11，并记录自我的收获。

表 1-11　名片使用礼仪自检表

名片的使用礼仪		是否触犯规则	及时改进
发送名片的礼仪	递名片起身站立，走上前去，使用双手或者右手将名片正面对着对方，递给对方	（　）是（　）否	
	将名片递给他人时说"多多关照"、"常联系"等话语，或是先作一下自我介绍	（　）是（　）否	
	与多人交换名片时，应讲究先后次序	（　）是（　）否	
接受名片的礼仪	他人递名片给自己时，起身站立，面含微笑，目视对方	（　）是（　）否	
	接过名片后，从头至尾把名片认真默读一遍	（　）是（　）否	
	接受他人名片时，使用谦词敬语，如"请多关照"；接受名片时，双手捧接，或以右手接过	（　）是（　）否	
索要名片的礼仪	向对方提议交换名片	（　）是（　）否	
	主动递上本人名片	（　）是（　）否	
	委婉地索要名片	（　）是（　）否	
存放名片的礼仪	随身所带的名片，放在专用的名片包、名片夹里	（　）是（　）否	
	接过他人的名片看过之后，将其精心存放在自己的名片包、名片夹或上衣口袋内	（　）是（　）否	
	及时把所收到的名片加以分类整理收藏	（　）是（　）否	

三、职场沟通礼仪

人在职场，要和各种各样的人打交道，老板、上司、同事、客户……许多时候，我们总会碰到许多麻烦和尴尬。如何有效化解难题？沟通就是一种有效的途径。

（一）沟通的基本准则

沟通最核心的原则就是能够熟练地站在对方的立场考虑问题。如何把握好这个原则呢？具体来说就是：了解沟通对象的特点。在与对方沟通前，可以通过一些非语言信息掌握一些对方的特点。比如，在跟对方握手时，如果对方握手的力度非常大，表明这个人可能是一个非常强势的人，控制欲非常强。此时，跟他沟通的时候，就要适当地把话题的主动权让给他，以满足他的控制欲望。假如他始终不能在整个谈话过程中抓到主动权，那么这个沟通绝对不会有太大的成功。

（二）如何跟上司沟通

1. 认清沟通双方的角色

在与上司沟通时，你一定要时刻提醒自己这是跟上司在沟通，不是朋友。上司在公司里总是要体现自己的权威的，因此不论你谈论什么、做什么，都得尊重他的权威。意识到你们双方的角色后，沟通的大方向就不会错。

2. 了解上司的特点

了解上司的特点，并针对上司的特点进行沟通，是有效沟通的重要方面。

（1）控制型上司

如果你的上司很霸气，那么这个人可能会很固执，对于这样的人，沟通的目标一定要明确。这样的人往往不可能在短时间内接受别人的意见。因此，沟通的时候，千万不要把自己的观点直接明确地告诉他，而要采取"迂回"战术，通过各种例子或事实来说服他。固执的人都有自己的主见，如果采取暗示的方式，他很容易就能接受。此外，在给这样的上司打电话谈论问题时要注意把握时间的长短，不要寄希望于10分钟内就能把他"搞定"。

（2）完美型上司

完美型上司做事力求完美，不允许有差错。与这样的人沟通时，目标要明确，事物安排要注意细节，尤其是公开场合的事情安排一定要完美，不能够出现失误或瑕疵。

（3）内向型上司

内向型上司往往心中有数，沟通时，一定要注意观察他的言语动作等微小细节，因为内向的人在细节上往往会把自己真实的想法表露出来，他嘴上说的，也许会跟内心的真实想法不一致。如果你的老板是一个与你的价值观完全不同的人，要尊重他的价值观。

3. 以公司为核心

对老板来说，公司的最高核心是利润。与老板沟通时，立场很重要。如果沟通的立场是站在公司这一方的，本着为公司赢得利润的方式来交流，老板一般不会持太大的反对意见。

如果你的领导不是一个很乐意听取反对意见的人，那么你就要降低跟他沟通的期望值。至于是否迎合领导，要灵活掌握。跟领导沟通始终要明确上下级的角色，不能忽略其权威。

（三）如何与同事沟通

与人沟通要把握3A原则，即接受对方（Accept）、重视对方（Appreciate）、赞美对方（Admire）。

（1）接受对方。宽以待人，不要难为对方，让对方难看。

交谈时有"三不要"：①不要打断别人；②不要轻易地补充对方；③不要随意更正对方，因为事物的答案有时不止一个。

（2）重视对方、欣赏对方，要看到对方的优点，不要专找对方的缺点，更不能当众指出。

重视对方的技巧：①在人际交往中要善于使用尊称，称行政职务、技术职称，皆尊称；②记住对方，比如接过名片要看，记不住时不要张冠李戴。

（3）赞美对方是对交往对象应该给予的一种赞美和肯定，懂得欣赏别人的人实际上是在欣赏自己。赞美对方的技巧：①实事求是，不能太夸张；②适应对方，要夸到点子上。

训练项目三　职场业务礼仪

一、电话礼仪

（一）公务电话礼仪

（1）左手持听筒、右手拿笔手写字或操纵电脑,这样可以轻松自如地达到与对方沟通的目的。

（2）电话铃声响过两声之后接听电话。

（3）报出公司或部门名称。

（4）确定来电者身份、姓氏。

（5）听清楚来电目的。

（6）注意声音和表情。

（7）保持正确姿势。

（8）复诵来电要点。

（9）最后道谢。

（10）让对方先收线。

（二）手机使用礼仪

（1）在一切公共场合,手机在没有使用时,都要放在合乎礼仪的常规位置。不要在并没使用的时候放在手里或是挂在上衣口袋外。

（2）在会议中、和别人洽谈的时候,最好的方式是把手机关掉,至少也要调到震动状态。这样既显示出对别人的尊重,又不会打断发话者的思路。

（3）注意手机使用礼仪的人,不会在公共场合或座机电话接听中、开车中、飞机上、剧场里、图书馆和医院里接打手机,就是在公交车上大声地接打电话也是有失礼仪的。

（4）给对方打手机时,尤其当知道对方是身居要职的忙人时,首先想到的是,这个时间他（她）方便接听吗？所以"现在通话方便吗？"通常是拨打手机的第一句问话。

（5）公共场合特别是楼梯、电梯、路口、人行道等地方,不可以旁若无人地使用手机,应该把自己的声音尽可能地压低一些,而不能大声说话。

（6）在一些场合,比如在看电影时或在剧院打手机是极其不合适的,如果非得回复,或许采用静音的方式发送手机短信是比较适合的。

（7）在餐桌上,关掉手机或是把手机调到震动状态还是必要的。避免正吃到兴头上的时候,被一阵烦人的铃声打断。

（8）不要在别人能注视到你的时候查看短信。一边和别人说话,一边查看手机短信,对别人不尊重。

（9）在短信的内容选择和编辑上,应该和通话文明一样重视。因为通过你发的短信,意味着你赞同至少不否认短信的内容,也同时反映了你的品味和水准。

（10）当与朋友面对面聊天时,不要正对着朋友拨打手机,避免发射时高频大电流对他产生辐射,让对方心中不愉快。

（三）电脑礼仪

电脑是我们工作的重要工具,使用电脑,也不只是开机、关机、上网那么简单,电脑礼仪也会体现一个人的素质和教养。

（1）爱护电脑。保持电脑卫生,不用时正常关机,不要丢下就走;外接插件时,要正常退出,避免导致数据丢失、电脑崩溃等故障。

（2）在职场的电脑上网,要查找与工作相关的内容和资料,而不是自己凭兴趣查看自己的东西。

（3）不要在职场的电脑上打游戏、网上聊天,这些都是违反劳动纪律的。

（4）电子邮件是职业信件的一种,而职业信件内容要严肃、格式要规范。

① 标题要提纲挈领,切忌使用含义不清、火星文的标题。添加邮件主题是电子邮件和信笺的主要不同之处。在主题栏里用短短的几个字概括出整个邮件的内容,便于收件人权衡邮件的轻重缓急,分别处理。回复的信件,重新添加、更换邮件主题是要格外注意的环节,最好写上来自××公司的邮件、年、月、日以便对方一目了然又便于保留。

② 电子邮件的文体格式类似于书面交谈式的风格,开头要有问候语,如"你好",结尾也要有结束或祝福语,比如"以后再谈"、"祝你愉快"等;也可什么都不写,直接注上自己的名字。但是,如果你写的是一封较为正式的邮件,还是要用和正式的信笺一样的文体。开头要用"尊敬的"或者是"先生/女士,您好!"结尾要有祝福语,并使用"此致/敬礼!"这样的格式。

③ 内容简明扼要,针对需要回复及转寄的电子邮件,要小心写电子邮件里的每一个字,每一句话。因为现在法律规定电子邮件也可以作为法律证据,是合法的,所以发电子邮件时要小心。

④ 一定要清理回复的内容。

⑤ 适宜地称呼收件者,并且在信尾签名。虽然电子邮件本身已标明了邮自哪方、寄给何人,但在邮件中注明收信者及寄件者大名乃是必须的礼节,包括在信件开头尊称收信者的姓名,在信尾也注明寄件者的姓名以及通信地址、电话,以方便收信者将来与你联系。

⑥ 切忌全文使用英文大写字母。这样写成的邮件太强势,甚至暗示寄件人懒得使用正确的文法。要知道遵守标准的文书规范是一种职业礼貌。

二、办公室礼仪

（1）上班不要迟到、缺勤。当发现自己要迟到时,务必在上班前和上司联络,在道歉的同时报告上班的确切时间。如果因为身体不适无法上班,应当及时告知上司,由本人亲自打电话请假,除非是病重才可以让别人代为请假。

（2）不要在工作场合化妆。

（3）不要在办公室里打电话聊天,以免影响他人工作。

（4）办公室不吃零食、吸烟。有旁人和接听电话时,嘴里不可嚼东西。

（5）形象要得体。工作时语言、举止尽量保持得体大方,方言土语、粗俗不雅的词汇应避免。无论对上司、下属还是同级,都应不卑不亢,以礼相待,友好相处。

（6）不要高声喧哗,旁若无人。别人讲话时必要时需要暂且回避一下。

（7）不要随便挪用他人东西。

（8）对同事的客人要热情。

（9）不能泄露公司秘密。

训练项目四　职场礼仪自我成长方程式

一、应聘求职情景训练法

（一）情景认识分析法

情景 1　小李自认为第一轮面试回答顺利,应该能有复试结果,然而 3 天后仍未接到电话。焦急的他按捺不住致电对方:"喂,您好,我是李明,我想请问一下你们第二轮复试是否已经开始?""对不起,我们的复试已经开始,若你没有接到通知说明没有进入第二轮面试。"公司方简单地回绝了小李。

情景 2　某公司招聘一个部门经理,经过几轮筛选,只剩下 3 个应聘者来竞争。3 人等待应聘时,突然停电了。主考官就说:"等一会儿才来电,我们不妨活跃一下气氛,每个人讲一个故事,看谁讲得好。"其中有一个人说:"主考官,不好意思,我不会讲故事,我出去一下。"剩下两个人中有一个特别高兴,因为他特别会讲故事,于是他开始在黑暗中讲故事,把一屋子的人逗得哈哈大笑。忽然,电灯亮了。大家全看到了讲故事的人,他觉得很得意。不料,主考官对他说:"谢谢你刚才的故事,不过我要通知你,你没有被录取。"他觉得很奇怪,心想还没有开始招聘,怎么就把我刷下去了,况且我刚才讲的故事很成功啊。主考官告诉他:"这是我们特意安排的测试题,停电的时候,第一个人出去帮我们察看电路去了,而你在这里讲故事。我们公司要招聘的是一个有解决问题能力的人,要求有领导和统筹的能力,而不是一个光会练嘴皮子的人。"主考官接着转向另一个人:"而你只是在那里听故事,所以你们两个都没有被录取。"

情景 3　今年 9 月的某一天,记者在南方人才市场看到了这样一幕:一位武汉某建筑学院的本科生正在应聘肇庆的一家小型房地产公司。"你来我们公司期望的薪水是多少?""四千!""你知道吗,我们公司的中层人员才是这个数,刚进的大学生不超过 1500 元……"最后,人力资源部门人员以"欢迎你下次再来应聘"送走了那位大学生。

情景 4　小张是单位的新员工,他到医院探访病人,公司的同事来电话,铃声让另一床正闭目养神的病人睁开了眼。小张接起电话就谈上了工作。尽管电话时间不长,但那位被吵到的病人却一脸不悦。

情景 5 小王的公司应邀参加一个研讨会,该次研讨会邀请了很多商界知名人士以及新闻界人士参加。经理特别安排小王和他一道去参加,同时让小王见识见识大场面。没想到小王早上睡过了头,等他赶到,会议已经进行了 20 分钟。他急急忙忙推开了会议室的门,"吱"的一声脆响,他一下子成了会场上的焦点。刚坐下不到 5 分钟,肃静的会场上又响起了摇篮曲,是谁在播放音乐?原来是小王的手机响了!这下子,小王可成了全会场的明星……没过多久,听说小王已经另谋高就了。

请根据以上情景,进行分析,并填写表 1-12。

表 1-12 应聘面试表现情景分析表

情景状态	应聘面试表现(存在问题或优缺点)	受到启示
情景 1		
情景 2		
情景 3		
情景 4		
情景 5		

(二)情景模拟分析法

以下一文是中国俊才网(www.goodjob.cn)提供的求职面试礼仪模拟剧场,仅供参考。

公司名称:××生物科技企业集团

考评面试官:人力资源总监邓小姐(Q)

应征部门:企划部

应聘职位:营销企划专员

应征者简介:

姓名:方大伟(A)   性别:男

年龄:22 岁   婚姻:未婚

工作经历:无   专业:××大学市场营销专业

解析:第一印象产生决定性关键因素。注意眼神接触,保持微笑。注意礼貌。

以下为求职面试礼仪模拟剧场以及解析。

Q:从你的简历和求职信来看,你各方面的条件都不错,能不能谈一下你在大学求学期间有没有什么相关的社会活动经验?

A:我是××大学市场营销专业毕业的,与社会接触比较多,我平时也比较喜欢参加学校团体活动和社会实践活动,在二年级的时候就是班级的××干部,连续两个暑假参加了加拿大安美森公司主持的国际商务论坛,在该公司做过兼职的市场助理,做一些相关的联络工作。

解析:

(1)应聘人员回答问题要诚实中肯,切忌撒谎和浮夸,力争引起对方的共鸣。

(2)越来越多的公司用英语进行面试,流利的英语口语可以为应聘者加上浓墨重彩,给用人单位留下深刻印象。

（3）在英语的口语交谈中，不必太拘泥于语法，大胆表达清楚自己的意思即可。

Q：为什么想到我们公司工作呢？

A：我在××地方看到贵公司的招聘广告，对贵公司刊登的职位信息做了一些研究，觉得我所学的专业与贵公司的职位要求相符，我还在贵公司的网站上看到贵公司将在三年内大幅度扩大营销队伍的新闻……

解析：应聘人员需要搜集公司相关信息，了解职务内容，把握充分展示自己的机会。

Q：如果你获得这个工作机会的话，你可不可以想象5年后的自己？你有没有考虑过自己的职业生涯规划？

A：虽然这个社会有很多不可预测的事情，但我还是认为自己在这5年里会随着公司一起成长，我在生物技术领域的知识一定会紧紧跟随公司的最新进展，而我在营销策划上一定已经在较高层次上取得了较大的进步……

解析：应聘人员要充分表达出自己对工作的热忱和对自己的未来的信心。这是任何有个性的人力资源经理都喜欢的。

Q：你觉得你有足够的能力来完成这份工作吗？

A：有。即使有某些经验不完善的地方，但我相信当我逐渐熟悉公司的运作计划和操作环节后，我一定能……

解析：回答应表现出高度的自信心及魄力。

Q：你所期望的待遇可能超过了我们公司的预期，我们无法满足你的要求，你能接受吗？

A：我所提出的期望待遇与国内这个行业的职位薪酬标准相比是属于中等偏上的，当然具体的待遇标准还要由贵公司评估我的表现及资历来最后确定。我愿意在双方达成一个共识的基础上，在一定时期内按贵公司新进入公司的员工待遇标准工作……

解析：应聘人员回答这类问题的方法有很多种，要根据当时面谈的气氛和具体的情境来灵活回答，但基本原则是：

（1）勇于为自己争取公正的待遇，诚实而不欺瞒。

（2）以双赢的心态去协商。

（3）保持弹性，让一切充满可能性。

Q：你有没有什么要问的？

A：有。请允许我询问关于××方面公司的策略是什么？

解析：①切忌回答"没有问题"；②传达出争取工作的决心；③搞清楚有待了解的部分。

Q：方先生，由于时间的关系，我们今天的面试就到此为止了。由于还有一部分候选人要进行这一轮面试，所以我们要在对所有参加面试的候选人中进行全面比较衡量后，才决定合适的人选。有进一步的消息，我们会及时通知你的。谢谢你。

A：十分感谢邓总监抽出宝贵的时间和我面谈，我从中受益匪浅。希望下次有机会再当面请教。再见。（与邓总监握手道别，并将椅子放回原处后离开。经过前台时，和引导他进入人事部的钱小姐说："谢谢你，再见。"）

解析：①应聘人员需要注意，直到离开公司所有人的视野后，面试才结束。②需要传达良好的人际关系能力。③如果公司门口有张纸片或小块杂物等，不要视而不见地走过，而要将它捡起来扔进垃圾桶。因为这很可能是公司故意设计的面试细节，看看每个候选人是不是具有过人的观察力和从我做起的精神。

4月18日下午，方大伟按照××生物科技企业集团的地址给人力资源总监邓小姐发了一封感谢信，表示通过面试更进一步了解了××生物科技企业集团的企业文化和高效率，表达了自己仍然很想为该公司服务的愿望，也有信心做好营销企划的工作，希望有机会向邓总监多多学习。

通过面试模拟剧场将面试准备过程和面试常见提问浓缩到一起。请同学们通过仔细揣摩模拟剧场中的内容和本书其他部分，谈谈你对应聘面试的一些细节的理解。

求职礼仪事实上是每个人在求职的过程中所表现出来的由里到外的一种涵养，外表的礼仪是对招聘单位和招聘人员最起码的尊重，而内在的礼仪更是一名当代大学生所必备的修养。要记住：凡事预则立，不预则废，有充分的准备，才能战无不胜，攻无不克！

二、应聘求职准备自检法

请根据表1-13的面试表现自检表、表1-14的电话求职礼仪自检表、表1-15的网上求职礼仪自检表进行自我检查，以训练自我的求职礼仪，提高礼仪修养。

表1-13　面试表现自检表

面　试　表　现		是否做到	及时改进
应聘前的心理准备	选择适当的就业目标	（　）是（　）否	
	淡化面试的成败意识	（　）是（　）否	
	避免从众心理	（　）是（　）否	
	不怕挫折	（　）是（　）否	
	克服自卑、胆怯的心理	（　）是（　）否	
面试中的礼仪	仪容端庄，衣着干净整洁	（　）是（　）否	
	仪态大方，举止得体	（　）是（　）否	
	回答问题语言简洁流畅、思路清晰	（　）是（　）否	
	求职信针对性强，简历充实，有内容	（　）是（　）否	
面试后的礼仪	举止大方、礼貌	（　）是（　）否	
	做好再次冲刺的准备	（　）是（　）否	
	写封感谢信	（　）是（　）否	
	寻找适宜的机会询问结果	（　）是（　）否	

表1-14　电话求职礼仪自检表

电话求职礼仪	是否做到	及时改正
要做好充分的准备	（　）是（　）否	
在手边准备纸和笔	（　）是（　）否	
注意语速、语调	（　）是（　）否	
电话面试过程中不要过于谦虚	（　）是（　）否	
选择恰当的时间、地点	（　）是（　）否	

表 1-15　网上求职礼仪自检表

网上求职礼仪	是否做到	及时改正
简历有特色	（　）是（　）否	
简历不要无目的地投,要有针对性	（　）是（　）否	
要主动与用人单位联系	（　）是（　）否	
参加招聘活动,提高警惕,小心受骗	（　）是（　）否	
网上求职要保持平和的心态	（　）是（　）否	

三、模拟应聘求职训练法

项目1：撰写求职简历

训练目标：能够根据个人情况以及应聘岗位,撰写一份能打动用人单位的简历。

训练方法：准备两个不同岗位的招聘广告。请每位学生根据不同单位的招聘广告,给自己撰写两份侧重点不同的简历。

模拟训练手记：通过训练,"我的收获"记录如下。

我 的 收 获

项目2：面试礼仪技巧应用

选2～3名学生担任某企业面试考官,其他同学担任求职者。面试考官首先介绍单位及岗位需求情况,然后求职者运用面试礼仪技巧进行自我介绍、回答考官问题。最后,教师总结点评。

模拟训练手记：通过训练,"我的收获"记录如下。

我 的 收 获

项目3：了解求职面试中的一些问题

训练目标：了解目前求职面试中的一些问题,学习积极应对。

训练方法：思考与操作以下情景。

（1）如果用人单位通知你明天去面试,你需要做哪些准备？

（2）小组同学之间相互演示面试的基本程序,再互相评价。

（3）据报道，现有一些大学毕业生为了求职成功而去整容，你怎样看待这种现象？

（4）在你知道的人中，你最欣赏谁的求职方法？为什么？

（5）如果了解一个职位是否适合你，需要了解哪些信息？

（6）材料分析。一些关于简历的数字：雇主们在每份简历上所花的平均时间为15秒；每245份简历中有1份获得面试机会；有的大公司每年会收到超过100000份简历；雇主们在报纸上登出一个招聘职位，通常会收到200份左右的简历；在所有简历中约有85%～95%最终的结局都是被扔进了垃圾桶。

根据以上材料，请谈谈你对应聘求职中如何投简历的理解。

四、办公室礼仪模拟训练法

项目1：模拟在办公室和同事相处

训练目标：能够了解职场与同事相处的原则，协调各种问题。

训练方法：请按小组根据办公室礼仪模拟场景，进行表演，请其他同学点评。

模拟训练手记：通过训练，"我的收获"记录如下。

我 的 收 获

项目2：办公室坏情绪对策

训练目标：当坏情绪在办公室来临时，要有更好的解决对策。

训练方法：头脑激荡，分小组讨论，集体分享。

模拟训练手记：通过训练，"我的收获"记录如下。

我 的 收 获

模块二

大学生团队训练

知识目标

1. 认识团队、认识团队精神,了解课程模式、认识信任、认识合作。
2. 了解沟通的基本知识,学习沟通过程中的基本技巧。
3. 认识竞争、认识合作,以及竞争与合作的关系。
4. 基本掌握创新思维方式,具有创新素质,掌握创新能力形成的基本原理。

技能目标

1. 学会在团队中自由表现自己。
2. 提高团队信任能力,并在学习与工作中加强协调与配合,懂得求助他人。
3. 让说话变得容易,让沟通变得轻松。
4. 能激发自己的竞争意识,让自己能跟别人更好地合作。
5. 通过教材提示与自我实践训练、内化理论,提高对创新主体性的认识,在创新的实践中训练和提升自我的创新能力。

训练一 团队文化建设

现代企业不仅是老板和下属的企业,而应该是一个团队。

【美国】彼得·德鲁克

训练项目一 基础知识介绍

一、自然界的启示

(一)蜜蜂的启示

自然界里,蜜蜂是随处可见的,有时一窝蜜蜂多达几万只,但每一个蜂窝只由一只蜂后(有时会多于一只)、若干工蜂、雄蜂共同组成,它们各司其职、分工明细。如蜂后的任务是产卵、繁殖,同时受到工蜂的服侍;工蜂负责建造、觅食、运粮、育幼,负责抵御外侵、保护家园等;而雄蜂负责与蜂后繁殖后代,大家各尽所长、团结合作、配合默契,共赴成功。所以蜜蜂的故事,经常被人们用于诠释齐心协力、团队合作的意义,因为它们这种群策群力和其高效率的团队协作方法,是值得人类反思与借鉴的。

(二)骡子的力量

一个人开车迷了路,他边开车边查看地图,结果车陷在乡间小路边的壕沟里。他虽然没有受伤,但车却深深地陷在淤泥里了。看到不远处有一个小农舍,这个人便去求援。

走进农舍小院,他发现根本没有汽车或其他现代化机械。马圈里唯一的牲口是一头衰老的骡子。开车人本来以为农舍的主人会说这骡子太瘦弱不能帮忙。可农夫爽快地指着那头老骡子说:"没问题,马克可以把你的车拉出来!"

开车人看了看憔悴的骡子,担心地问:"你确定它能行? 这附近可有其他农场?""住在这附近的只有我一个人。别担心,老马克能胜任。"农夫自信地说。

农夫把绳子一端固定在汽车上,另一端固定在骡子身上。一边在空中把鞭子抽得"啪啪"响,一边大声吆喝,"拉啊,乌克! 拉啊,卡卡! 拉啊,迪斯! 拉啊,马克!"没多一会儿,小轿车就被老马克毫不费力地拉了出来。

开车人又惊又喜。再三谢过农夫后,他忍不住问:"你赶马克的时候,为什么要装作还赶着其他骡子的样子? 你喊马克之前,为什么还喊了那么多别的名字呢?"

农夫拍了拍老骡子,笑着说:"我喊的都是我原来那些骡子的名字,它们以前都和老马克一起拉过车。老马克是头瞎骡子,只要它以为自己在队伍之中,有朋友帮忙,干活就特别有劲,连年轻力壮的骡子都比不过它。"

二、什么是团队

团队是一群为了实现共同目标或完成共同的任务而紧密结合在一起、互相高度依赖的人。简单而言,一个团队就是一个集体。团队不仅强调个人的工作成绩,更强调团队的整体业绩。团队通过成员的共同贡献,得到集体成果,这个集体成果超过成员个人业绩的总和。琼·卡扎巴赫与道格拉斯·史密斯合著的《团队的智慧》曾对团队有这样的诠释——团队就是一群拥有互补技能的人,他们为了一个共同的目标而努力,达到目的,并固守相互间的责任。

(一) 什么是团队精神

团队精神在一个组织中不是说有就有的。一群人之所以能成为一个团队,是因为这些人都拥有一个共同的目标。正像《第五项修炼》的作者彼得·圣吉指出的那样,一位经理某天走进一个工作组,挥着手说:"伙伴们,你们是一个团队了!"这样的话,他只能创建出一些"行动软弱的伙伴",而永远不能创建出一个团队来。"团队"能否成为一个真正的团队,取决于每个团队成员的有效沟通。

(二) 团队精神的含义

所谓团队精神,是指团队成员为了团队的利益与目标而相互协作的作风。团队精神的基础是挥洒个性,团队尊重个人的兴趣和成就,给予不同的待遇、培养和肯定,让每一个成员都拥有特长,都表现特长。这样的氛围越浓厚越好,正所谓不同的音调导致最美的和谐。团队精神的核心是奉献,奉献成为激发团队成员的动力。团队精神的精髓是承诺,团队成员共同承担集体责任。没有承诺,团队如同一盘散沙。做出承诺,团队就会齐心协力,成为一个强有力的集体。

(三) 团队精神的内容

第一,在团队与成员之间的关系上。团队精神表现为团队成员对团队的强烈归属感,团队成员把团队当成"家",把自己的前途与团队的命运系在一起,愿意为团队的利益与目标奋斗。团队成员极具团队荣誉感。在处理个人利益与团队利益的关系时,团队成员采取团队利益优先的原则,个人服从团队。团队与其成员结成牢固的命运共同体,共存共荣。

第二,在团队成员之间的关系上。团队精神表现为成员之间的相互协作。团队成员彼此间利益共享,相互宽容,彼此信任。在工作上互相协作,在生活上彼此关怀。团队成员和谐相处,凝聚力强,追求团队的整体绩效。

第三,在团队成员对待团队事务的态度上。团队精神表现为团队成员对团队事务的全身心投入。团队充分调动成员的积极性、主动性、创造性,让成员参与管理、决策。团队成员在处理团队事务时尽职尽责,充满活力,洋溢热情。

（四）团队建设的意义

美国《财富》杂志最新统计资料表明：世界公司500强中，80％以上的公司都在极力倡导团队工作方式。使用团队，创造辉煌的企业有：美国的通用电气、摩托罗拉，荷兰的飞利浦，日本的丰田、索尼等跨国公司，他们早已广泛运用团队建设与改善策略，并获得巨大的成就，的确是令世人瞩目。在美国，团队已经在各种各样的组织中得到认可。有人在不久前做过调查，500强企业中有80％的企业都有一半或者更高比例的员工在团队中工作。此外，68％的美国小型制造企业在其生产管理中采用团队的方式。例如，几乎所有的高科技企业使用项目团队的组织，为了完成新的项目而组建的团队。团队包括不同技术领域的成员，他们在一段时间内为了一个项目而一起工作，一旦项目完成，他们就会被分派到新团队中做新的项目。这种团队非常灵活，而且组织扁平化。微软就是使用这种方式完成大量项目的典型例子。

团队也被广泛应用在其他行业，如制造业、零售业等。星巴克就是一个非常依赖团队获得成功的典型。他们在34个国家有7600多家连锁店。为了保证优质的服务，他们让每家店的员工都参加3个月的培训课程，不只是让他们学习如何制作优质的咖啡，更重要的是让他们学习如何与别人一起工作，如何建立团队的氛围使得每个人都参与和分享整个过程。这成了其他公司难以模仿的星巴克独有的竞争优势。

2003年TCL集团宣称，到2010年将TCL集团创建为具有国际竞争力的世界级企业，企业规模达到1500亿元人民币，跻身世界500强企业行列。为此，TCL集团必须真正打造出一支远见卓识、雄才大略和协同作战的精英团队，在决策者的正确带领下，依靠具有智慧优势、能精诚团结和英勇善战的团队去开创TCL集团未来的辉煌！

三、大学生团队训练的现实意义

合作意识和团队精神是时代发展对人才提出的要求。一个人的工作、生活离不开他人的合作、帮助。市场经济鼓励竞争，也需要合作，竞争愈激烈，愈需要合作。所以，在社会竞争日趋激烈的今天，培养学生的合作意识和团队精神已成了时代赋予学校教育的使命。高等职业教育应以服务为宗旨，以就业为导向。既然企业十分重视员工的团队精神，高校就要主动适应企业的需求，重视学生团队精神的培养。

当前，在许多大学生身上，都不同程度地存在着诸如以自我为中心、自私、独立性差、责任心差、缺少勇气、不愿沟通等人格缺陷。造成学生在这方面品质缺失的一个重要原因是教育者只重视了学生个体素质的发展，忽视了团队精神的陶冶。许多企业反映，现在许多大学毕业生很难适应企业的岗位要求，尤其是团队精神方面的要求，学生在应聘时虽然也能谈到团队精神，但在具体的工作中并不能体现出这种精神。

当然，高校是非常重视学生的集体主义思想教育，但是由于教学方式的原因，效果一直不很理想。如果继续按照传统的方法进行团队精神的培养，效果可以预计。如果要提高效果，必须打破传统的教学方法，探索新的培养模式，对学生进行团队精神的培养。

四、团队训练的理论基础

美国教育和培训界有一个非常有名的"学习金字塔"（Learning Pyramid），如图 2-1 所示。学习金字塔用数字形象显示了采用不同的学习方式，学习者在两周以后还能保持的内容方面（平均学习保留率）有巨大的差异。

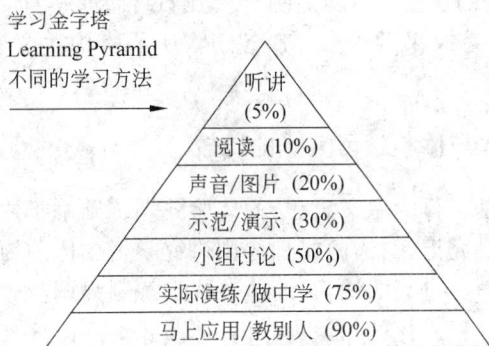

学习金字塔
Learning Pyramid
不同的学习方法
→

听讲
(5%)
阅读 (10%)
声音/图片 (20%)
示范/演示 (30%)
小组讨论 (50%)
实际演练/做中学 (75%)
马上应用/教别人 (90%)

图 2-1　学习金字塔

在塔尖，是第一种学习方式——"听讲"，也就是老师在上面说，学生在下面听，这种我们最熟悉最常用的方式，学习效果却是最低的，两周以后学习的内容只能留下 5%。第二种，通过"阅读"方式学到的内容，可以保留 10%。第三种，用"声音/图片"的方式学习，可以达到 20%。第四种是"示范/演示"，采用这种学习方式，可以记住 30%。第五种，"小组讨论"，可以记住 50% 的内容。第六种，"做中学"或"实际演练"，可以达到 75%。最后一种是在金字塔基座位置的学习方式，是"教别人"或"马上应用"，可以保持 90% 的学习内容。

美国的学习专家爱德加·戴尔提出，学习效果在 30% 以下的几种传统方式，都是个人学习或被动学习；而学习效果在 50% 以上的，都是团队学习、主动学习和参与式学习。

"小组讨论"、"实际演练"、"马上应用"、"教别人"……这些学习方式的效果在 50% 以上。我们现在学习的团队训练课程正是以体验式学习理论为基础。强调做中学，并进行小组讨论，促使学生在体验过程中自我学习和成长。

（一）体验式学习理论介绍

美国凯斯西储大学维德罕管理学院的组织行为学教授大卫·库伯（David Kob）于 20 世纪 80 年代初提出了体验式学习理论。他认为：有效的学习语言从体验开始，进而发表看法，然后进行反思，再总结形成理论，最后将理论应用与实践。这个理论已经成为很多培训模式和学习方式的核心理论。体验式学习理论对设计和开发终身学习模式有着深刻的影响。西方很多管理者认为，这种强调"做中学"的体验式学习，能够将学习者掌握的知识、潜能真正发挥出来，是提高工作效率的有效学习模式，和上面的学习金字塔一样，提高了学习效率。

本课程还充分体现了建构主义教学思想。建构主义教学思想认为：学习者是学习的主体,有效的学习需要从学习者的兴趣出发,从解决实际问题出发,只有这样,学习者才能产生学习的动力。教师不是单向的知识传递者,其作用在于为学习者提供丰富的学习情境,帮助和指导学习者建构自己的经验并引导学习者从直接经验中进行学习。建构主义教学思想还鼓励教学信息的多方向流动,而不是仅仅从教师到学习者的单向流动。可见,建构主义教学思想提倡的学习方法是教师指导下以学习者为主体的学习。反观我们的实践训练,无论是学习情境的设置、学生以主体身份通过活动获得体验,还是教师的指导、团队成员之间的交流和最终成果的形成,都充分体现了建构主义教学思想的教师观、学习观。

(二) 传统学习方式与体验学习方式的比较

(1) 传统教育模式基于行为主义思想;而体验式训练则基于建构主义教学思想。

(2) 传统教学强调讲究记忆;体验式训练则讲究学习主体的领悟和体会。

(3) 传统教学强调学习过去的知识;而体验式训练则强调及时的感受。

(4) 传统教学以接受程式化的知识为导向;体验式训练以分享总结经验,解决问题为导向。

(5) 传统教学注重知识、技能;体验式训练注重观念、态度。

(6) 传统教学以教师为中心,教师在整个教学过程中处于主导和控制地位;体验式训练以学生为中心,教师发挥指导作用。

(7) 传统教育强调在课堂中学知识;体验式训练强调在具体的学习情境中通过体验来学习。

两种不同的教学方式有着不同的结果。传统教学的"教"不一定导致"学",更不一定产生"会";而在体验式训练中,学生通过具体的情境中的活动获得体验,同时也体验到了学习的乐趣,有效地促进了学习者高级认知能力的发展。可见,在体验式训练过程中,"教"旨在通过提供学习情境、信息、游戏等方式,为学生创造适合学习的外部条件和环境,其作用是产生"学习"。"会"是指学生经过学习,在显示环境中能够应用学到的知识和技能,或者促使学生的行为发生改变。体验式训练最终要实现这样的目的：通过改变学生的态度和观念来开启学生的所有潜能,并促使他们将这些潜能运用到实际工作中,带来最优的个人绩效。

(三) 体验式学习的精髓：游戏和活动

1. 什么是游戏或活动

这包括游戏、活动、模拟、角色扮演、案例分析等,是一项有组织的活动过程,在这个过程中,参与者通过分享各种经验和观点而互相影响。

团队训练的一个基本的观点是：相信团队拥有完成特殊任务的能力。训练的目的是：让人们重新认知和利用已有的知识来使每个人都从中获益。

2. 为什么采用游戏或活动方式

(1) 团队需要成员之间相互影响,游戏和活动对促进这种相互影响非常有效。

（2）从研究来看,认知科学研究表明:在游戏和活动过程中,人们更容易接受新的知识和技能,对于诸如压力、兴奋、焦虑、创造力等方面的问题,游戏和活动可以提高学习的效率。

（3）多元智力理论强调人的智力,并不像传统的智力定义那样以语言能力和抽象逻辑思维能力为核心,而是以能否解决现实生活中的实际问题或生产及创造出社会需要的产品的能力为核心和衡量水平高低的标准,即智力一方面是解决实际问题的能力;另一方面还是生产及创造社会需要的产品的能力。而游戏和活动是这种能力发展的有效手段。

（4）情感性学习。游戏和活动,能够令人全身心投入,体验活动与快乐,这种带有感情色彩的学习,能够让人记忆深刻,影响持久。

（5）参与性学习。游戏和活动可以增进人际交往,也可以让参与者得到及时的体验、练习和反馈,这种及时的强化功能,加强了学员的学习效果。

3. 游戏的力量

当人们精神振奋,有点滑稽地参与到游戏中并开始沉浸其中时,就是他们变得强大的开始。有娱乐性就有创造性。如果愿意冒被看作愚蠢的风险,将获得避免自负、自我的能量,这将会有助于实现更多建设性的目标。

千万不要低估游戏的力量。只要团队成员乐于放松身心地参与并一起分享快乐,至少有三分之一的团队问题能得到解决;另外三分之一的问题将依赖于团队解决问题的能力;最后的三分之一的问题可能超越了团队的能力。

五、大学生团队训练课程介绍

让学生进行不同的组合,担任不同的"团队角色",参与到经过精心设计的不同类型、不同目的游戏项目中去。通过一定的流程,让参与者在参与、体验的过程中,在心理上受到挑战,思想上得到启发,在特定的环境中去思考、去发现、去醒悟,对自己、对同学、对团队重新认识、重新定位,产生心灵震撼,并从中感悟出种种具有现代人文精神和管理内涵的道理。这种方式称为体验式学习。用体验式学习来组织的课程,称为体验式课程。

体验式学习理论要求教学方法能使得教学信息多方向流动,信息不再是单纯地从老师到学习者,而是能使各个学习者将所体验到的经验及时进行分享。因此,团队中的每一个人都会得到数倍的经验。

体验式课程一般是通过组织安排若干游戏来实现学习目的的。尽管游戏不同,但体验式学习的模式是相当规范的。推动学习的是"过程"而不是"内容"。

（一）体验式学习课程的基本模式

（1）导入。热身和破冰游戏。通过一些小游戏激发学习者参与游戏的积极性,调动他们的情绪,并以良好的情绪投入以后的项目拓展活动中。

（2）体验。要求团队成员在平等的基础上参加活动,全身心投入项目中去。任何一种项目的开始都是学员在培训师的指引下去经历一种模拟的场景,在团队共同合作之下,解决游戏中的问题,完成一项任务,并以观察、表达和行动的形式进行,这种初始的体验是整个过程的基础。

（3）反省。学员通过置身其中，得到最真切的感受，这种感受将是全方位、活动性很强、印象深刻的。游戏结束后，学员将开始自发地回想刚才经历的过程，对这一过程进行分析，开始产生一些观点。培训师将帮助团队进行反省，讨论有价值的信息、感悟，进一步培养团队精神。

（4）分享。小组中每个人都把自己的感受拿出来进行分享，在这个过程中，老师会积极地鼓励学员多发言，灵活运用提问技巧，引导大家的思维在原有观点的基础上更进一步，群策群力，使众人的观点向着正确的方向发展。

（5）总结。在最后的一个环节，团队集体讨论从学习中获得的知识和感悟，并讨论如何将这些收获应用到实际工作中。完成认识由实践中来，最终用来指导实践的循环上升的过程。

每个游戏或活动都是经过特别设计的，都有团队讨论的环节。学习形式是交互式的，且具有较高程度的参与性，所以它适合于各种各样的学习类型。参与者在一个组织完好的课程中，会发现学习过程既有教育性，又有娱乐性。尤其令人欣赏的是在培训中获得的知识和技能可以在实际学习和工作中立即学以致用。

（二）团队训练课程的基本流程

1. 团队组建

在团队形成阶段，由于人员不熟悉或没有相互合作的经验，需要让成员彼此了解、熟悉，消除成员之间的隔阂与陌生感，培养团队成员之间的信任与合作。这个阶段一般需要以简单的游戏作为开始，目的是以轻松愉快的方式使团队放松。当团队建立起一定程度的信任和凝聚力之后，再引入更具挑战性的主题活动。通常的团队组建程序如下。

（1）破冰。

（2）建立信任和沟通游戏。

（3）形成团队活动的规范，帮助团队与其自身签订一份约定承诺。规定团队学员与他人合作的准则和基本规范：①相互尊重；②不贬低羞辱别人；③注意倾听；④诚实；⑤以自己的立场发表意见；⑥对事不对人；⑦保密。

在训练的过程中，团队会发现哪些条目是有用的，哪些条目是需要改进并进而对条目的内容做出调整。所有成员都应该遵守约定。如果有学员不遵守，那么其他的团队学员就应该了解为什么，并采取相应的措施，以保证团队活动的继续进行。

2. 体验活动

这个过程是团队训练的核心，也是团队训练的主要目的所在。主题活动以团队的目标为出发点，反映团队的需要和主要目的。在这个过程中，指导者需要思考的问题包括：①活动的选择；②活动顺序的安排；③活动的进展和讨论的进行，意外情况的处理等。

由于训练课程是由"进程"而不是"内容"推动的，因此，设计好的活动顺序可能会有一些变化。当团队需要发生较大改变时，就会出现新的问题。设计好的活动顺序就必须加以调整以便为团队提供解决这些问题的机会。这个过程中还需要注意以下问题。

（1）活动数目

活动数目取决于团队性质及培训目的。如果一个团队只是为了得到快乐和培养团队精神，那就不必花费太长时间进行活动的回顾总结。在这种情况下，假如团队成员解决问题能力较强的话，一天可以轻松地完成 10 个活动。善于思考或者具有更高培训目的的团队，完成的进度就会慢许多，3～4 个活动就可能要花费一天的时间。

（2）真正授权

指导者的工作就是给团队提供机会进行选择。授权就是让学员以自己的意志来决定要做什么或不做什么。学习过程的一部分就是让团队学员对他们的决定以及由此产生的后果负责。由个人执行决定还是由团队执行决定是一种权力的象征。一句格言说得好："如果你总是做你一直做过的事，那总是得到你一直得到的那些东西。"因此，要善于总结每个活动中得到的经验教训。

（3）团队问题的表现

在训练中发现，低效率的团队往往都有相同的特征。阻碍团队有效工作的因素可归纳为：不能耐心倾听、缺乏计划、未能做到全面参与、互相支持和合作欠缺、沟通不力、性别和多样性问题出现、角色和目标不明确、未能积极的自我对话等。

发现问题标志着提高团队绩效的努力获得了一半的成功。成功的另一半就是采取行动或是通过实践来提高解决问题的技巧。

在团队训练过程中，需要进行及时回顾。一次好的回顾应该使问题的本质得到澄清并且找出一致公认的解决办法。在下一个解决问题型活动中，团队应该将这种解决问题的办法延续下去。例如，如果团队成员发现他们缺乏计划性，那么一次有效的回顾将让团队成员开始加强计划性。总之，培养任何技巧都需要信息、反馈和练习。

3. 结束阶段

结束阶段的主要目标是澄清活动的效能、对活动进行总结、运用所学习的知识和技能于实际生活的其他方面。当活动结束后，把全体成员集合到一起，对活动进行总结，并举行团队结束仪式。结束阶段主要体现在以下几个方面。

（1）反思分享

回顾活动的全过程，总结在这个过程中每个人的表现，澄清自己在活动中的收获和需要改进的地方，并且讨论如何把学习到的知识应用到实际工作中去。

（2）定义成功

贯穿全部活动的目的是要将团队的智慧激发出来，并使每个人都能从中获益。成功的唯一要求是提出问题和从他人身上学习的意愿，没有学习行为的发生，团队的目的则没有达到。因为团队训练的活动本身并没有内在的价值，它们并不提供服务或产品。重要的是团队从每个游戏中学到了什么和学员们如何将学习所得应用到学习与工作中去。

（3）快乐

一个会学习的大脑必定是一个富有创造性的大脑。团队训练活动的目的是激发人的活动因素，获得成长与快乐。通常，得到最多快乐的团队也是从训练中学到最多知识的团队。我们需要了解学员的快乐与满意度，这是结束部分的重要方面。

训练项目二　团队文化建设

毛泽东认为没有文化的军队是没有战斗力的军队，良好的团队文化可以使团队成员在轻松愉快的环境中工作，这样的团队成员会彼此信任，且有共同目标，在这样的氛围下，团队的创造性和潜力会得到极大的激发，业绩也会显著增强。相反，如果是不良的团队文化，成员之间关系冷漠，同事之间缺乏沟通和信任，部门之间互相推卸责任，则很容易导致团队的内耗，致使团队目标无法实现。可以说团队能否做大做强，最重要的因素在于这个团队是否有一种积极向上的、优秀的文化做支撑。高效团队都非常注重团队文化的塑造，尤其是共同价值观的培养。如果没有良好的团队文化，团队成员之间就没有充分的信任与沟通，就无法敞开心扉进行经验交流和学习，就会有所顾忌和保留，这样的团队显然不会高效。所以，是否拥有和谐的、积极向上的团队文化是进行团队管理的灵魂。

和谐的团队文化是维系团队的向心力。相同的文化理念、共同的价值、信念及利益追求，对团队中的每一位人员都具有一种无形的巨大感召力。和谐的团队文化作为共同价值观念和共同利益的表现，决定了团队行为的方向，规定着团队的行动目标。

在团队训练的开始，需要对参训人员进行分组，成立团队，接下来，就是各团队进行各自团队的文化建设。团队文化建设对于团队训练，如同儿童期对于人生发展，影响深远，意义重大。

团队成员初次相识，往往会有焦虑、怀疑和担心等情绪，因此，通过一些小游戏加强成员之间的了解和熟悉，有利于促进沟通和建立信任关系，通过订立团体契约，强化团体规范，形成对团体的认同，并构建互助的团体气氛。

团队文化建设时，要求团队成员集思广益，共同为小组确立一个独特的团队名称，选出自己的队长，制作一个有寓意的队徽，并选择一首有代表性的队歌，富有特色的团队文化展示方式，并订立团队规范。

以后在每次团队训练开始前，各团队都要进行自己的团队文化展示，这样可以激发学生参与兴趣，确立成员的团体认知，凝聚团体动力，开启团队运作能量。并且这样做，符合学生特点，目标明确，具有较强的趣味性和挑战性，能引发学生们产生共同目标。队名、队徽以及队歌，对于一个团体而言，具有十分积极的作用，不仅可以促使成员对团体形成认同感，而且一个充满寓意与温情的队名和队徽，更能够让成员产生强烈的自豪感和荣誉感。团队规范的约束力对于营造一个温暖、信任的团队情境具有不可替代的作用，团队成员刚开始的怀疑、不安等消极情绪，在团体规范的共同商讨中，能够得到逐步的消除，从而形成信任、互助的气氛。

在进行团队文化建设的过程中，团队成员得到了一个很好的沟通机会，增进了彼此的了解，有助于形成正向的团体动力。这是团队训练的起点和开端，也是形成团队风格、确定团队规范的时期；是团队建立的基础，也是有效开展活动的保障，对整个团队训练的顺利进行有着至关重要的作用。因此，在开始阶段需要让学员互相熟悉和接纳，形成融洽的氛围,减少学员之间的隔阂与防御,引导学员对团队充满期待和信任并愿意积极参与到活动中。当展示成果时,成员会有一种集体向目标迈进的成就感,能够迅速增强团体的凝聚力,形成强烈的归属感。

最后,来自其他团队和老师的反馈,也具有积极的意义,因为反馈所传达的不只是沟通的内容,更重要的是反馈本身能让成员们感受到他人的关注和支持,增强自身的价值感。具体而言,团队文化建设的流程如下。

一、热身

（1）目的：让大家快速熟悉,减少因为陌生感而带来的沟通和信任等问题,达到破冰的作用。

（2）要求：热身活动主要采用一些破冰游戏来进行。如图 2-2 所示的兔子舞,就是很好的一种破冰方式。

（3）操作过程：①大家围成一个圆圈,后面的同学将两手搭在前面的同学的肩上;②跟随兔子舞音乐,一起跳起兔子舞,随着节奏的越来越快,同学们的热情逐渐高涨;③增加难度,音乐暂停,要求大家保持动作不动,如有人动,则请他（她）进入圈中表演一个节目。

图 2-2　热身活动之兔子舞

二、分组形成团队

这是团队建设的起始阶段,同学们可以通过各种形式分成小组,一个小组为一个团队,在分组形成团队的过程中,各成员开始进行归属划分。小组一旦确立,团队就开始成立,但此时还不是真正意义上的团队。

分组形成团队的方法很多,这里介绍两种方法。

（一）扑克牌分组法

（1）给每位同学发一张扑克牌。

（2）每个同学不能看自己的牌,把牌朝外放在自己的前额上。

（3）同学们根据别人脑门上的牌,把同类的同学站在一起。

（4）分组完毕,通过这个活动,既分了团队,又感受到帮助别人和被别人帮助的快乐。

（二）解决问题法

如游戏活动"迷失丛林",先以个人形式,之后再以 5 人的小组形式完成。具体操作程序如下。

（1）老师把"迷失丛林"工作表（表2-1）发给每一位同学，并讲述一段故事：你是一名飞行员，但你驾驶的飞机在飞越非洲丛林上空时突然出现意外，这时你必须跳伞。与你们一起落在非洲丛林中有14样物品，这时必须为生存作出一些决定。

（2）在14样物品中，先以个人形式把14样物品以重要顺序排列出来，把答案写在第一栏。

（3）当大家都完成之后，老师请全班同学分为5人一组，让他们进行讨论，以小组形式把14样物品重新按重要次序再排列，把答案写在工作表的第二栏，讨论时间为20分钟。

（4）当小组完成之后，老师把专家意见表发给每个小组，小组成员将把专家意见转入第三栏。（注意："迷失丛林"工作表之专家的选择见附件A）

（5）用第三栏减第一栏，取绝对值得出第四栏，用第三栏减第二栏，得出第五栏，把第四栏累计起来得出得分，第五栏累计起来得出小组得分。

（6）老师把每个小组的分数情况记录在白板上，表2-1所示的"迷失丛林"工作表用于分析。

表2-1 "迷失丛林"工作表

步骤 \ 供应品清单	第一步 顺序（个人）	第二步 顺序（小组）	第三步 专家排列	第四步（3-1） 个人和专家比较	第五步（3-2） 小组与专家比较
药箱					
手提收音机					
打火机					
3支高尔夫球杆					
7个大的绿色垃圾袋					
指南针（罗盘）					
蜡烛					
手枪					
一瓶驱虫剂					
大砍刀					
蛇咬药箱					
一盆轻便食物					
一块防水毛毯					
一个热水瓶（空的）					

第一步～第五步见表2-1。

第六步　个人得分（第四步的总和）

第七步　团队得分（第五步的总和）

第八步　最低个人得分（小组中）

第九步　个人得分低于团队得分的总和

第十步　个人得分的平均数

"迷失丛林"小组分数情况记录见表2-2。

表 2-2 "迷失丛林"小组分数情况记录表

小组	全组个人得分	团队得分	平 均 分
1			
2			
3			

(7) 做如下的有关讨论。

你所在的小组是以什么方法达成共识的？

你的小组是否有出现意见垄断现象？为什么？

你对团队工作方法是否有更进一步的认识？

三、构建团队文化

(一)建设团队文化需要考虑的因素

构建团队文化，主要包括以下方面：①认识队员；②选出队长；③启用队名：集思广益，共同讨论，商定自己团队的队名；④亮相队标：设计队徽；⑤高唱队歌：选定队歌；⑥齐颂队训：商定最能代表本队精神的对训；⑦集体展示：讨论如何进行团队展示，每个队员到时做什么，如何做；⑧秀出动作：全体队员相互激励的动作。

(二)团队文化构建示例

以下是一个团队所形成的文化内容介绍。

(1) 队名(图 2-3)：反转地球。

(2) 队长以及队员(图 2-4)：队长是潘现花(女)。

(3) 队训(图 2-5)：狭路相逢，勇者胜。

图 2-3 队名

图 2-4 队长以及队员

(4) 队徽(图 2-6)：右手托地球，含义是"在你我的手心里是整个世界，在你我的手心里是创造精彩，在你我的手心里是美好未来"。

(5) 队势(图 2-7)：团队的标志性动作，表示未来在我们的努力下更加美好。

(6) 队歌(图 2-8)：《从头再来》。

以上内容全部按照地球来设计，表示努力创造未来，象征反转地球的信念，显示了一种积极进取的团队精神。

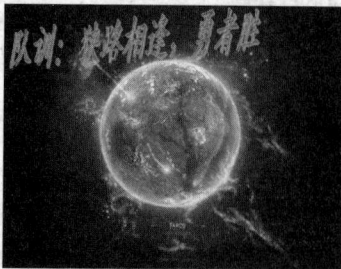

图 2-5　队训

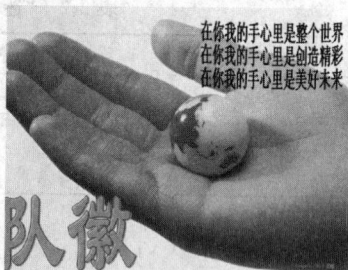

图 2-6　队徽

图 2-7　队势

图 2-8　队歌

四、形成团队规范

这是对团队成员行为的一种规范,这种规范对于营造一个温暖、信任的团队情境具有不可替代的作用。团队成员初期具有怀疑、不安等消极情绪,通过对团体规范的共同商讨,能够得到很好的消除,便于团队成员间建立信任、互助的气氛。形成团队规范的方式有很多,这里介绍一种方式,即订立契约。其基本流程如下。

（1）目的。形成团体规范,让所有成员自愿投入团队中,澄清学员对团队的期待。

（2）操作。老师先说明活动规则,提出对团队活动的要求,如希望大家不要隐藏心中想说的话等。言毕,以手磕碰自己的大腿或膝盖,状似盖章动作,代表自己愿意遵守这个诺言。

其他同学认为自己可以遵守者,亦以手掌碰大腿或膝盖,状似盖章动作,代表自己愿意遵守此诺言。

收集同学对团队规范的期待,形成契约内容,包括:不希望有人早退或中途离席、希望老师准时结束团队的活动、希望大家尊重(倾听)别人的发言、不愿意看到有人在团队中恶意攻击、共同守密……

最后,由老师统一整理归纳同学的诺言,形成团队契约。可在当次团队活动结束后,写在海报纸上,每位同学在上面签上自己的名字,以后每次团队活动前,张贴于活动室的墙上。

（3）注意。如遇到成员无法遵守这个约定,老师需要鼓励其他同学以尊重、关怀的态度,共同协助这位同学探讨其困境,并寻求解决的方法。

（4）团队契约条款。①我愿意自始至终参加本次团体活动，不中途早退，在活动中全心全意投入，关闭手机，以免影响他人；②我愿意尊重每位成员的个人隐私，保守秘密；③我愿意信任组员，开放自己，真实表达内心感受；④我愿意对他人的表露真诚地反馈信息，不批评别人说的话；⑤我真诚地相信：在团队中投入越多，收获越多；⑥我遵守以上承诺，尊重自己，尊重他人，男同学多帮助女同学；⑦在活动中注意安全，遵守规则，一切行动听指挥。

如果同意，请签名。（　　　）

训练项目三　# 自我融入团队方程式

团队精神的基础是挥洒个性，是尊重个人的兴趣和成就，给予不同的待遇、培养和肯定，让每一个成员都拥有特长，都表现特长。作为个体而言，需要融入社会更需要融入自己的团队，成为团队的一员，并努力为团队作出贡献。这就需要团队成员每一个人都积极融入团队中。其目的是互相熟悉，建立信任，展示自我、发挥特长。融入团队需要自己的积极参与，以下方法可以帮助我们采取行动。

一、自我介绍

（1）语言自我介绍。团队成员围成圈，大家互相认识，相互介绍。每人约 1 分钟。

（2）身体语言自我介绍。展示自己的魅力，让他人感受到我们的真诚与温暖。所有同学自由活动，但不能说话，只能用身体语言，如握手、拥抱、微笑、点头等方式进行。每人约 2 分钟。

（3）全体同学围成一圈，介绍的人站在圈中央。绕圈用语言自我介绍，介绍要简洁概括，语言要大声坚定，这样可以给他人留下一个良好的印象。

（4）自己介绍时一定要说明自己对团队的期望，如希望获得什么，希望哪方面得到改善。这种介绍表明个人动机，能够更快和更直接地相互了解。

二、与人分享你的经历

在团队内，大方介绍自己学习和生活中的 3 个"最"，即：最高兴的事、最烦恼的事、最喜欢的人分别是什么。谈完后，体会自我感受，并请团队中其他人分享他们的感受。与他人分享的过程就是一个积极反馈的过程。

三、对别人的分享积极反馈

当团队中其他成员进行自我介绍或分享自我成长故事的时候，你在认真倾听和及时的反馈，一方面可以给对方以心理支持；另一方面也可以赢得他人的好感。当然，反馈需要是正面的、积极的、肯定的，更需要是真诚和善意的。如果你的反馈很及时，但较多批评和抱怨，可能也会在团队中留下不好的印象。

四、对团队事务积极参与

这是一个态度问题。很多人认为团队活动中的很多游戏，似乎不像书本知识或老师讲课那样，让我们立刻受益。感觉团队训练像是在玩，因而抱着无所谓的态度，结果随着团队活动的不断进行，自我的感觉也越来越差。因为态度已经在宣告你对这个团队和自己的不接纳，自然也就不会被他人重视。渐渐地，会被团队忽视和疏离，会感到越来越沮丧甚至否定自己，漠视他人。积极参与团队事务，需要认真投入，用心思考，关心他人，积极奉献，这样做的结果，使自己的价值感越来越强。

训练二　团队信任建设

要做真正的知己,就必须互相信任。

【俄罗斯】列夫·托尔斯泰

训练项目一　信任意识与能力培养

一、知识导入

如何建立一支优秀的团队,不同的人有不同的观点,但所有的人几乎都同意信任是团队成功的重要因素。信任是合作的开始,也是团队管理的基础,一支不能相互信任的团队是一支没有凝聚力的团队,也是一支没有战斗力的团队。

在团队管理中,团队信任度的高低直接影响着团队协作的水平和团队目标的实现。缺乏信任的团队不仅无法保证团队目标和个人利益的实现,甚至会造成不必要的损失。

(一)自然界的启示

下了一夜暴风雪,3只脱离狼群觅食的狼被困在了厚厚积雪的草原上。第二天,暴风雪停了,3只迷失的狼开始了寻找狼群的艰难历程。他们必须找到狼群,否则在这冰天雪地的草原上,以他们3只狼的力量根本没有活下去的可能。为了减少体力消耗,它们3个排成一列,领头的是一只很有野外生存经验的老狼。后面两只较年轻的狼依次踏着老狼的脚印往前走。天气很冷,雪也很厚,它们每走一步都很艰难。突然,老狼摔倒了,它的一条腿被尖锐的石头划了个大口子,流了不少血。看来老狼是不能带路了,一只年轻的狼立刻走到了第一的位置,后面是老狼,然后是另一只年轻的狼。就这样,它们不停地走着。

老狼终于坚持不住了,剧烈的疼痛使它寸步难行。大家只好停下来,商量应急的办法。把老狼丢下肯定是不行的,那是违背狼道的事。如果两只年轻的狼背着它走,估计它们很难走出这冰天雪地的草原。最后,老狼提议,把它先放在这里,等两只年轻的狼找到狼群后再带着狼群来救它。大家都认为这是一个好主意。于是,两只年轻的狼把老狼安顿在附近一个向阳且背风的小山坡下面的一块大石旁边,它们自己又踏上了寻找狼群的征途。

等待是痛苦的,开始老狼还信心十足,它相信两只年轻的狼一定会带着狼群来救它。可过了中午,依然不见狼群的影子,又冷又饿的老狼开始着急了。它大声地叫着,希望狼群能听到它的声音。然而,除了冷风的呼啸声外,再也没有别的声音回应它。最后,它的嗓子也叫哑了,再也叫不出来了。临近傍晚,风更大了、天更冷了。老狼蜷缩在那里,心理咒骂着两只年轻的同类，它认为它们欺骗了它，抛弃了它。它仿佛已经看到了自己的最后结局，那就是连冻带饿死在这冰天雪地里，然后被老鹰吃尽了尸体。不行，这绝对不是一只狼的归宿，一只真正的狼是不能被冻死或饿死的。于是，它挣扎着站了起来，看了这个世界最后一眼，然后用尽全身力气朝那块石头撞去。就在他冲向石头的一刹那，他听到了远处传来的群狼的嗥叫声，他知道狼群来了，可结局已无法挽回，老狼的头在石头上撞得脑浆迸裂。当狼群到来的时候，老狼尸体的最后一丝热气刚刚散去。

老狼的死是悲壮的，也是令人惋惜的。悲剧本不该发生，它应该相信它的伙伴。因为它们来自一支优秀的团队，困境出现的初期，它们的应变是及时而有效的，它们的决策也是正确的。它们排出了狼群惯用的一列纵队，以最佳的合作去减少体力的消耗。在老狼受伤以后，年轻的狼立即替换了它的位置，并让它走在中间，目的是可以更好地保护它、帮助它。当它无法行走的时候，把它安顿在安全的地方，由两只年轻的狼继续去寻找狼群，然后再回来救它的计划也是可行的。但在最关键的时刻，老狼失去了对伙伴的信任，最终命丧雪原。

在一支优秀的团队中，每一个成员必须要充分地信任自己的伙伴，只有这样大家的力量才可以凝聚在一起，形成战无不胜的力量。团队中各成员实现彼此的信任，是成员间相互协作以及共同实现团队目标的基础。因此，在团队建设中，提高团队信任能力是一个至关重要的方面。

（二）了解团队信任的基本概念

1. 信任的定义

信任是对他人的言词、行为、承诺的可靠的、肯定的期望，相信合作的另一方会自觉做出对自己有利的事情，而不会利用合作伙伴的脆弱点去获取利益。这种信任是建立在对他人能力的信任或人品的信任的基础上，体现了合作的一方对另一方的可靠性、诚实度有足够的信心。但这种信任关系的缺陷就是：一方要依赖于另一方，使得信任本身具有一定的不确定性和脆弱性。我们信任别人，也就预示着我们必须承担信任风险。

2. 信任的构成要素

团队信任中有4个重要构成要素：获得成效、一致性、诚实和表现关注。

（1）获得成效。首要的因素是获得成效，就算一个人的动机是善意的，如果他不能实现我们对他的期望，他也不可能得到我们的信任。而能力是个人获得成效的保证，因此个人必须具备一定能力，且这种能力足以使他的承诺得到实现时才可能得到别人的信任。

（2）一致性。一致性与个体的可靠性、预见性和把握局势的良好判断力有关，言行不一必然会降低信任。在大多数情况下，我们信任那些言行一致的人；言行不一意味着他可能是不诚实的或者是自私的，那是不值得别人信任的。

（3）诚实。诚实，首先是真诚和正直，其次是坦白。如果一个人缺少了真诚和正直的品质，则其他人很难会对这个人产生信任；而且，人们往往相信一个告诉别人真相的人。

（4）表现关注。一般来说，我们信任那些关心我们的人，信任那些我们认为为人处世符合我们的需要、至少不和我们的需要相冲突的人。

3. 信任的重要性

信任一般被认为是组织成功的重要因素,主要体现在以下几个方面。

(1) 团队成员间信任度的提高,有助于相互间信息共享程度的进一步提高。

(2) 团队信任有助于组织对团队更多的支持和更大的自主权。

(3) 团队信任有助于提高个体成员工作满意度,从而有助于提高个体对团队、组织的忠诚度。

(4) 团队信任有助于团队绩效的提高和团队项目的顺利进展及成功。

总之,项目团队信任的建立有利于促进组织、团队、个人三方的"共赢"。

(三)培养相互信任精神

优秀团队的一个特点是,团队成员之间相互高度信任。也就是说,团队成员彼此相信各自的正直、个性特点、工作能力。但是,从个人关系中不难知道,信任是脆弱的,它需要很长时间才能建立起来,却又很容易被破坏,破坏之后要恢复又很困难。另外,因为信任会带来信任,不信任会带来不信任,要维持一种信任关系就需要团队人员处处留心。

1. 信任的维度

(1) 正直。公平、公正、直面问题、敢于承担责任等。

(2) 能力。具有技术技能与人际知识。

(3) 忠实。愿意为别人维护和保全面子,诚实、可依赖。

(4) 一贯。可靠,行为可以预测;在处理问题时,具有较强的判断力。

(5) 开放。愿意与别人自由地分享观点和信息。

就团队成员之间的信任关系而言,这5个维度的重要程度是相对稳定的。通常其顺序是正直、能力、忠实、一贯、开放。而且,正直程度和能力水平是一个人判断另一个人是否值得依赖的两个最关键的特征。

2. 培养信任感的方法

(1) 表明你既是在为自己的利益而工作,又是为别人的利益而工作。

(2) 成为团队的一员,用言语和行动来支持你的工作团队。

(3) 开诚布公。出现问题解决纠纷时,对事不对人。

(4) 公平。

(5) 说出你的感觉。

(6) 表明指导你进行决策的基本价值观是一贯的。

(7) 保密。

(8) 表现出你的才能。

(四)提高团队信任力的途径

要提高团队信任力,必须明确团队信任的表现形式,在此基础上来寻找提高团队信任能力的途径。

1．团队信任的表现形式

（1）团队管理者对成员的信任：团队成员通过工作表现、工作成效以及个人品行获得团队领导的信任。

（2）团队成员对管理者的信任：团队建立初期，团队成员对团队管理者的信任主要是根据领导者的以往经历、个人能力而产生的。在团队成长的过程中，通过指导团队成员、事件处理能力、个人魅力等多方面加深成员对其的信任。

（3）各团队成员间的相互信任：团队成员间的相互信任是在团队协作过程中，各团队成员通过合作所感到的工作契合度、积累的情感以及愉快程度等因素形成的。

2．从团队管理的角度来提升团队信任能力的途径

（1）建立团队规范

建立团队规范在团队建设中起着重要的作用。可行的团队规范，再加上严格的执行，可以在某种程度上促进团队中成员与团队管理者的信任。

（2）建立团队成员间的信息和知识共享机制

团队成员之间由于专业、背景以及交往时间的长短而经常存在信任度不足的问题，通过信息和知识共享可以在较短时间内增加信任度，降低信任风险。

（3）搭建有效的团队沟通平台

团队成员在实现团队目标的过程中，有必要对团队工作过程中出现的各类问题进行沟通，给予团队成员公开表达和针对团队工作提出问题的机会，包括利用电子邮件、午餐会以及定期的会议等进行关于团队各方面工作的沟通，以减少由于对工作中的情况缺乏了解和共识而产生的不信任感。

（4）减少团队合作过程中不可控因素的发生

在团队合作实现团队目标的过程中，必然会产生一些新情况、新问题，这也会考验整个团队的信任能力，如果处理不好，将会降低团队成员之间的信任度，甚至产生不信任。所以，团队合作开始时，应进行周密的安排和部署，避免在合作过程中出现较多的意外因素从而增加信任风险。

3．从团队成员的个人角度来提升团队信任能力的途径

（1）正直、诚实。正直、诚实更容易获得他人的信任。

（2）忠诚。忠诚能够使团队成员在团队中长久地得到信任。

（3）工作能力。拥有过硬的技术技能和人际交往技能，在工作方面更容易获得他人的信任。

（4）行为一贯性。行为可靠、可预测，处理问题时有较强的判断力。

二、训练

在了解信任的有关思想后，通过以下两项活动来对信任进行训练。

（一）活动一：信任前行

1. 目的

（1）增强游戏参与者对团队成员的信任。

（2）让游戏参与者体会如何让他人信任自己。

（3）让游戏参与者了解信任对整支团队的影响。

2. 操作

（1）准备一个眼罩、一些绳子或空纸箱。

（2）将团队每4人分成一组，两人为活动参与者，另外两人为活动保护者。活动参与者中的一人被蒙上眼睛，然后在另一人引导下走完预先设计好的一段路程。两名保护者要随时保护蒙眼者的安全，防止跌倒或碰到障碍物。

（3）在其中一个人被蒙上眼睛之前，搭档之间可以充分交流，约定沟通信号和联络方式。一旦蒙上眼睛，两个人均不可再说话。两人采用特殊行为和非言语的交流方式沟通，例如通过口哨、掌声或其他方式和队友进行交流，促进搭档之间的相互信任。引导者要小心谨慎地引导他的搭档绕过障碍，并要随时停下来让搭档知道前面的情况，蒙着眼睛的同学在搭档的引导下走到终点。

为降低游戏难度，也可以用搀扶方式，如图2-9所示，比如引导者在前侧面一步远的距离用手扶着蒙眼人的前臂往前走。

（4）蒙着眼罩的同学要做好"缓冲"姿势，即向前伸出双臂，小臂向上弯曲，手掌向外，手的高度和脸齐平。当发生意外碰跌

图2-9　信任前行

时，这种姿势有助于避免或减轻对身体的伤害。活动保护者要关注蒙眼同学的状况，碰到危险时及时保护。

（5）蒙眼者走到终点后，大家依次交换角色，保证每一位同学都蒙一次眼，做一次搭档，如果需要增加趣味性，可以在路途中布置一些绳子和桌子，让他们爬过或者钻过。也可以选择户外林间小道，沿路设置一些障碍，但一定要做好安全防护措施。

3. 讨论

（1）在游戏过程中，队员们对蒙着眼走路有何感想？

（2）当游戏进行几个轮回后，后面参与的同学是不是感觉更加自如了？为什么？

（3）你的搭档的哪些行为有助于你建立和维护完成这个任务所必需的信任？

（4）如果你回到生活中，你将会要求你的同学或朋友做哪些事情以增强你们之间的信任？

（5）生活中有哪些因素阻碍了一支团队中的相互信任，我们应该如何去克服它？

4. 总结

一些扮演蒙眼人角色的同学会发现这个简单的游戏能揭示深刻的道理，通过感觉或者知觉信任自己的伙伴，并转而让合作伙伴信任自己，是一种亲身的体验。这个游戏依赖于运动知觉，所以产生的信任感是语言交流所无法达到的。

相互信任是团队合作的基础，是决定团队取得成功的关键因素，是有效达到团队目标的必要条件。团队中能否做到相互信任，很大程度上取决于团队成员之间能否主动接纳并真正信赖身边的团队伙伴。当团队缺乏信任时，不仅会造成整个团队不和谐，而且会直接影响到团队任务的顺利完成。

（二）活动二：虎口脱险

1. 目的

（1）体验与增强游戏参与者对团队成员的信任。

（2）提供让他人信任的保障，让他人信任自己。

2. 任务

假设你们的团队在一个山区森林进行探险活动，突然，远远传来了老虎的吼叫声，全体成员意识到危险性，立刻全体向相反的方向跑去。但是，一个峡谷挡住了去路，还好，峡谷两边还有藤蔓可以站人，所有队员站在两边的藤蔓上，辅助队员过去，要求是所有的队员都要过去，成功过去的队员可以替代两边的辅助队员。一个都不能少，在最短的时间内让所有的队员都通过。

3. 准备

在地上画出峡谷的范围，一个长约 3 米，宽 1 米左右（根据团队人数多少确定）的长方形，所有队员必须一个一个地安全通过这个长方形区域。队员只能站在长方形的框外进行辅助工作，让队员从长方形的这边安全到达另一边。

4. 步骤

（1）游戏开始之前，让所有队员摘下手表、戒指以及带扣的腰带等尖锐物件，并把衣兜掏空。

（2）团队讨论用什么样的方式将所有队员安全通过。

（3）团队讨论采用什么样的顺序通过。

（4）游戏开始后，一名队员站在长方形的宽度的一端，其他队员平均站在长方形的长度的两边，用商量好的方式将这名队员护送到另一端，护送队员站好位置后，不得移动。

（5）这名队员到达安全地点后，可以站到护送队，替换出一名护送队员，让他安全通过。

（6）以此类推，直到所有队员全部通过。

（7）从开始到全部通过所用时间就是整个团队所用时间。

5. 讨论

（1）最初你们对"虎口脱险"游戏有何认识？

（2）当站在峡谷口准备通过时，你有何感想？

（3）当你将自己完全交给队友，通过峡谷后的感觉如何？

（4）作为通过者和护送者，你们的心态有什么不同？从中能体验出什么问题？

6. 分享

"虎口脱险"是一项可以使队员们发扬团队精神、协同工作的团队信任培训游戏，让队员们能够自然地通过身体的接触来实现情感沟通，增进团队信任和友谊。

首先，作为护送员的同学，要有足够的责任心将每个通过的队员护送到安全地带，而且要求每个同学团结合作，以保证目标任务的顺利实现。

其次，作为被护送的同学，要对团队其他成员足够信任，只有完全信任队友，才能更快、更好地完成游戏。这是对一个人心理极限的挑战。

"虎口脱险"这个游戏，强调了团队成员间合作的协调性和被护送的人对队友的信任度。如果对队友不信任，在运送过程中乱动，其实是最容易摔下来的。

训练项目二　团队信任能力自测

信任是人与人之间的纽带，亲人之间有了信任，生活会更和睦美满，朋友之间有了信任友谊会更诚挚长久。但是，一个人值不值得信任是需要时间来证明的。假如我们无理由信任任何一个人，别人就会认为我们是傻瓜；倘若我们不敢去信任一个值得自己信任的人，那我们的一生将会在猜疑、谨慎中度过，注定孤独。信任是一种感觉，更是一种真挚的情感！

适度的信任，是友谊的催化剂，是人际关系中的润滑油，它不但能令他人感到温暖，而且也能令自己显得自信、大度、有涵养。

在团队中，信任能力是指自己与团队其他成员之间坦诚相待、相互信任、互协互助的互信能力，请通过下列问题对自己的此项能力进行测评。

1. 团队中，你如何看待诚信问题？

　　A. 诚信是信任的基础　　　　B. 诚信影响信任关系　　　　C. 诚信是个人品德

2. 是什么让你信任团队中的其他成员？

　　A. 团队成员的品德　　　　　B. 团队成员的能力　　　　　C. 团队成员的经验

3. 管理者如何赢得团队成员的信任？

　　A. 做人先做事，言行一致　　B. 按制度办事，一视同仁　　C. 保持行为的一贯性

4. 你如何看待团队成员之间的信任对团队的影响？

　　A. 信任会提高工作效率　　　B. 信任会增进团结和沟通　　C. 信任会减少误会

5. 当团队某一成员的行为被其他成员误会时，你如何看待？

　　A. 通过沟通了解真相　　　　B. 应继续相信他们

　　C. 根据品行来决定是否信任

6. 管理者应如何看待信任团队成员的作用。

A. 激发团队成员的斗志　　B. 让团队成员顺利完成任务

C. 增进双方的感情

7. 你认为团队成员间如何才能保持充分信任？

A. 建立信息共享机制　　B. 定期沟通，消除疑问　　C. 遇到问题及时沟通

8. 管理者应通过何种途径使团队成员之间互相信任？

A. 用统一的目标增强凝聚力

B. 团队成员间加强沟通

C. 提高成员能力和道德水平

9. 管理者如何才能避免团队瓦解？

A. 让团队成员充分信任　　B. 定期协调成员利益关系　　C. 跟进团队成员需求

10. 管理者对自己看到的状况和现象应该怎样认识？

A. 自己看到的未必是真实的

B. 自己只看到一部分

C. 眼见为实

评分标准

选 A 得 3 分，选 B 得 2 分，选 C 得 1 分。

24 分以上，说明你的团队信任能力很强，需要继续保持和提升。

15～24 分，说明你的团队信任能力一般，请努力提升。

15 分以下，说明你的团队信任能力较低，需要认真分析，注重团队信任能力的训练。

（注：以上测试结果仅供参考。）

训练项目三　信任能力自我成长方程式

大家都觉得相互之间的信任是重要的，但是难以定义怎样才算信任，度量信任就比较难了。信任通常是难以言传的，然而它对团队的绩效又非常重要，以至于它需要团队给予重视。正如一个管理者所说："如果你们没有诚信，人们就不会合作，不会负责，并且感到彷徨无助。"

主动增强信任需要自己的积极参与，我们大多数人都倾向于信任和我们关系密切的人，比如我们的家人、朋友以及我们的社交圈子里面的人，因为经过长期考验，这些人是值得我们信任的。我们经常对在一起工作的人有所保留，不能确定他们在某种情况下会有何种反应。作为团队一员，以下方法可以帮助我们增强信任。

一、找到能够建立信任关系的具体因素

让团队成员补充下面这个句子："在……时我会信任别人"，用语言描述具体的行为举止。例如，"我信任别人当……"

（1）某些事情可能会对我个人、我的工作或者与同伴关系产生影响时，你们会及时通知我。

（2）你们和我分享他们的看法和专业知识时，会承认自己的不足和错误。

（3）你们承诺要为我们的团队做某事，并坚持做下去。

（4）你们不能在团队约定的时间内完成任务，能让我事先知道，这样就能够重新调整团队预期，或者重新安排一下。

（5）你们向我征求关于某项任务的意见，最后要么按照团队预定方法去做，要么提出一个替代建议或解决方案。

（6）你们不知道一个问题怎么处理，就直接说出来，而不是试图拖延。

（7）我的言行冒犯了你们，请当面告诉我。

当团队成员明白人际关系的好坏取决于大家是否履行自己的诺言，是否为别人考虑，是否坦诚相待，以及是否及时处理别人的请求时，即使对别人的行为不是很了解，大家也需要理解，如果每个人都努力帮助别人，整个团队都可以从中受益。

二、建立共同的处事准则

在找到能够促进信任关系的内因后，下一步工作是和团队成员一起讨论建立具体守则，以保证团队采取能够增强信任的行为，并防止出现破坏信任的行为。让大家明白信任感破坏容易、建立难。信任的建立要求我们保持敏感、冒一定风险并放弃对某种局面的控制。

如果大家希望赢得团队成员的支持和信任，就必须自愿接受这些准则。

训练三　团队沟通与协作

> 一个人必须知道该说什么，一个人必须知道什么时候说，一个人必须知道对谁说，一个人必须知道怎么说。
>
> 【美国】彼得·德鲁克

训练项目一　语言沟通技巧

一、知识导入

语言是人与人沟通的直接桥梁，不是哑巴就会说话，但会说话不等于可以与人沟通，如何打开话匣子对有些人是一种挑战，如何延续交谈和令人乐意和我们倾谈也是一种挑战，其中自有技巧。

（一）故事启迪

有一个秀才去买柴，他对卖柴的人说："荷薪者过来！"卖柴的人听不懂"荷薪者"（担柴的人）3个字，但是听得懂"过来"两个字，于是把柴担到秀才面前。

秀才问他："其价如何？"卖柴的人听不太懂这句话，但是听得懂"价"这个字，于是就告诉秀才价钱。秀才接着说："外实而内虚，烟多而焰少，请损之。（你的木柴外表是干的，里头却是湿的，燃烧起来，会浓烟多而火焰小，请减些价钱吧。）"卖柴的人因为听不懂秀才的话，于是担着柴就走了。

（二）沟通的定义

沟通是为了设定的目标，把信息、思想和情感在个人或群体间传递，并且达成共同协议的过程。一个完整的沟通过程：首先是信息的发出者通过"表达"发出信息；其次是信息的接收者通过"倾听"接收信息。对于一个完整的有效沟通来说，还必须有反馈，即信息的接收者在接收信息的过程中或过程后，及时地回应对方，以便澄清"表达"和"倾听"过程中可能的误解和失真。

（三）沟通有3个主要特征

（1）明确的目标。有了明确的目标，才有沟通的必要。没有目标的谈话，就是闲聊。我们常听到说："我这次找你的目的是……"这句话就说明了自己的目的，这是沟通技巧在行为上的表现。

(2) 共同的协议。沟通结束后，一定要形成一个共同的协议，双方或多方都共同承认的协议，只有形成了这个协议，才叫做完成了一次沟通。如果没有形成一个协议，那就是一个失败的沟通，不能称之为沟通。所以沟通是否结束，它的标志就是看有没有达成协议。一般情况下，沟通结束后，通常会有这样的结束语："通过刚才我们的交流，我们达成了这样的协议……"这就是良好沟通技巧的运用。

(3) 沟通内容。沟通内容就是信息、思想、情感这 3 个内容。信息是非常容易沟通的一项内容，而思想、情感是不太容易沟通的。我们人类之间，每个人在传递过程中传递更多的是彼此之间的思想和情感，这就需要相互很好地了解和掌握有效的肢体语言以进行有效表达。

（四）沟通中的有效表达

表达是将思维所得的成果用语言反映出来的一种行为，表达以交际、传播为目的，以物、事、情、理为内容，以语言为工具，以听者、读者为接受对象。表达能力对一个人的成功是举足轻重的。表达的技巧如下。

(1) 针对性。应根据不同的场合、不同的对象、不同的目的，有针对性地选择引人入胜的话题。

(2) 多样性。在运用语言表达方式的时候多采用幽默、委婉、暗示、模糊等手段，能够提高沟通的效率。

(3) 恰当性。在提出建议或劝告时，措辞应当婉转，多从对方的角度出发考虑问题，有利于在和谐的氛围中沟通。

(4) 情感性。情感是有声语言表达的核心支柱，情感性的语言应该体现真诚、质朴，切忌渲染和夸张。

(5) 丰富性。在沟通过程中，词汇要丰富，句式要丰富，修辞要丰富，节奏要丰富，才能牵动对方思绪，叩击对方心弦。

（五）语言是沟通的桥梁

在日常生活中，需要与同学、老师、亲人尤其是在工作后还要跟领导、同事以及客户进行各种不同层次的沟通，有了良好的沟通，办事才能畅行无阻。沟通涉及获取信息或提供信息，对他人施以影响以理解你的旨意并愿意根据你的愿望行事。

然而，许多问题都是由于沟通不当引起的，沟通不当不可避免地会导致误传或误解。要想实现有效的语言沟通，了解什么地方会出错无疑是关键所在。

语言的关键在于掌握扬长避短的策略。例如，极力宣传某种行为的利益，是因为可以提供这方面的利益；极力宣传某种行为的危害，是因为不擅长这种行为的操作；掌握了扬长避短的沟通策略，就可以有针对性地与人沟通了。例如：

(1) 与精明的人交谈，要思路开阔，进行多方论证，避免抓住一点不放。

(2) 与知识渊博的人交谈，要善于抓住重点，辨析事理。

(3) 与地位高的人交谈，不要表现出一种自卑的态度。

（4）与自觉富有的人交谈，要从人生意义、社会价值等方面来阐述。

（5）与自觉贫穷的人交谈，要从如何获利的角度来探讨。

（6）与地位低下的人交谈，要表现出充分的尊重。

（7）与有魄力的人交谈，要表现出果敢的一面。

（8）与愚蠢的人交谈，要从最有说服力的几个要点出发反复阐述。

要针对不同的目标对象有策略地沟通。东西方自古以来都有类似的看法。古希腊哲学家亚里士多德认为，说服别人就要研究以下内容。

（1）人类性格的类型与人类感情之间的关系。

（2）人类性格的类型与人类道德之间的关系。

（3）人类性格的类型与人物年龄之间的联系。

（4）人类性格的类型与人类"命运"之间的关系，如出身、财产、地位之间的关系等。

因此，语言表达的威力只是行销的一个辅助性工具，还需要不断地用行动"说话"。

二、训练

（一）活动一：学号线

1. 目的

让成员通过训练，尝试从错误中学习经验以及有效地相互沟通与合作。

2. 操作

请学员按学号从小到大的排列站在横木上，如图2-10所示，再请成员依学号调整为从大到小，排列过程中不能踩到地面，当有人落地时，恢复刚开始的顺序重新进行。

图2-10 学号线

3. 讨论

（1）在游戏过程中发生了什么？有什么感觉？完成任务所采用的执行方式与开始是否相同？如果相同，是否就可以认为这是最好、最适合团队的方法？如果不同，每次的执行方式是如何被推翻、变革的?

(2) 团队当中有领导者吗?是如何产生的?你想给予领导者什么建议?如果没有领导者,你觉得对团队的影响是什么?

(3) 在训练过程中意见分歧是否会影响游戏的畅通?有没有人提出意见却被忽略?为什么?日常生活中是否有相似的情形?这个活动是否让你看到更适合团队的处理方式?

(4) 当你所提出的意见被否决时,感觉如何?希望团队如何协助你?

(5) 在沟通的过程中是否让每个人都清楚地知道内容?还是变成小团体之内的沟通?在实际的工作或生活中是否有相似的情形?

(6) 决策层面与执行层面是否有落差?你觉得是什么原因造成的?

(7) 在训练过程中伙伴或高或矮,或支持他人或由他人协助而完成任务,每个角色对团队的贡献是什么?

(8) 团队给予角色的支持又是什么?

(9) 如果再执行一次,你会如何做?

4. 总结

看似简单的活动,要求人们不仅明确沟通的意义,而且掌握沟通的技巧,尤其是在沟通过程中出现分歧时知道如何解决。此时,主动沟通对解决问题有着积极的帮助,这是显然的。但如果人们的意见没有得到积极的反馈也会减弱沟通的效果,延缓问题得到解决的时间,所以在沟通过程中还需要做到有序、服从大局。

(二) 活动二:劝降

1. 目的

说服艺术的训练。

2. 操作

(1) 任务:说服室外的队友回到室内。

(2) 要求团队中的一半学员走出房间到大厅中或者另一个房间等候。如果在室外做这个游戏,那么让这些人走得远一些,要保证他们听不到留在原地的成员的说话声。然后告诉留在室内的成员,他们的任务就是出去说服室外的队员,让他们回到室内。在说服的过程中不能使用暴力或者进行威胁,不管是真的还是假的。接着告诉室外的成员,他们要公平地对待来自室内队员的说服。如果发现自己被他们真诚地说服打动时,就要随他们回到室内。

(3) 这个游戏最重要的关键词就是"公平"与"真诚"。

3. 讨论

(1) 两个小组是如何制定他们的策略的,是否真的制定了策略?

(2) 两个小组是以小组的方式开展活动还是一起活动?

(3) 说了什么或采取了什么行动从而达到了激励对方的目的并使其按照要求行事?说了什么或采取了什么行动却没有达到激励对方的目的并使其未按照要求

行事？

（4）这些行为反映了什么样的价值理念或观念？

4. 总结

由于这个游戏本身非常简单，人们也许会想当然地认为游戏能在一分钟之内结束。如果事实并非如此，也不要因此而诧异，有些团队即使在时间延长的情况下也无法完成任务。

尽管在布置任务时强调了公平与真诚，但是担当说服任务的队员仍然会将这项任务看成是一个竞争。他们认为如果能说服别人回到室内，自己就赢得了胜利。更重要的是，他们认为室外的那些人与他们持有同样的看法，即回到室内就意味着失败。由于存在这个输与赢的假设前提，那么获取胜利的唯一办法就是欺骗。他们会制定一个复杂的计划和实施方案，试图去骗他们的"竞争者"。然而室外的人会意识到其中的阴谋而拒绝回到室内。

在提示性询问中，两组人会相互比较他们的目标。一些室外的人会说，如果有人要求他们回到室内，那么他们将会照做。而另一些室外的人会说，他们将这个游戏看成是一场竞争，所以他们会拒绝任何回到室内的要求。所有的人都认识到，如果缺乏信任，即使最简单的任务也会变得极其困难。

（三）活动三：我的名字我喜欢

1. 目的

（1）通过叙述提高表达能力，增强自信心。

（2）体会父母的良苦用心，激励上进心。

2. 操作

（1）老师引导语：每个同学都有一个响亮的名字，一个人的名字体现了其父母或家人的一份祝福，一份期待，一份记录，要求每个同学都用一分钟的时间讲述自己名字的由来和含义，但第一句话必须是"我叫某某某，我很喜欢我的名字……"。

（2）按学号或座位依次上台讲述。

（3）每个同学发言后，下面要给予热烈的掌声。

3. 讨论

（1）谁的表达最生动，最感人？

（2）给你印象最深的是谁？他的表达好在哪里？

4. 总结

其实每个人的名字都积聚了全家人的智慧和希望，每个人的名字在自己看来都是那么响亮，那么富有个性。

为什么有的人通过一次表达就让人记住了他。因为他有良好的表达能力，有理有据，语言生动，感情真挚，肢体语言也丰富。

通过每个人对自己名字的描述，不忘父母的期望，奋发努力，立志成才。

训练项目二　有效倾听技巧

一、知识导入

在 1991 年美国劳工部获取必要技能秘书委员会提出的进入职场所必需的 5 个资格以及 3 项基本技巧中,倾听技巧就是必备的基本技巧之一。倾听技巧指的是一个人能听明白并理解别人在说什么,以及理解别人对自己的期待。

(一)故事启迪

曾经有个小国的人到中国来,进贡了 3 个一模一样的金人,皇帝非常高兴。可是这个小国的人同时出了一道题目:这 3 个金人哪个最有价值? 皇帝想了许多办法,请来珠宝匠检查,称重量,看做工,都是一模一样的。

最后,有一位退位的老大臣说他有办法。皇帝将使者请到大殿,老臣胸有成竹地拿着 3 根稻草,插入第一个金人的耳朵里,这根稻草从另一边耳朵出来了。第二个金人的稻草从嘴巴里直接掉出来,而第三个金人,将稻草插进去后稻草掉进了肚子,什么响声也没有。老臣说:第三个金人最有价值! 使者默默无语,答案正确。最有价值的人,不一定是最能说的人。人都有两只耳朵和一个嘴巴,本来就是要多听少说的。善于倾听,才是成熟的人所具有的最基本的素质。

沟通本来就是一个需要时间的过程,也是一个需要耐心的过程。所以,想要一生都很美丽,应给别人提供说话的时间和机会,不要用太多的理由来拒绝倾听。如果需要倾听的理由,可以把要跟自己说话的人当成一个理由,把父母、孩子都当成一个理由,给他们提供说话的时间和机会,那样一生中就会多一点有意义的收获,少一些遗憾!

(二)倾听的重要性

倾听是首要的沟通技巧,上天赋予人们一条舌头,却给了人们两只耳朵,所以,人们听到的话可能比人们说的话多两倍。很多人都会说话,但成功者更善于倾听。

在与人沟通时常发生这样的情形:别人刚说个开头,有人就迫不及待地插嘴,自认为更有发言权,都自以为十分清楚对方话中的意思,而事实上,结果却事与愿违。俗话说,会说的不如会听的,在这个人与人之间无时无刻都在进行着各种各样的交际的社会,倾听是一种非常重要的沟通技巧。倾听是一种赢得别人的信任和重视的重要技巧,倾听需要时间与耐心。在与人沟通的过程中,耐心倾听,让事情更加具体化,相信定能减少很多的不愉快;耐心倾听,更能促进人与人之间的和谐与沟通。倾听是沟通的基础,是沟通融洽过程中一个非常重要的环节。

二、训练

（一）活动一：不合格的听众

1. 目的

（1）引导学生分析不合格听众的表现。

（2）学会沟通时尊重他人。

2. 操作

现场随机演示。情境创设：请一位学生讲讲在班上哪位同学最受欢迎，他哪些方面值得自己学习。学生在讲话时，老师东张西望，似乎在寻找什么物品，或打断对方说话，或是到学生中间处理问题，学生讲完了，老师追着问："你刚才讲什么？"

3. 讨论

（1）刚才我扮演的这个角色是不是一个合格的听众？

（2）为什么不是一个合格的听众？有哪些地方做得不对？

（3）请这位学生谈谈自己的感受。

4. 总结

积极的反馈是倾听的技术。每个人的内心深处都希望被尊重和赞赏。在别人讲话时，人们的打岔、不关注甚至漠视对讲话者来说是一种否定和不尊重的表现，对讲话者积极性的打击是巨大的，人际间的隔膜也常常在这种不良的沟通中产生。

（二）活动二：我说你听

1. 目的

理解说和听的差距，加强理解。

2. 操作

（1）任务：帮助搭档画出自己所持有的图形，前提是他不能看到这个图形。

（2）将团队学员两两配对，然后让他们背靠背而坐。给其中一个队员一个本子和一支笔，给另一个队员一张画有图形的纸。持有图形的队员在不让另外一个队员看到图形的前提下指导他/她将图形画出来。

可以使用符号和比喻来形容这个图形，如图 2-11 所示，但是不能运用几何术语对图形进行描述。如图形是一个套着一个圆的正方形，那么描述时就不能使用"圆"和"正方形"这两个词，但是可以用箱子或橘子形状的词来描述。到规定的时间后，让他们将画出的图形和原始的图形进行对比，并讨论为何会得到这个结果。如果可以，双方互换角

图 2-11 我说你听

色,开始画一种新的图形。

图形准备:可以是如图 2-11 所示的图形,或者自己画一个,图形要简单。

时间限制:画第一张图形的时间限制为 10~15 分钟。第二轮的时间应该比第一轮的时间短一些。

3．讨论

(1) 搭档说的哪些话有助于自己画图?

(2) 是否向搭档提问过或者告诉过他/她哪些信息对自己画图是有帮助的?

(3) 在实际生活中是否有些非常重要的沟通无法通过面对面来进行? 如何确保得到的结果正是自己所想要的?

(4) 给别人指导时,如何检验对方是否理解? 一个好的指导者应具备什么特点?

4．总结

一些搭档能够很好地完成画图任务,有些则不能。由于人们经常与他人进行比较,所以那些在画图时出现问题的搭档会感到一丝气馁,这正是集中精力学习经验教训的好时机。如果画图不太成功的搭档从这个游戏中学习到了沟通的技巧,那么就认为这个活动获得了成功,画出的图形看起来像什么都已经不重要了。

(三) 活动三:聪明的你

1．目的

(1) 明白倾听的重要性,克服按主观臆断做事的不良习惯。

(2) 培养认真倾听的良好习惯。

2．操作

(1) 老师:"我们能上大学,肯定比一般人要聪明一点,对吗? 今天,我们来一起算一道心算题目,检测一下。"

有一辆公共汽车,车上有 28 人。到了一站上了 18 人,下了 3 人;到了另外一站上了 5 人,下了 20 人;然后又上了 16 人,下了 2 人;到了另一站又上了 4 人,下了 18 人;之后上了 7 人,下了 4 人;到了下一站上了 2 人,下了 5 人;最后上了 6 人,下了 10 人。

(2) 这时老师停了下来,不说话,望着学员。看看学员有什么反应。这时,一定有学员能大声地说出答案。

(3) 老师大声宣布:不错,现在车上还有多少人,但是我的问题是"这辆车停了多少站?"有人能答出来吗?

3．讨论

(1) 为什么我们认真听了,努力算了,答案却是错的? 我们为什么断定,别人一定会问这个问题呢?

(2) 我们为什么没有耐心听完老师的问题再说出答案呢?

4．总结

显然,"倾听"在人们的工作中占据了重要的地位,听得准确与否直接关系到人们的行为正确与否。在工作中是否容易犯同样的毛病？我们每一次都真正听清楚对方的意思了吗？细心的聆听既是对自己负责，也是对他人的尊重。

（四）活动四：夺宝行动

1. 目的

（1）明白倾听的重要性，启发学生在资源有限的情况下充分利用现有资源。

（2）培养在群体中认真倾听的良好习惯。

2. 操作

（1）将班级学生分成4组。

（2）在地上画出长10米、宽10米的一个正方形区域，在这个区域充满了危险，有沼泽、有地雷等，如果误入，会遇到生命危险。老师向每位成员展示将要提取的宝藏地图，放置在10米尽头的任意地点。

（3）在这个区域由老师放置很多报纸（图2-12），代表危险，学生不能踩到，一旦踩到，就会牺牲，这个学生不能再参与夺宝行动。

图2-12　夺宝行动

（4）由于非常危险，因此，各小组派出机器人穿越危险地带（机器人由蒙上眼罩的小组成员担任），机器人一旦蒙上眼睛，队员、机器人都不可以说话。由于机器人不懂人类语言，因此，需要各小组成员商量发出信号（如拍一下手代表前进，拍两下代表右转等）。

（5）各队派出一个机器人参与行动，其他队友在区域外面的安全地带给机器人发出信号，如果机器人遇险，则赶紧回到安全地带，由另一位队员重新扮演机器人进行行动。

（6）看哪个团队率先完成任务。

3. 讨论

（1）哪个小组获得了夺宝行动的胜利？哪个小组没有完成任务？

（2）他们获得第一的原因何在？你有何感触？

4. 总结

一个小组在讨论方案的时候，是否每个成员都参与其中？如果有同学不参与其中，对整个任务的完成有无影响？答案是显然的。尤其在制定计划的时候要求所有成员都明白信号的含义，否则，在任务进行过程中会错发信号，或者在一个机器人失败后换上新机器人的时候需要从头解释信号，而且还不一定能记住，这会浪费大量时间，影响任务的完成。因此，即使没有发表意见，也必须认真倾听并领会计划，这既是对他人的尊重也是对自己团队负责任的表现。

训练项目三　肢体语言技巧

一、知识导入

人是需要交流沟通的，语言是沟通的第一选择。但是，如果语言不通或者语言存在障碍，那么就会极大地影响人与人之间的沟通。更重要的是，语言的表达在实际生活中，经常会出现词不达意、含混不清的现象，或者经常有人不愿意在语言表达中说清楚自己的意图，这时候就必须掌握隐形的、无声的语言——肢体语言。

（一）故事启示

在戴安娜葬礼的电视节目会很快地区别出皇室人员和非皇族的社会名流。因为皇族成员从小就经受了正规的、传统的皇家标准礼仪的训练，他们的每一个举止都流露着自豪、高贵和优雅。无论一个人多么不喜欢查尔斯王子，但不得不承认他确实能够从普通人中脱颖而出。他没有太多的动作，但是他与众不同。他的双手永远不会防范地放在腹前，而这个微妙的动作，可以把久经风云的大政治家、皇族们和普通人区分开，把一个自信的人和一个腼腆的人区分开。

丘吉尔首相有一个经典手势 V。V 是英文 Victory 的第一个字母，表示"胜利"。他在当选首相的时候，在发表演说的时候，在盟军登陆诺曼底的时候，在法西斯土崩瓦解的时候，他总是喜欢伸出食指和中指，做出一个豪迈的 V 形手势。现在 V 形手势已成为世界通用的手势了。

法国的戴高乐总统在发表演讲时总是耸起肩做出要抓住天空的手势，以此来煽动人们的情绪。

训练肢体语言，意味着矫正一种猥琐、散漫的坏习惯，养成一种得体、有度的好习惯。

（二）肢体语言

鼓掌表示兴奋，顿足代表生气，搓手表示焦虑，垂头代表沮丧，摊手表示无奈，捶胸代表痛苦……肢体语言又称为身体语言，是指由身体的各种动作代替语言借以达到表情达意的沟通目的。广义言之，肢体语言也包括面部表情；狭义言之，肢体语言只包括身体与四肢所表达的意义。当事人以肢体活动表达情绪，别人也可由此辨识出当事人用其肢体所表达的心境。

人类学家观察发现，人与人之间在面对面的情境中，常因彼此间情感的亲疏不同，而不自觉地保持不同的距离：最亲密的人，彼此间可以靠近到 0.5 米；有私交的朋友，彼此间可以接近到 0.5～1.25 米；一般公共场所的陌生人之间沟通时，彼此间的距离通常维持在 3 米以上。这种因情感亲疏而表现的人际间距离的变化，在心理学上称为人际距离。显然，人际距离是由双方当事人沟通时，通过肢体语言表示的一种情感性变化；彼此熟悉时，就亲近一点，彼此陌生时，就保持距离。如一方企图向对方靠近，对方将自觉地后退，仍然保持相当的距离。

由肢体动作表达情绪时，当事人经常并不自知。当与人们谈话时，时而蹙额，时而摇头，时而摆动手势，时而两腿交叉，多半是无意识的。正因为如此，心理学家提出一个如下的假设：当你与人说真话的时候，你的身体将与对方接近；当你与人说假话的时候，你的身体将离对方较远。对这个假设进行验证的结果发现：如果要求不同的受试者分别与别人陈述明知是编造的假话与正确的事实时，说假话的受试者会不自觉地与对方保持较远的距离，而且显得身体向后靠，肢体的活动较少，只有面部笑容反而增多。一个人要向外界传达完整的信息，单纯的语言成分只占 7％，声调占 38％，另外的 55％信息都需要由非语言的体态来传达，而且因为肢体语言通常是一个人下意识的举动，所以它很少具有欺骗性。

（三）肢体语言的重要性

很多成功人士都会把肢体语言的培养当成一门重要的功课，正是这种良好而有意义的训练才造就了他们优雅的举止。

可以通过学习不断提高自己的语言表达能力和词汇量来更好地传达自己的思想。之所以要提高肢体语言能力有以下几个原因。

（1）提高自己的吸引力：不在于说些什么，而在于怎么说。一个较好的姿势和优秀的肢体语言会让自己更具有吸引力。

（2）肢体语言可以带动情绪：相反地，情绪也会从肢体语言中表现出来。

（3）肢体语言也传达信息：参与面试时，一个人可能很沉稳地说自己很自信，但是其不安的肢体语言却会透露出其紧张（所以要注意肢体语言）。

（4）提高沟通技巧：提高肢体语言的能力是提高沟通能力的有效方法。

（5）树立第一印象：一个人在别人眼里的第一印象会一直影响后来别人对他的评价，所以塑造一个良好的第一印象是十分重要的。

二、训练

（一）活动一：照镜子

1. 目的

（1）学习观察对方的肢体语言。

（2）揣摩出肢体语言隐含的真实意思。

2．操作

（1）两人一组，两个人面对面不说话，完全用动作、眼神传递。

（2）一个人做动作，另一个人就做镜影，可坐，可站，可挥挥手、伸伸腿等，如图2-13所示。

（3）双方保持眼神接触，两分钟以后互换。

3．讨论

（1）你是否很轻松地明白了对方的肢体语言？

（2）照着对方动作做的时候，你表达的意思是否跟对方一致？

4．总结

语言是人们的主要表达工具，但当将语言这个工具暂时屏蔽不用，只注重身体语言的时候，需要高度关注对方的反应，并积极探究对方动作的含义，与对方多互动，这是一个愉快的过程，这时会发现对方与自己同步，并与自己一起感受快乐、悲伤、滑稽等，心也在无声中拉近了距离。

图2-13　模拟照镜子

（二）活动二：肢体语言

1．目的

(1) 活动开始前的学员相互沟通。

(2) 沟通技巧训练。

2．操作

(1) 将学员们分为两人一组，让他们进行2～3分钟的交流，交谈的内容不限。

(2) 当大家停下以后，请学员们彼此说一下对方有什么非语言表现，包括肢体语言或者表情，例如有人老爱眨眼，有人会不时地撩一下自己的头发，这些做出无意识动作的人是否注意到了这些行为。

(3) 让大家继续讨论2～3分钟，但注意不要有任何肢体语言，看看与前次有什么不同。

3．讨论

(1) 在第一次交谈中，有多少人注意到了自己的肢体语言？

(2) 对方有没有什么动作或表情让你觉得极不舒服？你是否将你的这种情绪告诉对方了？

(3) 当不能用动作或表情辅助谈话的时候有什么样的感觉？是否会觉得很不舒服？

4．总结

肢体语言常常反映一个人的特点，对人们内心世界的反映也异常敏锐。当无法确认对方语言的真实含义时，观察对方的肢体语言将给人们极大的帮助。肢体语言也影响人们对沟通效果的感受。如说话时候的停顿，眼光的闪烁都会引起人们的警觉。尤其是女士常常更相信自己的直觉，而直觉也常常来自对对方肢体语言的判断。

训练项目四　反馈技巧

一、知识导入

在与人进行沟通的过程中，提供反馈是一项非常重要的技能，它是影响沟通过程的重要途径之一。与提供反馈一样，请求别人的反馈和接受反馈也是了解自己、掌握自我学习过程的重要工具。

（一）故事的启迪

有一位表演大师上场前，他的弟子告诉他鞋带松了。大师点头致谢，蹲下来仔细系好。等到弟子转身后，又蹲下来将鞋带解松。有个旁观者看到了这一切，不解地问："大师，您为什么又要将鞋带解松呢？"大师回答道："因为我饰演的是一位劳累的旅者，长途跋涉让他的鞋带松开，可以通过这个细节表现他的劳累憔悴。""那你为什么不直接告诉你的弟子呢？""他能细心地发现我的鞋带松了，并且热心地告诉我，我一定要保护他这种热情的积极性，及时地给他鼓励，至于为什么要将鞋带解开，将来会有更多的机会教他表演，可以下一次再说啊。"

（二）反馈的含义

在沟通过程中，最后一个步骤是信息反馈。反馈就是沟通双方期望得到一种信息的回流。反馈信息是人所做的事、所说的话，这一信息旨在使行为有所改变或加强。

（三）反馈的类型

反馈有3种：第一种就是正面的反馈。正面的反馈就是对对方做得好的事情予以表彰，希望好的行为再次出现。第二种称为建设性的反馈。建设性的反馈，就是在别人做得不足的地方给他提出一个建议。建设性的反馈是一种建议，而不是一种批评，这是非常重要的。还有一种是负面的反馈，负面的反馈就是对行为进行批评，该做的事情没有做好。负面的反馈对接收者没有帮助，有时还会带来很多负面的影响。在沟通过程中，没有反馈的信息，沟通就不完善，因为信息过去了却没有回来，是一种单向的行为。所以说，没有反馈就不能称为完整的沟通。

沟通需要反馈，这样表达者才可以确认他们发出的信息是否被对方接收，并做出适当的反应。那么作为人际交往的一个技巧，积极的反馈对于加强人际交往是很有效的。

二、训练

活动：积极的反馈

1. 目的

（1）掌握沟通中的有效反馈技巧。

（2）鼓励人们相互给予正面的积极信息，相互激励。

2. 操作

（1）向大家暗示，我们每个人都希望赢得别人的尊重。将团队分成若干个小组，每两个人一组。

（2）让每个组写出 4～5 个他们所注意到的自己搭档身上的特点，一个良好的特征，如甜美的笑容、悦耳的嗓音等；一种极其讨人喜欢的个性，如体贴他人、有耐心、整洁细心；一种引人注目的才能或技巧，如良好的演讲技巧、打字异常准确。

（3）所列出的各项都必须是积极的、正面的。

（4）当他们写完后，每两个人之间展开自由的讨论，其中每个人都要告诉对方自己所观察到的东西。

（5）建议每个人把他的搭档所给出的这些积极的反馈信息记录下来，在自己很沮丧的时候读。

3. 讨论

（1）你觉得进行这个游戏愉快吗？为什么？（对于这些积极的反馈信息的接收者或施予者来说，这个游戏可能是一个全新的体验。）

（2）为什么对我们中的大多数人来说，赞扬别人是一件困难的事情？

（3）为什么要让我们更加轻松地给予别人积极的反馈信息？（首先发展相互之间的密切关系；提供确切的证据；选择适当的时间。）

（4）什么让我们更加轻松地接收别人反馈的积极肯定的信息？（尝试去优雅地接收它；在对它进行质疑前，先好好地思考一下它的正确之处，允许自己对它感觉良好。）

（5）为什么有些人很快就给别人负面评价，而几乎从来不提别人的好处？

4. 总结

（1）这个游戏有很强的效果，尤其是当参与者已经相互认识了一段时间，这个游戏可以帮助他们建立更深厚的友谊，也可以帮助每个人建立自信。其实，当一个培训课程开始后，这个班级就形成了一个新的集体，其中的每个学员都希望从中获得知识以外的东西，包括友谊和肯定，这个游戏就可以满足学员这方面的要求。

（2）做好这个游戏，会给每个学员留下美好的回忆，可以帮助他们渡过以后的难关。当他们遇到挫折或者受人质疑时，他们能回顾这一段美好的回忆，找回自信。

（3）交流信息需要反馈，这样交流者才可以确认他们发出的信息是否被对方接收，并做出适当的反应。那么作为人际交往的一个技巧，积极的反馈对于加强人际交往是很有效的。这个游戏就是让学员体会什么是积极的反馈，并鼓励他们用于课堂外的交流中。

人与人之间的交流是两个方面的：一方面是语言的；另一方面是非语言的，这两个方面互相补充，缺一不可。有时候非语言传达的信息比语言还要更加精确，例如，如果一个正与自己交谈的人不停地向自己以外的其他地方看去，就会感到他对谈话缺乏兴趣，需要调动他的积极性了。同样，在日常的生活工作中，为了让别人对自己有一个更好的印象，一定要注意戒除自己那些不招人喜欢的动作或表情，注意用一些良好的手势、表情进行交流，因为好的肢体语言有助于进行更好的沟通，坏的肢体语言则会阻碍人们的社交。没有肢体语言的帮助，一个人说话会变得很拘谨，但是过多或不合适的肢体语言也会让人望而生厌，自然、自信的肢体语言会使人们的沟通更加自如。

训练项目五　沟通能力自我成长方程式

一个人生活在世界上，每天与各种各样的人相处。也就是说人一出生就是一个社会人，而不是一个孤立的个体，这时候需要与人接触、交流、沟通。沟通是指用各种语言或行为来准确地传递和表达出人们内心的思想。通过沟通这种方式来找到朋友，完成学习和工作，与别人分享快乐或一起承担他人的忧伤。

沟通是需要学习的。对个体而言，可以看着父母、师长、同伴如何互动，作为自己与他人交往的参考。但是在学习的过程中，有些是正确有效的，有些却是偏差无效的。错误的学习或缺乏正确有效的沟通技巧，是人际沟通的主要障碍之一，而正确有效的学习沟通技巧对人际关系的增进是很重要的。通过本模块的训练，可以对照以下一些问题，进行沟通能力的自我成长。

一、有没有正确表达所要表达的意思

对我们来说，必须清楚地认识到沟通的目的、所使用语言的意义及对象可能做出的反应。怎么使用语言却是一个需要技巧的事情，同样一句话，不同的时间说和采用不同的说话方式会产生差别很大甚至相反的效果。语言有时也会成为沟通的障碍。因为任何一段文字或一句话都存在着多种含义，每个人在进行语言表达时，都按照自己的情况，给他所使用的词以特定的含义。实际上人们在使用语言进行沟通时，都是从众多可能的含义中选择一种自认为正确的含义，这就存在着误解或曲解的可能性，大学生来自五湖四海，来自不同的家庭环境，具有独特的说话方式，因此，表达带来的负面问题的可能性大大增加。

二、有没有认真倾听对象的表述

我们必须学会如何听，不但能懂得信息的内容，而且能听出发送者在信息传递中同时表达出来的感情和情绪。个人实际上都是一个小小的认知中心，都会从自身的角度看待问题。从个人感知的差异出发，个人会对需要沟通的信息产生不同的理解，影响沟通的有效性。人们常说的"心领神会",实质上指的是这样一种交流现象,交流的深厚无须多说或多做解释,双方就理解了对方的意思,甚至包括那些隐藏在语言中的意思。另外,大学生都是家里的中心,一般都是他说别人听,从小唯我独尊,让他们耐心地倾听也有一定的问题。

三、有没有注意沟通中的肢体语言

我们必须清楚我们的身体常在自觉或不自觉中传递了许多信息,实际上,只要我们和人交往,每时每刻都会用到肢体语言,包括整个肢体的动作,面部的表情,眼神的传递,头部、手部和站姿、坐姿、步姿等,掌握了肢体语言的技巧,才能够自如地在社交场合上拓展空间,改善人际关系,探查对方的心境,对各方面的沟通起到良好的促进作用,所以肢体语言是比说话更有效的沟通技巧。

四、有没有给予沟通对象有效反馈

我们要清楚表达我们对对方的意见,在与人沟通的过程中,不能说你在听就表示你听了,还要给对方一定的反馈信息,要学会用眼睛、表情、动作、语言告诉对方你在真诚、认真地倾听,并给出一定的建设性的反馈,如果做不到这些,或者做出负面反馈,一定会给沟通带来一些问题。

训练四　团队竞争与合作

现代竞争,不再是"你死我活",而是更高层次的竞争与合作,现代企业追求的不再是"单赢",而是"双赢"和"多赢"。

【美国】商界名言

训练项目一　竞争意识培养

一、知识导入

"物竞天择,适者生存",达尔文在进化论中对竞争给出了精辟的解答:同种或异种生物为了争夺有限的资源而互相施以不利影响的现象。人类社会当中的竞争也可从这个角度理解,即人们互相争夺的有限资源是金钱、地位、权力、机遇,还有时间等。竞争是自然界和人类社会发展的普遍规律。

(一)自然界的启示

1. 鲶鱼效应

挪威人爱吃沙丁鱼。挪威人在海上捕得沙丁鱼后,如果能让它活着抵港,卖价就会比死鱼高好几倍。但是,由于沙丁鱼生性懒惰,不爱运动,返航的路途又很长,因此捕捞到的沙丁鱼往往没回到码头就死了,即使有些活的,也是奄奄一息。只有一位渔民的沙丁鱼总是活的,而且很生猛,所以他赚的钱也比别人的多。该渔民严守成功的秘密,直到他死后,人们打开他的鱼槽,才发现只不过是多了一条鲶鱼。原来当鲶鱼装入鱼槽后,由于环境陌生,就会四处游动,而沙丁鱼发现这一异己分子后,也会紧张起来,加速游动,如此一来,沙丁鱼便活着回到港口。这就是所谓的"鲶鱼效应"。

2. 草原羊

许多人都知道草原羊的例子。澳大利亚某牧场上狼群出没,经常吞噬牧民的羊。牧民于是求助政府和军队将狼群赶尽杀绝。狼没有了,羊的数量大增,牧民们非常高兴,认为预期的设想实现了。可是,若干年以后,却发现羊的繁殖能力大大下降,羊的数量锐减且体弱多病,羊毛的质量也大不如从前。牧民这才明白,失去了天敌,羊的生存和繁殖基因也退化了。于是,牧民又请求政府再引进野狼,狼回到草原,羊的数量又开始增加。

（二）什么是竞争

竞争是两个或两个以上的个人或群体，在某项活动中力争胜过对方的行为，也就是双方争夺一个目标，而且只有一方能获胜，有一方失败。竞争是现代社会普遍的现象，在人类社会生活中有着重要的作用。人类社会，包括大自然都遵循优胜劣汰的法则。

（三）竞争的作用

有竞争，才有将来，它的重要性已无须多言。自然界活生生的事实说明，动物一旦没有了竞争意识，后果很严重，甚至危及生命。现代社会是个充满竞争的社会，经济、军事、科学技术、教育等，可以说竞争充满社会生活的各个领域。人与人之间，企业之间，地区之间，国家之间都存在着激烈的竞争。通过竞争，新产品、新工艺、新技术、新方法、新思维不断产生，进而推动人类的生产、生活不断向更高的阶段迈进。因此，现代社会鼓励竞争，鼓励通过竞争调动人的潜能，实现人的全面发展和社会进步。

从个体来说，竞争影响人生。竞争能激发人的创造潜能，能激发人的积极性，培养人的进取心、锤炼人的坚韧力和发扬人的创造精神，克服不求上进、萎靡不振的现象。竞争能增强人的智力，促进注意力集中，使想象力变丰富、思维更敏捷灵活和操作技能提高。勇敢地参与竞争能拓宽人生业绩，对人生发展有重要意义。

在日益开放和日趋激烈的市场竞争中，有的人昙花一现，悄然没了声息；有的人却稳步发展，不断挑战，实现自己的人生价值。有的企业红火一时，悄然逝去，而有的企业却日益壮大，长盛不衰。出现这种种现象的原因固然很多，但最关键的还在于个人或企业有无核心竞争力。在企业管理中，管理者在面对一支毫无活力的团队时，他们便会引进一批充满活力，积极行动的新人，以打乱团体中原来已经形成的较为稳定的工作人际关系。由于新人们个个如狼似虎，不畏强者，敢于争胜，才会让元老们为了维护自身的利益不得不解放思想积极行动，以适应激烈的竞争，而且据科学家们研究证明潜在的危机感会更加激发人们之间的竞争，从而使团体焕发新的活力与创造力。大力提高员工的竞争意识和体能，才能拥有企业的竞争力，进而拥有自己的核心竞争力。

遗憾的是，就是这样一种重要的竞争意识，在有些方面尤其是企业管理方面却有所淡化。遥想先秦岁月，我们也许仍能为当时自由竞争的社会气氛所震动。诸国争纷，谋士勇将人才辈出，文化领域百家争鸣、百花齐放。诚然，战火给人们的生活带来了痛苦，诸子百家的言论今天看来也许是谬误百出。但是，谁也无法否认，那个时代在中华民族的政治史和文化史上，占有着多么重要的地位。

（四）竞争意识的培养

竞争似乎有点无情，但它是公正的。那么怎样培养我们的竞争意识呢？首先，要敢于参与竞争；其次，我们要掌握公平竞争的原则；第三，我们要在竞争中培养诚实进取的精神；最后，我们要正确处理好个人与集体、个人与个人之间的关系及小团体之间的关系。只有通过公平、诚实、文明、道德的竞争，才能永远立于不败之地。

二、训练

（一）活动一：冲出包围圈

1. 目的

培养学生的竞争意识。

2. 操作

若以班级为单位，则将全班分成两组，一组为包围者，一组为突围者。所有包围者手臂相勾围成圆圈，形成包围状。突围者则单兵作战，突围队员先站在圈内，然后可以采用各种方法闯出圈外，阻挡者彼此齐心协力阻挡该突围者闯出。1分钟以后，换其他突围队员，直到所有突围者轮完为止。通过这个游戏，可以让包围者感觉到集体团结的重要性，也能让突围者感觉到单兵作战的不易，因而增加班级的凝聚力，同时为后续的拓展活动做准备。

3. 讨论

（1）包围者成功了几次？失败了几次？为什么会失败？

（2）突围者成功了几次？失败了几次？为什么会失败？

（3）包围者的体会如何？是否感到集体团结的重要性？

（4）突围者的感受如何？单兵作战容易吗？

（5）我们的学员是否团结？怎样才能促进我们学员的团结？

4. 总结

当对手非常强大的时候，我们会产生恐惧。当面临重重包围的时候，我们会感到无助。我们积极寻求突破，并努力拼搏的时候，机会和希望也随之产生。

通过这个活动培养学生个体的竞争意识以及团结的重要性，同时明白竞争需要意识，竞争需要力量，竞争也需要能力，竞争还需要技术。

（二）活动二：出牌对局

1. 目的

让同学们明白竞争需要技术，竞争需要智慧，参与并接受竞争的结果，承认并接纳真正的强者。

2. 操作

（1）形成对抗团队，由两两团队形成一个对抗队，两团队人员之间不许交流。

（2）决定出牌情况：每个团队发3张牌，一张红牌、一张黑牌、一张弃权牌。每队由队长组织投票。各团队在经过内部讨论、投票之后，以少数服从多数的方式决定出牌情况，出牌只能是红或黑或弃权。

（3）出牌活动中备一名通信员，用于在两团队之间公布对方的出牌情况，通信员必须在确认两团队的出牌结果有效之后，才能公布对方团队的出牌结果。

（4）团队中，只要有一人弃权，则该次投票无效，投票的有效性由通信员进行确认。

（5）得分规则。①如果双方都出黑牌，各得正 3 分，如果双方都出红牌，各得负 3 分；②如果有一方为红牌，另一方为黑牌，则出黑牌方得负 5 分，出红牌方得正 5 分；③如果一方出弃权牌，一方出黑牌，则出弃权牌的一方得 0 分，出黑牌方得 5 分；④如果一方出弃权牌，一方出红牌，则出弃权牌的一方得 0 分，出红牌方得负 3 分；⑤如果双方都出弃权牌，则双方均得 0 分；⑥游戏最好要进行 6 轮投票，其中第三轮得分乘 2，第五轮得分乘 3，最后的胜负规则：累计正分最高者获胜。胜利一方有权利得到其他方的祝福。胜利一方也可以要求失败方为自己做一件当场可以完成的事。

3. 讨论

（1）两小组被分开在教室的两个角落，众人乱作一团。然后开始投票，这也是更加混乱的过程。少数人对游戏规则云里雾里，甚至毫不关心；有些人立即发表看法，有人要求选红牌，也有人提出选黑牌，相持不下。你怎么看待这种情况，又是怎样做的？

（2）通常是红色的呼声占了上风，因为他们的观点是要么大家两败俱伤，要么就赢大了。而选黑色的人则抱有很大的风险：如果对方出黑，我们才有得分的机会，如果对方选红，自己就亏大了。更多的人是双面派，好像选红也行，选黑也行。人群中开始有了争论，不同的观点都想说服对方，你又会做什么或如何表现？

（3）你如何看待这个游戏？在游戏中获得什么启迪？

4. 总结

（1）博弈与纳什均衡，宇宙的终极真理。本游戏来自于图克（Tucker）1950 年提出的一个著名的博弈模型"囚徒困境"，在博弈论中，这是一个完全信息静态博弈的典型案例。"囚徒困境"博弈的基本假设如下：警察抓住了两个合伙犯罪的罪犯，但却缺乏足够的证据指证他们所犯的罪行。只要有一人供认犯罪，就能确认罪名成立。为了得到所需的口供，警察将这两名罪犯分别关押以防止他们结成攻守同盟。如果他们两人都拒不认罪，则他们会被以较轻的罪名各判 1 年徒刑；如果两人中有一人坦白认罪，则坦白从宽，立即释放，而不认罪者则将重判 8 年徒刑；如果两人同时坦白认罪，则他们将被各判 5 年监禁。

在两人不能串通且完全理性的前提下，一定是每个人都追求自己的利益最大化而不会顾同伙的利益，并且双方又都不会相信对方的合作精神，最后的结果，只能实现对他们都不理想的结果（各判 5 年），即他们摆脱不了的"囚徒困境"。该结局也被称为"纳什均衡"，也叫非合作均衡。

这里并不深入讨论博弈论与纳什均衡，因为决定博弈结果的因素太多：双方知道的信息是否完全（很多人游戏进行一多半，还不清楚规则）；是否可以沟通（每个小组的成员，都会想方设法去打探对方的信息）；双方的协议是否得到遵守（如果有人违背协议，他就是最大的利益所得者）；双方是否理性（想一想那位坚持要出黑牌的组长）等。

（2）进取与放弃，强者与弱者。真正的强者，一定拥有强者的智慧，那就是"强者的心态，弱者的姿态"。他们可以把身段放低，他们谦恭而温良，他们的诚信，不用挂在脸上，也不用说出声来，那只是他们的基本信念。这样的强者，他们在哪里呢？

真正由强者主导的世界，一定会给弱者设置退出的机制，而且会保护这种机制。但是真正的弱者，能不能把握这样的机会呢？懂得退出的人，往往不是弱者；而不懂退出的人，才是真正需要保护的。

训练项目二　合作意识培养

一、知识导入

著名科学家杨振宁认为，如果说在过去还有可能一个人独立完成诺贝尔奖项工作的话，那么，进入 20 世纪 80 年代以来，尤其是进入信息社会以来，没有人们的共同参与、相互合作，任何重大发明创造都是不可能的。

（一）寓言故事的启示

1. 同样的东西，不一样的结果

从前，有两个饥饿的人得到了一位长者的恩赐：一根鱼竿和一篓鲜活硕大的鱼。经过谈判，其中，一个人得到了一篓鱼，另一个人得到了一根鱼竿。得到鱼的人原地就用干柴搭起了篝火煮起了鱼，他狼吞虎咽，还没有品出鲜鱼的肉香，转瞬间，连鱼带汤就被他吃了个精光，不久，他便饿死在空空的鱼篓旁。另一个人则提着鱼竿继续忍饥挨饿，一步步艰难地向海边走去，可当他已经看到不远处那片蔚蓝色的海洋时，他浑身的最后一点力气也使完了，他也只能眼巴巴地带着无尽的遗憾撒手人寰。

又有两个饥饿的人，他们同样得到了长者恩赐的一根鱼竿和一篓鱼。只是经过谈判，他们并没有各奔东西，而是商定共同去找寻大海，他俩每次只煮一条鱼，他们经过遥远的跋涉，来到了海边，从此，两人开始了捕鱼为生的日子，几年后，他们盖起了房子，有了各自的家庭、子女，有了自己建造的渔船，过上了幸福安康的生活。

2. 狮子和野狼

一头狮子和一只野狼同时发现一只小鹿，于是商量好共同去捕捉那只小鹿。它们合作良好，当野狼把小鹿扑倒在地，狮子上前一口把小鹿咬死。但这时狮子起了贪念，不想和野狼分享这只小鹿，于是想把野狼也咬死，可是野狼拼命反抗。后来狼虽然被狮子咬死，但狮子也受了重伤，无法享受美食了。相互合作，取长补短，才是完美的。做事情一定要留有余地，给别人一些生机与希望，合作才能生存。

（二）什么是合作

合作是指两个或两个以上的个体为了实现共同目标（共同利益）而自愿地结合在一起，通过相互之间的配合和协调（包括语言和行为）而实现共同目标（共同利益），最终个人利益也获得满足的一种社会交往活动。

对于学员来说，在游戏、学习、生活中，应主动配合、分工协作、协商解决问题，协调关

系,从而确保活动顺利进行,同时每个人都从相互配合中实现了目标,这就是合作。这里需要说明的是,严格意义上讲,两个或几个学员在一起并不一定意味着合作,这在训练中表现得更为明显。

(三) 合作的作用

合作是人生力量的源泉。没有哪个人能够脱离群体而单独存在,人与人之间的相外需要融洽、和谐,互相帮助。个人的力量是有限的,人人都需要帮助。个人只有与他人合作,才有力量。良好的合作,人们才能获得面对困难的勇气和战胜困难的力量。

合作是事业成功的土壤。科技社会化、社会科技化的今天,是一个竞争更为激烈,同时又需要更加紧密合作的社会。竞争需要借助合作才更有可能获胜,合作增强了竞争能力。任何事业的成功,都需要良好的合作。现代科学辉煌成就的取得,充分证实了成功合作的必要。进入 20 世纪以来,重大的科学发现和技术发明接连不断,分子生物学、量子力学、核能的开发与利用,计算机、人工智能、系统工程、信息科学和控制论等尖端科技领域的相继诞生,都不是某个科学家个人单枪匹马干出来的,而是一代代科学家们合作的结果,是人类几千年文明史发展的必然结果。科技领域的创造群体在共同的合作中不断攀登一个又一个科学高峰。

合作能启发思维、激发创造性,并能够养成同情心、利他心,使同学们学会合群、利群、学会过群体生活。很显然,一个具有合作精神、合作能力的人更容易获得他人的支持与合作,也势必将大大提高其成功的概率或可能性。正基于此,联合国教科文组织"国际 21 世纪教育委员会"的报告《学习——内在的财富》将"学会共处"视为 21 世纪教育的四大支柱之一,而学会共处的核心就是学会关心、学会分享、学会合作。

合作的意识和能力,是现代人所应具备的基本素质。随着科学技术的迅猛发展和信息社会的到来,未来社会越来越注重个人能否与他人协作共事,能否有效地表达自己的见解,能否概括与吸收他人的意见等。一个只会逞匹夫之勇的将领是不堪重任的,只有既能做好自己手里的事,又能着眼于全局,从而能够与其他人通力合作的人,才是最为难得的人才。

(四) 如何培养合作意识

1. 抓住合作的机会

老师想办法为学生创造、提供了与同伴合作学习和训练的机会,同学们应在实践中学会合作。在这过程中同学们必须学习相互协商、互相配合、分工合作。

2. 学会合作方法

同学可能不会在需要合作的情境中自发地表现出合作行为,也可能不知道如何去合作。老师会教给同学合作的方法,指导同学怎样进行合作,通过具体的合作方法,帮助同学逐渐掌握合作方法,在合作中学会合作。

3. 善于体会到合作的积极效果

同学之间的合作常常会带来积极愉快的结果,这对同学巩固、强化合作行为,进而产生更多的合作行为是极为重要的,但自己不一定能感觉到。因此,老师对同学之间的友好配合、协商、询问、建议、共享应注意引导，使我们同学感受合作的成果，体验合作的愉快，我们同学要进一步激发合作的内在动机，使合作行为更加稳定、自觉化。

二、训练

（一）活动一：穿越障碍

1. 目的

培养同学的合作意识。

2. 操作

在教室中间，用一根橡皮筋分别固定在教室两端，高约为 1.2 米，团队同学在橡皮筋的一边，通过讨论，采取办法让所有的同学从橡皮筋的上方过到另外一边。通过时所有的同学不能碰到橡皮筋，如图 2-14 所示。

3. 讨论

（1）在这个游戏中，如果不和别人合作，一个人能过去吗？

（2）你是如何求得别人帮助的？

（3）一个小组是否安排了通过的先后顺序，这个顺序是如何形成的？

（4）你从这个游戏中学到了什么？

4. 总结

在别人的帮助下我们更容易穿越障碍，达到彼岸。在互助的过程中信任和友情这些人际情感更容易在人

图 2-14　穿越障碍

际心田中延展，可以说合作带给我们的不仅仅是效率的提高，也是人际和谐的深入。

（二）活动二：合力起身

1. 目的

让同学们从训练中体会协作的乐趣与技术。

2. 操作

请每个团队先派出两名队员，背靠背坐在地上，两人双臂相互交叉，合力使双方一同站起来；以此类推，每个团队每次增加一人，如果失败需重新再来一次，直到成功才可再加一人。老师和其他团队同学在旁边观看，选出人数最多且用时最少的一队为优胜者。具体操作如图 2-15 和图 2-16 所示。

3. 讨论

（1）反思自己的游戏过程，如果仅仅靠一个或几个人的力量能不能完成？

图 2-15　合力起身之策略商讨

图 2-16　合力起身

　　(2) 如果大家不配合会出现什么结果？

　　(3) 队员之间是用什么办法做到一致的？

　　(4) 队员之间是如何协调的？

　　(5) 这个游戏跟力气大小有无关系？

　　(6) 如果团队中有一个人不配合，这个游戏能否完成？

4. 总结

　　这是一个看似容易做起来难的活动。人们往往觉得容易就开始直接尝试，结果发现不然，于是又会出现另一种情况，认为困难而不再努力去完成。这时少数积极的人、团队的队长开始继续尝试并讨论对策，在团队领导的鼓励下，部分队员又开始参与并尝试去完成任务，在这个过程中，分阶段实施和完成是一种有效的方法。经过尝试、失败、尝试、成功的不断循环，这个活动是可以完成的。

(三) 活动三：齐眉棍

1. 目的

　　体验多人合作需要耐心和细心；体验在合作关系中，个人不能随意行动。

2. 操作

　　让团队成员站成相对的两列并将右手握成拳状，同时伸出食指，举到团队中个子最矮的那个人的眉头位置；将轻质塑料棍放在每个人的右手上。注意：必须保证每个人的右手食指都接触到轻质塑料棍，并且手都在轻质塑料棍下面，如图 2-17 所示。团队成员将轻质塑料棍保持水平，他们的任务是在保证每个人的手都在轻质塑料棍下面的情况下将轻质塑料棍完全水平的往下移动。一旦有人的手离开轻质塑料棍或轻质塑料棍没有水平往下移动，任务就算失败。在移动的过程中只能有一位成员喊停，上或下，其他成员不允许讲话。各队

图 2-17　齐眉棍

还需要设立自己组团队的挑战时间。

3. 讨论

（1）如果小组中有任何一个人不统一于组织的共同节奏，轻质塑料棍将会怎样？

（2）最大的问题在哪里？

（3）有没有涌现一位领导，有没有统一的指挥，有没有统一的节奏等来帮助大家共同完成任务？

（4）有没有人因为泄气而放弃，从而影响全局？

（5）各人之间如何协调才能达到目的？

4. 总结

一个企业如果没有团队精神，将成为一盘散沙；一个民族如果没有团队精神，也将无所作为。团队协作是一项工作成功的力量源泉，这里有 3 个要素需要注意。

（1）分工。如果是一项单人就可以胜任的工作，并无分工的问题。而在同伴协调的工作中，彼此则需要通过平等的协商和沟通从而对工作量和工作内容进行有效的分配。这里就需要进行分工，需要根据性别、年龄、能力等进行有效的分工。

（2）合作。有分工，就需要合作，即彼此相互配合。由于成员身份背景、性格、能力的差异，彼此间人际关系的复杂性以及对彼此工作的不熟悉等原因，就需要彼此相互合作，力争达到最佳的工作状态。

（3）监督。监督作为一种协作手段，其存在的主要原因是由于成本和收益的关系存在。用西方经济学的概念来解释，即任何理性的人，都希望以最小的成本来达到最大的收益。反映在一个大的项目中，任何成员都想花费自己最少的精力来完成既定的任务，而他们节约自己工作成本的方式，就是让其他组员承担原本需由自己完成的工作。因此，如果缺乏有效的监督，就会导致所有成员都偷工减料，或出工不出力，从而使该项目彻底失败。

由此可知，在一个团队中，建立起良好的团队协作至关重要，而分工、合作、监督的职能也需要密切配合。

这个游戏看似简单，但要成功地完成非常不容易；如果一个人去完成这项任务是相当简单的一件事情，但是一个人做的工作由几个人来做，它比一个人干时还不容易完成，因为几个人之间将形成许多相互关系，可见团队的力量不容忽视。当然，现实中存在的更多的状况是：许多工作并不是一个人能完成的，往往需要的是很多人，在很多环节中通过密切配合、协作才能得以完成。这里既有合力，也可能产生阻力。所以每个人在团队中都是至关重要的，也只有齐心协力，才能产生正向合力。

训练项目三　合作与竞争意识的培养

一、合作与竞争意识的关系

在现代社会中，竞争与合作是一个永恒的话题，一个人不可能独立地生活在社会中，而人与人之间的竞争与合作又是社会生存和发展的动力。树有高矮,水有清浊,芸芸众生忙碌于大千世界,他们都离不开竞争与合作。

竞争与合作是社会进步、人生成功的动力,更是一对好搭档。下过跳棋的人都知道,6个人各霸一方,互相是竞争队手,大家彼此都想先人一步,将自己的6颗玻璃珠尽快移到预定地点。如果只讲求合作,放弃竞争,一味地为别人搭桥铺路,那别人会先到达目的地。如果只注意竞争,而忽视合作,一心只想拆别人的路,延误了自己,同样很难获胜。

棋如人生。如今,国外越来越多的大公司通过组建联盟参与全球竞争。竞争之中有合作、合作之中有竞争,这是对传统的竞争理念和模式的超越,是适应形势发展的必然选择。我国也有一些企业开始提出并实践这一理念。实践证明,过去那种仅仅把同行看成是"冤家",认为有竞争就不能有合作的观点是片面的、有害的,它往往造成不必要的摩擦、内耗及浪费。而把竞争与合作结合起来,既竞争又合作,就能突破孤军奋战的局限,把自身优势与其他企业的优势结合起来,把双方的长处最大限度地发挥出来,既提高自己也提高别人的竞争力,实现双赢或多赢的目的。

在当今市场竞争条件下,合作共赢已成为竞争各方的普遍认识,我们应顺应潮流,主动参与公平的、积极的竞争,与此同时更要加强平等的、真诚的合作,以开放的、自信的良好心态面对竞争与合作。

二、训练

(一)活动一：足球赛

1. 目的

充分理解合作与竞争的重要性。

2. 操作

把整个团队分为人数相等的两组。让队员们选择和自己身材相当的人,团队内结对,让搭档们把各自的脚踝绑在一起。每团队选一对搭档,背靠背站立,并把他俩的腰捆在一起,作为各队的守门员。两队开展足球比赛,分上下半场,每个半场15分钟,半场结束时两队交换场地。比赛中队员们必须一直绑着脚踝,用3条腿踢球,按足球规则进行比赛。

3. 讨论

(1)哪个队赢得了比赛?

(2)比赛过程中人们遇到了什么问题?

(3)搭档们是如何协调工作的?

(4)什么因素有助于团队更加有效地运作?

4. 总结

我们进入一个充满竞争更需要合作的时代,这需要我们既要有竞争的意识,又要学会合作,在合作中竞争,在竞争中合作是这个活动要告诉我们的道理。

（二）活动二：合力前进

1. 目的

统一意见，合力执行，才能取得竞争的成功。

2. 操作

把学员随机分成3组。把两块木板均匀地搭在排成一条直线的3张板凳上，所有队员都站成一排，就可以开始了。活动要求在所有人不许触地的前提下，通过合理移动板凳和木板，如图2-18所示，在规定时间内，看团队整体移动的距离。

3. 讨论

（1）团队成员之间有无分工？

（2）有没有实施策略的商讨和计划？

（3）有没有设定完成距离，并考虑目标的作用？

（4）有没有意外问题的出现，又是如何解决的？

4. 总结

（1）这个训练项目提示我们，面对纷繁复杂的局面，每个人都会有自己的见解，这样就要求每个人明确自己在团队中的定位及责任，既要各抒己见，充分发挥个人的聪明才智，又要及时汇总意见，提炼最佳

图2-18 合力前进

方案，这才是保持工作快速高效的途径。在团队合作中，应该了解每个成员的特点，合理地优化资源配置。每个人都应首先完成自己职责范围内的事情，同时具有强烈的责任心和服从组织的耐心，避免急躁情绪，听从统筹安排，这样才能战胜困难，取得成功。

（2）团队的决策力、沟通力、执行力是检验团队实力的关键环节。团队中需要有智囊团，但更需要有可以果断做出决策的领导人，团队的沟通与执行力也必不可少。缺少了哪一点，都不可能成功。因为，缺少了智囊团，就没有了行动方案；而缺少了领导，就会各执一词，各行其是；缺少了沟通与执行力，就会出现"上热"、"中温"、"下凉"的局面，上面忙作一团，下面无所事事。方案确定后，有时也许需要进行适时调整，此时，充分发扬民主集中制就显得非常重要。

训练项目四 竞争与合作意识自我成长方程式

合作与竞争是现代社会对人才的要求，经过以上学习，再对照以下一些问题，进行自我竞争与合作意识的自我成长。

竞争意识是指对外界活动所做出的积极、奋发、不甘落后的心理反应。它是产生竞争

行动的前提。培养自己的竞争意识,要让自己积极参与竞争,对自己的竞争意识的培养具有重大意义。

(1) 对活动具有强烈的求知欲望。竞争会使自己认识到只有具备知识和能力才能领先,因而努力学习各科基础知识和基本技能。

(2) 对活动积极参与精神。竞争意识可让自己克服胆怯心理、保守心理和自卑心理,提高对善抓机遇的意义的认识。

(3) 有很强的自信心。自己在活动中有没有表现出很强的精神和才能,有没有对自己做出肯定的评价。

(4) 在活动中对进步有成功感。我们在竞争活动中所取得的成功感,会激发我们进一步奋发向上,这当然需要积极参与活动的情况下才能产生。

(5) 有耐挫能力。我们在竞争活动中不可能每次都取得胜利,免不了遭受挫折。我们的心理感受如何,有没有就此放弃,这些表现可能就是你未来挫折的承受能力。

(6) 跟队友有很强的合作意识。竞争可使我们看到团队的力量、群众的智慧,认识到团结的重要性。要学会在日常生活中逐步养成和其他成员合作的良好习惯,形成较好的竞争能力。

我们需要从现在开始,从小事做起,在培养自己的竞争意识过程中,也要明白:竞争不应该是狭隘的、自私的,我们应具有广阔的胸怀,正确看待超越和反超越;竞争不应是阴险和狡诈、暗中算计人,应是齐头并进,以实力取胜;竞争不排除协作,没有良好的协作精神和集体观念,单枪匹马的"强者"是孤独的,也是不会成功的。

训练五 团队创新与解决问题能力

> 处处是创造之地，天天是创造之时，人人是创造之人，让我们至少走两步退一步向着创造之路迈进吧！

【中国】陶行知

训练项目一 创新能力训练

一、知识导入

创新的本质是进取，是不做复制者。创新能力在一定的知识积累的基础上，可以训练、启发出来，甚至可以"逼出来"。创新最关键的条件是要解放自己，因为一切创造力都根源于人的潜在能力的发挥。

（一）故事启示

1. 钻木取火

在原始社会早期，我们的祖先过着"野人"的生活，不知如何取暖避寒，不知如何用光明驱走黑暗，也不知如何烧烤美味佳肴。当一场场因炎热的天气而引发的森林大火、当一场场因雷击而点燃的草木燃尽之后，他们发现火可以取暖，可以照明，被火烧熟的野兽肉味道很香，于是人们开始了寻找火的历程。起初，人们利用雷击的自然火种，小心翼翼地保存使用，但是，这种方法毕竟不安全，人们继续寻找。后来，传说有一位燧人氏发现摩擦木头可以取火，于是人们开始仿效，至此，人类开始根据需要随时钻木取火了。

这就是在原有创新基础上的有效开拓与发展，与先民们保存火种相比，钻木取火是更高一级的创新。人类就是这样在创新的道路上由低级到高级，走向今天、走向文明的。

2. 紧身裙与可口可乐瓶

1923 年的某天上午，美国一玻璃厂的工人路透久别的女友来看望他，没想到当女友出现在他的面前时，路透被女友漂亮的紧身裙吸引了，流畅的线条突出了女性身体的线条美。于是路透想如果按照裙子的样式设计一种瓶形不是很好吗？接着他就设计出了一种流线形的瓶子，申请了专利，并拿到了可口可乐公司去推销。公司老板史密斯大为赞赏，立刻与路透签订合同，每生产 12 打瓶子付给路透 5 美分，这就是可口可乐瓶子的由来。到目前为止，已生产 760 亿只可口可乐瓶子，路透得到专利金额约 18 亿美元之多。

美国玻璃厂的工人路透,由于每天都在厂里制作着各式各样的玻璃制品,有一定的知识和经验。由裙子到可乐瓶形的诞生,就是一个新生事物的创建过程,多少人见过可乐瓶,多少人在玻璃制品厂工作过,可为什么只有路透使新型可乐瓶诞生于世? 路透与众不同的在创建新事物过程中表现出来的心理品质,即创新能力。

(二)什么是创新

(1)创新。指人类为了满足自身需要,不断拓展对客观世界及其自身的认知行为的过程和结果的活动。具体讲,创新是指人为了一定的目的,遵循事物发展的规律,对事物的整体或其中的某些部分进行变革,从而使其更新与发展。

(2)创新的核心是创新思维,是指人类思维不断向有益于人类发展的方向动态化的改变。

(3)创新的关键是改变,即向新的方向、有效的方面进行量和质的变化。

(4)创新的结果有两种。其一是物质的,如蒸汽机、计算机;其二是非物质的,如新思想、新理论、新经验等。

(三)创新思维的培养

创新精神是可以培养的。我们的训练选取了以创新为主题的项目,通过训练,其主旨在于培养学生的创新精神,使他们能够独辟蹊径地看待并解决问题。通过训练,创新思维会逐渐养成。创新能力是创新思维的最大化,它需要时间和有意识的练习才能达到经常化。克服创新思维的三大障碍如下。

(1)思维定势。表现为拒绝变化、心理图式等方面。

(2)思维惯性。表现为群体惯性、线性思维、惰性思维、习惯思维等方面。

(3)偏见思维。表现为利益偏见、位置偏见、文化偏见、以偏概全、固执己见、封闭思维等方面。

二、训练

(一)活动一:让创意在大脑中闪现

1. 目的

帮助学生了解每个人的创新能力,并鼓励他们敢于向已有的答案挑战。

2. 操作

(1)发给学生如图 2-19 所示的图片。

(2)请学生说说在图 2-19 里,看到了什么。

3. 讨论

(1)你最先看到什么图像?

(2)看到以后,有没有再换角度看?

图 2-19　创意思维图

（3）别人告诉你他们的所见，你的心理感受是什么？

4. 总结

这是一幅风景图，但多个元素比较模糊，我们的出发点不同，思绪就会呈现差异，这正是令人欣喜的创意开始。无论我们看到什么，只要给我们带来创意的感受，就说明我们的思绪在沸腾，我们的目的就达到了。

（二）活动二：走方块

1. 目的

充分思考并学会解决问题；训练思维的推理和流畅性。

2. 操作

（1）在训练前准备方形纸板或在地上画方块，使其成一条直线排列，彼此间距30厘米。两个团队面对面，两个团队队员分别从这排方形木块的左右两边站起，每人站在一块木板上，两组相对而立最后中间只剩下一块木板。

（2）两组将分别从这排方块的这一边走到另一边。规则如下：不允许队员转身，可以向后看，但身体必须朝着游戏开始时的方向。每次各组只能有一人转身，也就是说允许转身时，每组只能有一人转向。队员可以移到自己面前的空方块上。队员也可以超越对手移到他们前面的方块上，但是不能后退。队员不能超越和你面向相同方向的人，比如你只能看到他们的后脑勺，就是不能超越他们，也不允许连续超越两个对手，到达前面的方块上。如果有人发现自己到了无路可走的地步，所有队员必须回到起始的位置，重新开始。

3. 讨论

（1）在训练中遇到了什么问题？如何对问题进行拆分的？每个人都做了什么？

（2）谁成为小组的领导者了？

（3）这个团队运作有效吗？解决问题了吗？

（4）屡次失败后，你是如何做的？

（5）现在自己一个人会顺利走下来吗？

4. 总结

这个活动并不难，难的是有序和思维的清晰，如果学会推理并整理好自己的思路，完成任务一般没有问题。在实际操作中我们常常发现整个团队是在混沌的状态下完成任务的，甚至团队领导者自己都不知道是如何完成的。

训练项目二　创新思维训练

一、知识导入

思维创新是一种打破了常规的、具有创见意义的思维。思维创新的本质旨在适应市场、开拓市场和引导市场的应变性思维。美国著名管理学家彼得·德鲁克说过："市场经济是一种开拓进取型的经济，因而创新是一种最宝贵的企业家精神。"创新思维的常见模式有以下几种。

（一）扩散思维

1. 砖头问题的启示

创造心理文献中有名的"砖头问题"是：试列举砖头的各种用途。有人回答：造房、筑墙、造马路、压纸、垫在斜坡上汽车的轮子下防滑、打人、做书架、碎砖可以做花床、做锤子等不过十几种。有人却按属性划分说出砖头的一些用处。有人从砖块的形状出发，引申出建筑、垫脚、多米诺骨牌……各种用途。有人从重量出发，认为可以做砝码、腌菜、凶器等不同用途。从硬度、颜色、化学性质、碎状、粉末状、黏度、吸水性、教具、艺术、历史文化、音乐、象征、名词、概念、价值、精粹、哲学……出发都可以想到各种用途。思路一旦打开，各种想法就像雪崩似的涌现，可见扩散思维是没有尽头的。

2. 扩散思维

扩散思维是指面对问题沿着多方向思考，产生出多种设想或答案的思维方式。扩散思维又称发散思维、辐射思维、求异思维、多向思维等。

（二）收敛思维

1. 日军地堡变成了坟墓

在第二次世界大战时期，盟军从海上对日本本土发动进攻，首先进攻的是日本琉球群岛。盟军在逐个攻占岛屿的时候，出现了很大的困难，日本人在海滩附近建造的地堡给登陆的盟军部队造成了很大的伤亡。这些紧密排列的地堡形成了强大的交叉火力，相互支援，使登陆部队完全处于被动挨打的地位，不能前进一步。为了减少损失，盟军指挥部命令在部队登陆之前,先用猛烈的炮火对海滩附近的地堡进行打击。但这样做收效甚微,因为琉球群岛的绝大多数岛屿都是由火山岩构成的。日本人花了十多年的时间在熔岩下建立起来的地堡相当坚固,即使地堡表面有一些损坏,也不会被完全击毁。这样盟军登陆时仍会有很大伤亡。

盟军指挥部军官仔细分析了形势之后认为:地形是敌人的最大优势,密集分布的地堡,交叉的火力,对登陆部队造成严重的威胁。地势平坦,使登陆部队完全暴露在敌人的交叉火力之下,这也是敌方的优势,而盟军的重武器对坚硬的熔岩却无能为力。能不能让敌人的地堡密集、地势平坦的优势转化为劣势,这就成了能否取得这场战争胜利的关键所在。于是盟军发动大家想了许多克敌制胜的战斗方案,经过评审,盟军司令官最后选定了一个方案。这个方案实施后,盟军甚至没有花费什么弹药,也没有多少人员伤亡,就把日军的地堡变成了坟墓。

2. 收敛思维

收敛思维是指以某个问题为中心,运用多种方法、知识或手段,从不同的方向或不同的角度,将思维指向中心点,经过比较、分析后,找到一个最合理的解决问题方案的一种思维方式。收敛思维又称聚合思维、辐辏思维、求同思维、综合思维等。

（三）联想思维

1. 草籽——子母扣

瑞士人美斯托拉,有一次,上山打猎回到家里,发现自己的裤子上粘了很多草籽。过去,他也有好多次碰到这种事情,总是一拍了之。

然而,这次他却自言自语地问道:"这草籽为什么会粘到裤子上,而没有粘到鞋子上呢?"于是,美斯托拉在好奇心的驱使下,拿出了放大镜仔细观察起来。原来,这种草籽上长满了像钩子一样的刺,而他穿的裤子上又有绒毛上的纺织环,"啊,原来如此,难怪它们难分难解呀。"

美斯托拉灵机一动:"能不能人工造出一边是钩形刺,另一边是纺织环的东西呢?"他马上动手做了起来,果然,他成功了,两条带子粘在一起很牢固。不久,这种被称为"魔术带"的新鲜玩意儿很快被人们接受,慢慢地就演变成今天人们常见的尼龙子母扣。

2. 联想思维

联想思维是由此想到彼,并同时发现它们共同的或类似的规律的思维方式。

（四）逆向思维

1. 体温计的诞生

意大利物理学家伽利略曾照医生的请求设计温度计,但屡遭失败,有一次他在给学生上实验课时,由于注意到水的温度变化引起了水的体积变化,这使他突然意识到,倒过来,由水的体积的变化不也能看出温度的变化吗?循着这一思路,他终于设计出了体温计。

2. 逆向思维

逆向思维是指与一般思维方向相反的思维方式,也称反向思维。

(五)组合思维

1. 一组组合而成的实物

这组实例是用组合思维形成的具有形式上新颖、技术上独创、结构上完整、动能上协调等特征的有机整体的新产品。如牙膏＋中医药＝药物牙膏;电话＋电视机＝可视电话;手枪＋消音器＝无声手枪;毛毯＋电阻丝＝电热毯;台秤＋电子计算机＝电子秤;自行车＋电动机＋蓄电池＝电动自行车。

2. 组合思维

组合思维是指把多项貌似不相关的事物通过想象加以连接,从而使之变成彼此不可分割的新的整体的一种思考方式。

(六)质疑思维

1. 一吃"吃"出专利

日本的他田菊博士在一次吃饭时,喝了一口汤,觉得异常味美,他很好奇,疑心夫人一定加了什么调味品。夫人告诉他,汤里除了海带,没有加其他的调料。这引起了他田菊的好奇心。他肯定如此美味的汤是海带的某种成分所致。于是他开始分析、化验海带的成分,提炼出一种叫谷氨酸的物质,也就是味精的主要成分。他立即写好了化验报告,并申请了专利,开办了味精厂,由此获得了巨额利润。

2. 质疑思维

质疑思维是指创新主体在原有事物的条件下,通过"为什么"(可否、可假设)的提问,综合应用多种思维改变原有条件而产生的新事物(新观念、新方案)的思维。

(七)逻辑思维

1. 还剩几只鸟的故事

有某 A 问一位学者 S:"树上有 10 只鸟,猎人开枪打死了 1 只,还剩几只?"两人的对话和思路如下。

S:你说的鸟都是真的鸟吗? A:是。

S:猎人用的是无声的枪吗? A:不是。

S:树上的鸟都是活的吗? 有没有聋子? A:都是活的,没有聋子。

S:鸟有没有被关在笼子里或被捆住? A:没有。

S:有没有残疾或飞不动的鸟? A:没有。

S:你说的 10 只鸟算不算还在大鸟肚子里的或鸟窝里的鸟蛋? A:不算。

S:有没有傻鸟或不怕死的鸟? A:没有。

S:猎人除了开枪外,没有布网,也没有做其他捕鸟的事情吗? A:没有。

S：当时的天气怎样？有没有狂风暴雨？A：没有。

S：你问的是树上还剩几只鸟吗？A：是的。

S：如果你刚才说的都是真的，我可以回答你：如果被打死的鸟被树挂住没有掉下来，树上还剩1只鸟；如果掉下来了，就1只不剩。

2．逻辑思维

逻辑思维就是人在感性认识的基础上，以概念为操作的基本单元，以判断、推理为操作的基本形式，以辩证方法为指导，间接地、概括地反映客观事物规律的更改思维的过程。

二、训练

（一）活动一：想象一个物品的用途

1．目的

不拘泥于固定模式的思维，大胆创新，训练学生发散性地思考问题的意识和能力，以激发学生的创造性思维，鼓励他们更有创造力地去解决问题。

2．操作

（1）确定一样物品，比如可以是铅笔或者其他任何东西，让学生在5分钟内，想出尽可能多的用途。

（2）每5～7人为一个小组，每个组选出一个人记录本组所想出的表达的数量，在5分钟后，推选出本组中最新奇、最疯狂、最具有建设性的表达，想法最多、最新奇的组获胜。

（3）不许有任何批评意见，只考虑想法，不考虑可行性。想法越新奇越好，鼓励异想天开，也可以寻求各种想法的组合和改进。

3．讨论

（1）你想到了多少种？

（2）你的思维流畅吗？是什么阻碍了你的思维？

（3）经过训练，思维的灵活性以及开放性有提高吗？

（4）别人的想法对你有启发吗？

4．总结

你可能会惊异地发现答案的丰富与多彩。思绪的闸门一旦打开，在发散思维的体验中我们会发现真正捆绑我们思绪的不是别人，正是我们自己。

（二）活动二：美丽风景线

1．目的

发散思维能力培养。

2. 操作

（1）请发给每人一张点图,如图 2-20 所示。

（2）每 5～7 人为一个团队,在 1 分钟之后,请每个团队摆出不少于 5 种的图形。推选出本团队中最漂亮的图形,想法最多、最新奇的团队获胜。

（3）规则:发挥想象力,将这几个点连接成一个美丽的风景,它可以是山,可以是水或者五角星等。

3. 讨论

（1）不同人画出来的风景是否不同?你是否会惊奇于不同人想法之间的差异性?你是否惊奇你的同伴思维的奇特性?

（2）哪些想法使你耳目一新?这些新奇的想法有什么特点?

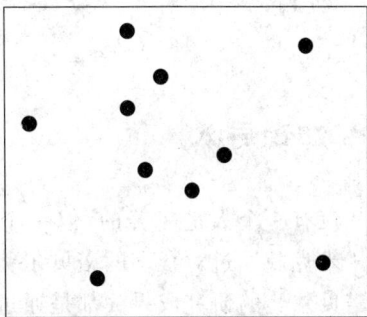

图 2-20　发散思维图

4. 总结

看似贫乏与简单,似乎没有什么可以想象和创造,这是我们最初的想法。如果动手去做,才发现这里面原来大有玄机。简单的图形让我们有更多的想象空间,思绪的羁绊也更少,结果也就更有意义。

（三）活动三:加速度传球

1. 目的

拓展思维,鼓励同学们敢于向已有的答案挑战,培养学生创新思维能力。

2. 操作

（1）给每个团队发放 1、2、3 号球。

（2）将球按 1、2、3 号的顺序从发起者手里发出,最后按此顺序回到发起者手里。在传递过程中,每一个人都必须接触到球,所需时间最少的即为获胜者。

（3）球掉在地上一次额外加罚 10 秒钟。

3. 讨论

训练开始时,团队是如何传球的?成绩如何?后来是什么促使团队改变方式的?

4. 总结

这个训练让我们感受到:每一件看似不可能的事情摆在面前时,这种"不可能"的心理定势,使每个人都会想到放弃。做了才能成功,但最终的成功不是因为你做了,而取决于你怎样去做。发挥团队智慧,集合团队创意,一件不可能完成的事情也许就会奇迹般获得成功,这就是团队的力量! 思维可以指导人们的行动,同时也会约束人们的行动。俗话说"人无规矩,不成方圆",对每一个人而言,要遵守各种各样的规矩,但我们在做事情的时候,要有创新思维意识,思维可以指导人们的行动,同时也会约束人们的行动,唯有敢于超越自己的思维,不断创造,才有可能获得一次又一次的成功。

训练项目三　团队创新训练

一、知识导入

没有一个人是完美的，但一个团队可以。创新离不开集体力量。美国社会学家哈里·米克曼通过对众多的诺贝尔奖金获得者的研究，在《科学界的精英》一书中写道："荣膺诺贝尔奖的研究成果大都是通过合作获得的。"我国科技创新发明奖获得者，也得出同样的结论，大多数创新发明都是集体智慧的结晶。因此，开展创新训练，要注重组建创新团队，并积极投入创新文化建设、创新精神培育和创新活动中去。

团队创新对解决难题有显著的"高效"特点。一是因为集体讨论共同解决的问题时，目的性被彼此互相加强，有利于增强团队的凝聚力；二是因为一个人思考往往都是沿着同一条思路进行，大脑的信息联系是相同的，而在团队中当一个人发表想法时，会使其他听者大脑中唤起新的联想；三是集体思维提供了一种从各种角度分析问题同时又自我批评地思考问题的可能性；四是对一个问题的解决会激发团队中的成员们提出新的问题。

解放思想是发挥团队创新能力的关键。营建先进文化的一个重要目的就是进一步解放思想。只有使积极健康的思想不受束缚，团队才会有创新能力。解放思想很重要的一点就是要在思想上先要打破"从众"枷锁，营造自由氛围。团队内的成员有着不同的个性，具有不同的知识、经验、背景和专业，在团队中担任不同的角色。团队内必须提倡宽容、自由的气氛，提倡成员在团队中保持个人的独立性，扮演好自己在团队中的角色，目的是为自己的团队增光。每个成员，包括领导者，都从整体工作和自己所担负工作的不同角度进行创意思维、发表意见，以"为促进集体力量"而努力的积极扮演好各自的既是主角——主人翁，发表意见思想放得开，也是配角——团队中一名普通成员，个人意见不强加于人，配合整合出最佳创意方案的角色。在讨论解决关键问题时，团队中要坚持"推迟评判"、"鼓励赏识"、"无唯一答案"、"欢迎离奇观念"、"追求观念数量"、"整合他人设想"以及"民主"、"幽默"、"自由"、"开放"等原则，运用左右脑思考、想象绘图、个人操作、集体操作、情境演练等多种思维和表达方法，营造创新环境氛围，充分调动每个成员的创新能力，切实发挥出团队的创新能力来。

二、训练

（一）活动一：我的地盘我做主

1. 目的

加强团队合作中的角色分工和协作，培养团队创新能力。

2．操作

（1）每团队一套：A4 白纸一张，彩笔一盒。

（2）学生分成 10 人一团队，然后发给每团队一套材料，要求他们在 30 分钟内，画出一处优雅美丽的景观（也可以是家园、校园或风景区）来，要求景色美观、创意精彩、别出心裁。

（3）结束后，要求每团队选出一人来解释他们的景观，如创意、实施方法、最精彩和创新之处、大家最满意的地方等。

（4）由大家选出最有创意的、最具有美学价值的、最简单实用的景观。

3．讨论

（1）你们团队的创意是怎样来的？在建造美丽景观的过程中，创意主题是逐渐形成，还是不断完善的？

（2）在建造的过程中，团队的合作过程如何？大家的协调性怎么样？各人扮演什么角色，这一角色是否与他的平时形象相符？

（3）有没有感到遗憾的地方？

（4）一幅满意的图画，什么方面最精彩？

4．总结

一张白纸可以画出最新最美的图画。但多人作画却是一种考验，考验团队的力量、团队的思想以及团队的精神和灵魂。我们需要将自己的思想和团队的精神进行融合与凝练，在大家的沟通和配合下完成整个任务。这是一个不大的任务，却是一个充满挑战性的任务，也是对所有团队成员有着极大考验的任务。

（二）活动二：合力建桥

1．目的

激发同学创意，开发学生灵感。

2．操作

（1）学生分成若干团队，每团队可准备若干张报纸、透明胶带、订书机，在 40 分钟内，搭建一座桥。每个团队设计的桥必须要体现本团队的特色并拥有一个桥名。

（2）桥梁要求：长不小于 0.5 米，宽不小于 0.2 米，高大于 0.15 米，并可以承受 1 千克的重量。

3．讨论

（1）什么样的设计在你看来最有新意？你们团队的设计是什么样的？

（2）在设计过程中，你们组是如何分工的？有没有做到各显神通呢？

4．总结

如何理解桥、如何联系桥与人们生活的关系在实际建桥的过程中被有趣的展现出来。时间、桥梁结构以及承重能力的要求，对有的人没有任何意义，对有的人却产生随时性的影响，这让我们思考规则和创意的关系。我们希望规则和创意不是一对不可调和的矛盾，因为与人们生活相关的物品需要体现人们需要的价值。

我们依然发现分工是团队训练中的重要内容，分工的合理与否直接关系到效率问题。合理的分工需要进行科学的规划与有效的沟通。

训练项目四　创新能力自我成长方程式

经过训练后，同学对自己的创新能力有没有得到提高，如何在日常生活中注意提高自己的创新能力，同学们可以结合自己的训练，从以下几方面进行思索。

一、对所学习或研究的事物要有好奇心

牛顿少年时期就有很强的好奇心，他常常在夜晚仰望天上的星星和月亮。星星和月亮为什么挂在天上？星星和月亮都在天空运转着，它们为什么不相撞呢？这些疑问激发着他的探索欲望。后来，他经过专心研究，终于发现了万有引力定律。能提出问题，说明在思考问题。在学习过程中，自己如果提不出问题，那才是最大的问题。好奇心包含着强烈的求知欲和追根究底的探索精神，谁想在茫茫学海获取成功，就必须有强烈的好奇心。我们有任务以后，就要对任务充满好奇，积极参与。

二、对所学习或研究的事物要有怀疑态度

不要认为别人讲的都是对的，许多科学家对旧知识的扬弃，对谬误的否定，无不自怀疑开始。伽利略则始于对亚里士多德"物体依本身的轻重而下落有快有慢"的结论的怀疑，发现了自由落体规律。怀疑是发自内在的创造潜能，它激发人们去钻研、去探索。我们对待所学习或研究的事物应做到：不要迷信任何权威，应大胆地怀疑。这是我们创新的出发点。

三、对所学习或研究的事物要有追求创新的欲望

如果没有强烈的追求创新的欲望，那么无论怎样谦虚和好学，最终都是模仿或抄袭，只能在别人划定的圈子里周旋。要创新，我们就要坚持不懈的努力，勇敢面对困难，要有克服困难的决心，不要怕失败，相信一点：失败乃成功之母。

四、对所学习或研究的事物要有求异的观念，不要"人云亦云"

创新不是简单的模仿。要有创新精神和创新成果，必须要有求异的观念。求异实质上就是换个角度思考，从多个角度思考，并把将结果进行比较。求异者往往要比常人看问

题更深刻、更全面。

五、对所学习或研究的事物要做到永不自满

一个有很多创造性思想的人如果就此停止,害怕去想另一种可能比这种思想更好的思想,或已习惯了一种成功的思想而不能产生新思想,这个人就会变得自满,停止了创造。

模块三

大学生心理训练

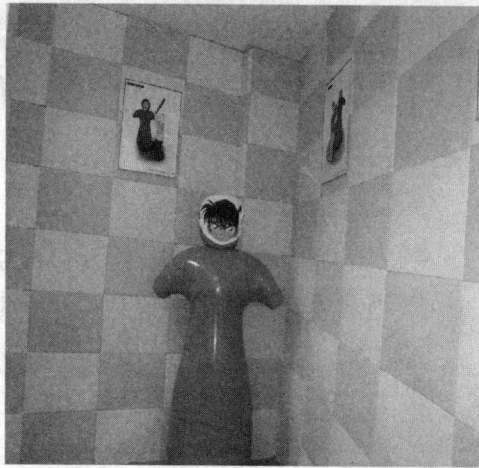

知识目标

1. 认识到每个人都是独特的个体,了解有关性格的理论和观点。
2. 认识自己的人际模式,理解人际和谐对人生的价值和意义,对幸福生活的影响。
3. 学习爱情理论,认识到爱的能力包括理解、表达、接受、拒绝、鉴别以及解决爱的冲突的能力。了解关于性的观念,认识性生理和心理困惑。
4. 了解心理健康的基本知识,初步了解心理健康问题的大致分类以及心理问题的形成原因,树立心理健康的观念。
5. 认识大学适应的基本内容,了解压力的种类以及对人们产生的影响,树立压力管理意识。
6. 认识到幸福是一种感受,幸福可以通过训练感知。
7. 了解学习的特点,讲究学习的方法。

技能目标

1. 能够利用自我管理技术接纳自我、管理压力、形成健康的自我感,提高人际和谐的水平。
2. 学习运用爱情保鲜能力经营爱情。学习爱的语言,并且能够妥善处理失恋问题。了解性心理困惑,并学会应对不同场合中的性骚扰现象。
3. 能够对自我的心理健康水平做出合理的评估,掌握自我心理调节技术,使自己的心理更健康。
4. 学习适应的方法,使自己能更好地适应大学生活,并学会将这些适应的方式用在未来的工作和生活中。
5. 掌握幸福感训练方法,并且能够在生活和工作中运用这种方法。
6. 掌握适合自己的学习方法,将学习与自我成长结合起来。

训练一　自我探索

一个人只要抹去自我感上的灰尘，他的世界几乎就是一个无限。

【英国】威廉·布莱克

训练项目一　自我世界分析

我们都想知道自己是什么样的人，想了解自己的性格，无论别人怎样告诉我们，依然乐此不疲地对自己充满兴趣，我们自身似乎永远是个神秘的地方，让人神往。人们对自我的探索非常执着，也逐渐发展出许多理论、观点，影响比较大并且广泛被人接受的是性格、气质学说。目前企业中运用比较多的是九型人格，这是一种自我认识的工具。但任何一种工具都不能穷尽所有内容，只是一种参考而已。

一、九型人格介绍

九型人格，又名性格形态学。它近年来备受美国斯坦福等国际著名大学 MBA 学员推崇并成为现今最热门的课程之一，近十几年来已风行欧美学术界及工商界。全球500 强企业的管理阶层均要学习九型人格，并以此培训员工，建立团队，提高执行力。

九型人格论把人格清晰简洁地分成 9 种类型，每种类型都有其鲜明的人格特征。9 种人格类型没有好坏之别，只是不同类型的人回应世界的方式存在差异，能够帮助我们洞察人心，用有效的方式应对他人，最终提升我们人生的幸福感和成功感。

（一）九型人格的特征描述

九型人格是一种深层次了解人的方法和学问，它按照人们的思维、情绪和行为，将人分为 9 种，具体的特征描述见表 3-1。

表 3-1　九型人格特征表

序　号	类　型	个 性 特 征
第一型	完美型（改革型）	重原则，不容易妥协，黑白分明，对自己和别人均要求高，追求完美
第二型	助人型（全爱型）	渴望与别人建立良好关系，以人为本，乐于迁就他人
第三型	成就型（促动者）	好胜心强，以成就去衡量自己价值的高低，是一名工作狂
第四型	自我型（艺术型）	情绪化，惧怕被人拒绝，觉得别人不明白自己，我行我素
第五型	理智型（思想型）	喜欢思考分析，求知欲强，但缺乏行动，对物质生活要求不高

续表

序 号	类 型	个 性 特 征
第六型	忠诚型	做事小心谨慎,不易相信别人,多疑虑,喜欢集体生活,尽心尽力工作
第七型	活跃型(开朗型)	乐观,喜新鲜感,爱赶潮流,不喜承受压力
第八型	领袖型(能力型)	追求权力,讲求实力,不靠他人,有正义感
第九型	和平型(和谐型)	需花长时间做决策,怕纷争,难于拒绝他人,祈求和谐相处

(二)凯伦·韦布的区域划分

心理学专家凯伦·韦布根据九型人格理论,认为9种性格的人,全部隶属于三大中心的其中一个,每一中心都各有三种性格。这三个中心,分别是情感中心、思想中心和行动中心,有些人会以身体的三个部分——心、脑、腹来比喻这三个中心的能量和动力根源。

1. 情感中心(以心为中心,包括二、三、四型)

情感中心的人遇事时的直接反应是源于情绪、感觉和感情的。形象地说:无论是乐事还是苦事,他们首要的真切反应,都是"打从心底里来"的:悲哀时感到心都痛得像要掉下来了,快乐时又会特别容易触摸到自己喜悦的心跳。他们是感情十分细腻又浓烈的人,经常渴望了解别人,又渴望被别人了解;他们最关心的是人和人之间的心灵上的紧密关系,因而变得十分在乎别人对自己的评价。对于爱,他们永不嫌多。在三大中心里,他们是对"人"(有血有肉有感受的人)和"情"最感兴趣的一群。他们注重感受,感触丰富及强烈,追求爱和充实的渴望。

2. 思想中心(以脑为中心,包括五、六、七型)

情感中心的人一辈子都凭感觉过日子,思想(脑)中心的人则以思维、思考、理性作反映。在遇到事情时,他们会习惯地用脑筋去分析、了解、归纳,显得较为理性和深思熟虑,他们拥有高超的想象力、联想力与分析力,是在三大中心里对"理"最感兴趣的一群,然而行动力则相对较弱。他们善于思考、心存恐惧,有时是偏执狂。

3. 行动中心(以腹为中心,包括八、九、一型)

与情感和思想中心不同,行动(腹)中心的人是最不会空想、最脚踏实地、最在乎生存问题的人。他们行动力强,以情绪和感受判断事物,难以觉察对自己真正优先的事。他们最关切那些实实在在看得见、摸得着的东西,他们的智慧却也因其实效性而让人折服。属于这一中心的人不需要反复思量、向内感受,便能够直接产生明快的行动,是天生的问题解决专家。所以在三大中心里,他们可说对于"事"最感兴趣,也最有办法。

上述描述,加上自我测试,可以为我们了解自己以及他人提供帮助。相关网站有http://baike.baidu.com/view/510310.htm、http://www.cnenn.cn 等,可以参考。

二、自我世界领域

人们对自我的认识往往笼统和模糊,正因为这样,人们常常困惑。这里将对自我进行一些分类,以便于认识。

（一）个体我

个体我包括生理自我、心理自我和精神自我。

1. 生理自我

人们对自己身体（生理）的认识，即是对自己的身高、体重、容貌以及温饱感、舒适感、病痛等的认识。对一个健康人来说，男性希望自己高大、强壮、充满刚阳之气；女性渴望自己漂亮，希望自己有白净的皮肤、漂亮的面孔、魔鬼般的身材。女性们对这一领域的关注至今仍在支持着美容、化妆品、服装等经济领域的发展。女性对身体自我的困惑或不满也衍生出减肥、整容、牙齿正畸等行业。

2. 心理自我

对自己的心理活动、个性特点、心理品质的认识、体验和愿望即心理自我，如智慧、能力、性格、气质、爱好、意志等的认识和体验。在这个过程中，我们对自己的性格非常感兴趣，渴望能够全面解析自己。

3. 精神自我

精神自我即是一个人对自己理想、兴趣、价值、追求、道德等的认识，是对自我社会意义和生命意义的关注。人们对意义的思考，对真、善、美的追求主要在这里得以体现。健康的精神自我具有神奇的力量，可以化腐朽为神奇。

（二）社会我

人们社会化的过程中，在成长的同时开始关注别人对自己的看法，在意他人对我们的评价，重视自己在社会或群体中的被认同、被接纳，这是社会我的表现和需要。

1. 他人眼中的我

别人对我们的看法和评价，是他人眼中我的主要内容。在社会化以及人际交往的过程中，他人眼中的我已经成为影响我们生活的重要部分。他人的接纳、肯定、欣赏与否成为我们判断自己优劣以及受欢迎程度的重要依据。当我们被喜欢、被爱、被接纳时，我们会坦然而愉悦；当我们不受欢迎、感到被疏远和冷落时，我们会痛苦并不安。

2. 社会角色中的我

人们在承担一定社会角色时，所要展现的符合社会角色要求的思想和行为的我，就是社会角色中的我。这里对社会角色的认同与适应，有一定的角色自由、拥有一定的控制和驾驭力、拥有一定的地位和权力是社会自我的正向状态。反之，我们会怀疑自己的能力和价值并有可能产生角色的倦怠感，如学生中的厌学现象、工作中的职业倦怠、家庭中的亲情疏离等。

3. 网络中的我

人们在网络中的自我表现，称为网络自我。网络可以让本我、自我、超我都得到表现。一方面，网络中可能展示真实自我，在一个陌生和不被发现的环境里，网络为人们创造一个新身份，自我往往是安全的。另一方面，网络也可能让人们戴上面具，无拘无束，为所欲为,本我在这里得到充分展示。

(三) 技能我

在自我认识领域,我们更容易从意识和心理层面来分析自我,对能力、兴趣以及专长却研究不多且主要放在心理自我的范畴。但这些方面与自我其他方面密切相关,是一个人生存发展的基础。这些内容更多以能力的方式体现,却是健康自我的基础。

1. 能力

能力主要侧重于实践活动中的表现,即顺利完成一定活动所具备的稳定个性心理特征。能力可从以下几方面把握。第一,能力是一种心身能量,是在运用智力、知识、技能的过程中经过反复训练而获得的。第二,能力的具备应主要包括 3 部分,即专业知识、执行能力和学习能力。一个人在追求能力提高时,必须专注于专业知识的不断吸收与提升,在知识面上有一定广度和深度。第三,能力总是和人完成一定的活动相联系并加以体现。离开了具体活动既不能表现人的能力,也不能发展人的能力。

2. 爱好和兴趣

爱好的范围很广,所含感性因素偏多,而兴趣是人们对某一事物高层次的需求。就比如有些学生喜欢看电视,这只能说他爱好看电视,而非兴趣。兴趣是人们对客观事物的选择性态度,是由于客观事物同人的本性情绪相适应而吸引人造成的,表现为对某种事物、某项活动的情绪倾向。

3. 专长

专长就是特长,如独到的学识和技艺、专业本领、特殊才能等。

训练项目二　*发现自我的能力*

健康自我是技能自我与个体以及社会自我交互作用的结果,其中,技能自我是基础。发现并提升自我技能对形成稳定的自我感将起到助长作用。技能自我的发现可以尝试以下方式。

(一) 夸夸自己

请在 3 分钟的时间内,写出自己至少 5 种以上的能力。这看似非常简单,试着去做做,似乎并不是所用人都可以很轻松完成的。你可以尽量列举自己的能力,如烧饭、教小朋友认字、喂养小动物、说英文、修理拉链、绣十字绣等。这个练习可以帮助我们整理和分析自己的长处,认识自己的价值。

(二) STAR 法

(1) 你曾经面临过什么问题(Situation)?

（2）你承担了什么任务、责任(Tasks)？

（3）你采取了什么行动(Action)？

（4）你的行动取得了什么样的有益效果(Result)？

（三）列举你的业绩单

（1）学习成绩单：这是可以看见的比较有说服力的能力表现。

（2）工学交替时期的工作业绩单。

（3）社会实践活动的工作表现，尤其是获得的成绩。

（四）来自他人的认可与称赞

（1）如果你从事过业余打工，请雇主对你进行评价。

（2）你的同学、朋友、老师对你的认可和称赞主要是哪些方面？

人们对自我的评价有很多种，在众多的评价中，他人的认可、称赞往往是我们的能力或态度的表现，这些能力可能是认真的品质，也可能是热情的话语，还有可能是安静有序的特质等，无论是哪个方面，都需要认真听取，并分类整理，我们的能力就会逐渐展现出来。这些能力有些是我们自己能够意识到，有些是自己从来没有注意到但却真实存在并有极大潜力的。

（五）撰写你的成就故事

回忆一下自己取得的成就，也就是那些自己做过的、自认为比较成功或是感觉很不错的事情。这些事件不一定是工作上或学业上的，可以是课外活动、家庭生活中发生的。成就不一定都是惊天动地的大事，也可能只是一次"悄无声息的胜利"。比如筹划了一次同学聚会、为家人出谋划策、修理好某个电器装置、及时帮助他人等。只要符合以下两条标准，就可以被视为"成就"。

（1）你喜欢做这件事时体验到的感受。

（2）你为完成它所带来的结果感到自豪。

如果同时你还获得了他人的认可和表扬那就更好了，不过这并不重要。请写下生活中令你有成就感的具体事件，然后对其进行分析，看看你在其中使用了哪些技能。

理想的情况下，可以写10个或20个，并选7个重要的故事，并在3人小组中逐一进行分析讨论。最后看看在这些故事中是否有重复出现的技能，它们就是你喜爱施展也擅长的技能。在撰写成就故事时，每一个故事都应当包含以下要素。

（1）你想达到的目标，即需要完成的事情。

（2）面临的障碍、限制、困难。

（3）你的具体行动步骤，是如何一步步克服障碍、达到目标的。

（4）对结果的描述，即你取得了什么成就。

（5）对结果的量化评估：可以证明你成就的任何衡量方法或数量。

以下是一位同学撰写的成就故事，并据此对自己的能力进行分析，值得借鉴。

补充阅读

　　这学期,作为师范生的必要培训内容之一,我们的教学技能培训课要求我们在学期当中必须自选题目并用 PowerPoint 进行一次演示讲解。在此之前,我没有学过如何制作 PPT。我请同宿舍的一位同学用了大约二十分钟的时间教我 PPT 软件的基本使用方法。自己在学校的计算机房进一步学习,并向机房的管理人员请教了不明白的问题。我选定了要讲的题目以后,又上网搜索了相关的资料和图片,然后制作了10 分钟课程的辅助教学 PPT。在课堂讲解演示中,由于我制作的 PPT 图片精美、文字与内容搭配得宜,我获得了 95 分的高分,并得到了老师和同学的称赞。

　　对上述内容的分析,即自己去制作 PPT 课件过程所涉及的技能分析。

　　①面对新情况,表现出灵活性和很强的适应能力;②敢于迎接挑战;③快速学习;④善于利用人际资源;⑤清晰地沟通;⑥积极主动;⑦搜索信息;⑧图片文字的处理、编辑和组织;⑨耐心;⑩关注细节,克服压力。

训练项目三　构建和谐的自我世界

　　人的困惑与烦恼常来自对自我感知的困惑,其心理动因与自尊状态、个人价值追求、所受文化教育有关,其中最重要的内容是自我意识。构建和谐自我、促进自我健康是需要学习的,心理训练中常常采用以下方法。

一、接纳自己

　　接纳包括接受和悦纳两层含义。就是要爱自己,尊重自我的存在,并能够把控自己的生活。允许自己犯错误,接受自己的懦弱和阴暗,当我们把爱注入自己的心灵,给自己带来温暖与力量、让生命的活力重新循环流动时,我们就能获得一定的解脱。这里介绍一个关于缺陷和满足的寓言故事,即《不完美未必是缺点》。

补充阅读——不完美未必是缺点

　　有一个人家里有两只木桶。其中一只都破了,拿它去盛水,水会从裂缝中流走。两年了,这个人都毫不在意水桶破损了似的,每天风雨不改拿着它去挑水。那只有破口的水桶很在意自己的裂缝,很痛苦地认为自己不及那只完整无缺的水桶,不能好好地完成工作。有一天,这只木桶对主人说:"我很惭愧,我让你每次都只能挑半桶水回家。"那个人好像没听到木桶的话似的,突然说:"你有留意我每次去挑水走的那条路吗? 一边开满了色彩缤纷的花;另一边呢,就光秃秃的,一朵花都没有。"那人接着说："我是特意把花的种子撒在路的其中一旁，每日去挑水时就顺道去浇点水。这两年来，我们村的所有庆典用来布置的花，都是大家在那里采的。没有你，又怎会有那么多漂亮的花呢？"

不要因为一个自己很在乎的缺点，就全然否定了自己。完美只是一个概念，只有接受自己的缺陷，才能接受别人，接受自己。这里推荐几种接纳自我的方法。

（一）20个"我是……"法

心理训练中常用的方法，请写出20个"我是一个怎样的人"。要求尽量能反映个人的风格，而不是儿戏般的，如"我是一个男人，我是一个男生，我是一个来自徐州的男生"这样的句子。

写完以后，请将句子的内容按以下方式进行归类。

（1）心理状况。你常有的情绪情感，比如开朗、内向、认真、孝心等；能力状况，比如灵活、外语水平高、模仿能力强等。

（2）身体状况。外貌、体型、身高、发型、肤色等。

（3）社会状况。与他人的关系、对人的态度、学习状态、生活状态等。

（4）语言风格。是描述性的语言，还是拟人化的语言等。

（5）自我的状态。正向描述、负向描述等。

在20个"我是……"中，如果正向的描述少于负向的描述，说明自我的接纳程度低，需要改善。

（二）照镜子

每天对着镜子微笑，并告诉镜子里的自己："你很不错"。让微笑的自己成为习惯，就能逐渐促进美好的心情和自我意识的成长。

（三）每天做一件自己可以完成的事，并逐渐提高完成质量

需要注意的是，这些方法虽然简单，但贵在坚持。

二、提升自我

对自我的提升需要从内部和外部着手。中国有句老话：墙里开花墙外香。提升有一定的难度，但做与不做肯定不同。

（一）内在自我提升

内在自我提升是一个长期过程，大学阶段需要并可以做到的是做好自己的生涯规划。

1. 生涯规划

为自己做一个生涯规划，设计自己的发展方向，让自己的生活有规律并有目标。在做生涯规划时，尽量做到具体，可操作和能够实现。

这里介绍一种五步法,用5个问题进行归零思考。5个问题:"我是谁?"、"我想做什么?"、"我会做什么?"、"环境支持或允许我做什么?"、"我的职业与生活规划是什么?"。

如果您有兴趣,现在就可以试试。先取出5张白纸、一支铅笔、一块橡皮,在每张纸的最上边分别写上以上5个问题。

回答了这5个问题,找到它们的共同点,自己的职业生涯规划就比较明晰了。

然后,静下心来,排除干扰,按照顺序,独立仔细思考每一个问题。

(1)第一个问题:"我是谁?"

回答的要点是:面对自己,真实地写出每一个想到的答案,写完了再想想有没有遗漏,认为确实没有了,按重要性进行排序。

(2)第二个问题:"我想做什么?"

可将思绪回溯到孩童时代,从人生初次萌生第一个想干什么的念头开始,然后随年龄的增长,回忆自己真心向往过想干的事,一一记录下来,写完后再想想有无遗漏,确实没有了,就进行认真的排序,即重要的在前,次要的在后。

(3)第三个问题:"我能做什么?"

把确实证明的能力和自认为还尚待开发的潜能一一列出来,认为没有遗漏了,就进行认真排序。

(4)第四个问题:"环境支持或允许我做什么?"

回答这个问题要稍做分析:环境,有本学校、本市、本省、本国和其他国家,自小向大,只要认为自己有可能借助的环境,都应在考虑范畴之内;在这些环境中,认真想想自己可能获得什么支持,思考清楚后一一写下来,再按重要性排列。

(5)第五个问题:"我的职业与生活规划是什么?"

做法是:把前4张纸和第五张纸一字排开,然后认真比较第一至第四张纸上的答案,将内容相同或相近的答案用一条横线连起来,会得到几条连线,而不与其他连线相交的又处于最上面的线,就是最应该去做的事情,职业生涯就应该以此为方向。并在此方向上以3年为单位,提出近期、中期与远期的目标;再在近期的目标中提出今年的目标;将今年的目标分解为每季度、每月、每周、每天目标。这样,每天睡前就可以对照自己的目标进行反思,总结当日成就与失误、经验与教训,修正次日的目标与方法,第二天醒过来后稍加温习就可以投入行动了。这样日积月累,实现规划的可能性就可以大大提高。

2. 积极充实的生活,做一些有意义的事

黄锦波(图3-1),美籍华人,医学博士,他被称为是"六位一体"的"奇人"。他是这样描述自己一天生活的:"有时在一天内我要完成几种角色的转换,刚刚完成市长的施政演讲或议员的辩论讲话,又要略加修饰,匆匆走进电视台的演播室……作为一名妇产科医生,我在产房里亲手迎接一个个新的生命,每每忘却了自己的存在。作为一名歌手,我在世界各地不同的舞台上放歌自己的心声,我被埋没在掌声、鲜花和镁光灯的海洋里……"黄锦波创造了多个"黄锦波之最"。

(1)最先让中国亿万电视观众接受的海外华人。

(2)最早到中国灾区援助救灾的美国官员。

(3)最先当选美国市长的华裔。

（4）美国喜瑞都市历史上任议员、副市长、市长时间最长的人。

（5）最早在私立电视台中用英语向美国观众播放中国中央电视台的新闻和国庆、春节等节目的美国人。能够独立完成编、导、演、摄像、剪辑、配音、制片等诸多环节，最全能的电视人。

（6）最先横渡长江的美国公民。

（7）最先独创中英文对照"唱歌学英语"的人。

（8）在海外华人中，他与中国高级领导人握手次数最多、到中国灾区次数最多、去过的中国学校数量最多。

图 3-1　黄锦波（前排右二）2009 年春节
在四川灾区演唱"龙的传人"

黄锦波的奇迹说明：成功并非一定要达到目的不可，而是把握所有的机会，达到尽可能的目标。充实的生活不仅让自己忙碌也让自我人格获得提升。

（二）外在自我提升

外在自我提升需要借助他人的认可，并利用社会资源来帮助自己获得成长。现代社会中，外在自我提升的方式很多，媒体、网络、朋友都可以起到很好的作用。

1. 在网络上建立自己的博客

这是许多人已经使用并产生良好效果的方法。博客可以将自己的思想表达出来并与人们进行交流，其最大的好处是影响面广，及时高效，得到的反馈信息也快。

2. 自己创造一种繁荣的景象

人们都向往人多的地方，往人群聚集的地方集中。那些忙碌兴旺的事业或人物，都对人们产生深深的吸引。这并不是一种取巧的说法，而是高级的真理。

只要你能创造出一种繁荣的、被人迫切需要的气氛，你的知名度就会很快上升。因为人们都喜欢跟那些事业兴旺、繁荣的人打交道。

有一位年轻的医生讲述了他的一段传奇经历：我到这个城镇开诊所不到一个月，来找我看病的人很少，而且都是些常见的小毛病。但是在一个星期五晚上的高中足球比赛以后，情况却很快转变了。我有一位朋友当晚来到我所住的城镇。我恰好临时有私事，到别的城市去了，又忘了告诉太太。

我的朋友找不到我，他深知我很喜欢足球，于是他猜测我一定是去看足球比赛了。所以他就在体育场的麦克风广播寻人，以一种很紧急的方式，喊了我 3 次。

结果下个星期内，病人的数目一下子增加到以前病人总数的两倍。当人们知道我被人迫切需要的时候，我的医疗业务也跟着兴旺起来了。

人们会到忙碌的商店中抢购物品；在医院找忙碌的专家看病；到人多的饭店吃饭，买当红明星推荐的产品；人们还会跑到活动频繁的场所，分享其他人正在享受着的事物。

在学校要增加对其他人的影响力，需要让自己成为忙人，具体方法如下。

（1）让人感到在学校有许多老师请你协助做事；许多同学请你帮忙解决问题；经常与人联系,好像自己很繁忙。

（2）主动帮助别人,当然不是干涉别人。

（3）多参加社会实践或社团活动,让自己忙碌起来。

（4）多请教他人,让人感到你拥有更多的资源。

训练项目四　自我成长训练方程式

一、了解自我图式

一个人对自身以及自身与环境关系的认识与评价,就是一个人的自我图式。自我图式影响一个人对自己和他人的思想、行为的看法。一个人的自我图式越客观、越准确,他对自己的认识以及与周围人的关系也越和谐。了解自我图式,需从以下几方面进行思考。

（1）个性有什么特点？至少说出 5 个方面。

（2）为什么学习或工作？

（3）记忆、语言表达、逻辑推理、运动能力、动手能力怎样？假如 1 表示最弱,5 表示最强,你的上述各项能力分别在图 3-2 中居于什么位置？

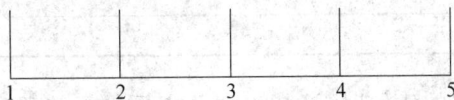

```
|----------|----------|----------|----------|
1          2          3          4          5
```

图 3-2　自我图式程度表

（4）最想成为什么样的人？

（5）别人是怎样看待你的？

（6）你认为怎么样才算成功的人生？

（7）将以上答案综合起来,就是你心目中的自己。

二、练习自我尊敬

有一位年轻的人寿保险推销员跑去找咨询专家,他曾经在第一年中屡创纪录,但是以后却严重衰退。他的问题到底出在什么地方呢？乍看之下,这个年轻人非常沮丧,而且对未来感到很沮丧,他的支出账单在继续增加之中,但是佣金收入却寥寥无几。他发现自己陷入困境：他愈需要佣金,愈赚不到钱；愈想要促成生意,愈无法成交。他说："这到底是为什么呢？我甚至乞求别人保险呢！"专家很快就认清了关键所在,他要这个年轻人尽量往繁荣兴旺的方向思考,停止往贫穷的方向思考,要使自己深信即使在财务面临破产的境地,在其他方面仍是富裕的。诸如我的能力很强、我的野心很大、我的机会很多等。

而结果令人惊异,在不到一个月的时间内,他就得到很高的保险额,恢复以前那种高收入了。一年以后,他又跑去找专家。"我要让你看一些东西",他打开公文包,取出一件东西,并且对他说:"请看看挂在我办公室中、用镜框镶起来的是什么吧!"以下就是他用镜框镶的文字:

我很富裕!

我的能力很强,

我的野心很大,

我的机会很多,而且我的家庭充满情爱。

这个故事启迪我们,迈向成功的道路是用成功的思想铺筑起来的。自卑、甘于现实甚至自暴自弃永远是弱者无能的表现,唯有自尊、自信才能获得社会的承认。

三、形成自己的风格

请做这样一个练习,在表 3-2 中进行填写。

表 3-2　认知自我比照单

自己眼中的我	他人眼中的我
相同点	
不同点	

在做相同点与不同点的比较时,请从以下几方面进行整理:①语言方面;②行为方面;③服装方面;④个性方面;⑤能力方面。通过比较提炼出自己的生活风格,你会发现一个拥有自我风格的人往往是拥有独特魅力的人。

四、训练自己的美

美丽包括外表以及人的整个生命所散发出来的朝气和魅力。没有一种美比这种由生命散发出来的热力更动人心弦。如果你的姿势、打扮、眼神、态度等都反映出自信和接受自我的态度,那么别人也会欣赏你,你也会因此而更加自信美丽。训练自己的美有很多种方法。这里介绍一种积极自我激励法。

(1) 抽出 20 分钟,不让自己受到打扰。

(2) 深呼吸,立正站好,说:"我很美。"

(3) 仔细看着自己身体的每个部分,然后热切地告诉自己:"我很美。"

(4) 对自己最不满意的地方重复不断地说:"我很美。"

(5) 在结束这个练习前,在自己的手背上亲一下,告诉自己:"我很美。"

不要不好意思,觉得自己美并不是过错,这样可以不再把注意力集中在自己的容貌上,而是把精力用到更重要的事情上。

你不一定觉得这个练习有效,一旦做了 10 天的练习之后,就会发现,你对自己的负性反映都被释放出来,对自己的挑剔不再严重。这时要在身体上找出自己感到满意的 10 处地方,然后逐项记录下来,在克服难为情和自我挑剔之后,你对自己的接纳将大有改观。

五、突破自我设限

美国心理学家塞里格曼等人认为:个体在接连不断地受到挫折时,便会产生无能为力、听天由命的心态,即"习得性无助感"。

因习得性无助而产生的自我设限,是一种对自己能力、才智、外表、创意以及技巧的否定,它的真正危险在于阻挠人们获得成功的期望。人只要怀疑自己,就会强化其负面信念,而产生消极的思想。

要克服这种习得性无助现象,需要突破自我设限的习惯。事实是原来的限制可能就是一扇虚掩的门,需要突破的就是观念,就是自己的心理障碍。

1968 年,在墨西哥奥运会的百米赛道上,美国选手吉姆·海因斯撞线后,指示灯立刻显示出 9.95 秒的字样,全场轰动。海因斯也摊开双手自言自语地说了一句话。这一情景通过电视向全世界转播,可是由于当时他身边没有话筒,谁也不知道他到底说了句什么。

1984 年,洛杉矶奥运会前夕,一个叫戴维·帕尔的记者在回放墨西哥奥运会的资料片时,再次看到海因斯的镜头。赛道上突破 10 秒大关,海因斯在看到记录的那一瞬间,一定说了一句不同凡响的话。这一新闻点,竟被上千名记者漏掉了,实在是一大遗憾。于是他决定去采访海因斯,问他到底说了句什么话。当记者提起 16 年前的事时,海因斯想了想说:"我说,上帝啊,那扇门原来是虚掩着!"谜底揭开后,海因斯又继续说:"自欧文斯 1936 年创下 10.3 秒的百米赛纪录后,医学界的权威们断言,人类的肌肉纤维所承受的运动极限不会超过每秒 10 米。大家相信这一说法,但我想,即使无法突破 10 秒我也应该跑出 10.01 秒的成绩。于是,我每天都以自己最快的速度跑 50 公里。当我在墨西哥奥运会上看到自己 9.95 秒的成绩后,我惊呆了,原来 10 秒的这个门不是紧锁着,而是虚掩的。"

心理钥匙　# 九型人格自我测试

下面有 108 个表述,请在认为符合自己的表述前做个记号。每个表述后均有一个序数,如 1~9。做完这 108 道题后,请将你的选择按照 1~9 进行分类。你的选择将分出 9 个部分,每个数字出现的次数不同,次数出现最多的那个数字的类型就可能代表你的人格类型。后面数字为 1 的为第一型,后面数字为 2 的是第二型,依次类推。

需要说明的是,这个结论只是一个参考,更精确的判断还需要在深入了解和揣摩比较后获得。

1. 我很容易迷惑。　　　　　　　　　　　　　　　　　　　9

2. 我不想成为一个喜欢批评的人，但很难做到。　　　　　　1

3. 我喜欢研究宇宙的道理、哲理。　　　　　　　　　　　　5

4. 我很注意自己是否年轻，因为那是找乐子的本钱。　　　　7

5. 我喜欢独立自主，一切都靠自己。　　　　　　　　　　　8

6. 当我有困难时，我会试着不让人知道。　　　　　　　　　2

7. 被人误解对我而言是一件十分痛苦的事。　　　　　　　　4

8. 施比受会给我更大的满足感。　　　　　　　　　　　　　2

9. 我常常设想最糟的结果而使自己陷入苦恼中。　　　　　　6

10. 我常常试探或考验朋友、伴侣的忠诚。　　　　　　　　　6

11. 我看不起那些不像我一样坚强的人，有时我会用种种方式羞辱他们。　8

12. 身体上的舒适对我非常重要。　　　　　　　　　　　　　9

13. 我能触碰生活中的悲伤和不幸。　　　　　　　　　　　　4

14. 别人不能完成他的分内事，会令我失望和愤怒。　　　　　1

15. 我时常拖延问题，不去解决。　　　　　　　　　　　　　9

16. 我喜欢戏剧性、多彩多姿的生活。　　　　　　　　　　　7

17. 我认为自己非常不完善。　　　　　　　　　　　　　　　4

18. 我对感官的需求特别强烈，喜欢美食、服装、身体的触觉刺激，并纵情享乐。　7

19. 当别人请教我一些问题时，我会巨细无遗地分析得很清楚。　5

20. 我习惯推销自己，从不觉得难为情。　　　　　　　　　　3

21. 有时我会放纵和做出越轨的事。　　　　　　　　　　　　7

22. 帮助不到别人会让我觉得痛苦。　　　　　　　　　　　　2

23. 我不喜欢人家问我广泛、笼统的问题。　　　　　　　　　5

24. 在某方面我有放纵的倾向（例如食物、药物等）。　　　　8

25. 我宁愿适应别人，包括我的伴侣，而不会反抗他们。　　　9

26. 我最不喜欢的一件事就是虚伪。　　　　　　　　　　　　6

27. 我知错能改，但由于我执着好强，周围的人还是感觉到压力。　8

28. 我常觉得很多事情都很好玩，很有趣，人生真是快乐。　　7

29. 我有时很欣赏自己充满权威，有时又优柔寡断，依赖别人。　6

30. 我习惯付出多于接受。　　　　　　　　　　　　　　　　2

31. 面对威胁时，我一是变得焦虑，一是对抗迎面而来的危险。　6

32. 我通常是等别人来接近我，而不是我去接近他们。　　　　5

33. 我喜欢当主角，希望得到大家的注意。　　　　　　　　　3

34. 别人批评我，我也不会回应和辩解，因为我不想发生任何争执与冲突。　9

35. 我有时期待别人的指导，有时却忽略别人的忠告径直去做我想做的事。　35

36. 我经常忘记自己的需要。　　　　　　　　　　　　　　　9

37. 在重大危机中，我通常能克服我对自己的质疑与内心的焦虑。　6

38. 我是一个天生的推销员，说服别人对我来说是一件轻易的事。　3

训练二　人际和谐

最能施惠于朋友的,往往不是金钱或一切物质上的接济,而是那些亲切的态度,欢悦的谈话,同情的流露和纯真的赞美。

【美国】富兰克林

训练项目一　我的人际轮

你可曾想过:当自己寂寞时,会想起谁? 当自己难过时,会跟谁诉说? 当自己想出去玩时,会找谁一起去? 当自己高兴时,会打电话给谁? 当自己遇到挫折或生气时,会找谁诉说? 当自己需要钱时,会找谁借?

一、人际轮

如果不能够确定,可以试着填写下面的人际轮,这是对自己人际关系的一个检视,也可以帮助自己了解自我人际关系状况。

填写方法是:在 5 分钟内,依照他人与我们交往的深入程度,将与自己有关系的人分成 4 种,并按照图 3-3 所示,填写上相关人员的姓名。4 种人如下。

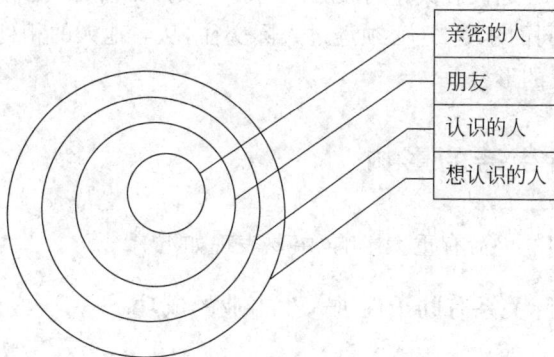

图 3-3　人际轮

(1) 想认识的人。在生活中,擦肩而过,但是,自己被他吸引,很想去认识他。

(2) 认识的人。知道其姓名,有时会跟他们打招呼,但是互动有限。

(3) 朋友。我们自愿与他们建立更深入关系的人。这种人的特点如下。

① 温暖、感情:相处时会表达出温暖与感情。

② 信任：对对方有信心。

③ 自我袒露：藉由自我袒露更加了解彼此。

④ 承诺：花时间与精力去帮助对方。

⑤ 相信关系是持久的：相信双方的友谊是长存的。

（4）亲密的人。互相分享深度感情的人。亲密关系的成分有爱、实现和相互依持。

这个练习，可以帮助我们发现自己的人际关系状况，也许你的状态不错，也许你的状况不容乐观。我们之所以关注人际关系是因为知道人际关系对生活的影响。我们渴望在与他人共事的过程中获得认可、心理的安慰以及人际的关心。不可以忽视的是人际关系影响人们的生活质量和健康状态，来看看一些已有的研究。

1982 年拉尔森的一项有关时间利用的研究结果显示：青少年在清醒时间内，平均有 74％的时间与别人在一起，而成年人则平均有 71％的时间与别人在一起。因此人们时时刻刻都在各式各样的社会团体中生活，与人发生互动关系，从出生到老去没有人可以离开群体独自生活。

心理学家研究表明，如果一个人长期缺乏与别人的积极交往，缺乏稳定良好的人际关系，那么这个人往往有明显的性格缺陷。

高校心理咨询师的咨询实践也反映，大多数大学生的心理危机与缺乏正常的人际交往和良好的人际关系相联系。

人本主义心理学在研究人的需要层次时指出，一个人在生理需要得到满足之后，就会追求更高级的需要，比如安全需要、归属与爱的需要，这些高级需要都是在人际交往中满足的。在高校宿舍，那些生活在人际关系友好、合作、融洽氛围中的学生，有更多的心理安全感，对人信任、宽容。当人的情绪不好时，具有良好人际关系的人更容易从朋友那里得到理解和支持，有人倾诉对于心理健康也有积极作用。

心理学家艾瑞克森提出心理社会阶段理论，将人生发展分为八大阶段，每一阶段皆必须面临一个重要的心理危机。其中特别强调青少年期，面临自我认同对角色混淆的社会心理危机，而自我认同的建立，还必须透过人际交往，从与他人的相处中、从别人对自己的态度与反应认识自我的形象。

二、人际关系对生活的影响

人际关系对我们的生活有重大影响，主要表现如下。

（一）良好的人际关系有助于促进人生事业的成功

卡耐基："一个人的成功，15％是由于他的专业技能，85％是靠人际关系和他的为人处世能力。"良好的人际关系是人生事业成功的重要保证。

首先，良好的人际关系能帮助人们完善品格。良好的品格不仅是做人的基本要求，更是成就事业的基本条件。其次，良好的人际关系有助于最大限度地团结起来分工协作，实现信息交流和信息共享。

（二）良好的人际关系有助于大学生人格的健康发展

人际关系对人们的人格特质、自我评价、情绪健康等具有广泛的影响。不同的人际关系会使人们形成不同的人格特质。一般来说，具有良好人际关系的大学生能迅速适应大学生活，精神愉快，充满信心。与人相处时，以诚恳、公平、谦虚、宽容的态度待人，保持开朗的性格、积极的人生态度，具有善良、助人、同情心、社会责任感、正义感等人格特质。若人际关系中表现出多疑、敏感、心胸狭隘、目光短浅、自我中心、清高自傲等不良的人格特质，就会给自己造成心理上、精神上的巨大压力，严重的还会导致病态心理。

人际关系状态影响自我评价。客观的自我评价是在与他人的交往过程中，通过相互学习和相互帮助、相互影响逐步发展和成熟起来的。具有良好人际关系的人能恰如其分地评价自己，时时感受到自己为他人所喜欢、所接受、所承认，满足了自己的归属和安全的心理需要，有良好的自尊感，相信自己的价值，悦纳自己。缺乏良好人际关系的人常常表现出自卑和自我畏缩、不相信自己的能力，否定自己的价值，只看到自己的不足，处处低人一等，压抑自己能量的释放，自我冲突、自我矛盾，甚至产生厌恶自己的自卑情结；或表现出孤傲、自命不凡、居高临下、目中无人，不能处理好人际关系，对人格的健康发展产生了消极影响。

具有良好人际关系的人，情绪满意度高，心境平和，宁静、愉快，对他人和集体有亲密感和依恋之情，遇事比较冷静，能适度地表达自己的喜怒哀乐，对不良情绪有良好的控制和宣泄，调节和控制情绪能力较强，能促进人格的健康发展。人际关系不良的人不能适当地表达和调控自己的情绪，极易产生焦虑、紧张、恐惧、愤怒等不良情绪，对他人和集体有敌对、不满情绪，经常处于各种不良情绪的体验中。

训练项目二　人际关系模式

在一次心理咨询会中，一个帅气的小伙子想测试自己的人际关系如何，结果并不理想。他不明白，为什么自己从来都是与人为善，几乎不拒绝别人，不仅没有得到别人的尊重，有时反而受到别人的欺负。他很困惑，并对自己的状况表示不满，他甚至怀疑自己有心理问题。

不难看出，这是一种以讨好方式处理人际关系、不敢拒绝别人的人际交往模式，在心理学上被称为"被拒敏感"。这种人常常宁愿自己受委屈，也不敢、不愿拒绝别人，但有时内心很痛苦。他们可能出现以下情况：一种是自我忍受，自我感到屈辱，胆小、唯唯诺诺，若是男性则被认为是"没有男人味的人"；另一种表现为欺负弱小的人或动物，或打东西（踢球、打墙等），严重的可能成为罪犯而去杀人或患上精神分裂症；第三种就是自我化解或升华，以帮助他人为快乐。下面介绍几种人际交往的模式。

一、中国台湾学者研究的人际交往模式

人际交往常受到文化、价值观等因素影响,以下为台湾学者的研究。一般来说,青年期大学生在寻求自我认同时所发展的人际关系模式可分为下列 5 种类型。

(一)顺从型

顺从型人待人谦虚恭顺,害怕受到别人的攻击,试图借着唯唯诺诺、处处表现一副弱者的形貌来防卫自己免受伤害,希望获得别人的怜悯与保护。这样的人,基本上是依赖他人的,他的顺从旨在避免别人伤害自己、赢得别人的帮助。然而,却容易因此失去自我,甚至遭同伴讥笑与欺负。

(二)对立型

对立型,采取这种人际关系的人,总是以敌对的态度对人。不论别人的意见或行为为何,他总是站在对立的方向,表现相反的意见或行为,甚至为反对而反对,表面上看起来似乎是扮演强势的角色,实际其行动、意见取决于别人的行动、意见,只是方向相反罢了。这样的人在群体当中,因与人唱反调,又缺乏和善的态度,往往人人敬而远之,强势的外表下,内心常是寂寞、孤立无助的。

(三)功利型

受功利社会影响,许多人交友的目的是从别人处获得利益。如对方成绩好、家里有钱或朋友多等,与之交往,必要时有利可图,若对方失去利用价值时,就弃之而去,其交友的对象是依利益大小来选择。

(四)退缩型

退缩型人以为与人交往只会增加麻烦与牵绊,以为多交朋友,情感、道义、友谊的牵扯只是浪费时间,增加困扰,因此尽量避免与别人建立关系,与人交往仅止于淡薄、表面或形式的关系。这样的人情绪无人分享,生活充满压抑,甚至给人孤僻不可亲近之感,很难与之建立友善关系。

(五)均衡型

均衡型的人际关系,拥有均衡性与伸缩性的特色,能因不同对象灵活且均衡地运用前述各类型人际关系,且能建立以诚心、信任、关爱为基础的人际关系,努力去了解对方,关怀对方,甚至会调整自己、尊重对方,设身处地地体谅对方的立场,又能试图与自我本性调和,在人际上取得平衡。

对照以上人际关系模式,可以了解自我人际关系状况,分析自我人际交往和态度的样式,从而完善自我人际关系。

二、美国心理学家爱利克·伯奈（E.Bene）提出的 4 种人际交往的模式

（一）我不好，你好；我不行，你行

持这种态度的人常常感到自己是无能和愚蠢的，无论做什么都不行，似乎所有的人都比自己强得多。

（二）我不好，你也不好；我不行，你也不行

交往者自认为自己低能，同时也认为别人并不比自己高明多少。他们既不相信自己，也不崇拜他人；既不会去爱人，也拒绝别人的爱。

（三）我好，你不好；我行，你不行

持这种态度者，总认为自己对别人好，而别人对自己不好，为此愤愤不平，把人际交往中的失败与挫折归结为他人不好。

（四）我好，你也好；我行，你也行

持这种态度的人，充分体会到自己拥有一种强大的理性能力，对生活价值也有恰当理解。他们是爱自己与爱他人、相信自己与相信他人的统一体，虽然并非十全十美，但他们能客观地悦纳自己与他人，正视现实，并努力去改变他们能改变的事物。他们善于去发现自己、他人和世界的光明面。

人际交往不仅仅是一个交往与技巧问题，更重要的是反映了个体对自己和他人的看法和态度，只有真正欣赏和接纳他人、认可自身价值、真正地从交往中获得乐趣的人，才能建立和谐融洽的人际关系。

三、萨提亚人际交流模式

心理治疗专家萨提亚分析了无数人的看、听、做动作、触摸、嗅觉及交流内心看法，总结出人类的 5 种交流模式：讨好、指责、超理智、打岔和表里一致的反应方式。她发现普通人中，有 50% 是讨好型；30% 的人是指责型；15% 的人是超理智型；0.5% 的人是打岔型。这 4 种交流模式共占了 95.5%，只有 4.5% 的人是表里一致型。这说明绝大多数人在遇到需要处理的人际关系难题时，都会采用前面这 4 种交流模式以掩饰自己的软弱。被 95.5% 的人使用的 4 种交流方式起因于人们从小培养起来的低自尊和低自我价值感，但这 4 种交流方式却很难使人际交流获得成功。

（一）讨好者

讨好者使用讨好、逢迎的语气说话，努力取悦对方，表示抱歉或者从不反对，对什么都说"是"，总是认为自己确实分文不值。讨好者对他人心怀感激，乐于奉承、牺牲尊严、低三

下四。

他们在生活中的姿势，如图 3-4 所示，就像一个单膝跪地，身体有些摇晃，伸出一只手做出乞讨姿势的人。他们昂起头会伤害自己的脖子，会使自己的眼睛疲劳，会让自己的头立刻疼痛。

（二）指责者

指责者的语言是："你从来都没做过正确的事情。你到底是怎么回事？"但其内心是："我觉得孤独而失败。"

指责者的身体内在感觉是肌肉和器官变得紧绷，血压升高，同时声音冷酷而严厉，经常又尖又大声，仿佛要砍倒任何人和任何东西，如图 3-5 所示。指责者常常将自己的压力和负担施加给他人。指责者不觉得自己有任何价值，如果他能让某些人顺从自己，他会感觉自己有价值，感觉自己充满力量。

图 3-4 讨好者

图 3-5 指责者

（三）超理智者

超理智者看起来非常冷静和镇定，以至于可以与真正的计算机或字典相提并论。他们声音单调，语言抽象，身体僵硬，通常有些冰冷而不易接近，内心是："我感觉很脆弱。"

这种情绪可以这样来体验，设想自己的脊柱是一条又长又重的钢棍，从屁股一直延伸到脖子，还有一条铁领子束着脖子，如图 3-6 所示。身体静止，嘴巴也不要动，可能需要极大的努力才能克制手不要乱动，但要坚持这样做，这不是一种舒服的姿势。令人悲哀的是，对很多人来说这看起来是一种理想的表达方式，"讲正确的话，不表露任何情感，对事情没有反应"。

（四）打岔者

打岔者所做的和所说的都与他人所说所做的毫不相关。这类人不会对一些观点做出回应。他们内在的感觉是混乱的。他们的

图 3-6 超理智者

声音听起来像唱歌,但是却和所用的词汇不协调,声音没有原因地忽高忽低,就因为没有中心内容。他们内心是:"没有人关心。这里没有我的空间。"

打岔者就像一个倾斜的陀螺,不停地旋转却始终不知道将去向哪里,即使到了目的地也不会发觉(图3-7)。想象一个人的身体每次向不同的方向移动着,将两膝以夸张内八字的方式靠在一起,翘起屁股,耸动肩膀,再向相反的方向挥舞胳膊和双手。这个角色开始时好像能减轻痛苦,但几分钟后,可怕的孤独感和无目的感就会在心头涌现,这可能就是打岔者的感受。

(五)表里一致者

表里一致型的人,表现为心、口、行动一致,不会刻意地或不自觉地去隐藏内心相反的想法。表里一致的人通常能感到自我满意,身心平衡协调,自我价值感能充分体现,能经常获得愉快的体验。他们对自我的感知认识很清楚,也能设身处地地理解他人,能充分表达自己的内心感受。

图3-7　打岔者

在人际关系中,人人都有自己的生存样态和交往模式,以上的研究不能穷尽全部,但可以参考并以此了解自己的人际关系模式。

训练项目三　人际和谐技术

人际和谐的核心是:每个个体的自尊水平适度,在人际互动过程中整体表现均衡。幸运的是,人际和谐的这些能力不是天生的,都具有可以改善的习得性特征。这里推荐几项人际和谐的技术,试着去改善,并不断完善与坚持,定会有收获。

一、尝试去欣赏

美国钢铁大王安德鲁·卡耐基认为:与人相处,就如同在泥里挖金子,你很明确,你现在挖的是金子,而不是泥。如果我对合作者只是发现他们身上的缺点,那么我会被气死,且一无所有。相反,我知道每个人都有积极的一面,这是我要发现的,也许它像金子埋在土里很深一样,但只要努力,就一定会发现的。

可以说欣赏是一种心态、视角和胸怀,也是一种能力,是一种智慧和修养。欣赏本身也是一个学习和成长的过程。无知,便无欣赏,对什么都不感兴趣,自然无欣赏可言。欣赏别人是对人的鼓励,威廉·詹姆斯说:"人性中最深切的心理动机,是被人赏识的渴望。"欣赏别人是自己前进的基石,一位西班牙人说过:智者尊重每个人,因为他知道人各有所长,也明白成事不易。学会欣赏每个人会让人受益无穷。

二、以积极的态度评价他人

如日本电产公司经常从留级学生中挑选员工,将他们培养成一流的人才。他们挑选员工有以下参考标准:说话声音大,说明这个人有工作能力、自信而且身体好;用餐速度快,说明这个人身体好、办事效率高、有利于参加竞争;打扫厕所干净,说明这个人认真对待自己的工作,有利于提高产品质量;上班提前,说明这个人做事有准备,是一个积极主动的人;上学留级不后悔,说明这个人能够乐观地面向未来。这种积极评价他人的做法,有利于发现优点,激励他人。

三、采用适当的沟通方式

这里给大家推荐一种沟通表达方式,即使用"我信息"。

（一）表白性我信息——表露真实的自我

在说明一项主张、需要或表达自己的见解、观点时,可以使用"表白性我信息"。如在餐厅点菜时说:"我要一份扬州炒饭,一个番茄鸡蛋汤,要在 20 分钟内做好,因为我赶时间。"以上的语句是标准的"表白性我信息",完整地、清晰地表达出了一个人的需要、想法和观点,增进人际沟通的流畅与融洽,减少人际沟通时的阻力。

（二）预防性我信息——预防问题的产生

有时候,在人际交往的过程中,不想看到、听到或感觉到某些情况(语言、行为、感觉等)的发生,就可使用"预防性我信息",未雨绸缪,清楚地表达自己的需要和想法,而化解或避免不良结果的出现。如客户对业务员说:"我只有 20 分钟的时间,我希望在这段时间里进行我们的谈话。""预防性我信息"能有效避免人与人之间的恶意攻击和纠缠,有效发挥"防患于未然"的功能。

（三）肯定性我信息——增进亲密的人际关系

当人们因别人的帮助而心生感动时,不管这份感动是来自同事的鼎力相助,或是上司亲手的扶持,或是亲人无私的关爱。人们都愿意以诚恳之心表达谢意或回馈,"肯定性我信息"则派上了用场。如员工感谢老板的栽培之恩时,这样说:"老板,这些年来,在您的关怀下,我从一个毫无经验的学生成长到今天的业务高手,我感到非常自豪,谢谢您对我的关爱"。"肯定性我信息"充分反映了人与人之间的互酬定律,即"滴水之恩,当涌泉相报"。

（四）面质性我信息——处理无法接受的行为

在人际关系的互动中,经常会碰到他人有意或无意侵犯到自己的时候,无论在情绪上、思想上,还是身体上的行为,都会让人们产生不愉快的情绪感受,也许是生气、愤怒、悲伤等。在此种情形之下,有很多人只是被不良情绪困扰,无力向对方回馈自己内在的感受。遇到这种情况,解决的良方是使用"面质性我信息"。"面质性我信息"包含 3 个要素。

(1) 具体客观的描述对方对你发生的行为(举动、言语或眼神等)。

(2) 对方的行为对你造成的实际影响。

(3) 你内心的情绪或感受(生气、难过、烦躁或害怕、孤单等)。

例如,你的同学经常乱拿你的书,而且不告诉你,直到你找得天昏地暗,才漫不经心地告诉你是他(她)拿的。这时,你可运用"面质性我信息"告诉对方:"我看到你把我的书拿走,没有征得我的同意,我需要用书时却找不到,影响我学习的进程,我感到十分生气。"

用这样的方式来表达你对此事的态度,足以让对方了解你的观点及感受,就可以让其改变行为或调整理念,改善你们之间的互动模式及品质。

在运用"面质性我信息"时,需要注意:清晰、明确、有力的表达是达到良好沟通效果的关键,而不是拖泥带水、含糊不清。也可能发生对方拒绝接受、没有意愿改变行为或感受的情况,那要视情况灵活采取策略。

训练项目四　自我人际和谐方程式

你怎样对待别人,别人就会怎样对待你。良好的人际关系需要从自我做起。加强自我训练是人际和谐的开始。

一、训练自己的身体语言

(1) 身体站直一点,给人以高挑和健康的感觉。

(2) 经常微笑是增进人际关系的宝贵财富。

(3) 认真倾听别人的谈话,保持目光注视并包含积极的态度。

(4) 适当的穿着打扮有助于增进人际关系。

二、训练自己的积极心态

以下为心理学家赛利格曼及其同事研究时使用的训练心态的方法,非常有效。

方法 1:每天晚上要想 3 件当天发生的高兴事,并分析其发生的原因。

赛利格曼的同事阿克西亚·帕克斯说:"人们自觉地这样做,因为会有立竿见影的效果。这会使人们更注意发生的好事,同时忘记每天发生的不愉快。"

方法 2:找出自己最突出的 5 种能力,在其后一周的每一天,运用自己最突出能力中的一项或多项。这些能力包括幽默感、积极性、美感、好奇心和求知欲等方面。

这种训练的出发点是利用一个人最重要的能力去做可以带来自我满足的事情。这是经赛利格曼小组证明的一个有效的让人们看到自身实力所在的方法。

三、训练自己的自尊

自尊是个体对自我形象的主观感觉。一般来说，心理健康的人自尊感比较高，认为自己是一个有价值的人，并感到自己值得别人尊重，也能够接受个人的不足。形成自尊感的要素有安全感、归属感、成就感等，这些因素都与个体的外在环境有关。自尊的心理品质，不是天生的，而是在生活、学习和工作中逐步培养起来的。表3-3有助于识别一些高自尊和低自尊的迹象，并可据此提高自己的自尊水平。

表3-3 自尊水平对照表

高自尊的迹象	低自尊的迹象
喜欢自己在镜中的模样	避免照镜子
大多数时候对自己满意	大多数时候对自己不满意
享受成功的滋味	过分自夸，或为成功感到愧悔
把失败看做是学习的机会	会给自己的失败找借口
愿意表达自己的观点	保留自己的观点
听从别人所说的，即使不同意他们的看法	试图使别人相信你的观点
优雅地接受赞扬	拒绝被表扬，或证明自己值得表扬
会在适当的时候信任别人	妒嫉别人并用讽刺和流言羞辱他们
对自己的要求现实	对自己的要求过多或过少
慷慨地给出和接受感情	害怕受到伤害而克制自己的感情

相关知识链接："认知心理效应"

人际关系是人与人之间，在一段过程中，彼此借由思想、感情、行为所表现的吸引、抗拒、合作、竞争、领导、服从等互动的关系，指社会人群中因交往而构成的相互联系的社会关系，属于社会学范畴。广义地说，亦包含文化制度模式与社会关系。在人际关系中，人的知觉会不自觉地产生一些特有的心理效应，对人的判断产生直接影响。正确认识和运用这些心理效应，可以提高人际交往的正向效果，使自己避开不利因素或获得有利条件。

1. 首因效应

首因效应是指人在对外界事物认识或形成总体印象的过程中，最初获得的信息比后来获得的信息影响更大。在日常生活中人们会常常受到首因效应的作用，影响自己的判断结果，平时所说的"第一印象"就是心理学的首因效应。

2. 近因效应

近因效应是指在对事物认知或形成总体印象的过程中，新近获得的信息比原来获得的信息影响更大的现象。如一个平时内向，表现平平的人，因一项大赛获奖而让人刮目相看，人们常会发出这样的感叹：人不可貌相。可以看出最近的信息影响了人们的看法。

3. 晕轮效应

晕轮效应也称光环效应，是指人对外界事物的认知判断主要是根据个人的喜好得出的,再以这个判断为基础推论出认知对象其他品质的现象。如产品系列品牌现象,消费者认为这个品牌的某个产品是完美的,就会推论出这个品牌的其他产品也是完美的。晕轮效应是一种主观的个人判断,对事物只是一个局部的认识,不能客观地对事物进行全面评价。所以,晕轮效应往往会忽略"光环"背后的缺点,只是形成一个局部认识。晕轮效应也因人而异,一般情况下,个人的兴趣爱好、认知水平、价值观念会对晕轮效应产生助长的作用。

4. 定势效应

定势效应是认为某个特定的社会群体的所有成员具有同样的某些特点的信念。例如人们通常认为北方人豪爽率直,南方人灵活精明。定势效应对人们加工社会信息有一定帮助,因为其有助于简化人们面临的复杂外部世界。但是,这样简单地把人划分为群体以预测他们的行为,常常是不准确的,容易导致对他人知觉和判断方面的失误。在人际活动中,用发展的、客观的眼光看待事物非常重要。

心理钥匙 人际交往能力自我测验

这份自我诊断量表共包含 30 道自测题,你可以按照自己符合的程度进行评分,选择"符合"得 2 分,"基本符合"得 1 分,"难以判断"得 0 分,"不大符合"得 −1 分,"不符合"得 −2 分,然后统计总得分。

1. 我上朋友家做客,首先要问有没有不熟悉的人出席,如有,我的热情就会下降。
2. 我看见陌生人常常无话可说。
3. 在陌生的异性面前,我感到手足无措。
4. 我不喜欢在大庭广众之下说话。
5. 我的文字表达能力远比口头表达能力强。
6. 在公众面前讲话,我不敢看听众的眼睛。
7. 我不喜欢广交朋友。
8. 我只喜欢与我谈得来的人交往。
9. 到一个新的环境,我可以接连好几天不说话。
10. 如果没有熟人在场,我感到很难找到彼此交谈的话题。
11. 如果在"主持会议"和"做会议记录"这两项工作中选择,我肯定选择后者。
12. 参加一次新的聚会,我不会结识好多人。
13. 别人请求我帮忙而我无法满足对方时,我常感到难以处理。
14. 不是万不得已,我决不求助于别人,这倒不是我的个性好强,而是感到难以开口。
15. 我很少主动到同学、朋友家串门。
16. 我不习惯和别人聊天。
17. 领导、老师在场时,我讲话特别紧张。
18. 我不善于说服别人,尽管有时我觉得很有道理。

19. 有人对我不友好时，我常常找不到恰当的对策。

20. 我不知道怎样同嫉妒我的人相处。

21. 我同别人的友谊发展，多数是别人采取主动态度。

22. 我最怕在社交场合中碰到令人尴尬的事情。

23. 我不善于赞美别人，感到很难把话说得自然、亲切。

24. 别人话中带刺愚弄我，除了生气外，我别无他法。

25. 我最怕接待工作，因为要同陌生人打交道。

26. 参加聚会，我总是坐在熟人旁边。

27. 我的朋友都是同我年龄相仿的。

28. 我几乎没有异性朋友。

29. 我不喜欢与地位比我高的人交往，我感到这种交往很拘束，很不自在。

30. 我要好的朋友没几个。

评分标准

得分在 30 分以上，说明交往能力很差；得分在 0～30 分之间，说明交往能力比较差；得分在 −20～0 分之间，意味社会交往能力还可以；得分在 −20 分以下，说明交往能力强，善于交际。

训练三　两性情感世界

> 爱是人的一种主动能力，一个突破将一个人和其他同伴分离的围墙的能力，一种使人和他人相联合的能力；爱使人克服了孤独和分离的感觉，但允许他成为他自己，允许他保持他的完整性。

【美国】弗洛姆

训练项目一　感受爱情

　　爱情是人类永恒的主题，性是人类繁衍的基础。爱情和性这个古老而又常新的话题在当今大学校园依然有着强大的生命力，并由此演绎了一幕幕悲欢离合的动人故事，成为如今大学生群体心理的重要方面。

　　面对爱情，需要了解自己爱的能力，并学习和培养自己良好的爱的能力，可以说整个恋爱的过程就是培养爱的能力的过程。

一、爱情以及爱情三因素理论

　　所谓爱情，就是一对男女之间，基于一定的社会关系和共同的生活理想，在各自内心中形成的对对方最真挚的倾慕，并渴望对方成为自己终身伴侣的最强烈的感情，是两颗心灵相互向往、吸引，达到精神升华的产物。

　　美国耶鲁大学的斯腾柏格教授认为人类的爱情基本上由 3 种成分所组成，即动机、情绪、认知。他进一步将动机、情绪、认知三者各自在两性间发生的爱情关系分别称为热情、亲密与承诺。意思是以情绪为主的两性关系是热情的，以动机为主的两性关系是亲密的，以认知为主的两性关系是承诺的、守约的。3 种不同爱情关系与其在两性间维持时间的长短分别用曲线表示时如图 3-8 所示。

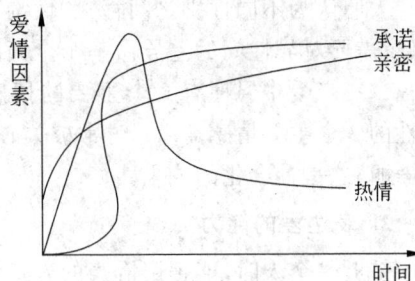

图 3-8　爱情三因素理论

1. 爱情的动机成分

　　表明爱情有其生理基础，由性驱力所致，包括身体、容貌。性生理发育成熟后，必然有性的冲动与欲望。爱情以生理成熟为基础。

2. 爱情使人有强烈的情绪体验,幸福、快乐、痛苦、悲伤

情绪体验会有变化,有时激情澎湃,像热恋中的人;有时可能平淡无奈。

3. 爱情有理性的一面,不仅仅是情感体验

承诺、责任感是爱情的重要成分。对于不同的个人3种成分所占的比例各不相同,从而有了多姿多彩的爱情世界。

二、学习与培养爱的能力

爱的能力是指和他人建立亲密关系的能力,它对人的一生发展有着重要的意义。具备了爱的能力会引导一个人去真正地爱他人,也真正地爱自己,能真正体验到爱给人带来的快乐和幸福。

恋爱的过程也是培养爱的能力的过程。人对自己生命、幸福、成长、自由的确定,同样根植于其爱的能力,也就是说根植于关心、尊重、责任和认识,所以需要在爱别人之前先学会爱自己。如果一个人有能力产生爱,他也就爱他自己,如果他仅爱其他人,他就根本不能爱。

(一)爱的能力构成

爱的能力主要由以下几方面构成:理解异性的能力、表达爱的能力、接受爱的能力、拒绝爱的能力、鉴别爱的能力、解决爱的冲突的能力、失恋的心理承受能力和爱情保鲜的能力。可以说爱的能力是丰富的,更重要的是这些能力不是与生俱来的,而是需要培养的。

1. 理解异性的能力

常见的关于性别特点的描述如下。

(1)男性:不善表达、死要面子、好逞强、不善解人意。

(2)女性:渴望有人理解、爱耍小脾气、容易受暗示影响、依赖心理强。

人们认为不同性别之间存在"性沟",说明人们对异性往往缺乏了解。在爱情来临的时候,需要对异性间的差异做一个全面的了解,以便有一双慧眼来更好地认识异性,把握幸福。在恋爱中男性有3个主要的情感需求:能力被肯定、努力被感激和才华被欣赏。女性的3个主要情感需求:时常被关心、被再三保证和想法受尊重。即男人要能力,女人要美丽,这是社会化的成果。

2. 表达爱的能力

爱上一个人时,能否用恰当的方式和语言向对方表达出来需要勇气、信心,也需要技术。爱的表达没有定式。每个人都有一个盛爱的百宝箱,科学家们形容爱的付出与给予是这样的,"如果你的百宝箱未被填满,你是不能给他人爱的,也无法给。"这同水满才溢是一样的道理。爱没有正确的表达就如同遮住了眼睛没有将爱准确放进爱人的百宝箱里,那么付出没有反应也就成了必然。

爱的表达有其自身的语言,如果交流的语言不同,彼此都无法正确领会对方的爱,就不能达到传达爱的效果。

美国享誉全球的婚恋辅导专家盖瑞·查普曼博士、马里兰大学临床心理学博士詹妮弗·托马斯在婚姻辅导中发现,每个人都有自己独特的爱的语言,经过总结,概括出版《爱的五种语言》一书,并在美国产生巨大影响,下面进行简要介绍。

(1) 爱的语言之一:肯定的言辞

口头的赞美或欣赏的话语,就是所谓的肯定的言辞,它是表达爱的有力工具,最好能以简单、肯定的字句来表达。肯定的言辞包括如下几种。

① 鼓励和赞赏的话语。赞赏要真心、具体,不是敷衍。鼓励要有针对性。如果对方愿意去做,鼓励就是正面、积极的。

② 仁慈的话语。这表明说话方式的重要性,同样的句子,语调不一样,表达的意义就完全不同,全在你怎么说。例如,带着仁慈的语调说"我爱你"可以是真爱的表达,若说"我爱你?",加个问号则改变了整句话的意义。

③ 谦和的语气。爱是请求,而非要求。肯定对方而不能以教训的口吻。同样要表达"我们需要帮助"的意思,"帮我一下"和"你可不可以帮我一下"就会得到不同的结果。

(2) 爱的语言之二:精心的时刻

注重精心时刻的人,十分注重细节。可能比较关注在一起做事,或者是关注一同聊天对话。假如与关注精心时刻的朋友或恋人在一起,就一定要注意给足时间在对方身上,不要冷落了对方,否则对方就会认为不关心他的需求。精心时刻包括在一起、精心会话、精心活动。注重精心时刻的人拥有一个爱的记忆银行,例如某次旅游、某次打球、某次聚会等。那是爱的记忆,会时常被提取。

(3) 爱的语言之三:接受礼物

注重接受礼物的人是视觉型的人,一定要看到实物才相信对他的重视。认为礼物是爱的视觉象征,有了礼物,就能感觉到爱,否则就会怀疑爱。尤其是重视节日和生日这样的日子,他们回馈爱也喜欢用小礼物的方式。对他(她)们来说,礼物不论轻重,只与爱的程度有关。

(4) 爱的语言之四:服务的行动

这里有一个女网友的记录:

我告诉你:"我今天扫楼梯时,差点儿从楼梯上摔下来。"本来我以为你会安慰说:"亲爱的,小心点儿。"但你说:"扫慢点,不就得了。"

我伤心,我觉得你一点儿不爱我,不在乎我。后来,我发现我们的楼梯异常干净,干净得都不用我扫;一个月后才发现,那是你每天抽出5分钟时间打扫的结果。

其实上例中男方的主要爱语就是服务的行动,即通过为对方做点点滴滴的事来表达爱意。

以服务的行动作为爱的语言的人,以付出行动或在看到对方的服务行为时才能感觉到爱的存在。

(5) 爱的语言之五:身体的接触

这种类型的人通常喜欢与人有身体上的接触。他们表达亲密的方式就是拍拍你,摸摸碰碰,他们喜欢被拥抱。通常活泼型的人就是喜欢身体接触的人。但大多数完美型的人都不太喜欢被人随意触碰。

需要注意的是，对于喜欢身体接触的人，如果对方反应过激，不接受，他们就会有被人污辱的感觉，那对他们而言是一种极度不被尊重的表现。对于这种类型的人，当他们需要被呵护和关怀时，千言万语也比不上一个轻轻的拥抱。

3. 接受爱的能力

表达爱是在表明爱一个人也是幸福，即使得不到回报，让对方知道被一个人爱着也是一种很崇高的境界。当期待的爱来到了身边，能否勇敢地接受也是爱的能力的表现。

有的人在别人向自己示爱后，内心挺高兴，但又不敢接受别人的爱，或者对爱缺乏心理准备，或者觉得自己不配、不值得被爱，由此失去发展爱的机会。

4. 拒绝爱的能力

拒绝是一种能力，敢于并善于拒绝则需要技术。在爱情方面，拒绝别人需要注意以下几方面。

（1）对被拒绝的人表示尊重，要感谢对方对自己的欣赏和感情，最好是直接说出来。

（2）态度明确、坚定并表达清楚。要明确与对方的关系，是同学关系还是一般朋友关系或者什么都不是。

如果告诉对方"我们现在只能是普通朋友，但我不知道未来会怎样。"这样的语言容易让人产生联想，并给自己带来不必要的困扰。

如果告诉对方"我们现在、未来都不可能。"这说明你的态度是清晰的，不易让人误解。

（3）行动与语言要一致。有些同学怕对方受伤害，虽然语言上拒绝了对方，但是行动上还与对方有较亲密的接触，如单独和对方去看电影、吃饭等，使对方误解自己还有机会。

（4）选用恰当的拒绝方式和时机。最好是风和日丽、阳光明媚的时候，不要在阴雨天、考试前。

5. 鉴别爱的能力

鉴别爱是指能较好地分清什么是好感、喜欢和爱情。有鉴别爱的能力的人，是自信的人，也是尊重别人的人。有鉴别爱的能力的人会自然地与别人交往，主动扩展交往的范围，珍惜友谊，会尽量多地体验他人的感受。过于自我孤立，过于站在自我角度考虑问题，往往会对他人和自我的认识产生偏差。要想了解爱与喜欢有什么不同，可参与后面心理钥匙部分的爱与喜欢的测试。

6. 解决爱的冲突的能力

爱的冲突一方面来自日常生活中的不一致或不协调，另一方面可能来自性格的差异。相爱的人不是寻求两人的一致，而是看两人如何协调、合作。

爱需要包容、理解、体谅，需要用建设性的方式去解决冲突。张怡筠博士提出了"三不三要"爱情冲突管理原则。

三不原则是，一不要进行人身攻击，特别是不要攻击男女各自的情感需求。二不要翻旧账，一次只吵一件事。三不要忽视逃避，避免冷漠。

三要原则是，一要给对方说话的机会，学会倾听。二要说出自己现在的心情，不说批评。三要轮流道歉，这样的吵架就有格调。在道歉方面，有为"事情道歉"和为"心情道歉"两个层面，要注重为"心情道歉"。

7. 失恋的心理承受能力

没有做好分手的心理准备最好不要进入恋爱状态。失恋的处理是一个学习的过程，中国香港城市大学的岳晓东博士建议可以这样认知："失恋就是党在考验我"。有些同学可能把失恋看做人生的一个巨大的失败，自尊心受到强烈伤害，有一种强烈的负性情绪体验。对待失恋的客观理性认知如下。

（1）失恋只是一种选择的结果，自己不被某一个人选择，不等于自我全面失败，一无是处。每个人在爱的关系中心理需要不同，看中的关键点也不同。

（2）伤心痛苦是难免的，失恋的情绪最好不要压抑在心里，宣泄出来。

（3）太急的决定双方都很难承担，让对方参与，共同决定。

（4）主动的一方要勇敢面对，不可以逃避责任，不能认为都是对方不好，所以要分手。在顾及对方的感受和尊严的前提下，讲出为什么要分手。但不要用批判的态度。

（5）分手初期最好不要见面，也不要去以往约会的地点，短时间退隐，给自己一点空间。

（6）谁都可以提出分手。

（7）自己处理不好，可以找朋友、老师，不要死撑面子。

8. 爱情保鲜的能力

爱情需要经营，并需要使用有效的方法使之保鲜。这里介绍心理学博士张怡筠的三乘三爱情保鲜秘方，即一天 3 次，一次 3 分钟，进行"三 A 计划"。

（1）Attention 全神贯注

每天花 3 分钟的时间，把别的事全都忘掉，把自己的全部注意力都放在对方身上，专心与他为伴。当全神贯注时，传达了一份"我重视你，我在乎你"的意念，这份用心会让对方觉得备受尊重，满足他心中渴望被尊重的情绪要求。以下是有助于全神贯注的建议。

① 开口前先深呼吸几下，让脑中意念及情绪充分转换。

② 在听对方说话时，跟着他的话去想象。

③ 千万别打断对方，微笑鼓励他把话说完。

④ 对方欲言又止时，告诉他："我在听，请说。"

（2）Affection 浓情蜜意

这里是指营造肢体上的亲密感，包括热情拥抱、轻摸脸颊、牵手、搂腰以及亲吻等。英国的一家医院曾进行过一个实验，要求医生在手术前探视病人时，要握着病人的手进行询问。结果发现，被握手接触的病人，比没有被碰触到的病人康复速度竟快了 3 倍。另外一个研究则与婴儿有关，心理学家们发现，不常被人抱的小婴儿，猝死率远高于经常被抱的小婴儿。

身体的接触会产生不可思议的巨大力量。这是因为，当人们以关怀的态度用身体接触他人时，彼此在生理上都会变化，压力激素降低，神经系统舒缓，免疫功能增强。通过碰触、拥抱，可以强烈地传递及接收爱的感觉。

（3）Appreciation 欣赏感激

在每天 3 次、每次 3 分钟的时刻，需要把握机会，告诉对方对他（她）有多欣赏、多感激,也就是所谓的谈情说爱。以下表达方式可以借鉴。

① "我喜欢你的……"、"我欣赏你的……"

例如,"你知道吗,我一直很喜欢你的大方,不论是对朋友、家人,你都愿意伸出援手,而且出手十分慷慨,我很欣赏你这份不计较的潇洒。"

"我最欣赏你的细心。这件外套什么时候掉了扣子我都浑然不知,幸亏你细心把它缝好。"

② "谢谢你……"

例如,"谢谢你这么专心地听我发牢骚,其实都是些小事,你却能把我的感觉当一回事,听了这么久,让我觉得很受重视,心情也好多了……"

③ "对不起……"

例如,"真是抱歉,昨天听你说喜欢那个女明星,我就生你闷气不理你,那是因为我有点嫉妒,太幼稚了,下次一定改正,好吗?"

④ "你身体的……"

例如,"你的眼睛一直很迷人,我最爱看着你的眼睛……"

(二)对爱情的非理性观念

很多同学能背诵《大话西游》中那段经典的台词:"曾经有一份真挚的爱情摆在我的面前,我没有珍惜,等它失去时我才追悔莫及,人世间最痛苦的事莫过于此。如果上天能够给我一个再来一次的机会,我一定要对你说'我爱你',如果非要给这份爱加上一个期限,我希望是一万年!"这是人们心中的理想爱情。但往往事非所愿,这可能因为人们对待爱情常常会受到一些非理性的观念的影响,这些观念让人们困惑并为此付出代价。实际上,很多事情都不是绝对的,以下是恋爱中常有的非理性观念。对此需要有一个理性的认识与分析。

(1)爱情是永恒的。这是理想化的倾向。爱情需要经营并不断在社会中发展,其发展的理由和不变一样很多。但爱情也遵循"运动是绝对的,静止是相对的"这个哲学定律。

(2)爱不需要理由。这是真空爱情观的看法,爱情从来都需要理由,并应对生活的现状。既需要考虑物质基础,也需要营造精神家园。

(3)爱情是至高无上的。认为爱情第一,终日沉溺在爱情之中,为了爱情可以放弃一切。一旦失去爱情便悲观厌世,甚至寻死觅活的想法需要调整。

(4)爱情能够改变对方。爱情可以影响但不易改变对方,如果认为可以改变,其结果可能会令人大失所望。许多女性的目标就是改变男方,而男方的目标则是让自己更有控制力。双方的冲突就不言而喻了。

(5)你的恋人属于你。你的恋人不仅仅属于你,更属于他自己。这是需要确立的客观态度。

(6)爱情享受和需要的是过程而不是结果。爱情在乎过程,这是美妙的,如果不关注结果,这个过程将充满不确定性而增加对安全感缺乏的恐惧,很多灾难性事件如大学生自杀、伤害他人等现象有相当的一部分原因与之相关。

(7)爱情靠努力可以争取到,付出一定有回报。努力付出不一定有回报,这个道理在许多领域都适用。

(8) 因为相爱而发生性关系无可非议。目前有些同学会支持这种观念,但学校不希望女生受到伤害,尤其发生未婚先孕现象;也不希望男生因为性行为而感到歉疚,从而增加经济以及心理负担。稍微有一点责任心的人都会考虑自己行为的后果。所以一定要慎重对待性行为。

(9) 失恋是人生重大的失败。失恋是人生的重大创伤,不是重大失败。恋爱本身就是选择与被选择的结果,与个人的能力不成等比例关系。

(10) 爱的给予就是满足对方的一切要求。这是误解,无条件满足对方的要求可能会让人感到渐失真我,爱与被爱的价值将大打折扣。

训练项目二　直面性爱

性从字面上看由心和生组成,即性由心生,这是一个美好的组合,说明性的纯洁和美妙。在大学校园里。"性"现象已经成为一个公开的秘密,无法阐述其中的对与错,好与坏。理性地面对这个问题是应该具备的积极而健康的态度。

一、认识性

性是两性成熟以后的一种自然和正常需要。在青春期有性的需求,说明一个人的生理发育进入正常和对异性需要的阶段。这是一种成熟、健康的标志。

(一) 性以及性心理的含义

性是每个生命体的重要组成部分,个体总是伴随着性的发育而逐步成长。所谓性心理是指在性生理的基础上,与性征、性欲、性行为有关的心理状态与心理过程,也包括了与异性交往和婚恋等心理状态。

(二) 性生理和心理

1. 性生理的基本现象

(1) 性生理成熟的两个明显标志

一是体征上的变化,如男性骨骼壮大、喉结突出,女性乳房增大、身体脂肪增多等。

二是功能上的,两性生殖系统发育成熟。男性分泌精液以至出现遗精现象,男性首次遗精大多在 14~16 岁。女性开始每月规律性排卵,月经来潮。女性月经初潮大多在 13~14 岁。

(2) 性生理中的突出问题

① 男性遗精。遗精是指男性在无性交状态下的射精现象,是青春期男子常见的正常

生理现象，是性成熟的标志。男性进入青春期后，睾丸源源不断制造出精子，精满则自溢。伴随着做梦而释放的，称为梦遗。间隔时间有长有短。如果遗精过于频繁，如一夜数次或一有性冲动甚至无性冲动就精液外流，则应该去医院检查。

② 女性月经。月经期是女性生理的特殊时期，月经及来月经的前几天是女性生理曲线的低潮期，身体的抵抗力、灵活力下降，易疲劳。大部分人对月经可以坦然接受，有少部分人有经期前紧张综合症和痛经。

2．性心理的基本现象

（1）性心理的萌动

进入青春期的男女开始在意个人在异性心目中的地位和形象。注重仪表和体型美，爱照镜子，为缺少魅力而苦恼，羡慕成年男女，嫉妒周围的青年，对所喜欢的异性开始留意观察，积极交往。有性的冲动，对异性萌生好感。和异性一起活动充满激情与兴奋，主动接近异性，并希望得到对方积极的响应。随着知识增多，青年男女逐步形成自己的性道德观和恋爱观，开始思考恋爱、婚姻、家庭等问题。

（2）性心理的困惑

① 手淫。指性欲冲动时用手或其他物品摩擦、玩弄生殖器以引起性快感、获得性满足的行为。青春期男、女均可发生，以男性更多见。对男性来说，它伴随着精液排出；对女性来说，它呈现释放和缓解的体验。

手淫的最大危害在于使人有罪恶感，而陷入痛苦之中，这种影响还可能延续到婚后。有些人以为手淫会影响性功能，因而担忧、紧张，极有可能使性生活出现困难，并可能由此真的引起性功能障碍。

从生理学角度来看，手淫是一种自然的性生活方式，从心理学角度看，它是一种性的自慰心理行为。适当的、有节制的手淫是无害的。过多地沉溺于手淫易造成男性尿道感染和女性月经失调、盆腔炎等，所以不宜提倡。手淫这种性自慰行为利弊均有，不属于道德败坏。

② 同性恋问题。同性恋大致可分为3种类型：一是真性同性恋。真性同性恋者的身心素质与普通人相比有极大的不同，大多具有较多的异性特征。他们的性活动不仅仅是感情之间的相互吸引和依恋，还包括肉体上的性行为。二是假性同性恋，也称为境遇性同性恋，通常指由于长期生活在与异性隔离的生活环境中，如军营、海轮、监狱等地方，没有合适的异性伙伴，而把同性作为满足自己性欲对象的同性恋者。这类同性恋者一旦生活情境改变，就会改变自己的情欲对象，与异性相恋。三是精神性同性恋，也称为同性爱慕，这种同性恋只表现在个人精神上，把对同性的欲望存于心底或幻想、梦想之中。此类同性恋者男女都有，据统计在男性中占3%，在女性中占1%。

③ 性心理异常。性心理障碍者的性心理和性行为尽管偏离了正常轨道，但不属于道德败坏，对此应有正确认识。性心理障碍给个人和社会带来的损害都是很严重的，因此应该接受矫治。性心理异常的具体类型见表3-4。

表 3-4　性心理异常类型一览表

名　称	类　型　描　述
恋物癖	以收集异性内衣来获得性满足
异装癖	以穿戴异性内衣来激起性兴奋、获得性满足
露阴癖	在不适当的情况下通过裸露自己的生殖器或全部身体而引起异性紧张性情绪反应,从而使自己获得性满足
窥阴癖	窥视异性的裸体和他人的性活动而获得性兴奋和性满足
施虐癖	通过折磨异性或配偶的肉体和精神,使对方痛楚和屈辱来满足性欲
受虐癖	受虐者以女性为多,受到肉体和精神的虐待
异性癖	从心理上否定自己的生理性别和服饰,强烈希望转换成异性

(三) 性与爱的关系

一位女同学说,一个周末的晚上,男友要求发生性关系,她考虑了许久,婉言拒绝了男友的要求,并希望自己的初夜留到新婚之夜。男友认为这是借口,两个相爱的恋人因为这件事情闹起了别扭,最终男友提出分手并与另一女子相恋。

关于性与爱的关系,是许多恋人常常感到困惑的问题。据华南师范大学心理咨询研究中心调查显示,七成学生认为爱与性相辅相成。约 50% 以上的大学生认为性行为可增进爱的发展。事实是在性与爱的关系上,无论他人有什么样的观点,自己需要保持一份清醒:性不等于爱;不能用性去获得爱;性不能保全爱。

二、与性有关的行为

(一) 婚前性行为

一般高校都不提倡婚前性行为。性的力量可以是建设性的,也可以是破坏性的。大学期间,毕竟学业是主要任务,在我国虽然性观念逐渐开放,但婚前性行为所蕴涵的道德感、羞耻感、忠诚感以及信任感都在考验着爱的能力。

(二) 性骚扰

性骚扰有以下 3 种方式。

(1) 口头性骚扰:以下流语言讲述个人性经历或色情文艺。

(2) 行为性骚扰:故意碰撞或触摸异性敏感部位;诱导或强迫异性看黄色录像带或刊物、照片等。

(3) 环境性骚扰:在工作环境设计淫秽图片、广告等。

对于性骚扰,需要严肃对待,并正色面对。由于有的性骚扰具有一定的隐蔽性,还需要学习应对技术。

三、了解性行为的不良影响

性解放思潮发源于美国,历经20年左右的性开放让一些人在肉体和精神上获得了极端的放纵和刺激,但是导致美国每年出现84万的少女未婚妈妈,上百万的性病、艾滋病患者。反思极端"性解放"的恶果,美国自20世纪80年代起就增强对青少年性纯洁、性自觉的教育,不遗余力地推动"禁欲革命",全力打造"贞女时代"。为此,在美国国会批准的2005年预算中,就有1.7亿美元的联邦"禁欲"基金。我国目前性行为产生的不良影响也是可怕的,主要表现在以下几方面。

(1) 艾滋病。我国官方数据表明,目前艾滋病病毒感染者约为84万人。在1997—2005年,经由性途径传播感染艾滋病的上升幅度为51%。大学生成为艾滋病的高感染人群。

(2) 性病。男女双方都有感染的可能性,有些极难治愈。严重的会导致生命危险。

(3) 生育问题。主要在女性方面。多次的流产可能造成子宫损伤,导致无法受孕。

(4) 心理创伤。稍有良知的人,对不法性行为都会负有罪责或羞耻感,这种心理的阴影也会成为一种压力,对后续的爱情生活产生隐形影响。

(5) 性犯罪增多。2006年2月26日下午,某高校大学生许涛(化名)因沉溺黄色网站不能自拔,以"为孩子请家教"为名骗取寻找兼职家教的某女大学生晓丽(化名)的信任,并将其骗至家中扣留,期间多次欲对其实施强暴,均因被害人反抗未果,后被害人趁其熟睡逃脱并报警。警方接警赶到,将还在熟睡的被告人抓获归案。

四、建立理性的性爱观

(1) 学会负责任。性行为要考虑后果,既要对自己负责,也要对他人负责。性行为可以给另一方造成心理和肉体上的伤害,也可能产生第三个生命,这将意味着影响另一个人的生活,也将影响自己的生活。尊重他人,尊重自我,对自我的行为负起责任,要增强自己的性道德和性法律意识,用道德和法律规范自己的性行为。

(2) 培养坚强的意志品质。意志作为达到既定目的而自觉努力的一种心理状态,具有发动和抑制行为的作用。自我控制性心理能力的大小在一定程度上是由个人意志品质的强弱决定的。尽管有的青年人有很强的性冲动,在外界性刺激的情况下会急于寻求性的满足,但是,人不同于动物,人有意志力,可以抑制和调整自我的冲动。

(3) 积极地进行自我调节。人们应该懂得尊重任何一个他人的存在价值;每个人都应该以希望他人如何对待自己的方式去对待他人;每个人发展自尊与自重都应该建筑于良好的人格标准基础上,即责任心、诚实、善良,并对自己的道德能力有信心。性欲是正常和健康的,而且性欲是可以控制的。一方面,需要调控性冲动,尽量避免影视、报刊、网络上过强的性信息刺激,抵制黄色书刊的不健康影响。另一方面,要克服遗精恐惧和月经焦虑。正确对待手淫、白日梦和性梦,并通过丰富多彩的精神生活和恰当的异性交往来平衡自己的性心理。必要时可以寻求心理咨询的帮助。

训练项目三　**自我爱情成长方程式**

享受爱情的甜蜜与美好,在爱情中感受真诚与和谐,体验快乐与幸福是每个人的期望。为此需要学习如何恋爱,让自己的爱情生活美满如意。爱情成长的方式很多,人们都不希望走弯路,下面列出一些方式供同学们参考,多做这样的练习来帮助自己成长。

一、绘制自己的爱情蓝图

第一步,请花点时间,在一张纸上,列出你对意中人的期望。期望有两类,一类是期望对方所具有的条件;另一类是期望对方没有某些缺憾。不需要急于完成,可以用一周或更长的时间,也可以和朋友讨论自己的期望,看看从朋友那里是否获得启发。

第二步,将所列的条目按重要性排队或打分。如果打分,就取百分制,最重要的一项打 100 分,最不重要的一项打 1 分,介于两者之间的视重要程度酌情给分,然后按照分数把最重要的期望放在最前面,并按照由高到低的顺序排列,重新整理为一张新表。

第三步,再花上一段时间自己看书、思考一下或与朋友讨论,看看自己的这些期望的顺序是否有变化,同时还要考虑现实性如何,然后制作出最终的"爱情蓝图"。

在这个过程中如果对一些项目无法排序,心存顾虑,不知道自己最需要或最重视什么,那么就需要反省自己,并认真思考。

总之,爱情蓝图不是一成不变的,可以时常对这张蓝图进行调整和修改,这样可以帮助自己保持理性,既对自己也对别人负责。

二、了解爱的语言

根据前面介绍的爱的 5 种语言,即肯定的言辞、精心的时刻、接受礼物、服务的行动、身体的接触。了解自己以及他人爱的语言,让爱的表达更温馨、贴切。可以尝试以下方法对自己、对他人做一个了解。

(一)鉴别自己爱的语言的方法

可以问自己以下 3 个问题,通过对问题的思考来鉴别自己爱的语言。

(1) 我希望对方说什么或做什么?

(2) 这件事最伤害我的是什么?

(3) 当我表达爱的时候,哪种语言最重要?

(二)鉴别别人爱的语言的方法

可以问自己 3 个问题,通过对问题的思考来鉴别别人爱的语言。

（1）别人爱的表达中少了什么？

（2）我的所做所为中什么将对方伤害很深？

（3）别人爱的表达中最重要的是什么？

三、情感心理测试

下面是一个爱情故事的几个场景，但是顺序被打乱了，如果你是导演，你会怎么安排呢？（结果解释见本书附件 B）

场景一

很长一段时间的沉默……晚风吹拂着河边的垂柳，对岸的寺院风铃若有若无地响着，斜阳将江南古镇的身影拉得好长好长，如图 3-9 所示。

场景二

月儿从包里摸出一枚硬币，抛向空中，硬币在空中翻转了几下，"叮"的一声落到石桌上，月儿伸手按住，幽幽地问阿明说："我猜是反面，你呢？"（如图 3-10 所示）

图 3-9　场景一

场景三

"嘿，你们干嘛呀！"陆超不知从哪里突然冒出来，朝阿明和月儿的肩膀上分别拍了两下，夸张地叫道："好啊，跑到这儿来偷偷约会，怪不得我到处都找不到你们！想在这荒山野岭甩了我不成？"（如图 3-11 所示）

图 3-10　场景二

图 3-11　场景三

四、爱的成长：失恋给我带来了什么

失恋是一种痛苦的感受，对每个人都会产生伤害。当人们无法改变失恋这个事实时，所能做的就是调整自己，每个人可以采用不同的方法，下面列出常见的两种。

（一）接受这个现实，也接受自己的痛苦情绪

（1）告诉自己我失恋了，我和他（她）不再会有美好的未来了。有提醒自己关系已断、不要再做幻想了的作用。

（2）和朋友或家人交流自己的感受，他们的关心和理解有助于缓解心理的伤痛。在一般情况下不会受到讥笑，因为失恋并不是一个人的错。

（二）寻找失恋十大好处

列举失恋带来的好处，以下面的句型为模板，写出 10 句话。

"因为我失恋了，所以我获得了……"

找出最合理、最可行的建议，以此作为自己的情感自卫盾牌。

心理钥匙　喜欢与爱情量表

你是否经常搞不清楚"我与他（她）"究竟是朋友还是恋人？完成下面的问题后，你将获得更进一步的认识！请仔细思考下面的题目，如果认为符合现在的状况，就画○；如果觉得不符合，那么就画×。

1. 他觉得情绪低落时，我觉得很重要的职责就是使他快乐起来。（　　）
2. 当我和他在一起时，我发觉好像两个人都有相同的心情。（　　）
3. 我在所有的事情上都可以信赖他。（　　）
4. 我认为他非常好。（　　）
5. 我觉得要我忽略他的过去是一件很容易的事情。（　　）
6. 我愿意推荐他去做被人尊敬的事。（　　）
7. 我愿意为他做所有的事情。（　　）
8. 在我眼里，他非常成熟。（　　）
9. 对他我有一种占有性。（　　）
10. 我对他有高度的信任感。（　　）
11. 若不能和他永远在一起，我会觉得非常不幸。（　　）
12. 我觉得任何人与他相处，大部分都会有很好的印象。（　　）
13. 假始我觉得很寂寞，首先想到的就是要去找他。（　　）
14. 我觉得和他很相似。（　　）
15. 在这个世界上，也许有很多我关心的事，但很重要的一件事就是他幸不幸福！（　　）
16. 我愿意在班上或团体事务中与他保持一致。（　　）
17. 无论他做错了什么，我都愿意宽恕他。（　　）
18. 我觉得他是许多人中容易让别人尊敬的一个。（　　）
19. 我觉得他的幸福是我的责任。（　　）
20. 我认为他很聪明。（　　）
21. 当我和他在一起时，我发现自己什么事都不想做，只想用眼睛看着他。（　　）

22. 我觉得在所有我认识的人中他是非常讨人喜欢的。　　　　　　　（　　）

23. 若我也能让他百分之百的信任，我会感到十分快乐。　　　　　　（　　）

24. 他是我想学习的那种人。　　　　　　　　　　　　　　　　　　（　　）

25. 没有他，我会觉得很寂寞。　　　　　　　　　　　　　　　　　（　　）

26. 我觉得他非常容易赢得别人的好感。　　　　　　　　　　　　　（　　）

结果分析

选择项目若集中为 1～13 项，表示你对他（她）的感情以"爱情"成分居多，而集中为 14～26 项，表示你对他（她）的感情以"喜欢"成分居多。两者有许多共通处，但爱情有依附感、关怀感、亲密感 3 个要素；而喜欢只是正面的感受和好感、喜欢、崇拜，没有涉及为对方做什么和独占的感觉。

训练四　心理和谐

人类问题的核心在于人的心。如果要从根本上改变这个世界，就必须从改变人心入手。

【中国】石浚溟

训练项目一　走进心理世界

与人相关的思想、活动大多与人的心理活动密切相关，根据心理现象在现实中的表现以及对人们生活的影响，可以从积极、中性、消极的角度来了解心理世界，打开心理大门。

心理学工作者岳晓东先生通过分析人的心理，描绘了心理彩图，如图 3-12 所示。即如果以积极心理和消极心理为横坐标、以对自己和对他人为纵坐标形成一个坐标系，并用黄、橙、红等亮色代表积极，用紫、黑、灰等深色代表消极来对心理现象进行划分，可以分出两个区域和 4 个部分，即亮色区、深色区以及积极对自己、积极对他人、消极对自己、消极对他人等 4 个部分。

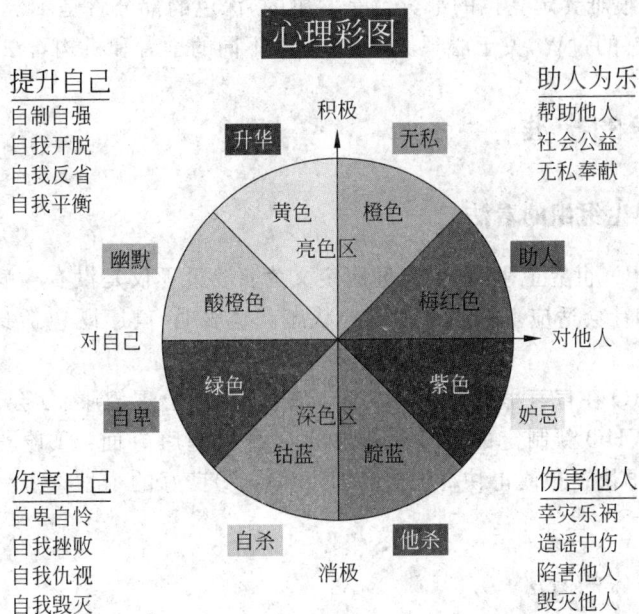

心理彩图

提升自己	助人为乐
自制自强	帮助他人
自我开脱	社会公益
自我反省	无私奉献
自我平衡	

积极

升华　无私

黄色　橙色
亮色区

幽默

酸橙色　梅红色　助人

对自己　　　　　　对他人

绿色　紫色

自卑　　　妒忌

深色区

钴蓝　靛蓝

伤害自己	伤害他人
自卑自怜	幸灾乐祸
自我挫败	造谣中伤
自我仇视	陷害他人
自我毁灭	毁灭他人

自杀　他杀

消极

图 3-12　心理彩图

亮色区部分可以用梅红、橙色、黄色等颜色表示，主要是包括积极对自己和积极对他人两个部分。积极对自己是一个人心理世界中提升自我的部分，表现为自我平衡、自我反省、自我开脱、自制自强，具有幽默和升华的特点，常用幽默和升华的方式化解心理困惑。积极对他人是一个人心理世界中助人为乐的部分，表现为帮助他人、无私奉献、参与社会公益活动，体现为助人、无私的特点。

深色区部分可以用紫、黑、灰等色彩来代表，主要包括消极对自己、消极对他人两个部分。消极对自己是一个人心理世界中伤害自己的部分，表现为自卑自怜，自我挫折、自我仇视、自我毁灭，具有自卑、自杀的特点。消极对他人是一个人心理世界中伤害他人部分，表现为幸灾乐祸、造谣中伤、陷害他人、毁灭他人等，具有嫉妒、他杀的危险。

亮色区部分，更多表现为正向并符合社会规范的方面；在深色区，心理具有一定伤害性，也是非常敏感的地方。

人们心理的亮色和深色两个方面以及4个部分是综合在人们心理世界中的，各部分之间没有明显的界限，也没有绝对的好坏之分，无论是积极还是消极心理，对人生的影响都可能是正向也可能是负向的。从图中可以看出人的心理世界是丰富而且多彩的，本书的训练主要关注人的心理健康。

一、心理健康

心理健康，指不仅没有心理疾病或变态，而且在身体上、心理上以及社会行为上都能保持良好的状态，即个体心理在自身及环境条件许可范围内所能达到的最佳状态。心理健康有生理、心理和社会行为三方面的意义。

在图3-12中很难界定亮色的部分就是健康的，深色的部分就是不健康的。心理健康本身就是一个动态的过程，关于心理健康的标准，不同的学者和机构看法不同。

二、心理健康的标准

（一）世界卫生组织的看法

1948年，WHO（世界卫生组织）把健康定义为：健康不仅是没有疾病和虚弱，而且是生理上、心理上和社会适应上都趋于完满的状态。这表明，健康既包括身体健康，也包括心理健康。

1989年，WHO在宣言里把健康定义为：躯体健康、心理健康、社会适应良好和道德健康。1999年，WHO新制定的健康标准如下。身体健康方面：①吃得快；②走得快；③说得快；④睡得快；⑤便得快。心理健康方面：①良好的个性；②良好的处世能力；③良好的人际关系。

（二）心理学家的看法

1. 著名心理学家马斯洛和密特尔曼提出人的心理健康10条标准

（1）是否有充分的安全感。

（2）是否对自己有充分的了解，并能恰当地评价自己的能力。

（3）自己的生活理想和目标能否切合实际。

（4）能否与周围环境保持良好的接触。

（5）能否保持自身人格的完整与和谐。

（6）能否具备从经验中学习的能力。

（7）能否保持良好的人际关系。

（8）能否适度地表达和控制自己的情绪。

（9）能否在集体允许的情况下，有限度地发挥自己的个性。

（10）能否在社会规范的范围内，适度满足个人的基本需求。

2. 国内著名心理学家王登峰提出有关心理健康的几条指标

（1）了解自我，悦纳自我。能体验到自己的存在价值，既能了解自己，又能接受自己，具有自知之明。

（2）接受他人，善与人处。乐于与人交往，不仅能接受自我，也能接受他人，悦纳他人，能认可别人存在的重要性和作用。人际关系协调和谐，乐群性强，在社会生活中具有较强的适应能力和较充足的安全感。

（3）热爱生活，乐于工作。珍惜和热爱生活，在生活中尽情享受人生乐趣。尽可能地发挥自己的个性和聪明才智，并从工作的成果中获得满足和激励，把工作看做是乐趣而不是负担。

（4）面对现实，接受现实，适应现实，改变现实。能够面对现实，接受现实，并主动适应现实，与现实环境保持良好接触，既有高于现实的理想，又不会沉湎于不切实际的幻想与奢望，对自己的能力有充分的信心，对生活、学习、工作中的各种困难和挑战都能妥善处理。

（5）能协调与控制情绪，心境良好。愉快、乐观、开朗、满意等积极情绪状态占据优势，能适当地表达、控制自己的情绪，喜不狂，忧不绝，胜不骄，败不馁，谦虚不卑，自尊自重，对于自己能得到的一切感到满意。

（6）人格和谐完整。人格结构包括气质、能力、性格和理想、信念、动机、兴趣、人生观等各方面能平衡发展。思考问题的方式适中与合理，待人接物能采取恰当灵活的态度，对外界刺激不会有偏颇的情绪和行为反应，能够与步调合拍，也能与集体融为一体。

（7）智力正常。智力正常是一个人正常生活的最基本的心理条件，也是心理健康的主要标准，智力是人的观察力、记忆力、想象力、思考力等操作能力的综合。

（8）心理行为符合年龄特征。人的生命发展的不同年龄阶段，都有相对应的不同的心理行为表现，从而形成不同年龄阶段独特的心理行为模式。

三、大学生心理健康

大学生心理健康主要表现在以下方面。即智力发展正常，乐于学习和工作；情绪稳定；能与同学、老师和他人保持良好和谐的人际关系；能正确评估自己，对自己有全面的了解；人格完整，生理年龄与心理成熟水平相符，有一定毅力，言行一致；与现实环境保持良好接触，具有良好的社会适应能力。

对照上述特征，检视自己的状况，可以对心理健康有一个全面的了解。如果有兴趣，请观看一下图 3-13，这是一个人的自画像，感觉一下自己看图的感受，如果一个人每天如此，会是一种什么样的心情状态。

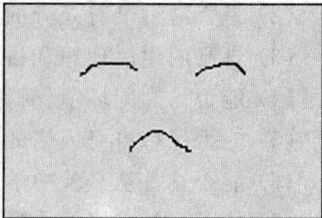

图 3-13　一个人的自画像

训练项目二　直面心理问题

　　美国康奈尔大学法律实验室最近在官方网站上首次公布了一份心理研究报告，它是第二次世界大战期间美国战略情报局心理专家（已故）亨利·穆雷博士对希特勒的心理分析结果。

　　穆雷博士详细勾画了希特勒的早年心理特点。他从小是一个带有女性化特征的男孩，不喜欢体力劳动。青少年时期他是个苦恼的浪漫主义者，喜欢绘画，内容多为城堡和寺庙，表现得对建筑十分着迷。希特勒的父亲很有男子汉气概，但又有虐待倾向，经常暴打希特勒。他对父亲的阳刚之气既崇拜又妒忌，内心还想模仿，对母亲的软弱与屈服则感到轻蔑与不屑。因此他对父母的感情是充满矛盾的，对父亲既恨又尊敬，对母亲既爱又看不起。刚当兵时，希特勒表现出较强的服从意识，他对自己这一点感到生气却又无能为力。穆雷博士认为希特勒患有神经衰弱、歇斯底里、偏执狂、精神分裂、无限自我贬低等多种心理疾病。

　　在 1943 年的研究报告中，穆雷博士预言如果德国战败，希特勒会选择自杀。穆雷博士甚至根据希特勒的性格分析报告预测到一些细节：希特勒可能会躲到地下掩体里，以一种戏剧化的方式开枪自杀。他的预言最终变成现实。

　　希特勒的心理历程向人们展示了人的心理问题。不可否认，在社会日益发展的今天，亚健康的状态也在越来越多的人身上表现出来，这就需要梳理通顺并区分清楚几个概念，即心理正常、心理不正常（心理异常）、心理健康、心理不健康。

　　心理不正常，就是心理学中说的异常心理，是指有典型精神障碍（俗称"精神病"）症状的心理活动。很显然，正常和异常，是标明和讨论有精神障碍或没有精神障碍等问题的一对范畴。而健康和不健康，是另外一对范畴，是在正常范围内，用来讨论正常心理水平的高低和程度如何。可见，健康和不健康这两个概念，统统包含在正常这一概念之中。

一、心理健康

　　心理健康是指个体心理在本身及环境条件许可范围内所能达到的最佳功能状态，但不是指十全十美的绝对状态。

　　对心理健康作这样的解读：首先是基本没有心理问题；其次是状态良好，心情愉快，能有效应对各种心理压力;第三是最高层次的,即高心理效能的理想状态,在各个方面最大限度地发挥心理效能。心理健康的 3 种状态是人们希望达到但并不能够经常处于的理想状态,在实际生活中,人们经常处于心理亚健康到健康这样一个动态变化的过程中。

二、心理问题

心理问题不同于生理疾病,它是由人的内在精神因素即大脑中枢神经控制系统所引发的一系列问题。它会间接改变人的性格、世界观及情绪等。对心理问题的看法有两种态度。第一,心理问题是指心理学中的问题,如心理是什么、心身关系、心理与实践、心理学的理论与应用等,均为心理问题。第二,心理问题是指人们心理上出现的问题,如情绪消沉、心情不好、焦虑、恐惧、人格障碍、变态心理等消极的与不良的心理,都是心理问题。严格来说,心理问题无褒贬之意,既包括积极的,也包括消极的。

心理问题等级划分从健康状态到心理疾病状态一般可分为 3 个等级,即一般心理问题、心理障碍、心理疾病。

(一) 一般心理问题

一般心理问题又称第三状态,是介于健康状态与疾病状态之间的一种状态。是正常人群中常见的一种亚健康状态,是由个人心理素质(如过于好胜、孤僻、敏感)、生活事件(如工作压力大、晋升失败、被上司批评、婚恋挫折等)、身体不良状况(如长时间加班劳累、身体疾病等)因素引起的,特点如下。

(1) 时间短暂。此状态持续时间较短,一般在一周以内能得到缓解。

(2) 损害轻微。此状态对人的社会功能影响比较小。处于此类状态的人一般都能完成日常工作学习和生活,只是感觉到的愉快感小于痛苦感,很累、没劲、不高兴、应付是他们常说的词汇。

(3) 能自己调整。大部分通过自我调整如休息、聊天、运动、休闲、旅游、娱乐等放松方式能使自己的心理状态得到改善。小部分人若长时间得不到缓解可能形成一种相对固定的状态。这部分人应该去寻求心理医生的帮助,以尽快得到调整。

(二) 心理障碍

心理障碍是因为个人及外界因素造成心理状态的某一方面(或几方面)发展的超前、停滞、延迟、退缩或偏离,特点如下。

(1) 不协调性。其心理活动的外在表现与其生理年龄不相称或反应方式与常人不同。如:成人表现出幼稚状态(停滞、延迟、退缩);儿童出现成人行为(不均衡的超前发展);对外界刺激的反应方式异常(偏离)等。

(2) 针对性。处于此类状态的人往往对障碍对象(如敏感的事、物及环境等)有强烈的心理反应(包括思维、行为动作),而对非障碍对象可能表现很正常。

(3) 损害较大。此状态对其社会功能影响较大,可能使当事人不能按常人的标准完成其某项(或某几项)社会功能。如:社交恐惧不能完成社交活动;锐器恐惧者不敢使用刀、剪；性心理障碍者难以与异性正常交往。

（4）需求助于心理医生。此状态者大部分不能通过自我调整和非专业人员的帮助而解决根本问题。此时心理医生的指导是必须的。

（三）心理疾病

心理疾病是由于个人及外界因素引起的个体强烈的心理反应（思维、情感、动作行为、意志）并伴有明显的躯体不适感，是大脑功能失调的外在表现。其特点如下。

（1）强烈的心理反应。可出现思维判断上的失误，思维敏捷性下降，记忆力下降，头脑粘滞感、空白感，强烈自卑感及痛苦感，缺乏精力、情绪低落成忧郁，紧张焦虑，行为失常（如重复动作、动作减少、退缩行为等），意志减退等。

（2）明显的躯体不适感。由于中枢控制系统功能失调可引起所控制的人体各个系统功能的失调，如影响消化系统则可能出现食欲不振、腹部胀满、便秘或腹泻或便秘-腹泻交替等症状；影响心血管系统则可出现心慌、胸闷、头晕等症状；影响到内分泌系统可出现女性月经周期改变、男性性功能障碍等。

（3）损害大。此状态的人不能或勉强完成其社会功能，缺乏轻松、愉快的体验，痛苦感极为强烈，"哪里都不舒服"、"活着不如死了好"是他们真实的内心体验。

（4）需心理医生的治疗。此状态的人一般不能通过自身调整和非心理科专业医生的治疗而康复。心理医生对此类人的治疗一般采用心理治疗和药物治疗相结合的综合治疗手段。治疗早期通过情绪调节药物快速调整情绪，中后期结合心理治疗解除心理障碍，并通过心理训练达到社会功能的恢复以提高其心理健康水平。

三、大学生常见的心理问题

大学生心理健康状况总体上符合心理健康的标准。但也有部分学生自身心理发展不成熟、认识问题和自我调节能力不强，在面临环境变化和新的人际关系时，会感到烦躁焦虑、忧郁苦闷，导致压抑、紧张、痛苦等不良心理，产生一些心理问题。

（一）情绪障碍

一个人长期处于消极情绪的状态下，或处于激烈的情绪状态下，都会产生情绪障碍。正常的心理和生理活动会受到影响，出现很多异常的心理和行为。

（1）烦恼。烦闷苦恼的事人人都有，失恋、考试不及格、同学关系不和、经济拮据等都可能成为学生烦恼的内容。烦恼一般都是有明确的对象和具体现实内容的。

（2）焦虑。焦虑是一个人预料将会有某种不良后果产生或模糊的威胁出现时的一种不愉快情绪，其特点是紧张不安、忧虑、烦恼、害怕和恐惧。威胁机体康宁的任何情境，都可引起焦虑。焦虑者常表现出精神运动性不安，来回走动，不由自主地震颤或发抖，还伴有出汗、口干、呼吸困难、心悸、尿急、尿频、全身无力等不适感。

（3）抑郁。抑郁主要表现为情绪低落，表情苦闷，行动迟缓，常感力不从心，思维迟缓，联想缓慢，因而言语减少，语速缓慢，语音低沉或整日不语。引起抑郁状态的原因可能是具体的,但抑郁状态产生之后具有很强的弥散性,使人感到生活和生命本身都没有意义,具有强烈的无助感,甚至产生自杀念头或采取自杀行动。

(4)暴躁。暴躁是指容易发火、发怒、过分急躁,一触即发,易与他人发生矛盾,因一点小事就表现出粗野蛮横的态度,这种人对外界的容纳性相当低,许多人还有很重的哥们儿义气。

(5)冷漠。冷漠表现为对外界的任何刺激都无动于衷,无论是悲、欢、离、合、爱、憎都漠然视之。冷漠者初期主要认为生活没有意义,心情平淡,出现抑郁状态,随后发展到强烈的空虚感,内心体验日益贫乏,不愿进行抉择和竞争,缺乏责任感和成就感。

(二)学习障碍

学习是大学生的首要任务和主要活动方式。研究发现:在影响大学生正常学习的各种因素中,学习心理的健康状况占重要位置。大学生学习心理障碍主要表现为:学习动机缺乏或过强、注意力不集中、记忆力不强、学习方法不当、考试焦虑等。

(1)注意力不集中。表现为容易走神,经常想一些与学习毫无关系的事情,思绪远离当前的活动。易受干扰,很容易被外界的无关刺激吸引,偏离当前的学习活动,比如听到房外的谈笑就出去看看。多余动作增多,注意力不集中的人往往伴随一些多余动作或无关动作,如东张西望,玩弄手指,摆弄笔杆或这儿摸摸、那儿翻翻,效率低下。学习时间很长,学习效果却很差,一个晚上可能一页书都看不完。

(2)考试焦虑与怯场

80%的学生在教师宣布考试时会感到紧张,这种紧张也称为考试焦虑。考试焦虑程度高者,表现为在考试前后精神紧张恐惧,心烦意乱,无精打采;肠胃不适,可能出现原因不明的腹泻、多汗、尿频、头痛、失眠、记忆力减退、注意力不集中、思想迟钝、学习效率下降等。

考试怯场是学生在考试中因情绪过分激动、焦虑、恐慌而造成思维和操作困难的一种心理现象。主要表现为:心跳加快、呼吸急促、满脸通红、出汗、头昏、烦躁、恶心、软弱无力、记忆受阻、思维迟钝等,有的全身发抖、两眼发黑甚至晕倒。

(三)恋爱心理障碍

大学生在恋爱过程中,因各种因素的影响而产生心理障碍,其中较为常见的有如下几种。

(1)单相思。指以一方对另一方的一厢情愿的倾慕与热爱为特点的畸形爱情。这是一种深沉而无望,甚至变态的爱情,往往充满着毁灭性的激情和疯狂,在幻觉中自燃,而且自愿奉献一切,具有伟大而深刻的悲哀。

(2)失恋综合症。恋爱的一方否认或中止恋爱关系的结果,给另一方造成的严重的影响。失恋综合症表现为:情绪极度悲伤,甚至绝望,充满着难堪和羞辱感,甚至羞于见人,自尊严重受损;充满了虚无感,失意感和失落感;对生活极度冷淡,对异性有憎恶感;有强烈的报复或自杀意念及行为,或者内心为自我折磨。

四、大学生心理问题情景展现

（一）一个人际关系十分糟糕的大一女生

有一位大一女生，表现欲强，性格外向。入学初期由于同学间尚相互不认识，由老师指定她暂任班长。半学期后由于同学对她的工作和为人态度有意见，加上成绩不好，通过大家的一致推荐，重新选了一位同学当班长。于是，这位同学就疑心是某同学嫉妒她的才干，自己受到了排挤，对班长撤换一事耿耿于怀，愤愤不平，认为大家这样对她不公平，开始不断指责、埋怨同学，常与同学发生冲突，还扬言要伺机报复。渐渐地她与同学、老师的关系日益恶化。到大二第一学期，几乎没有同学愿意和她在一起，宿舍关系也十分糟糕，成天吵着要更换宿舍。在此期间，老师曾经帮她更换过一次宿舍，她和现在的宿舍成员之间关系也处理得不好，同学要求她搬走，班级中没有一个宿舍的同学愿意接纳她，而她本人却总觉得是别人和她过不去。

这位女生存在的情况已持续很长时间，从心理咨询的角度看，可以归纳为偏执型人格障碍。偏执型人格障碍一经形成，就具有相当的稳定性，很难改变。偏执型人格障碍的自我调整，可以有以下方法。

（1）学会自我暗示调节法来逐渐缓解偏执型人格障碍的异常人格特征。如默念："我不要固执，不要多疑，我要用宽容的态度对待同学、老师，相信他们也会这样对待我"等，如果有时间的话，每天最好都能这样默念一次，坚持一段时间，偏执型人格障碍的许多不良人格特征就会得到缓解，甚至会有明显的改善。对这种自我暗示首先要充分相信它的神奇作用，最好能在大脑皮层兴奋性较低的早晨、午休或就寝前进行默念。在默念进程中尽量运用想象，这样自我暗示的效果就会更好。

（2）学会用自我分析法分析自己的一些非理性观念。每当自己出现对同学或老师有敌意的不信任的观念时，就要分析一下是不是自己卷入敌对心理的信任危机漩涡之中了。如果是，就要提醒和警告自己，不要再沉浸于"自我信任"之中；否则，就会失去同学、老师的信任。通过这种自我分析非理性观念的方法，可以阻止自己的偏执行为。

（3）求助心理医生。如果使用上述方法尚不能立刻奏效，可以求助医生辅以药物治疗。偏执型人格障碍使用抗精神病药有一定疗效。怎样使用，必须听从医生的吩咐。在使用药物治疗的同时，最好结合上述心理调节方法。

（二）一个考试焦虑的大二女生

19岁大二女生王玲（化名），自幼学习上进，深受老师的器重。但在大学的第一学期期末考试中数学不及格，在中学学习时数学就不是强项的她，因此产生沉重的心理压力，每到期末复习考试临近期间就紧张焦虑，还伴有严重的睡眠障碍。

这是一种以考试焦虑为中心伴有睡眠障碍的心理障碍，主要是由于心理负担太重，使自己的情绪一直不能平静，反而更影响了复习效果。针对这种情况可以进行以下方法的

（1）多方入手改善睡眠。首先要加强体育锻炼，通过体育锻炼增强体质，调节神经功能的紊乱，有助于睡眠的改善。其次是采用森田疗法。顺其自然，为所当为。当再次出现焦虑症状时继续做自己应该做的事情，不要去理会那些症状，刚开始会感觉痛苦，但是坚持几次就会感觉跟以前不同了。

（2）尝试放松训练。①呼吸放松。在安静的地方，平躺或坐下，闭上眼睛，感觉自己是处在一个完全真空的状态，然后深吸一口气，将这口气沉入丹田，尽量长时间保持在丹田，然后直到自己感觉不能再保持的时候，再缓缓呼出这口气，记住一定要体会从刚开始紧张状态到呼出气时那种慢慢放松的感觉。②肌肉放松。躺在床上，从上到下，从头到脚，依次先用神经将身体各个小块的肌肉紧张，持续一段时间，然后放松，仔细体会那种从紧张到放松的感觉。

（3）接受系统正规的心理治疗。在医生的建议下采用生物反馈治疗法，辅以药物治疗。

（三）一个失恋男生的故事

这是一个毕业班的男生，女朋友正式向他提出分手后，他感到简直就是五雷轰顶。他不能接受女友分手的要求，不断打电话、写信给她，寻找各种机会与她见面。他甚至认为如果他的女朋友和别人结婚而又不幸福，那就是他的责任。他用刀划破手指，写了许多血书，甚至想到了死。但是不管他怎么努力，女孩似乎再不给他希望，这令他痛不欲生。努力挽回与女友的关系成为他生活中最重要的事情。

一般情况下，当一方向另外一方提出分手后，被迫分手的一方固然有一段时间的痛苦，或者在提出分手后的一段时间内情绪出现波动，表现出一些异常，如再打一到两次电话、写信、寻找机会再和对方见面等，都属于正常的解决恋爱问题的方法。而如果当对方提出分手以后，不断地骚扰对方，采用各种方式，甚至以死相逼，痛不欲生而不能自拔，时间持续较长而自身不能从失恋的阴影中走出来，这就属于不正常的恋爱心态了，即恋爱心理障碍。针对这种情况的自我调整可以采用以下方法。

（1）倾诉。失恋者精神遭受打击，被悔恨、遗憾、愤怒、惆怅、失望、孤独等不良情绪困扰，主动找朋友倾诉，释放心理负荷。

（2）移情。及时适当地把情感转移到失恋对象以外的人、事或物上。发展密切的朋友关系，交流思想，倾吐苦闷，陶冶性情；投身到大自然的博大胸怀中，从而得到抚慰。当然密切自己与其他异性的交往，也不失为一个合适的途径。

（3）疏通。借助理智来获得解脱，由理智的自己来提醒、暗示和战胜感情的自己。

（4）立志。失恋者积极的态度会使自我得到更新和升华，全身心地投入到工作中去，许多失恋者因此而创造出了辉煌的成就。像歌德、贝多芬、罗曼·罗兰、诺贝尔、居里夫人等历史名人都曾饱受失恋的痛苦。他们用奋斗的办法更新自我，成为积极转移失恋痛苦的楷模。

训练项目三　自我心理干预方程式

每个人都可以成为自己的心理咨询师,学习一些心理调节的技术和方法,来提高自己的生活质量,许多人已经受益。自我心理干预的方法很多,这里介绍几种,关键在于个人的关注与对心理成长的要求。

一、保持健康乐观心态的几种方法

人在日常生活中,会遇到种种矛盾,困难和不顺心,时常产生不良情绪。如何化解抑郁悲伤、愤怒等损害健康的恶劣心理情绪,心理学家推荐的方法如下。

(1) 运动。跑步、转圈、疾走等运动是化解不良心态的最有效的方法之一。

(2) 晒太阳。著名精神病专家缪勒指出,阳光可改善抑郁症病人的病情,多晒太阳能振奋精神。

(3) 吃香蕉。德国营养心理学家帕德尔教授发现,香蕉含有一种能帮助人脑产生羟色氨的物质,它可减少不良激素的分泌,使人安宁,快活。

(4) 赏花草。花草的颜色与气味有调节人情绪的作用。

(5) 听音乐。音乐可促进大脑产生更多的内啡肽,以镇静安神,但要注意选择。

(6) 观山水。青山绿水,莺歌燕舞,使人置于美好的氛围中,心情自然会好转。

(7) 理发。可改善恶劣的心境。

二、学做自己的心理医生

提高自身的心理素质,学会自我调节,学会自助,每个人都可以在心理疾患发展的某些阶段成为自己的心理医生。

首先是掌握一定的心理卫生科学知识,正确认识心理问题出现的原因;其次是能够冷静清醒地分析问题的因果关系,特别是主观原因和缺欠,安排好对己对人都负责任的相应措施;再者是恰当地评价自我调节的能力,提高自控力。生活中的种种麻烦所带来的不愉快和精神上的压力是不可避免的,但不可以让它积蓄起来再爆发,而是应采取妥当的办法及时把它们宣泄出来,从而达到保持心理平衡的作用。

以下有几种宣泄的方式可以调控恶劣情绪。

(1) 高声朗读。你可以朗读马克·吐温小说中某些有趣的篇章,或者狄更斯作品中讥讽辛辣的段落。

(2) 高歌、怒吼。此招可泄尽心头烦恼,唱歌从来就是解除紧张的有效手段。

(3) 找人倾诉。主动找你可以信赖的知心朋友,把内心的痛苦一吐为快。

(4) 自我对话。即对自己说话,自己给自己分析,给自己减负,可使情绪得到稳定。

(5) 看日出和星空。看日出感受一下生命中真真切切的光和热,看星空,那份晚上的静谧与美好使人忘记忧愁和烦恼。

(6) 想哭就哭。当有大的委屈或不幸时,不妨痛哭一场。

(7) 在运动中放松自己。在运动的过程中心理会得到调节,思绪会得以理清,不知不觉中疏泄了自己的不快与压力。

以上几点若能坚持做到,定能产生一定的效果。渐渐使人拥有一个良好的心态,如果自觉需要心理咨询,可以去找心理咨询师寻求帮助。

三、如何应对心理失衡

在生活中经常见到这样的现象:有的同学对自己的外在仪表很重视,认为自己的外貌没有别人英俊、潇洒、漂亮而郁郁寡欢、闷闷不乐;有的同学认为自己的脑子不如别人聪明,功课不如别人优秀,能力才华不如别人出众而自卑、自暴自弃;甚至有的同学认为自己的爸爸不如别人的爸爸有钱、有权而自怨自艾。于是便不思上进,成天混日子,觉得心里很不平衡。其实心理失衡是一种心病,对客观世界的认识包括对社会、对他人的认识是一个不断失调又不断平衡的过程,达到心理平衡的关键在于自己。

(1) 用知识丰富充实自己。由于同学们还年轻,阅历不丰富,经验欠缺,对社会缺乏一定深度的认识,需要用丰富的知识营养来充实自己。

(2) 学会客观地认识自己。每个人都有自己的长处和不足,要学会正确地评价自己,了解自己,只有这样,才有自知之明。

(3) 正确对待挫折和烦恼。在实际生活中,每个人不可避免地会遇到各种烦恼。这时只有以主动、积极的心态去对待,才会妥善地把问题排除掉。

(4) 愉快地接受自己和外部世界。"尺有所短,寸有所长",学会愉悦地接纳自己,只有这样,才能较好地适应外部世界,对生活充满乐观、热爱之情。

四、怎样改善失眠

(1) 必须建立信心,克服"逆定理效应"。一个人当夜间睡不着时,千万不要去想:"我为什么会睡不着呢?"心理学上有个"逆定理效应",就是你越想干什么就越干不成什么,越不想干什么却越会遇见什么。当你睡不着时可以起床看会书,到瞌睡时再躺下。第二天起床后不要暗示自己:"今天情绪不好,是因为昨晚没睡好。"即使你昨晚一夜未睡也要准时起床,照样学习、工作,而不要原谅自己,否则积习难改,还会加重心理负担。

(2) 生活起居规律化。避免失眠的最有效办法,是使生活起居规律化,养成定时入寝与定时起床的习惯,从而建立自己的生物时钟。

(3) 保持适度的运动,劳逸结合。人是灵和肉的统一体,睡眠也需要身心和谐。适度运动,让身体有一定的紧张、疲劳感,有利于提高睡眠质量。

(4) 学会放松自己。如做深呼吸,或采用森田疗法顺其自然的方式使自己的心情慢慢平静下来,一次不够两次,一分钟不够两分钟,直到有睡意为止。

（5）睡前饮食适度。睡前如有需要，可以适当吃点东西，如牛奶、面包、饼干之类食物，但过饱对睡眠也不利。而咖啡、可乐、茶等带有刺激的饮料，更不利于睡眠。

五、怎样走出抑郁的阴影

有同学说："以前我的性格十分开朗，兴趣也很广泛，但最近却经常情绪低落，心神不定，不想做事，现在变得斤斤计较，心胸狭窄，有时哪位同学不小心对我说错了话，或者玩笑开得过分一点，我就立刻生气、烦闷，并且耿耿于怀，甚至和以前的好朋友也疏远了；和父母也没话讲，一到家就缩到自己的小天地里，与世隔绝；有时甚至觉得人活着没有意思，不如一死了之，曾经想以自杀结束生命。"若这位同学的表现持续一个月以上，可能属于抑郁情绪，是心情失意的产物。长期的生活经历，逐步形成了一整套认识自己和世界的独特方式。这种人往往具有以下特点，即不能承受挫折，过分追求完美，渴望别人的肯定，希望控制外界等。抑郁的自我调整可以采用以下方法。

（1）找自身的原因。观察抑郁是由什么事物引起的。冷静分析，然后采取对策，找出原因以后对症下药，有意识地"反其道而行之"。

（2）多参加社会活动。与朋友聚会、聊天、野餐、看电影等都会使人心情愉快。

（3）积极进行锻炼。运动是抑郁的天敌。一些有氧活动如散步、慢跑、骑车等能增强自信心，帮助放松、减少并逐步清除紧张感和焦虑。

（4）培养幽默感。行为会左右情绪，当你觉得痛苦悲哀时，不要皱眉，要挺起胸膛，微笑面对人生并且尝试培养自己的幽默感，使自己拥有愉快的心情。

（5）药物治疗。如果已经患上抑郁症，一般的调整不能达到好的效果，就需要到医院接受正规的心理治疗，并一定要在医生的指导下慎重用药。

六、如何克服社交焦虑

处于青春期的人，由于自我意识的迅速发展，关注自己在他人眼中的形象，在这种情况下与人交往，自然免不了紧张、不安和担心等情绪反应。只要这种反应不影响自己与他人的交往，那就不必过虑，随着年龄的增长、阅历的丰富、人际交往能力的提高，这种一般性的紧张感自然会降低。不过，当人际交往中的焦虑反应不仅影响了自己与他人的交往，而且对自己的学习、工作和生活造成了一定消极影响时，就需要调整了。下面提供几种解决措施。

（1）降低内在欲望，不过分在意自己的表现。不苛求自己能让人人满意，能容忍自己在人际交往中出现的失误或失态，不过分在意自己的表现，当自然地与人交往时，紧张情绪自然会减少。

（2）提高自信心。很多社交焦虑者缺乏自信，提高自信心有助于消除焦虑感。提高自信心有两个原则：一是减少对自己的否定性评价，增加肯定性评价；二是参与那些容易成功的活动或社交情境。与某个人接触能够不焦虑，就是一个自信的开始，通过多次的锻炼，自信心就会越来越强。

（3）放松的方法。深呼吸是最简便的放松法,当自己在社交场合感觉紧张时,可以暂且找一个不引人注目的角落,有规律地作几次深慢呼吸,同时在心里默念:放松、放松。第二种放松的方法是想象性放松法,平时想象自己进入了最容易放松的情境,如在幽静的公园里散步或在温暖的沙滩上晒太阳。每天练习几次,想象得越逼真、越鲜明越好。当你以后在社交场合中感觉紧张时,便可想象经多次练习的情景,以达到放松的状态。

心理钥匙　健康自测评定

以下为12题,每题的打分范围在1～5分之间,最合适的为5分,不适合为1分,可以根据自己的状况给自己一个分数,最高不超过60分。

1. 你对未来乐观吗?

2. 对目前的生活状况满意吗?

3. 你对自己有信心吗?

4. 对自己的日常生活环境感到安全吗?

5. 你有幸福感吗?

6. 你经常感到精神紧张吗?

7. 你感到心情不好、情绪低落吗?

8. 你会毫无理由地感到害怕吗?

9. 你对做过的事情经反复确认才放心吗?

10. 你的记忆力怎么样?

11. 与你关系密切的朋友多吗?

12. 你如何评价自己在工作和生活中的担当的角色?

参考结果

40分以上,为绿灯;39～21分,为黄灯;20分以下,为红灯。

训练五 心理适应与压力管理

> 人生最重要的不是握一手好牌,而是把坏牌打好！人生最大的成就在于不断重建自己,使自己终于能知道如何生活。
>
> 一位智者

训练项目一 心理适应

适应是指个体在与他人交往过程中以一定的行为积极地反作用于周围环境而获得心理平衡的能力。适应大学生活是一个主动过程,要求以积极的心态,用科学的方法去面对各个阶段出现的难题。瑞士心理学家让·皮亚杰说:"智慧是一种适应形式,而适应依赖于有机体的同化与顺应两种机能的协调,是有机体与环境之间的一种平衡状态。"[1]

进入大学前,有没有对自己考入的这所大学做一个了解？例如,这所大学最有名的是什么？是学校的名气,某个学者的名字,著名的事件还是标志性建筑等。又如,对自己所学习专业的未来就业方向有没有一个大致的认识？了解哪些内容？了解自己所在(院)系在同类(院)系中的实力、排名状况或特色吗？

对以上问题的思考,有助于了解和主动适应大学生活。如果你对以上问题没有思考,需要现在开始思考自己的大学生活,并开始规划学业和职业生涯。

一、了解大学生活有哪些内容

大学生活包括专业学习、宿舍生活、个人独立、自我理财、人际交往、爱情光临、谋职就业。而这几个方面又分成不同的阶段:第一阶段主要是环境适应;第二阶段主要是发展适应,包括学习的适应、人际交往的适应、情感问题的出现等;第三阶段为就业适应。

可以说不同阶段都存在适应问题,人生就是一个不断适应的过程。但大学生活带来的适应不良问题却不容忽视。这些问题常常成为困扰并阻碍人们进步的重大羁绊,需要我们去调节和应对。大学阶段困扰我们的适应不良问题如下。

(一) 第一阶段:新生环境适应问题

新生环境包括学习环境、人际环境、生活环境等。学习环境的变化最为明显。大学老师对学生几乎不管,教学的自由度很大,也很少完全按照一本书进行教学。学生最大的感

---

[1] 杨鑫辉. 西方心理学名著提要[M]. 南昌:江西人民出版社,2005:454.

受是不知道老师在讲什么,讲到哪里。大学对学习方法、学习目标以及学习效果的评价与高中相比都有很大差别,这就要求同学学习的主动性和积极性要大大提高。否则,就不知道如何学习,甚至整天不知老师所云,学习的动力大大降低,学习的迷茫感强烈产生,人际环境也发生了变化。过去的人际环境主要是家人,现在却需要天天与同学一起同吃同住,生活习惯必须按照群体的要求行事,人与人之间的约束时常出现。生活环境对到异地上学的人来说变化更大一些,这些变化包括饮食的不同等。一位甘肃男生到江苏常州上学,不久即要求退学,理由是吃不习惯。除饮食外,语言、气候也有一定影响,都对其适应性提出挑战。以上问题如果适应不良,心理问题也随之产生。适应的焦虑、学习的迷茫、人际困惑产生的抑郁、自我评价失调导致自卑。

(二)第二阶段:发展适应问题

课程的难度加大,学习紧张,是升学还是就业带来的目标的不明确让学生对学习产生一定的担心。有人开始动力不足,进入游戏世界;有人开始努力奋斗,准备继续深造,学习的压力反而增大。此时还有许多人开始面临爱情的到来。这时期的心理困惑更多,与情感、学习、人际关系有关,前二者所占比例更大。

(三)第三阶段:就业适应问题

就业问题是由校园人转为社会人、由学生到职业人角色变化的适应问题,由此带来的就业困惑与焦虑也大大增长。就业前许多人对自己职业工作能力存在担忧;对岗位是否适合自己的要求感到没有信心;在工作实习过程中,对职业岗位不满或不适应,尤其人事、管理方面的不适应也给学生带来许多困惑。

二、如何理解适应

在面对新的环境时,人容易因为缺乏安全感而失去平衡。为了恢复平衡,人便会努力对环境中的种种刺激做出反应,即适应。人的一生就是不断适应并发展的过程。但适应有两种情况:一种是进步的适应,其适应的方向与发展相一致,对发展起着促进作用;另一种是倒退的适应,与发展方向不一致。这种不一致也有两种结果:一种是不利于发展,对发展起阻碍作用;还有一种就是暂时的倒退以适应变化的需要,从而达到迂回前进的效果。但无论是哪种适应,只要达到人与环境的和谐平衡,就是智慧与能力的体现。可以说适应处处闪烁着智慧的光芒。

三、怎样积极适应

(一)直面人性的弱点,做好适应心理准备

人们对一个新环境的心理感受存在着适应性,即由一开始的陌生、不安全、束手无策变得熟悉、安全、得心应手。人与人之间的差异就表现在这个过程中。在这个过程中,人

性的弱点如急于求成、追求完美、过于依赖他人、对自我认识的偏差等需要我们承认，认识到自己的弱点才是强者的表现。

直面弱点只是在认识上扫清适应的障碍，但真正具有现实性的是自己的行动和意志。有一句话说得好：要埋葬你的泥土，也是你成功的垫脚石。对于生活中的挫败，关键在于态度。积极应对，那些看起来难以完成的事情并没有想象中的那么困难；消极逃避，那些看起来困难的事情会越看越觉得无法战胜。

人生就像是一面镜子，你对他微笑，他也对你微笑；你对他哭，他也会对你哭。这里介绍一种直面自我的方法——与真实的自我较量。

（1）事件回顾。尽量找一个安静的地方，放松心情，回忆一件印象深刻的至今都让你感到懊恼的事情。情景再现一次，看看在那个场景中都发生了什么事情？在整个事件过程中都有些什么人？各自都有哪些行为和行动？当时的情绪状态怎么样？你当时怎么理解这个环境，而这种解释的直接后果又是什么？

（2）自我内省。如果时光可以倒流，如果生命可以重来，你认为你还会用以前的那些行为和情绪状态面对那件事情吗？如果不会，又会用怎样的方式面对它呢？你对以前的那些行为方式有什么样的感想？现在的方式跟以前的方式差异在哪里？

（3）自我提升。通过这种比较和反思，能客观地、理性地、不带有情绪地看待自己与环境互动过程中的一些心理和行为吗？能发现自己身上的一些闪光点吗？能找到自己人性的弱点吗？以前知道这些闪光点和弱点吗？是什么原因让这些闪光点和弱点进入了你的认识盲区？

（4）自我检验。在日常生活和学习中养成对自己的心理和行为进行内省的习惯，同时，要善于通过与人交流得到他人对自己的反馈。勇敢承认自己的人性弱点，只有敢于面对，才会有战胜它的可能。

（二）了解感知觉的工作方式，避免产生错觉

人本主义心理学家乔治·凯利的个人构想理论中有一个很重要的概念：每一个人都是科学家（Person as Scientist）。所有的人都有动机想去理解所有冲击我们的刺激，如同科学家试图预测并控制事件的发生一样。我们也想了解周围的世界，以便能够预测并控制发生在我们身上的事。

通常情况下，人们感知某人时，会因为穿红衣服而认为他热情、活跃，穿黑衣服则认为他稳重、深沉，这是联觉在起作用；看见两个青年男女走得很近，人们会认为他们是情侣，这是知觉整体性的运用；人越是愤怒的时候越会注意那些会让人愤怒的人或事情，这是知觉选择性的结果；人们会赋予某一行为或眼神以一定的意义并体会着相应的情绪，这是知觉理解性在起作用；一个成绩优秀的学生总是要求自己在任何一次考试中都应该考出优异的成绩，这乃是知觉恒常性的结果；某种能力相当的两个人，在优秀人群和普通人群中的自我感觉是不一样的，这是艾滨浩斯错觉在生活中的缩影；有些人比较敏感，稍微受点刺激，就异常兴奋，而有些人即使受到很大的打击，仍然能够保持冷静，因而会认为前者神经质，后者沉闷，这是因为感受性和感觉阈限存在个体差异的结果……

尽管人们这样感知着身边的世界，但这些加工方式并非在任何情况下都是准确的。

当我们以某种经验、习惯、定势或夹杂着个人感情甚至偏见去面对这个世界时,很可能会歪曲了事实的本来面目,增加了认识的复杂性。所以,同学们在了解自我,认识他人,适应环境的过程中有必要了解感知觉的工作方式,这也是"内省"的内容之一。

(三)客观、全面地认识自己和他人,尽量避免认知偏差

人总是能够很轻易地指出别人的缺点,但对于自身存在的某些不足却难以认识;总是对他人的过错耿耿于怀,而容易美化自身的缺憾,这种认识上的不对等性容易造成人际冲突,并导致人际关系压力的产生,而这种人际压力是目前大学生的主要压力来源之一。因此,要尽快适应大学生活就必须化解人际压力,要做到这一点,就必须以充分地、全面地、客观地认识自己和他人为前提条件,避免根据一些表面现象而仓促对自己和他人做出某种评价和判断,并以此来预测自己和他人的行为。

(四)正确分析行为的原因,避免归因偏差

归因是指人们对他人或自己的所作所为进行分析,指出其性质或推论其原因的过程,也就是对他人的行为过程或自己的行为原因加以解释或推测。人与环境互动过程中的一系列决策所依赖的正是归因的结果,例如如何评价自己、对待他人的态度、未来的计划等。

心理学家伯纳德·韦纳的研究结果表明,归因结果对个体以后的成就行为有较大影响,把成功与失败归于内部(如努力、情绪、态度、人格、能力等)/外部(如家庭条件、运气、外界压力、任务难度、情境等)或稳定(如能力、任务难度、家庭条件等)/不稳定(如努力、运气、情绪等)因素会引起个体不同的情感与认知反应,如自豪或羞耻。把成功归于内部稳定的因素,会使个体产生自豪,觉得自己的聪明导致了成功;而把自己的失败归于内部稳定的因素,会使个体产生羞耻感。心理学家卡罗·德维克1975年的研究发现,把成功归于努力的学生比把成功归于能力的学生在以后的工作中坚持的时间更长,而把失败归于能力的人比把失败归于努力的人在未来的工作中花的时间更少。

训练项目二　压力管理

这世界上大概有3种人是没有压力的:第一是死人;第二是植物人;第三是调整能力非常强的人。绝大多数人都会感受到压力,但每个人对压力的反应不同。这就存在着一个压力管理问题。我们需要了解自己可能遇到的压力并学会管理。

一、大学压力知多少

(一)与压力有关的数据

根据报道,90%的疾病与压力有关。美国的研究表明:年轻人更多地受到压力影响,

18～24岁的年轻人有75％遭受工作压力。一半以上的美国人把工作压力看做他们生活中的主要问题。遭受紧张压力的高收入的人数是低收入的人数的两倍。

2006年6月，杭州市进行的一项有关大学生心理压力的调查显示，近六成大学生心理压力大。2010年厦门大学调查发现近七成大学生失眠与就业压力有关。

（二）哪些因素使人们产生压力感

一般认为只有困难、痛苦、超强度使人们产生压力。其实压力不仅仅是这些，一些正向事件有时也会产生压力。

（1）快乐的压力。高中毕业，对结束高中生活是一种解放和快乐，但同时也会带来升学或工作的压力。其他如晋升、结婚、生育、乔迁、爱情、拥有自己的计算机等这些快乐和高兴的事，也会造成某种程度的压力。

（2）空闲的压力。过于轻松会使人产生郁闷和迷茫，内心也会产生自我怀疑和紧张的压力。有句成语叫"无事生非"，也说明人越空闲，越容易关注他人对我们的看法，变得敏感而多疑，许多人容易发火、生病。

（3）痛苦的压力。如疾病、失恋、亲人去世、家庭变故、地震、海啸等危机事件。

（4）过重的压力。过高的自我期望、繁重的学习、短期内要完成过多的事件、人际关系紧张、重要考试、重要日子、与老师的矛盾、经济拮据等。

（三）压力对人们的影响

1. 压力的3个等级

（1）适度的压力

人们面对压力的反应常常取决于压力的等级水平。温和的压力常常引发人们积极的反应，人们更加机警、积极、足智多谋。

（2）中等及以上压力

中等及以上压力会给人们的生活造成混乱，使人容易变得对环境不敏感，易怒，并倾向于依赖一些本能应对压力的方法来尝试缓解压力。有些方法是自发的，但很可能是在一个比防御机制更高的认知水平上发生作用。如压力下酗酒、暴食或抽烟来缓解；哭、笑、诅咒，即利用哭来暂时缓解压力，在考试前开玩笑，在犯错误后诅咒；在工作、学习或玩耍中分散压力，如工作狂以高强度的工作来缓解压力等；倾诉或沉思，即通过和人交谈他们的问题来降低压力或通过独处来理清思绪。

（3）过大压力

过大压力可能产生身体素质下降和心理素质下降。

① 身体素质下降。压力使人感到身体素质在下降，容易疲劳、忘事，常常慌乱，失去条理。从睡眠来看，要不就是睡眠不足，要不就是嗜睡。皮肤失去光泽和弹性，甚至掉发严重，对生活失去兴趣。出现一些共同的症状和体征如全身不适、体重下降、疲乏、倦怠、疼痛、失眠、肠胃功能紊乱等，心理学上称为全身适应综合症。

同样，人们可能产生局部适应症候群，即机体应对局部压力源而产生的局部反应，如身体局部炎症而出现的红肿热痛与功能障碍，如牙痛、皮肤疾病等。

因而,在压力超过人们能承受的正常范围时,人们的身体就会给出很多信号,提醒人们解决超载问题。这些身体上的不适反应,并不说明身体真的有了器质上的病变。但是如果忽视这些信号,那么,身体就会以生病的方式报复人们不重视自己的身体,也会以这种方式强迫人们恢复健康。

② 心理素质下降。敏感、容易发怒、怀疑自己、犹豫不决、固执、投入更多的精力在学习上。对同学等他人有更多的不满,挑剔、批评、否定同宿舍同学的生活方式等。所有这些因素都对人的情绪产生很大的影响。

2. 压力给人们带来的影响

（1）情绪问题

压力给人们带来的困扰更多是情绪问题。很多人并不怕压力,只是不喜欢压力。原因很简单,就是不喜欢压力所带来的负面的情绪,比如在压力很大过程当中可能会焦虑、恐惧、悲伤、无助、沮丧、愤怒,甚至冷漠。假如有能力去处理压力所带来的负面感受,压力就是可以接受的。很多人之所以不喜欢压力,是因为压力会带来一系列的生理改变。处理生理不适问题的方法可以找医生、运动、自我放松等。但处理情绪问题的方法,人们还不太重视。人们应对压力时,相当多的是处理压力带来的情绪问题。

（2）自我认识的偏差

处于压力下的人们,往往对自我认识出现偏差:要么高估自己的应对能力,过于乐观;要么怀疑自我的能力,产生自卑。严重者自我否定,甚至自我伤害。许多自杀者往往是因为无法承受压力,而出现极度自我否定,继而失去生存的勇气的。

（3）可能出现过激行为

人们在过度压力下的一种典型行为表现是攻击。当攻击向外时,可能存有暴力倾向,一般情况会出现对外界环境的攻击,像打东西、大喊大叫、打墙、踢球、打沙袋等,这些行为一般不会伤害他人。但严重时可能出现抢劫、犯罪、杀人、虐待小动物等危害性行为。

对内攻击的人,攻击自己,从行为上看,通过自杀来表达对社会、对自己的完全失望或利用自残来折磨自己并达到来折磨别人的目的。还有的人攻击自己的家人（亲人）,俗称窝里横,如在家里为所欲为,在外面老实巴交。

对内攻击的人存在低自尊现象,他们对自己的评价很低,多用"对不起"、"抱歉"、"我真没用"、"随便"等语言,在家里多批评别人,对人挑剔,语言消极。

对内攻击的人的内心有一股强大的力量,一旦爆发将势不可挡并可能出现犯罪。一些循规蹈矩的人所犯的罪行往往令人难以相信,而且非常残忍。

二、学习压力管理的技术

压力管理技术并不深奥,但需要用心体会并坚持。以下介绍一些管理方法,可以尝试去做。

（一）管理压力的第一个技术:找准压力源

有压力一定有刺激源,问问自己是什么东西在压你,你的刺激是什么?

给你带来压力的因素可能是外部的，也可能是内部的。有时一个人突然之间感觉有很大的压力，看似无缘无故，却是有原因的。因为有些刺激是人们观察不到的内部的心理和生理活动。如中央电视台心理访谈节目曾介绍一位女士她的上司让她有压力，而且即使她在未见到上司的时候，一提到她的上司她就紧张，即使上司不在压力依然存在。原来不是她上司让她有压力，而是她不想让上司失望的那种想法使她有压力。只要一提到她的上司她的压力就会出来。因此，分辨压力是什么很重要，可以使用压力排序法，即通过罗列、排序、逐一解决或消除、面对压力的模式。

我们一天的生活可能有这样一些问题搅扰在一起：考试即将来临，是否决定假期打工，朋友来访，老师布置的作业，同学生日，前男（女）友的骚扰，宿舍卫生检查，社团活动需要参加等，让人感到焦头烂额，压力很大，那么可以采用罗列排序的方法解决问题，缓解压力。排序按照重要程度由最重要到不重要进行，排序后针对每个问题进行逐一解决或消除处理，最后来面对剩余的压力。如上述问题可以排序为：考试即将来临，老师布置的作业，前男（女）友的骚扰，社团活动需要参加，朋友来访，同学生日，宿舍卫生检查，是否决定假期打工。也可以采用其他排序方法，看个人的选择。根据排序逐个解决，会使人感到压力比想象的小。这种方法在学习、人际交往、同学关系的处理等方面均可以使用。

（二）管理压力的第二个技术：确立压力反应模式

如果对压力的体验是躯体型的，需要进行身体方面的训练和修复。这是应对压力的首要方法。做身体方面的训练，即持之以恒地运动，特别是做有氧运动，例如，游泳、跳绳、踩单车、慢跑、急步行走与爬山等。这些运动不仅能够让血液循环系统运作更有效率，还能够强化人们的心肺功能，直接增强肾上腺素的分泌，让整个身体的免疫系统强大起来，从而有更强的体质去应付生活中随时可能出现的各种压力。

如果对压力的体验是心理型的，则需要利用有效的自助法来排除压力，例如循序式肌肉放松法、静坐、自我催眠和练习吐纳（呼吸）等。

如果是思想型的，可以尝试一种放松的方法，如沉思、阅读、看电视、打牌等任何一种方式都可以。

（三）管理压力的第三个技术：理性评估压力

同样的事件不同人的反应是有差别的。有两个学生参加升学考试，一个焦虑到想要放弃，一个像没事一样去玩游戏。为什么会出现这样的差别呢？这是因为不是发生的事情伤害了我们，而是对事件的反应对我们造成伤害。对事件的反应就是对事件的认识和评估，一种对事件的价值判断和信念。只要能够改变评估，很多压力突然之间就会消失掉。

1. 理性评估

一位男士由大学的中层干部提升为另一城市的大学校级领导，他需要与妻子两地分居。升职和分居对他是压力还是机会，是损失还是收获，需要他自己评估。这位男士的自我评估是"这是一次机会"。因为可以结识更多的人，培养自己更多的能力。所以很愉快地来到新的岗位。

可以看到,在他的价值体系中人际关系和能力提升是重要的。当新的刺激符合这个价值体系的时候,就是机会而不是压力,反之评估跟自我价值是相违背的,称其为损失,损失越大,压力感受也越大。一位在物流岗位工作的女孩的压力可能是自己的专业不对口,自我感觉不能够胜任物流专业方面的工作。

2. 改变评估

改变评估之前要了解一个事实,即大脑是如何工作的,了解人的认识活动的基本规律和机制。

(1) 单图机制。就像地图并非完整地表达客观事实,它是部分表达客观事实一样。大脑对不符合我们目标的东西,都会将其忽视或删除。只看到喜欢的、想看到的客观世界,并非就是真实的。这就是单图机制。

(2) 扭曲机制。假定有个同学经常和你唱反调,一天,你穿得很漂亮,那个同学笑容满面地赞赏你,你内心一定在想:"今天我哪里不正常或者是哪里穿得不对?"可能她那天就是心情好,发自内心赞美你,可是你过去脑海中形成的看法让你没办法接触到客观的信息和事实,这叫扭曲。社会心理学上称为认知偏差。大家最常感受到的经验是"情人眼里出西施","厌恶和尚憎及袈裟"。

我们需要确定评估是建设性还是破坏性的。在对压力的处理上有两种态度取向,一种为资源取向,即看到问题给人们带来的好处、机会,寻求解决问题的方法和途径,这是建设性的。另一种为问题取向,即看到问题给人们带来的困难、痛苦、使人们产生放弃、抱怨的想法,这是破坏性的。

(四) 管理压力的第四个技术:重新建构

在管理压力中,必须明白没有一件事情发生在人们身上只有好处没有坏处,同样也没有一件事情发生在人的生命中只有坏处没有好处。

来观察这幅图(图 3-14),可以看成这是一位老人,还可以看到一位少妇,其实还可以从中发现隐藏的图像。这种能力叫做不改变客观事实而改变我们思考的框架。假如能够用这种方法去思考,就可以达到重新建构的目的。重新建构就是用资源取向的方法,去寻找压力带来的潜在的好处。

图 3-14　老人与少妇

1. 调整环境

自信、退出或者妥协是调整环境的 3 种基本策略。

(1) 自信在任何有成功的可能性的时候是一种首选的压力应对方法。自信是直接表达自己的权利和感受而不侵犯他人的权利。这种方法包括自身对调整不愉快环境的努力。这是一种理性和建设性的压力应对方法。

(2) 退出意味着个体在物理上或者情感上离开一个活动、组织或者个人。它可能是一种对压力的适当反应,特别是当通过自信或者妥协无法调整痛苦环境的时候。

199

（3）妥协是另一种对压力的适应性反应，涉及通过修正对立的想法或行为做出调整。和退出相反，妥协允许我们仍然处在痛苦的环境中，但不像自信方式那么积极主动。妥协更多用在当一方的级别或权威高于另一方，或者参与双方陷入停顿的时候。

2. 改变生活方式

在根本上，人们对自己的控制多于对环境的控制。选择修正自我本身的行为可作为更好的压力应对方法。这里存在多种可能性，包括发展对压力更大的耐受力，改变日常生活习惯，学习控制情绪低落的想法，获取解决问题的技能以及寻求社会支持。

三、缓解压力的操作方法

（一）腹式呼吸

有许多方法都可以降低压力导致的躯体唤醒，如生物反馈、冥想、肌肉放松以及腹式呼吸。腹式呼吸是最简单的技巧之一。你可以选择坐在一张舒服的椅子上或者躺下，不管采用哪一种姿势，把一只手放在腹部，感受一下通过横膈膜呼吸时它的起伏。通过鼻子深呼吸，并尽可能地让肺充满空气。屏住呼吸大约5秒，感到腹部胀大，然后慢慢呼气，尽可能保持放松。用这种方法呼吸大约6～7次，然后再想象着放松的时候像平常一样呼吸几秒钟。重复腹式呼吸和正常呼吸的顺序不同，思想集中在放松的愉快想法上。

（二）心理减压的小技巧

人们每天都会面临压力，下面有10种减压方法可供参考。

（1）一次只担心一件事情。

（2）每天集中精力几分钟。在工作时，也花上20分钟的时间放松一下，仅仅是散步而不考虑学习，或专注于周围的一切，如看见什么，听见什么，感觉到什么，闻到什么气味等。

（3）说出或写出你的担忧。记日记或与朋友一起谈一谈，至少不会感觉孤独而且无助。

（4）不管学习多么紧张，一定要坚持锻练。研究人员发现在经过30分钟的踏脚踏车的锻炼后，被测试者的压力水准下降了25％。

（5）享受按摩的乐趣。学习之余可以用双手按摩面部等，适度的按摩可以缓解疲劳和压力。

（6）放慢说话的速度。一定要记住，尽量保持乐观的态度，放慢说话的速度。

（7）不要太严肃。和朋友一起说个小笑话，大家哈哈一笑，气氛活跃了，自己也放松了。事实上，笑不仅能减轻紧张，还有增进人体免疫力的功能。

（8）不要让否定的声音围绕自己，而把自己逼疯。实际上自己有着许多优点，只是别人没发现而已。

（9）让自己彻底放松一天。读一篇小说，唱歌，品茶，或者干脆什么也不做，在窗前发呆，关键是自己内心的体味，一种宁静，一种放松。

（10）至少记住今天发生的一件好事情。不管今天多辛苦，多不高兴，回到家里，都应该把今天的一件好事情同家人分享。

训练项目三　自我管理与成长方程式

积极适应大学生活并学会管理自己压力的方法很多，学会并使用这些方法才是目的，以下方式供自我修炼，以促进自身的完善与成长。

一、让大学生活变得更充实

这是一种适应性的自我练习。

（1）设定目标。让自己的大学生活变得更充实。

（2）自我诱导。"我正逐步适应整个环境，人际关系比较融洽，学习有了目标，也正尝试着深入地了解自我，对自己的大学生活有着积极的态度和良好的向往……"

（3）形象预演。

① 回顾入学以来的最让我感到不能适应的事情。

② 面对这些烦心的事情，我当时的感想是什么？我当时的情绪是什么？我的应对方法是什么？

③ 运用本讲知识，结合自身实际，剖析不能适应大学生活的原因。

④ 想象自己今后遇到类似事情该如何更有理性地去处理。

⑤ 想象自己积极的态度、正确的认知、合理的归因会使自己的大学生活越来越充实。

需要把握的原则：不能改变环境就适应环境，不能改变别人就改变自己，不能改变事情就改变态度。

二、制定自己的幸福生活清单

可以制定一个标明自己喜欢活动的清单，这样每天就可能会做这些。你将感受到幸福清单的激励力量，并帮助自己。①发挥你的最高水平，当你缺乏活力的时候激发活力；②减小压力；③设立和达到你的个人目标；④战胜无聊。

人们经常在一些无聊的事情中虚度了数天、数星期，甚至数月。其实克服这种倾向的最好办法是制定并标明一个幸福清单——一个使自己感到舒适并不虚度时光的活动清单。

幸福生活清单的制作过程是：列出自己喜欢的尽可能多的活动。

最后，应列出一份保证书，将这个幸福清单张贴在 3 个醒目的地方，如床头、书桌、墙上等。目的在于提醒自己尽可能多地参与所列的活动。

注意几个问题：①幸福清单需要不时地更新；②怎样做才更有效地使自己的幸福清

单跟上形势? ③为什么重要的是幸福清单要张贴,而不仅仅是写下来? ④怎样利用计算机来管理幸福清单?

心理钥匙　心理适应性测试

心理适应性的强弱关系到人们能否工作愉快,生活幸福。如果想了解自己的"应变弹性",下面一组测试题将给同学们一个明确的回答。

1. 当收到来自税务局或环境监理会的一封沉甸甸的信时,你会(　　)。
   A. 试着自己弄清事情的缘由
   B. 装作没看到,谁捡起谁去处理
   C. 找个理由推给办公室其他同事

2. 你急着赴约,中途却被拥挤的交通所阻,你会(　　)。
   A. 变得急躁不堪,同时想象等候者恼火的样子
   B. 设想等候者会体谅你是因故而迟到
   C. 很着急,但想想急也无益,干脆不去想了

3. 一件很重要的东西不见了,这时你会(　　)。
   A. 急忙把那些可能的地方找一遍
   B. 心情暴躁地东翻西找来搜索
   C. 不动声色地对最近一段时间的行为作一番仔细回顾

4. 你一贯用钢笔写字,现在要你换圆珠笔书写,你会(　　)。
   A. 感到别扭
   B. 有时有点不顺手
   C. 感觉与用钢笔没什么差别

5. 你在大会上演说的姿态、表情、条理性及准确性与你在科室里讲话相比怎样?
(　　)
   A. 基本上没什么差别
   B. 说不准,看具体的情况而定
   C. 显然要逊色多了

6. 改白班为夜班之后,尽管你做了努力,但工作效率总不如那些和你同时改夜班的人高,是吗?(　　)
   A. 对
   B. 说不上
   C. 不是

7. 你手头的任务已临近最后的截止日期了,你会(　　)。
   A. 变得更有效率了

B. 开始错误百出

C. 心中暗急,但仍勉强维持正常状况

8. 在与人激烈地争吵了一番以后,你会(　　　)。

A. 转回到工作上,但有时难免走神

B. 唠叨个不停,工作量递减

C. 不受影响,继续专心工作

9. 你出差或旅游到外地,住进招待所或旅馆,睡在陌生的床铺上,你会(　　　)。

A. 失眠得厉害,连调一种睡眠姿势,换一个枕头也会引起新的失眠

B. 有时会失眠

C. 和在家感觉没有什么差别

10. 参加一个全是陌生人的聚会,你会(　　　)。

A. 先灌几杯酒让自己放松一下

B. 有时感到不自在,有时又能从这种状态中摆脱出来,与人相叙甚欢

C. 立即加入最活跃的一群,热烈谈话

11. 工作时间一改,你会(　　　)。

A. 在相当长一段时间内发生紊乱

B. 起初的两三天感到不习惯

C. 很快就习惯了

12. 有人劈头盖脸指责你,你会(　　　)。

A. 头脑清醒,冷静而适度地予以回击

B. 一下蒙了,过后才去想当时该如何进行反击

C. 在当时就还了几句,但不甚中要害

13. 你事先给一位朋友打电话预约登门拜访,他答应届时恭候。可当你如约前往,他却有急事出去了。这时,你会(　　　)。

A. 有些不满,但既来之则安之

B. 嘀咕不已

C. 充分利用这一空当,为自己下一步要做的事计划一番

14. 只有在安静的环境中,你才能读书,外面喧哗嘈杂之时你便分心吗?(　　　)

A. 是的

B. 视吵闹的程度而定

C. 不,只要不是跟我吵,坐在集市货摊之间也照读不误

15. 同学们总说小王脾气执拗,难以相处,你(　　　)。

A. 倒觉得小王蛮好接近的,大家恐怕太不了解他

B. 说不上对他什么感觉

C. 也有同感

评分标准

具体评分标准参见表 3-5。

表 3-5 评分标准表

题号 \ 分值	选项		
	A	B	C
1	1	3	5
2	5	1	3
3	3	5	1
4	5	3	1
5	1	3	5
6	5	3	1
7	1	5	3
8	3	5	1
9	5	3	1
10	5	3	1
11	5	3	1
12	1	5	3
13	3	5	1
14	5	3	1
15	1	3	5

结果分析

将所有项目的得分相加，15～29 分为心理适应性强；30～57 分为心理适应性中等；58～75 分为心理适应能力差。

15～29 分：世界千变万化而你"游刃有余"，生活中的各种压力你常能化之于无形；你过得心情愉快、万事如意，这种精神品质有利于心理平衡与健康。你是个生活能力强的人。

30～57 分：事物的变化及刺激不会使你失魂落魄，一般情形你都能作出相应的适度反应，可是如果事件比较重大、变得比较突兀，那你的适应期就要拖长。了解自己的这种情况之后，最好预先准备，锻炼自己的快速适应能力。

58～75 分：你对世界的变化、生活的摩擦很不习惯，如此磨损你会过早"断裂"的。不过，只要意识到了，还是有希望改善此状况。首先，要从思想上对那些总看不惯的事情冷静地剖析，事情真是十分难以忍受吗？其次，要在心理上具备灵活转移、顺应时变的快速反应能力，不要将自己拘禁在已有的固定模式中。

训练六　感知幸福

> 人的任何一种追求都是对于幸福的追求。
>
> 【德国】费尔巴哈

训练项目一　体味幸福

无论生活怎样，人们都可以找到一件让自己感到幸福的事件，请回忆一个幸福时刻，并与他人分享。与朋友一起讨论作为个人，怎样才能更加幸福？可以将讨论的内容进行记录，并写下个人的幸福生活清单。幸福生活清单没有固定格式，只要自己满意就好。如，一个美国人的幸福生活清单：花些钱去买张设计精致的藏书票；随手整理、立刻清洗，事情就不会堆起来；每天运动 20 分钟左右；到图书馆去；享受一次悠闲、热腾腾的泡泡浴；按部就班地进行一项长期计划，即使一星期做 4 天，每天 15 分钟也会进步很大等。

通过记录自己的幸福生活清单，可以整理自己的生活内容，梳理生活感受，问问自己对生活的状态满意吗？需要进行一些改善吗？这里，需要明确一个概念，那就是幸福感。

幸福首先是一种个人的感受，可称为幸福感。如果一个人感受到的积极情感多，消极痛苦少，他获得的幸福感就比较多。对幸福的定义，不同人的理解存在差异，美国哈佛大学讲师本·沙哈尔认为幸福应该是快乐与意义的结合，"一个幸福的人，必须有一个明确的、可以带来快乐和意义的目标，然后努力地去追求"；北京联合大学的丁晓军认为"幸福可以被定义为人在追求及实现理想的过程中所体验到的愉悦和欣慰的感受"；南京师范大学教授郑确认为"幸福是短暂快乐的稳定连缀"。

学者们对幸福感的研究很多，在实际运用的过程中，美国积极心理学创始人赛利格曼教授所说的 3 种境界的幸福生活影响比较广泛。

第一种是快乐的生活，人们在其中拥有尽可能多的积极情绪。然而快乐的生活也有缺陷：①快乐的生活，也就是对积极情绪的体验，遗传起了百分之五十的作用，并且快乐的状态很难更改；②人们很快会对积极情绪产生适应。快乐就像香草冰淇淋，第一次品尝是百分之百的美味，多次之后，滋味全无。

第二种是参与的生活，当人们工作、哺育、恋爱、休闲时，觉得时间停止，亚里士多德说的就是这种生活。此时，人们觉得时间停止，心无旁骛，心中涌起一种冲动的体验，称为"涌动体验"。

第三种是有意义的生活。这是幸福感中最可敬的方面。意义和涌动有相似之处，它包含了几点要素：了解自身的长处在哪儿；运用自身的长处，投身于一定的事业。

我国学者对幸福的研究也非常系统，尤其是华南师范大学郑雪教授，他认为幸福是一种情感,感受的快乐比痛苦多,所获得的幸福感就多;幸福也是一种需要,当人们的需要得到满足时,就会产生满意、愉快、欢乐、幸福等不同程度的情绪体验;幸福也是一种认知,对自我的评价、与他人的比较影响人们对幸福的感知;幸福还与行为有关,积极的行为以及行为目标的实现能够给人们带来良好的情绪和幸福感。[1]

关于幸福感,常有这样的问题困扰人们。①发达国家的人幸福吗? ②有钱、有地位就幸福吗? ③我幸福吗? ④有爱情、友情、亲情就幸福吗? 似乎我们没有正确和标准答案来说明一个人的幸福感,可以说每个人的幸福感标准都不同。人们经常看到对幸福的感知与经济状态相连,许多人努力赚钱的目的就是为了过得更好,提高自己的生活质量,让自己更幸福。但事实是大部分人在经济方面都比自己的父辈或祖父辈好得多,可是幸福水平并没有按比例提高。据专家介绍,只有大约15%的幸福与收入、财产或其他财政因素有关,而近90%的幸福来自诸如生活态度、自我控制以及人际关系。

有研究发现,不利的攀比使人远离幸福,科内尔大学教授罗伯特·弗兰克说,当被问到你是愿意自己挣11万美元,其他人挣20万美元,还是愿意你自己挣10万美元而别人只挣8.5万美元呢? 大部分的美国人选择后者,他们宁愿自己少挣,别人不要超过他,也不愿意自己多挣别人更多挣。

消极的性格让人感觉幸福的门槛很高。人们经常感到自己不被接受,感到世界的不公平,感到这个世界充满虚伪和无奈而痛苦。当然不同的文化对幸福的感受比经济和性别的影响要大。中国人往往崇拜名人、英雄,西方人会崇拜自己的父亲或母亲。无论如何看待,人们对幸福的感知可以有以下几点,即情绪、需要、认知、行为。

训练项目二　幸福感训练

无论我们用什么样的价值观来看待幸福,在感知幸福方面都需要用一定的方法。心理训练需要解决这些问题,并应该追求具有使人幸福的目标。获得幸福的方法很多,推荐几种方法,你无论采纳何种方法,都会有一定的收获。

一、幸福储蓄法

如图3-15所示,这是常州市心理卫生中心主任王瑞文的讲座文稿《快乐成长》中的一个插图,他提示我们为自己准备两个储蓄罐:一个幸福,一个痛苦。每天将开心的事写下来,放进幸福储蓄罐中,将痛苦的事也记录下来,放进痛苦的储蓄罐中。每个周末,将所有记录开心、幸福的事情打开,并回顾。将痛苦的事封存在罐子里。

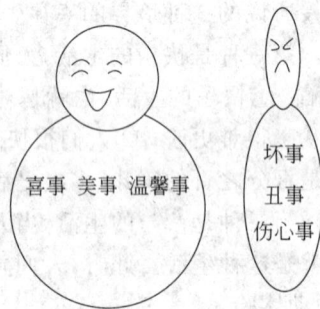

喜事 美事 温馨事

坏事 丑事 伤心事

图3-15　情绪储蓄罐

[1] 中国心理学会学校心理专业委员会2008年学术年会论文摘要集,7-19.

自己体会其中的感受,你可能会发现一些神奇的感觉。

二、幸福基线法

这种方法与上述方法有异曲同工的效果。操作很简单:可以用一张纸,在中央部分画一条横线,横线上方为正向、积极、快乐、幸福的事,横线下方为痛苦、悲伤、不开心的事,横向代表时间,左边为过去,中间 0 点为现在,右边为未来,记录起点为 0。纵向为程度记录。中间为原点,离中间越远,正负项的程度也越高。

三、幸福资源法

幸福不是凭空产生的,需要拥有感知幸福的能力。这些能力的培养可以从以下几方面进行。

(1)交往。有朋友的人容易产生幸福感。这是人的基本需要,也是人社会性的要求。在交往中,人们可以通过沟通交流心理,分享喜悦,获得理解与支持。

(2)读书。书籍的海洋是一个多彩的世界,广泛地读书、读自己喜欢的书,既是自我的一种修养熏陶,也是自我人格的一种完善。读书可以帮助人们澄清一些自己不太清晰的概念,提供一些解决问题的方法。读书就像与智者对话,可以净化心灵,帮助人们更好地理解和认识世间的人和事。

(3)助人。如慈善事业、志愿者活动等,这种方法不一定可以带来快乐的感受,但可以帮助人们体会到意义和价值。有研究发现,让人们做些协助他人的事,再做些快乐的事,然后比较两种活动后的感受,结果是,取乐所获得的乐趣很快消退,但帮助他人所获得的乐趣持续了很久。

四、幸福干预法

(1)训练自己的留意技巧和品位技巧来为自己设计美好的一天。

(2)感恩拜访,闭上双眼,回忆生活中给你造成巨大转变、使人生得到改善、而又没有认真感谢过的那个人。如果心目中有这样一个人,请给那个人写一封 300 字的感谢信,然后给对方打个电话,问他你能否登门拜访,见面时,你对他念出这封信。一周后、一个月、三个月之后,双方都变得更快乐、不再抑郁了。

相关知识链接: 快乐的生理机制

快乐是幸福的外在表现,对幸福的理解首先需要了解快乐的机制。大脑内有一类叫阿片肽的物质,称为内源性阿片肽。这种物质与人体的应激反应、免疫反应和情绪反应密切相关。这种物质可引起快乐的感受,快乐的感受也可以促进大脑产生更多的这类物质。反之,这类物质的缺乏可引起痛苦的感受,痛苦的感受也可以抑制大脑产生这类物质。

　　快乐来自与年龄相适应的生活，如图 3-16 所示，在心理成长的每一个阶段有不同的心理需求，任何一种需求的缺失，都可导致成年后的快乐感缺乏。

相关知识链接： **幸福指数**

　　幸福指数，是衡量民众对生活满意程度的一种主观感受以及这种感受具体程度的主观指标数。"幸福指数"的概念起源于 30 多年前，最早是由不丹国王提出并付诸实践的。20 多年来，在人均 GDP 仅为 700 多美元的南亚小国不丹，国民总体生活得较幸福。"不丹模式"引起了世界的关注。近年来，美国、英国、荷兰、日本等发达国家都开始了幸福指数的研究，并创设了不同模式的幸福指数。如果说 GDP、GNP 是衡量国富、民富的标准，那么，百姓幸福指数就可以成为一个衡量百姓幸福感的标准。它是社会运行状况和民众生活状态的晴雨表，也是社会发展和民心向背的风向标。

图 3-16　快乐与年龄的相应

　　英国"新经济基金"组织去年对全球 178 个国家及地区做了一次幸福排名，太平洋岛国瓦努阿图荣登冠军，中国排名第 31 位。世界发达国家的幸福指数反而不靠前，非洲国家平均成绩最不理想，包揽了最后 10 名中的 7 位，津巴布韦倒数第一。

训练项目三　感恩生命

一、对生命的认识

　　有人说生命就是一个括号，左边是生，右边是死，中间精彩部分是生命的历程。生命存在本身是一个奇景，更是一个人进取的结果，那就是精子和卵子的约会与融合。对生命的健康态度是保护生命、珍爱生命、发展生命，其核心意义就是要珍爱生命。珍爱生命是多维度的，可以从 4 个方面进行概括。

　　（1）认知方面。唤醒生命意识，即尊重而不伤害生命，包括自己和他人。

　　（2）情感方面。激发生命情感，即欣赏、热爱、接纳、关怀自己和他人的生命，对生命负责。

　　（3）意志方面。直面生命考验，积极应对生命危机，尤其在地震、海啸、台风等自然灾害来袭时，坚强并积极去应对的态度和行为。

　　（4）行为方面。提升生命质量，这是珍爱生命的终极目标。展现生命意义，构建生命和谐,主要参与有意义的行动,体验参与时的专注与内心涌动的感觉,体验生命的意义和美丽。

二、对放弃生命的思考

在当下社会,有关生命的教育往往和死亡教育联系在一起,这个话题一下就变得沉重了。尤其是多数国家的文化都恐惧死亡,也忌讳死亡的话题。莎士比亚借哈姆雷特说:"那个黑暗的王国无人能返。"可见这是一班单程列车。尽管泰戈尔说:"让生如夏花之烂漫,让死如秋叶之静美。"我们对死亡依然心存敬畏,死亡的结果对人们的创伤是巨大的,但在面对死亡的问题上,人们更多关注放弃生命的问题。

自杀、杀人、伤人、校园暴力成为目前高校的敏感话题。生命意识的缺失像一种病毒在逐渐地扩散并影响到人们的思维。漠视生命、否定生命、暴虐生命、游戏生命、丧失生命成就感在校园里常常产生爆炸式的影响。[1]

心理学家发现,放弃生命的人往往希望放弃的不是生命本身,而是生命所承载的痛苦。如果人们拥有或获得缓解痛苦的方法,就无须放弃生命。一位年老的工程师患了严重的忧郁症。两年前他最挚爱的妻子死了,此后他一直无法克服丧妻的沮丧。心理咨询师问他:"如果是您离世,而尊夫人继续活着,那会是怎么样的情境?"他说:"喔,对她来说这是可怕的!她会遭到更大的痛苦啊!"于是心理咨询师回答他说:"现在她免除了这痛苦,那是因为你才使她免除的。所以您必须付出代价,以继续活下去及哀悼来偿还您心爱的人免除痛苦的代价。"他不发一言地紧紧握住心理咨询师的手,然后平静地离开了。其实痛苦在发现其意义的原因时,就不成为痛苦了。

三、大学生自杀

(一)与大学生自杀有关的数据

据不完全统计,截止 2011 年 6 月全国高校大学生自杀 44 起;2010 年 52 起;2009 年上海高校发生自杀事件 13 起;广东省教育厅统计数据显示,2003—2008 年底,广东省高校发生学生自杀事件 101 起。2008 年上海共发生大学生自杀事件 23 起,造成 19 人死亡。2005 年,在全国 23 个省份近 100 所高校内,发生大学生自杀事件 116 起,其中 83 人死亡。自杀事件大部分发生在 2～4 月和 9～10 月这两个换季时期。2001—2005 年,各地共报道 281 名大学生自杀事件,其中 209 人死亡,72 人存活,自杀死亡率为 74.4%。这些数据令人震惊,人们不禁要问,是什么要他们一定要用生命作为代价。

(二)自杀的原因

学业困扰、父母离异、精神抑郁等都是引发大学生自杀的关键因素。自我控制能力

---

〔1〕 王晓刚. 大学生心理健康[M]. 北京:清华大学出版社,2008:223.

弱、惧怕否定、内向、人际关系薄弱等，都容易诱发大学生心理问题，而出现自杀的危险。每个自杀的人都有自己的理由。但许多自杀未遂的人日后回忆，在自杀实施的过程中感受到恐惧与后悔，并庆幸自己的生命能够延续。

（三）自杀的先兆

自杀并非突发。一般而言，自杀者在自杀前处于想死同时渴望被救助的矛盾心态，从其行为与态度变化中可以看出蛛丝马迹。大约三分之二的人都有可能被观察到征兆。

1. 常见的基本线索

（1）突然的、明显的行为改变，忧郁症状毫无理由的消失。

（2）立遗嘱，交代后事，写告别信给亲朋好友。

（3）清理自己所有的东西，将自己心爱之物分赠他人。

（4）收集与自杀有关的资料并与人探讨。

（5）最近周围有人自杀，尤其是朋友或家人死亡或自杀，或有其他损失，如父母离婚。

（6）流露出绝望、无助以及对自己或这个世界的气愤。

（7）将死亡或抑郁作为谈话、写作、阅读内容或艺术作品的主题。

（8）社会隔离，如少与家人、邻居、亲戚朋友往来。

（9）有过自伤行为。

（10）急性的性格改变、反常的攻击性或闷闷不乐，或者新近从事高危险的活动。

（11）学习成绩突然显著好转或恶化，慢性逃避或拖拖拉拉，或者出走。

（12）躯体症状，如进食障碍、失眠或睡眠过多、慢性头疼或胃疼、月经不规律等。

（13）突然增加酒精的滥用或药物的滥用。

2. 自杀的言语、身体、行为先兆

日本长冈利贞认为，自杀前会有种种信号，可以从言语、身体、行为三方面来观察。根据以下种种征兆，可以为自杀预防提供线索和可能。

（1）言语。有自杀意念的人会间接地、委婉地说出来，或者谨慎地暗示周围的人。如"想逃学"、"想出走"、"活着没有意思"、"我想消逝了"。

（2）身体。有自杀意念的人会有一些身体症状反应，比如感到疲劳、体重减轻、食欲不好、头晕等。这往往是抑郁情绪所致，不能简单地认为是身体有病，应引起注意。

（3）行为。当自杀意念增强时，在日常生活中会表现出不同于平常的行为，如无故缺课，频繁洗澡，看有关死的书籍，甚至出走，自伤手腕等。

四、对生命的感恩

维尔特对2.5万名大学生进行调查研究后发现，大学生缺乏对生命意义的理解的主要原因之一是缺乏感恩之心。感恩可以让人们体会到生命的意义。以下介绍几种方法，可以用心体会，学习感恩。

（一）生命之初的祈祷

请朗读并用心体会海灵格《家庭系统排列》中《生命之初的祈祷》的内容。

亲爱的妈妈，我接受你给我的一切，所有的一切，还有全部后果。

我接受你为之付出的代价，和我为之付出的代价。

我将做一些有益的事情，来纪念你，感谢你和尊敬你。

你的付出肯定不会白费，我会牢牢地抓住它，把它放在我心中。

就好像你做的一样，我会尽力把他传下去。

我接受你做我的母亲，你也可以把我当做你的孩子（儿子、女儿）。

只有你才是我的母亲，我是你的孩子。

你很伟大，我很渺小。你付出，我接受。

亲爱的母亲，很高兴你接受父亲做你的丈夫，你们两个是我真正的父母。

亲爱的爸爸，我接受你给我的一切，所有的一切，还有全部后果。

我接受你为之付出的代价，和我为之付出的代价。

我将做一些有益的事情，来纪念你，感谢你和尊敬你。

你的付出肯定不会白费，我会牢牢地抓住它，把它放在我心中。

就好像你做的一样，我会尽力把他传下去。

我接受你做我的父亲，你也可以把我当做你的孩子（儿子、女儿）。

只有你才是我的父亲，我是你的孩子。

你很伟大，我很渺小。你付出，我接受。

亲爱的父亲，很高兴你接受母亲做你的妻子，你们两个是我真正的父母。

（二）列一份年终感恩清单

不需要说大道理，直接感谢某人或某事。下面是一位讲师的年终感谢清单，作为借鉴。

2010 年年度感恩清单

1. 为儿子的健康和良好表现而感谢！

2. 为一年的身体健康而表示感谢和感恩！

3. 为丈夫的无条件关爱而感谢！

4. 为母亲的健康和长年为 3 个子女而念佛祈祷表示感谢和感恩！

5. 为与同事一年的愉快相处而感谢！

6. 为有朋友并常常收到朋友的祝福而感谢！

（三）拜访养老院或去医院看望一位危重病人

将自己的真实感受记录下来。如果有特殊感受需要表达，请不要压抑自己，立即去做。

（四）情景体验

一位先生乘飞机由天津到海南开会，在飞行途中，飞机出现故障，机组人员在全力维修飞机，但不知道飞机的飞行状况能否正常，为减少遗憾，乘务长通知大家准备写遗书，把自己最后想说的话写下来。机上立刻一片混乱。你认为这位先生会写什么？如果飞机能够平安着陆，这位先生未来的生活将会受到什么影响？

五、对生命的装饰

生命原本自然、率真，人类的生命因为社会性的参与便赋有一定的意义，无论愿意与否，对生命意义的探询是人类生活的一种基本动力。奥地利著名心理学家阿德勒认为：“生命的意义就在于对同类感兴趣，作为团体的一分子，为人类幸福贡献自己的一份力量”。

英国学者罗素说：“生命应该像花朵那么温柔可爱，像峰峦那么稳定而清晰，像苍天那么高深莫测，生命是可以这样的。”生命可以丰富多彩，只要自己愿意装饰，一定可以精彩。

（一）有品位

学习品位，保持一种积极、乐观的心态，尽量去发现周围的人、事的美好的一面。只有这样，人生才能拥有阳光、美丽的回忆，无穷的生活乐趣。

（二）有朋友

人是一种人际关系“动物”，必须生活在人际关系层面，人们在与人相处过程中，不要对别人期待太多，也不要让别人对你期待太多。区分亲密关系、朋友关系、一般关系3个社交等级，心理容易平衡。学习分享、并存、融合与借鉴，不要把自己的意志或想法强加给别人，也不要随便地被别人说服，做到有主见但不固执。在许多情形下，声明自己不能、不会、不懂会使自己少许多麻烦事、冤枉事，也少得罪人。

（三）有个性

保持一份自我，在茫茫人海中自由生活，既是对生命的尊重，也是自我价值的体现。我们需要尊重自我的感受，认同自己的生活，学会休闲和娱乐。能够及时管理自己的时间，为自己做决策，能适度地自我控制。保持本真是一个人保持健康的基本素质。

（四）有意义

研究人员对“快乐、参与和意义的追求各自在生活满意度中起到什么作用”进行了调查。结果发现，对快乐的追求几乎不起什么作用，对意义的追求起的作用最大，对参与的追求同样起很大作用。当人们对某事有参与感，也获得了意义感，快乐就如锦上添花。

训练项目四 **自我幸福训练方程式**

这里介绍几种自我幸福训练的方式,非常便于操作,可以试试。

一、幸福心理学有 14 个要点

这是上海师范大学张志刚教授所做的讲座《21 世纪新心理学:幸福心理学》中提到的幸福心理学的 14 个要点。

(1)用愉悦充实自己每一天。

(2)多与他人交往。

(3)投身于有意义有价值的工作。

(4)做事要有计划。

(5)不要担忧。

(6)调整期望。

(7)积极乐观看眼前。

(8)聚焦当下。

(9)培养积极性格。

(10)多微笑。

(11)相信自己,没有必要迁就他人。

(12)极力及时清除抑郁情绪。

(13)发展亲近的、相爱的人生关系,并主动经营。

(14)聚集幸福。

二、生命中的五样

这是一个经典的心理游戏。具体方法是这样的:先拿出一张白纸,再准备一支黑色的签字笔。在白纸顶端,一笔一画,写下"×××的五样"。这个×××就是你的名字。请用黑色的笔在雪白的纸上,快速写下你生命中最重要的五样东西。然后按意愿逐个删除,直到只剩下一样。这就是你生命中最重视的内容。

在写生命中的五样东西时,这五样东西既可以是实在的物体(如食物、水或钱);也可以是人和动物(如父母、朋友或狗);也可以是精神的追求(如宗教或理想);也可以是爱好和习惯(如旅游、音乐);可以是抽象的事物(如祖国或哲学);也可以是具体的物品(如一个瓷瓶或一组邮票)。总之,只要把内心最珍贵的五样东西写出来就可以了。

也许有人会问,究竟剩下哪一样东西才是正确的呢?排列顺序有没有最终的正确答案?从某种意义上说,心灵游戏都是没有答案的游戏。按照个人的思维逻辑和价值观的选择，做出自己的排列组合，只要不妨害他人，就没有对错之分，只有真实与虚伪、清晰与混乱、和谐与纷杂的区别。

三、生命线

这也是一个常用的心理游戏。在纸上画一条线代表生命线，起点是自己出生的日期，终点是预测死亡日期。请根据自己的健康状况，家族的健康状况及所在区域的平均寿命，提出自己预测的死亡年龄。然后在这条线上找到现在的位置，静静思考一下在过去的日子里最难忘的3件事，以及在今后的日子里最想达到的几个目标。

通过练习与操作，对自己的人生做一个全面回顾，并在检视过去的时候对自己的未来有更多的思考。

四、墓志铭

请为自己撰写一个墓志铭。

每一座墓碑都承载着一个逝去的生命，每一座墓碑上的铭文，都是一段精彩个人历史的浓缩。按照哲学家们的看法，死亡的发现是个体意识走向成熟的必然阶段。一个人的心理健康，更是和他的生命观念、死亡观念息息相关。不能设想一个对自己没有长远规划的人，会有坚定、健全、慈爱的心理。请设想并计划在自己生命结束后的墓碑上写些什么。

心理钥匙　*幸福测试*

请在表3-6中这些涉及人们对生活不同感受的陈述中作出同意与否的选择，如果不能确定，就在选项"？"下打钩。带＊号的题，如果答"是"得2分，"？"得1分，"否"得0分；反之，不带＊号的题，如果答"是"得0分，"？"得1分，"否"得2分。将各题得分累加，算出自己的总得分。

表3-6　幸福测试表

题　目	选　项		
＊1. 当我年龄增长时，我发现事情似乎要比原先想象的好	是	否	？
＊2. 与我认识的多数人相比，我更好地把握了生活中的机遇	是	否	？
3. 现在是我一生中最沉闷的时期	是	否	？
4. 回顾以往，我有许多想得到的东西均未得到	是	否	？
5. 我的生活原本应该有更好的时光	是	否	？
＊6. 即使能改变我的过去，我也不愿有所改变	是	否	？
7. 我所做的事多半是令人厌烦和单调乏味的	是	否	？

题　目	选　项		
*8. 我估计最近能遇到一些有趣而令人愉快的事	是	否	?
*9. 我现在做的事和以前一样有意思	是	否	?
10. 我感到自己老了，有些累了	是	否	?
*11. 回首往事，我相当满足	是	否	?
12. 与同龄人相比，我曾作出过更多的愚蠢决定	是	否	?
*13. 现在是我一生中最美好的时光	是	否	?
*14. 我感到自己确实老了，但我并不为此感到烦恼	是	否	?
*15. 与同龄人相比，我的外表更年轻	是	否	?
*16. 我已经为一个月甚至一年后该做的事制定了计划	是	否	?
17. 与其他人相比，我惨遭的失败次数太多了	是	否	?
*18. 我在生活中得到了相当多的我所期望的东西	是	否	?
19. 不管人们怎么说，许多普通人是越过越糟，而不是越过越好	是	否	?
*20. 我现在和年少时一样幸福	是	否	?

结果解释

得分为 0～7：生活满意度极差，在生活中无法获得幸福感。很有必要找个思想成熟的人或心理专家为自己把脉，重新勾画和设计一下自己的生活蓝图。调整自己的生活方式，使日子过得好起来。

得分为 8～15：你的生活幸福感较差，日子过得不好，这使人容易沮丧，情绪低落。不妨检讨一下自己的观念，看看是不是目标太高，过分追求完美，或是自卑感让自己日子难过。改变想法，也许感觉会有改变。

得分为 16～34：生活状态一般，有喜有忧的日子使得你和多数人一样。

得分为 35～40：有相当高的生活满意度指数。不一定是富人或有地位的人，但心态很好。一个人能感到幸福是件不容易的事，我们向这类人表示祝贺，并希望他们永远幸福。

训练七　情绪管理

情绪充满我们的生命,它不仅是一些孤立的事件。情绪和情感的作用以各种有趣的层次、形式和顾虑,生动地充斥生命的背景、节奏和味道之中。情绪使平凡、通常平淡无味而乏人闻问的生命产生个性。

【美国】迈克尔·期托克

训练项目一　感知情绪

提到情绪,人们首先会想到喜、怒、哀、惧、爱、恶、欲。有趣的是属于快乐的情绪只占到七分之二,属于不愉快的情绪占到七分之五。可见人们对痛苦的体验比快乐更多,也更加深刻。所以人们努力追求幸福和快乐。

情绪是指个体受到某种刺激所产生的一种身心激动状态,是一种躯体和精神上复杂的变化模式,包括生理唤醒、感觉、认知过程以及行为反应。从情绪的定义可以看出情绪具有以下几点含义。

(1) 情绪是生命中不可或缺的一部分。从生理学的角度分析,情绪其实是大脑与身体的相互协调和推动所产生的现象。因此,一个正常的人,必然是有情绪的。不仅如此,没有某些情绪的人,其实是有缺憾、不完整的人。

(2) 情绪绝对诚实可靠。人们往往对同样的事有同样的情绪反应,除非信念或价值观等发生改变。如果我们对蜘蛛特别害怕,那么每次我们看到蜘蛛就会有同样的惊叫、闪躲等反应。如果我们对某一类型的人特别反感或特别喜欢,每次遇到这种类型的人,都会有同样的情绪情感反应。

(3) 情绪不是问题。身体不适要去看医生,如果医生说你额头很烫,需要做手术切除,你会觉得这个医生精神不正常。因为大家都知道额头很烫这一症状说明身体有问题,可能是肠胃有毛病,也可能是感冒。症状使我们知道健康有问题,但它本身不是问题。情绪也是一样,它只是症状而已,可是很多人都把情绪看做是问题本身,情绪只是告诉人们,生活中有些事情出现了,需要人们去处理。

(4) 情绪可以被驾驭,为人们服务。如果情绪能被妥善运用,可以使人生变得更加美好。情绪既是生命的一部分,就像我们的手与脚、过去的知识经验等,可以为我们服务。可惜的是,有很多同学往往陷入了迷惘苦恼中,不能自拔,成为自己情绪的奴隶,而不是驾驭自己情绪的主人。从情绪的含义可以看出,情绪不仅可以感知、体验,也能被管理和运用。这就需要人们学习感知情绪的方法,成为自己情绪的主人。

一、检视自我情绪

思考过自己经常有什么样的情绪吗？这是一个自我情绪检视的开始。人的情绪体验有很多种,具体可以分成两大类:正面情绪、负面情绪。

对相同一件事情的解读,不同人的理解不同,感受也不一样。例如,假设看到别人中了大奖,或是做事突然成功,或是突然拥有很多财富,自己刚好是处在生涯低潮或是金钱短缺的阶段,那么,很难不无忌妒心,或是羡慕的情绪。将平日的情绪搜集分类,再记录下来。记录自己和观察别人的情绪以后,一共搜集到几种情绪,自己经常存在的情绪有哪些?这样对自己的情绪就会有一个大体的认识。

二、了解自我的情绪类型

情绪的分类方法有多种,以下方式比较常见,可以对照了解自己的类型。

(1)乐观型。这个类型的人通常比较乐观,即使碰到伤心事,也不会太悲伤。因此,乐观型的人忧愁、恐惧都比悲观型的人轻。

(2)悲观型。这个类型的人正好与乐观型的人相反,沮丧时期较多,即容易思虑过度。

(3)中庸型。这个类型的人较容易知足,较少忧愁恐惧,懂得控制情绪。

三、情绪的种类

一般认为,快乐、愤怒、恐惧和悲哀等是人类最基本的情绪。这些情绪与人的基本需要相联系,通常还具有高度的紧张性。

(一)快乐

快乐是个人目的的达到、紧张解除后的情绪体验。快乐的程度和紧张程度取决于目的重要程度和目的达到的程度。如果追求的目的非常重要,并且目的的达到带有突然性也会引起异常的欢乐,否则只能引起微小的满意,一般把程度分为满意、愉快、非常欢乐、狂喜。

(二)郁闷

郁闷是一种低迷的情绪状态,据调查,大学生中最多的消极情绪是郁闷,有 28.8% 的学生经常处于郁闷和喜怒无常的状态中,占到所有消极情绪的一半以上。郁闷似乎不仅仅只是一句口头禅,也是大学生的心情写照。

同学间矛盾是大学生感到郁闷的首要因素,考试失误也常让学生滋生郁闷情绪,自身无力解决的家庭矛盾、对未来就业的困惑都成为学生郁闷的因素。

（三）焦虑

在 Google 网站的搜索结果中，"焦虑"以高达 107 万条的记录远远超过了曾经风行一时的"郁闷"（59.3 万条）。有流行病学研究发现，城市人口中大约有 4.1%～6.6%会得焦虑症。北京佰众健康体检中心 2004 年底发布的《中关村白领健康调查》显示，在参加心理测试的 1524 名中关村从业人员中，表现出焦虑的高达 797 人，占总人数的 52%。同样在 2004 年底，前程无忧网进行了一项名为"年终将至，焦虑来袭"的网络问卷调查，结果有 91.47%的人表示"会因荒废一年而焦虑"。

新加坡莱佛士医院精神科顾问高思铭医生认为，工作、人际关系和婚姻是造成现代人产生焦虑的主要因素。更多的时候，明确的现实问题和危机只是焦虑产生的模糊背景或导火索，其深层原因则与社会环境、生活节奏、竞争压力和个人心态等密切相关。

（四）愤怒

愤怒是个人目的不能达到或一再受到妨碍从而逐渐积累起的紧张而产生的情绪。如老师偏袒部分学生，其他学生作弊未被发现等也会激发学生的愤怒。挫折不一定引起人的愤怒，挫折的原因是被阻挠且不合理时，甚至是恶意的，则最容易引起愤怒，人在愤怒时有时会引起对阻挠的进攻。有调查显示，有 11.2%的被调查者表示会因愤怒做出报复，6.1%的人为求得心理平衡会去伤害小动物和植物。一般把愤怒的程度分为轻微的不满、生气、愠、怒、大怒、暴怒。

（五）恐惧

恐惧是个人企图摆脱、逃避某种情景而又无能为力时所产生的情绪。恐惧与快乐、愤怒不同，快乐和愤怒都是会使个体接近的情绪。恐惧是一种会使个体企图摆脱危险的逃避的情绪。如在遇到地震，人们无力对付时，往往会恐惧万分。引起恐惧的关键因素是人缺乏处理可怕情境的力量。此外，熟悉的环境发生了意想不到的变化也会引起人的恐惧情绪。

（六）悲哀

悲哀是个人在失去所盼望的、所追求的东西或有价值的东西时所引起的情绪。悲哀的程度取决于失去事物的价值，失去的东西价值越大，引起的悲哀也越强烈；失去的东西价值越小，引起的悲哀也越微弱。一般把悲哀的程度分为遗憾、失望、难过、悲伤、悲痛。

（七）痛苦

痛苦是最普遍的消极情绪，有多种不同的表达方式和承载方式。当肉体遭受创伤时，体现的是肉体上的痛感，是一种机体受损的物理感受，等同于"疼痛"。当精神遭受打击时，痛苦表现为心理上的一种失落或是无奈，这是感情上的因素。痛苦一般与悲哀同步发生，悲哀似乎是痛苦的表现形式。

生物学家曾经做过实验，将一条有孤僻症的狗放在屋里，然后主人离开。不到一小时,狗开始撕咬东西,并大叫起来。事实上很多狗都有这种反应,当主人离开后,一些袜子、枕头会被狗撕烂、咬坏。因为狗害怕孤单,害怕主人离开它。这正是由于感情上的失落所致。

相关知识链接: 情绪周期

就像一年有四季的变化,人的情绪也有周期。所谓情绪周期,是指一个人的情绪高潮和低潮的交替过程所经历的时间。它反映人体内部的周期性张弛规律,亦称"情绪生物节律"。

(1) 当人处于情绪高峰时,极少焦虑,身体的活力、胃口和睡眠状态都达到最佳状况,表现出强烈的生命活力,记忆力好,对人和蔼可亲,感情丰富,做事认真,容易接受别人的规劝,具有心旷神怡之感,学习效率也比较高。

(2) 处于沮丧时期,再好的消息也激不起丝毫的兴趣,人变得多愁善感,没有活力,不想吃不想睡,容易急躁和发脾气,易产生反抗情绪,喜怒无常,常感到孤独与寂寞。

(3) 当人处于沮丧期的最低点时,仿佛世界末日就要来临了。但快乐的飞扬期,此时正悄然来临。

(4) 情绪周期的中间地带,也就是介乎于欢乐和沮丧之间的平稳时期。此时最客观进取,因此会做出最成熟的决定。人的情绪周期建立于童年。拥有快乐童年的人,情绪较为平稳。人成熟后,所有习惯已养成,改变并不容易,需要下定决心克服不良情绪。

科学研究表明,人的情绪周期与生俱来。从出生的那一天开始,一般 28 天为一个周期,周而复始。每个周期的前一半时间为"高潮期",后一半时间为"低潮期"。在高潮与低潮之间,即由高潮向低潮或由低潮向高潮过渡的时间,称为"临界期",一般是 2～3 天。临界期的特点是情绪不稳定,机体各方面的协调性能差,易发生事故。

情绪周期是人生情感的晴雨表,可据此安排好自己人生耕耘的岔口。情绪高涨时安排一些难度大、较烦琐的任务,而在情绪低落时多出去走走,多参加体育锻炼,放松思想,放宽心情,有了烦心的事多向亲人、同学、朋友倾诉,寻求心理上的支持,安全地度过情绪危险期。

遇上低潮和临界期,要提高警惕,运用意志加强自我控制,也可以把自己的情绪周期告诉自己最亲密的人,一方面也让他们能提醒你,帮助你克服不良情绪;另一方面避免不良情绪给你们之间带来的误会。

训练项目二　表达情绪

在进行这个项目前,请先思考下列问题,并尝试写在纸上,或说给朋友听,请朋友和你一起分享情绪表达方式。

当你快乐时,你如何表达?向谁表达?当你生气时,你如何表达?向谁表达?当你愤怒时,你如何表达?向谁表达?当你痛苦时,你如何表达?向谁表达?认真思考这些问题,是对自己情绪表达的一种整理和审视。

现在的大学生在表达愤怒方面,用写东西诋毁他人或在网上谩骂的占 9.59%;幻想成为强者的占 14.41%;撕纸张或砸东西占 12.16%;强忍愤怒占 23.58%;大哭占 15.77%;伤害自己占 3.15%。随着年龄和年级的增长,采用发泄、报复的学生明显减少,寻求专业人士帮助的明显提高。值得注意的是,找机会报复他人的少了,但选择伤害小动物或植物的人数却有一个明显的提高,愤怒的发泄对象从人向其他生物转移。

学生郁闷时会上网聊天(4.4%)、打游戏(10.5%)、参加娱乐活动(5.4%)、加大学习强度(3.7%)、睡觉(27.5%)、抽烟喝酒吃东西(11.2%)、找心理咨询老师(8.1%)、不知如何办(30.2%),而焦虑来袭,发泄(摔瓶子或大叫)的占(4.4%)。

可以看出,人们对情绪的表达是多元的。在东方文化强调理性的氛围中,人们对自己的情绪、情感不敏感,甚至很少关注自己的情绪。例如一个人生气了,他可能意识不到生气,但却感觉到胸闷憋气;还有人一到考前就频繁拉肚子等。

学会表达情绪是需要认真对待的功课。由于文化以及个性的影响,不同人的情绪表达存在差异。东方文化强调"忍",从这个字上看,心字头上一把刀,忍对人存在极大的伤害,这是人们常常采用的理性表达。但情绪的存在是自然的,不因为理性的压抑而消除,它依然用自己的方式表现出来,那就是身体表达,如胸闷、生病、血压上升、心跳加快、植物神经紊乱等;同时伴随一定的心理表现,如无精打采、精疲力竭、颓废不振、厌倦、无聊等。

心理学家在研究情绪时发现,适度表达情绪是我们健康的重要方法,并提炼出情绪的4个层面。

第一个层面是向自己表达。所谓向自己表达就是向自己的意识表达,让自己的意识很清楚地认识到自己的情绪状态以及它的来源。这种表达说起来很容易,但是常常被忽略,而它对人们的健康又是最重要的。如果自己很清楚自己的情绪状态,知道其来源,这个情绪就已经发泄至少一半了。

第二个层面是向他人表达。可以找人聊天,找亲人,找朋友,向他们表达。还会有越来越多专业化的表达,那就是找心理治疗师。

第三个层面是向环境表达。当不高兴的时候去旅游,站在高山之巅看苍穹,或者站在大海之边观大浪,就会觉得那些不高兴的事情没有什么。还可以到森林里去高喊,或者在屋子里打沙袋。

第四个层面是专家们最提倡的,也是最健康的方式,是升华的表达。所谓升华的表达,就是把自己的情绪和情感,升华为一种对自己、对他人、对社会都具有建设性意义的动力。

一、表达情绪训练

有一个很简单的练习,同学们可以尝试进行情绪表达训练。即用所给的格式写一句话,"因为……所以我感到……。"要求在"感到"后面要使用形容词。形容词可见本书后附件 C。

二、情绪表达的方式和功能

情绪常常以非语言的方式表达出来，它利用人的脸部、眼神、姿势、手势、触摸来传达信息。然而非语言信息常常是模棱两可的，不只代表一个意思。因此对非语言信息做解释，要考虑事件发生的情境（如嘲笑及因笑话而笑）、和对方的关系如何（如敌对及和睦），以及当时对方的情绪和自己的情绪。

情绪表达有以下的功能：别人可以更了解自己、自己也可以更了解别人、情绪得到解放并且变得更真诚、彼此的关系更牢固。表达情绪有几项建议：注意身体所发出的信息，确定自己的情绪与感受，对自己的情绪负责，清楚具体地分享情绪。

相关知识链接： 季节性情绪失调

"季节性情绪失调"通常发生于秋季末和冬季，也就是白天越来越短，黑夜越来越长的季节。科学家发现，季节性情绪失调的起因与日照时间有关。人的大脑和内分泌系统对光敏感。"曝光"时间不够，人就容易低迷。正因为如此，在国外经常把它俗称为"冬季忧郁症"。季节性情绪失调的主要症状是忧郁、犯困、没精神、浑身无力、体重增加等。在春季，随着日照时间的增加，"冬季忧郁"得到一定缓解，但有些人会出现与忧郁相反的症状，比如烦躁、狂躁、焦虑、失眠、浑身不舒服、坐立不安、情绪大起大落等，因为"曝光"过多，或在长期"曝光"不够的条件下转入"曝光"明显增加时，就容易"发躁"。还有不少人在春天仍然持续这种冬季忧郁。春夏躁、冬天郁闷的现象很普遍，不少人也有自己特有的"季节性情绪失调"规律。

训练项目三　管理情绪

在进行管理情绪训练之前需要了解一个理论，即情绪 ABC 理论。美国心理学家艾利斯宣称，人的情绪不是由某一诱发性事件的本身所引起，而是由经历了这一事件的人对这一事件的解释和评价所引起的。在 ABC 理论模式中，A 是指诱发性事件（Activating Events）；B 是指个体在遇到诱发事件之后相应而生的信念、看法（Believes），即他对这一事件的看法、解释和评价；C 是指特定情景下，个体的情绪及行为的结果（Consequence）。通常人们会认为，人的情绪及行为反应是直接由诱发性事件 A 引起的，即 A 引起 C。

ABC 理论则指出，诱发性事件 A 只是引起情绪及行为反应的间接原因，而人们对诱发性事件所持的信念、看法、解释 B，才是引起人的情绪及行为反应的更直接的原因。例如：两个人一起在街上闲逛，迎面碰到他们的领导，但对方没有与他们招呼，径直走过去了。这两个人中的一个对此是这样想的："他可能正在想别的事情，没有注意到我们。即使是看到我们而没理睬，也可能有什么特殊的原因。"而另一个人却可能有不同的想法："是不是上次顶撞了他一句，或是我前天背后抱怨了他而有人向他打了小报告，他就故意不理我了，下一步可能就要故意找我茬了。"

艾利斯认为人们常用一些非理性的信念进行思维，人们需要用理性的信念来替代非理性的信念，达到心中和谐和情绪健康。

人们常有的非理性信念如下。

（1）我总是不受人欢迎。

（2）外语考试又考差了，我永远都学不好。

（3）我一无是处，没有任何值得被称赞的地方。

（4）我对别人好，别人就一定会对我好。

（5）犯错是一件相当可怕的事。

（6）我必须考第一名，不然就代表我很笨。

（7）我必须把每一件事都做到完美无缺。

（8）如果别人不喜欢我，那我一定是一个很差劲的人。

（9）我总是失败，我注定是个没有用的人。

（10）我必须要赢过其他人。

（11）如果事情没有想象中的顺利，那是很糟糕的。

人们应该树立的理性信念如下。

（1）不一定要成为最好的，只要自己尽力去做就好了。

（2）没有人可以完美无缺。

（3）如果我不那么紧张，我相信我可以处理好眼前的种种问题。

（4）我不喜欢事情变成这样，但就算我很生气，也于事无补。

（5）人非圣贤，孰能无过？伟人也有犯错的时候，普通人犯点错误很正常。

（6）虽然我的表现不够好，但我仍是个有用的人。每个人都是独特的，天生我材必有用。

（7）虽然考坏了，很难过，但只是一时的不快，而且也使我看到了差距和不足。

（8）一次失败，并不表示我会永远失败，只要下次努力就好了。

（9）即使真的无法改善，我也有其他优点，我在某些方面表现得不错。

（10）目前我英文不好，但只要努力，总会进步的。

（11）不一定让每个人都喜欢我。

人们都有自己的情绪认知模式，也有自己独特的情绪感受方式。经历同样的事情，不同的人有着差异化的反应。这与人的认知有关。如果认知使自己产生痛苦的感受，自己也想调整这种感受，就需要用理性的思维来处理。如果你的感受对你是非常正常的，也可以拥抱痛苦，这也一种情绪体验的方式。

一、情绪管理记录表

运用以上理论，可以做这个练习，这星期有没有发生什么事让你印象深刻？或是情绪比较强烈的？请把它记下填入表3-7。通过记录将自己的情绪进行梳理。

表 3-7　情绪管理记录表

事　　件	想　　法	情　　绪	行　　为

二、情绪管理方法推荐

心理学家积极主张对大学生的情绪进行科学指导,并提倡大学生进行自我调节。很多学者都对如何进行情绪管理提出了不同的方法,这里列举一些比较常用的方法。

(一) 认知调节法

不良情绪的产生主要是自我意识的发展不够成熟。当发现自己有些负面情绪时,可以透过两种方式认识自己:回想和思考自己的感觉是怎么产生的;分析这种感觉是否出于自己的想法或理解,和自己的个性、习惯又有哪些联系。很多时候,消极的情绪不是由于事情本身造成的,而是由于人们的信念造成的。如果能改变个人非理性的思想、观念和评价,就能改变人的情绪和行为。

(二) 积极自我暗示

心理暗示,从心理学角度讲,就是个人通过语言、形象、想象等方式,对自身施加影响的心理过程。这个概念最初由法国医师库埃于 1920 年提出。他的名言是:"我每天在各方面都变得越来越好。"自我暗示分消极自我暗示与积极自我暗示。积极自我暗示令人们保持好的心情、乐观的情绪,可以调动人内在的因素,发挥主观能动性。而消极的自我暗示会强化个性中的弱点,唤醒潜藏在心灵深处的自卑、怯懦、嫉妒等,从而影响情绪。

(三) 转移注意力

注意力转移法是指把注意力从自己的消极情绪上转移到其他地方去或从事自己感兴趣的活动。当出现情绪不佳时,要把注意力转移到使自己感兴趣的事上去,这种方法,一方面中止了不良刺激源的作用,防止不良情绪的泛化、蔓延;另一方面,通过参与新的活动特别是自己感兴趣的活动达到增进积极的情绪体验的目的。

(四) 适当宣泄

所谓适当宣泄是指在适当的场合或时机,采用适当的方法,有效排解心中的不良情绪。部分大学生有一种误解,认为应把不良情绪"压下去",这其实是在和自己打仗,而累积太多的痛苦后难免会像火山一样进行猛烈的爆发,影响更大。因此,学会适时适度表达某些负面感受,使之如细水长流般的释放出来,对身心不无益处。因此,遇有不良情绪时,最简单的办法就是宣泄。一旦发泄完毕,心情也就随之平静下来。必须指出,在采取宣泄法来调节自己的不良情绪时，必须增强自制力，不要随便发泄不满或不愉快的情绪，要采取正确的方式，选择适当的场合和对象，以免引起不良后果。

（五）自主训练法

大学生活不可能事事称心如意，可能会被误解，会被批评，会产生不愉快的情绪。精神病学家德国柏林大学教授舒尔兹创建了"自主训练法"。这种方法最初是施行催眠术时使用的，当时发现病人在催眠状态下，自我导语有神奇的功效。例如，当一些病人反复说："我的手暖和了"，这时发现他的手确实一点一点地暖和起来。这种方法经科学证实是可信的，具体做法是：静坐在椅子上，把背部轻轻地靠在椅子背上；头摆正，稍稍前倾，两眼正视前方，两手平放在大腿上；两脚摆放与肩同宽，全脚掌落地，脚心紧紧贴住地面。两眼轻轻闭合，慢慢地深呼吸3次，静养，此时排除杂念，把注意力放在两手和大腿的边缘部分，把注意力集中到手心。这时心里默念："静养，静养"，两手就会暖和起来。逐渐将意念导向脚心，重复上述动作，脚心处也会感到暖和。手脚都感到温暖时，身体有一种飘然的感觉，此时头部会感到轻松。这种方法易学、省时，可以调节情绪，消除心理紧张、烦恼和心理压力。

（六）笑声调节法

美国记者诺曼·卡曾斯由于器官结缔组织严重损伤而行动艰难。医生认为这是一种不治之症。卡曾斯得知这一消息后冷静地想："悲观会导致生病，快活有益于治疗。"为了达到快乐，他想出了一个奇妙的自我治疗方法：让自己笑。他借来大量喜剧幽默录像带，每天欣赏娱乐。他高兴地发现，10分钟大笑，竟能缓解疼痛，能使他安静地睡两个小时。后来他索性看几小时就笑几小时，自己安排了以吃饭、大笑、睡觉为主要内容的每日三部曲。10年过去了，这位记者奇迹般地活下来了，而且身体越来越好。他采用的方法就是笑疗法。

在上述方法都失效的情况下，仍不要灰心，在有条件的情况下，去找心理医生进行咨询、倾诉，在心理医生的指导、帮助下，克服不良情绪。

训练项目四 自我情绪管理方程式

一、积极的自我对话

莎士比亚说："事情是没有好坏之分的，全看你怎么去想它。"心理学家的研究发现，自我对话的方式比其他任何一种因素更能决定你的感觉。你的生活情绪取决于自己内心的对话及信仰。宾州大学的马西·谢利格曼教授，在他《学习来的乐观主义》一书中，称此为"解释形态"，即个人对发生在自己身上的事物的解释方式。神经语言学家称之为"加框"。美国成功学、潜能开发专家博恩·崔西认为,在日常生活中,一些简单的自我肯定的对话,往往会带来惊人的效果。只要对自己肯定,用一种非常热忱且坚定的口吻对自己说:"我喜欢我自己!"和"我热爱我的工作!"等,人们就会把这项信息深深植入潜意识中,会觉得更加肯定乐观,并更能控制自己的生活。以下为消极与积极自我对话示例表,见表 3-8。

表 3-8　消极与积极自我对话示例表

消极自我对话	积极自我对话
我再也没有其他办法	我应该尽量尝试从新的角度去看问题
我真是没面子	我要想些办法挽回面子,或者我可以在其他方面挽回面子
又考砸了,我根本不是读书的料	我的学习方法是不是有些不对,我应该请教一下老师或同学
丢了工作,我的前途完了	我可以重新规划自己的未来,也许会有更适合自己的工作
这件事情对我来说太难了	我可以将这个复杂的事情分成几个步骤";"我有什么资源可以利用呢"
成功的希望不大,还是放弃吧	再做最后的努力,这是一次机会,我不想失去它
我又失败了,我也许会一事无成	除了努力之外,还有没有更有价值的事情可以尝试呢

左边的句子充满了无助和绝望,仿佛可以看见一个深陷泥沼的可怜生命,只能任由黑暗牢牢抓住,肆意蔓延的消极情绪最终埋没了自我。而右边这些积极的自我对话,却像一片午后阳光温暖照耀人们的心灵,让人看到无限的希望,赋予人们行动和前进的力量。

积极的自我对话请避免用"我应该"、"我必须"、"我不得不"这样的字眼。请常常用这样的开头来同自己积极对话:我愿意;我能;我不;事情本来就是这样;这是一种挑战;生活就是我造就的;我是一个会出错的人;我相信我能把握住……;谁这样说? 证据在哪里? 我能够……;我想要……;真的很遗憾……;也许我能……;我打算……;我希望……;不能仅仅因为我的失败,就认为自己是一个失败者;我能掌握自己……

二、情绪管理中自我操作策略

(一)设定一种状态

每个人都有过快乐,你需要将那种快乐固定在神经系统当中,在需要的时候,只要一个动作,一句话,按动一个开关,那种快乐的感觉就会马上出来。

(1)设定一个动作。如成功时大叫一声"耶",并打出一个胜利 V 形的手势,愉快的情绪马上就出来了。2008 年体操奥运冠军杨威的快乐动作庆胜利就给全世界观众留下了深刻的印象。

(2)设定一句话。当情绪失控时,不断重复这句话,可以起到良好的调控作用,如佛教中的"阿弥陀佛"。中国香港城市大学的岳晓东博士曾经用背诵毛泽东语录的方法来调控自己的情绪。

（二）神经的链接

重视和使用自己拥有的资源，如果戴首饰，这个首饰本身可以变成管理情绪的工具。别人赞扬你漂亮的时候，你一边说谢谢，一边摸一下首饰，就跟那种暖洋洋的感觉连接在一起了，这被称为神经的链接。

三、获得社会支持

社会支持的来源可以是人、动物、兴趣爱好等。找到能相互提供心理支持的朋友是获得社会支持的有效方式。

朋友可以是人类，人类朋友最大的好处是可以沟通和交流，这是一个双向的过程，尤其在情感方面。朋友也可以是动物，如猫、狗、宠物等。这个朋友的最大好处是对我们的依念、宽容和接受、顺从，不会嫌弃我们。这是宠物盛行的心理基础。

兴趣爱好可以吸引人们的注意力。将自我精力投入到其中，可以充分感受因为体验和参与带来的快乐和充实。同时，因为兴趣爱好还可以结交志趣相投的朋友，由此增加社会支持度。

四、获得社会技能

情绪状况并不完全取决于自我的心理和意识水平，还与人的能力有关，拥有一定社会技能的人，管理情绪的能力也更强，这就是社会技能。可以多参加人际交往能力的训练，魅力人生讲座，自我心灵成长训练及各类工作坊等。经常参加一些技能的培训不仅可以提高生活的能力，还可以提高情绪管理的能力。对增强自信，提高心理承受度都大有帮助。

相关知识链接： 快乐缺乏综合症

生活中总有人抱怨：自己的生活毫无快乐可言，干什么事情都缺乏动力，这些人很可能患上了快乐缺乏综合症。如果受以下症状困扰越多，就有可能患上了快乐缺乏综合症。

（1）持续的疲劳感。常见的并发症是难以入睡或睡眠过程中的间断性失眠，即使能很快入睡，但三四个小时后会醒来，很难再次入睡。

（2）肌肉紧张。通常表现为前额、颈部和上肩3处肌肉变得僵硬、酸痛。

（3）持续的恐惧症。总是担忧必须在很短的时间内完成过量的工作。

（4）过度消费症。总是感到需要购买更多、更好、更新的物品。

（5）内心的冲突。一方面需要陪伴父母、配偶和孩子；另一方面又要完成工作任务。二者的平衡问题叫人难受。

（6）感到陷入困境。一方面日常事务缠身；另一方面渴求体验理想的人生。

（7）支配欲望。认为自己必须事事领先，否则别人会捷足先登，或总是认为其他人企图利用或支配自己。

（8）面临挑战感。认为自己必须不断证明自身的能力或价值，否则别人会抢走自己的饭碗。

（9）变得粗心大意。在做最简单和最常做的事时也会出错。

（10）愤世嫉俗。说话时用词尖刻，语含讽刺，不愿意相信别人，即使参加一些非常有趣的活动，也不能玩得尽兴，因为总是漫不经心，不能投入其中。

如果真的患上了快乐缺乏综合症，就需要尽快治疗了。下面是心理医生为缺乏快乐的人开的"快乐处方"，如果能认真"服从"或许能够重新找到生活的乐趣。

（1）不抱怨生活。如果对待生活和困难，不问"为什么"而是问"为的是什么"，就不会在"生活为什么对我如此不公平"的问题上做过多的纠缠，而是努力去想解决问题的方法，生活就会增添许多滋味。

（2）不贪图安逸。快乐有时是离开了安逸生活才会积累出来的感觉，从来不求改变的人自然缺乏丰富的生活经验，也就很难感受到快乐。

（3）感受友情。广交朋友并不一定带来快乐，而一段深厚的友谊能让人感受到快乐，因为友谊所衍生的归属感和团结精神让人感到被信任和充实。

（4）树立生活理想。不断为自己树立一些目标，清楚自己是为什么活着，尤其长期目标的实现更能给我们带来快乐的感受。

（5）心怀感激。把注意力集中在能使自己开心的事情上，因为更多地感受生活中美好的一面，对生活怀有感激，就容易感受到快乐。

（6）专注生活。快乐的人专注于生活，很少体会到让人牵着鼻子走的感觉。因为每20秒钟大脑就会有意识地收集一次信息，感受外部环境、检查呼吸系统的状况以及身体各器官的活动，所以专注生活还可以提高机体的抗病能力。

（7）勤奋工作。专注于某一项活动能够刺激人体分泌一种荷尔蒙，它能让人处于一种愉悦的状态。工作能够发掘人的潜能，让人感到被需要和有责任，这能给人以充实的感觉。

心理钥匙　情绪稳定性测试

你想知道自己的情绪状况吗，请根据下列情绪稳定的测试，了解自己的情绪状况。对下列题目作出"是"或"否"的回答，每题选择"是"记1分，"否"记0分。

1. 尽管发生了不愉快的事情，仍能毫不在乎地思考别的事情。
2. 不计小隙，经常保持坦率诚恳的态度。
3. 习惯于把担心的事情写在纸上并进行整理。
4. 在做事情时，往往具体规定有可能实现的目标。
5. 失败时仔细思考，反省其原因，但不会愁眉不展，整天闷闷不乐。
6. 具有悠闲自娱的爱好。
7. 常常倾听别人的意见。

8. 做事有计划地积极进行，遇挫折也不气馁。

9. 无路可走时，能够改变生活方式和节奏，以适应生活。

10. 在学业上，尽管别人比自己强，但仍坚持"我走我的路"。

11. 对自己的进步，哪怕只是一点点，都会高兴地表示出来。

12. 乐于一点一滴地积聚有益的东西。

13. 很少感情用事。

14. 尽管很想做某一件事，但自己觉得不可能时也会打消念头。

15. 往往理智、周密地思考和判断问题，不拘泥于小节。

测试结果（仅供参考）

0～6分：你的情绪不是很稳定，经常患得患失，又不能很好地生活。常常拘泥于一些小事情，无论做什么事情都过分认真，总是忙忙碌碌，耗费心机。难于做出重大的决策，一丝不苟反而使自己感觉迟钝。

7～9分：情绪一般稳定。

10～15分：你的情绪很稳定，不拘泥于细微小节，能积极大胆地处理一些事情，在各种困难面前毫不动摇。

训练八　学会学习，乐在学习

> 只有优异的成绩，却不懂得与人交往，是个寂寞的人；
>
> 只有过人的智商，却不懂得控制情绪，是个危险的人；
>
> 只有超人的推理，却不懂得了解自己，是个迷惘的人。
>
> 　　　　　　　　　　　　　　　　　　　　　　一位哲人

训练项目一　胜在得法

一、探讨大学学习观

你的大学学习观是怎样的？你认为大学需要学习什么呢？请欣赏一些著名大学校长谈大学生学习的观念，是否对你有启发？分享你的感悟。

参加课外活动，培养领导能力。——耶鲁大学校长莱温教授

质疑精神与分析能力很重要。——牛津大学第一副校长麦克米伦教授

学习不能闭门造车……在实践中体会知识操作，掌握基本生存技巧，掌握处理人与人之间关系的技能，适应当地的文化、习俗和语言，从而达到学习的根本目的。学校要很好地帮助学生做好自己的人生设计，帮助他们适应快速变化的社会。——日本早稻田大学校长白井克彦教授

理工科学生需要想象力和经济头脑。——柏林工业大学校长库茨勒教授

如果让我提一个问题，我就会问今天的大学究竟还能不能够把学生培养成有知识、有道德、有爱心、有理想的人，培养成既懂得关爱他人同时又能被他人所尊敬的人？——美国哥伦比亚校长伯林格教授

帮助学生学会与人相处，学会与人沟通，也是大学教育的重要责任之一。——美国耶鲁大学校长理查德莱温

本科生学习宜博不宜专。——莫斯科国立罗蒙诺索夫大学校长萨多夫尼奇教授

二、我的学习故事

如果可以，试着让自己尽量放松，搜索在最近 10 年、5 年或 1 年的历程之中，你在学习方面感到有收获、有成就感、对自己感到满意的事情。

接下来，锁定一个事件，走进这个事件你会发现，它对你产生了一定影响，就好像是它

让你拥有了力量、希望、收获、意义感等。试着描述出来。

你会发现，这个事件对你的影响是一个变化的过程。在这个过程中你可能体会了诸多的感受，这些感受就像一个流动的整体，引导你获得了积极的影响。

请同学分享自己最值得回忆的一个关于学习的故事，并总结值得回忆的原因，由此分析学习原因、动机和效果的关系。

三、探寻学习方法

大学与中学学习的最大差别，是对每个学生自学、探索能力提出更高要求。请参照以下几种常见学习方法，完成小组练习，探索运用不同学习方法的可能性。

第一种，是听讲，也就是老师在上面说，学生在下面听，这种我们最熟悉最常用的方式。

第二种，通过阅读方式学习。

第三种，用听取声音或阅览图片的方式学习。

第四种，是观摩老师的示范或者演示。

第五种，学习者主动参与到小组讨论中，然后进行归纳、总结。

第六种，是"做中学"，或者学习者将知识、技能的内容实际演练出来，比如解题、实验、实训、实习、实践等。

第七种，通过融汇知识体系，领悟知识内涵，研究、探索型的学习与解决问题。

还有一种方法，也是非常有意思的是，是把学习内容教给别人，这种学习方法可能不常用，但是研究发现，"当教师"的方法效果相当好。

在不同的学科，不同的学习内容，不同的学习条件之下，学习者可以选择最好的一种方法，或者几种方法并用。

在你学习的课程中，你比较喜欢的、有兴趣、有信心的课程，一般来说也是你无意间或者有意识地运用了适宜方法，而对于一些连达到基本要求都有困难的课程，可能是因为不感兴趣，也可能是学不得法，或信心不足造成的。

一个班级中，每个人喜欢、擅长或者感到困难的课程可能都不一样，大家可以在一起，就某一门课程的学习方法展开讨论，大家可能会获得很多启发。

四、学习技能与策略训练

（一）课程攻关计划

（1）组成讨论小组，每位成员讲述一个在自己的学习经历中，取得良好学习效果、觉得有成就感的事例，在这个学习中，你运用了哪种或哪几种方法？用表3-9来记录。

表3-9　学习方法大搜索

课程	具体内容	运用的方法	效果	启发

（2）每个小组选一门公共课或者专业课，小组成员协商探讨最合适的学习方法，各个小组在全班分享你们的攻关计划，用表 3-10 来记录。

表 3-10　课程攻关计划

具体内容	运用的方法	原因	小组活动设计	预计效果

（二）调节抱负水平，制定适当的远近目标

学习目标的制定讲究根据自己的基础及学习能力，循序渐进，步步为营。

评价目标是否合理的一种方法是看目标是否设置合理，即设置在虚线之间（图 3-17），即位于自己的真实水平上下的位置。如果自己的真实水平在 80 分，理想水平在 90 分，保险水平在 70 分，可以将目标设在 70～85 分。

图 3-17　合理目标设置图

相关知识链接：**马拉松比赛中的目标**

1984 年，日本东京国际马拉松邀请赛和 1986 年意大利米兰国际马拉松邀请赛冠军，日本矮个子选手山田本一说："每次比赛之前，我都仔细看过比赛线路，把沿途比较醒目的标志画下来，比如第一个是银行，第二个是大树，第三个是红房子……一直画到终点。比赛开始后，就以百米冲刺的速度冲向第一个目标，然后以同样的速度向下一个冲去……40 公里赛程就被分解成几个小目标轻松跑完。起初我不懂这样的道理，把目标定在终点线上，结果到十几公里就疲惫不堪了。"

（三）时间管理策略

只要有目标、有动力，接下来就应该采取一定的时间管理与安排策略了。当你有几项任务要在一定时间内去处理时，可以用这种简单的方法，即按紧迫程度来排序。

把你的事情按照"重要性"和"紧急程度"两个标准来划分（图 3-18），看看其位于哪个

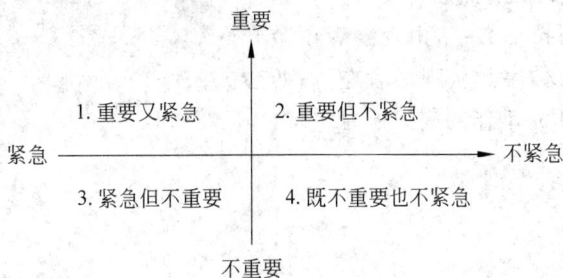

图 3-18　时间管理策略图

象限？然后采取不同的时间安排来应对，按照紧急、重要的程度安排优先顺序。

五、学习方法训练

（一）观察力训练（参考答案见附件 D）

1. 线段观察法

不借助工具，请观察图 3-19 中两条竖线是否等长？图 3-20 中笔画较粗的两根线条是否平行？观察之后再用工具验证。

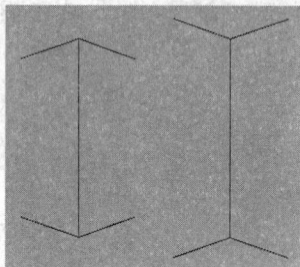

图 3-19 对比线

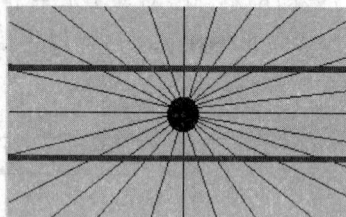

图 3-20 线段识别

2. 图片观察法

观察图 3-21，看看你能找到几张人脸？

3. 环境观察法

窗户朝北的宿舍一般来说光线不强，冬天显得阴冷。但是有的窗户朝北的宿舍却让人感觉温暖明亮，请仔细观察一下这些宿舍是怎么做到的？你有多少办法可以改变自己的居室环境？

4. 空中写字练习法

空中画字练习：一人（行动者）站在另一人（观察者）面前 1.5 米至 2 米处，竖起一根手指移到对方余光刚好能感觉的极限位置，观察者眼睛应盯住前面某点，以余光来感觉，然后行动者用手指在空中写英文字母或阿拉伯数字，由观察者用余光迅速判断所写字母或数字。从观察者左、右两边分别进行，有利提高识别动作的周边视力。

图 3-21 辨认图形

（二）记忆力训练

1. 积极暗示法

在面对一个要记的材料时，"多难记啊！"、"这么多，我能记住吗？"这种想法增加记忆力的障碍。美国心理学家胡德华说:"凡是记忆力强的人,都必须对自己的记忆充满信心。"要想树立起这种信心就要进行积极的自我暗示,经常在心中默念:"我一定能记住!"当你对能否记住缺乏信心时,也可以回忆自己过去的成功经验,如你几岁的时候就能背许多唐诗。当这些过去良好的记忆形象再次浮现时,会增强"一定能记住"的信心。

2. 回忆训练法

人们在平时的学习和生活中,识记了很多东西,却很少去回忆。练习尽可能精细地回忆,是锻炼记忆力的好方法。比如回忆一间你非常熟悉的房间,想一想房间里都有什么?门窗朝哪开?家具都摆放在哪里?墙上挂有哪些装饰品?暖气片和电灯开关在什么地方?要回忆得尽量完整。当你再次回到房间时,检查一下遗漏了什么。又比如想一想一小时前你在做什么?你在哪里?和什么人在一起?你们在一起都说了什么?那个人长得什么样?你如何向别人描述他的长相?回忆一下你最近看过的电影,电影里都有哪些主要人物?发生了什么事?他们都做了什么?结局如何?要尽可能回想电影中的每一个镜头。回忆一下你童年的伙伴,你们在一起都做过什么?他们每个人有什么特征?还能记起他们的名字吗?

回忆训练法又被称为脑海中放电影法。通过脑中回放的方式,将记忆内容进行回忆以达到记忆的目的。

(三)想象力训练

1. 历程故事

请寻找随意一样物品,如书本、笔、衣物,在小组中讨论这件物品的从原料到目前的现状为止涉及的所有环节和预期想象,例如经历过的环境、场所、机构、工种、人员、未来发展等,发挥想象力,编成一个关于这件物品的历程故事。

在组内或者组间进行交流,看看其他同学有没有补充。

2. 勇于创想

许多真正成功的人士,在其人生中关键决定的时刻,所依靠的不是知识、教条,而是直觉与灵感。

大胆利用你的灵感、直觉与梦境,展开创想的翅膀。

训练项目二 乐在学习

"学而时习之,不亦说(yuè)乎?"、"学而不思则罔,思而不学则殆",这两句《论语》名言谈及了学习、思考与情绪状态的关联。的确,人的认知过程,实际上与情绪、情感过程密切相关。

一、通过认知改变学习情绪

研究发现，平和而带着轻微愉悦的心境，是最适合学习过程的。一个人的学习能力，学习效果，还在于情绪管理能力、自我抱负水平的调节等这些心理因素。

理清自身学习方面的一些认知，将有助于构筑良好的学习心境。请尝试改变自我消极的学习观念，培养积极学习情绪。

完成并实际运用下面的练习步骤，将帮助你直面学习过程中的情绪，重建信心。

（1）了解对于自身学习能力、学业成就的认识有哪些。

（如"我的逻辑思维能力差"、"我的数学总是学不好，没必要学了"等）

（2）分析有哪些关键因素影响你对自身学习能力、学业成就的认识。

（如可能有一些来自家长、老师的意见，学习压力、个人抱负等）

（3）分析和认识自己关于学习能力、学业成就的认识所带来的情绪。

（如焦虑、怀疑、挫折、失望、内疚、欣喜、自豪或者害羞等）

（4）尽可能将你对于学习能力、学业成就的信念和想法，用语言分类表达出来。

（如"有些科目必须达到优良以上"、"这门课我不喜欢又学不会，干脆放弃"等）

（5）用问题的形式反思每一个关于学习目标的想法。

（如"这个希望合理吗？"、"这是我真正希望达到的目标吗？"，评价自己的学习目标）

（6）学着认识自己有哪些不合理的、学习上达不到的信念或期望。

（7）学着了解这些不合理期望与你目前所经受的情绪矛盾有什么关系。

（8）检查你所写的信念或想法，让他们更合理、更加能够达到。

（9）检查这些新的信念或想法，看看与原来的想法有什么相似性和不同之处。

（10）坚持认识并记录积极的情绪反应和学习行为，使每一个信念都起作用。

（11）制定适合自己的学习行动计划。

（12）必要的时候，学会运用呼吸放松、欣赏轻音乐等方法让自己心情平定。

你会发现，当你澄清自己对于学习的种种歪曲认知和态度后，就比较容易在学习中保持稳定、轻松愉快的心境和清晰的意识。

二、和谐人际，愉快学习

从心理发展上讲，大学生这一年龄阶段所面临的重要成长课题或者说挑战，就是情感关系的建立与发展，包括亲情、恋爱、友情、师生关系、社会人际关系等。

和谐的人际环境，能够带来愉悦的心情和充分的情感支持系统。愉快的人际关系，能促进学习、生活的成长与进步；而处理不好人际关系，可能会带来不必要的麻烦，甚至伤害。

可以说每个大学生都愿意生活在一个相互尊重和爱护的集体里。发自内心地从自我做起，善待自己与他人，就会营造良好的人际关系，这样会让我们保持积极、愉快的学习情绪。

三、检验你的动机

学习动机大致可分为两类,内部动机和外部动机。

内部动机是由人们对学习本身的兴趣所引起的动机,动机的满足在活动之内,不在活动之外,它不需要外界的诱因、惩罚来使行动指向目标,因为行动本身就是一种动力。

外部动机是由外部诱因所引起的动机,指人们由外部诱因所引起的动机的满足不在活动之内,而在活动之外,而是对学习所带来的结果感兴趣。

一般来说,学习活动中两种动机兼具。但具有内部动机的学生能在学习活动中得到满足,他们积极地参与学习过程,而且在教师评估之前能对自己的学业表现有所了解,他们具有好奇心,喜欢挑战,在解决问题时具有独立性。

而仅仅具有外部动机的学生一旦达到了目的,学习动机便会下降。另一方面,为了达到目标,他们往往采取避免失败的做法,或是选择没有挑战性的任务,或一旦失败,便一蹶不振。

以下是一个关于犹太老人与小孩的故事。

一群孩子在一位老人家门前嬉闹,叫声连天。几天过去,老人难以忍受。

于是,他出来给了每个孩子 25 美分,对他们说:"你们让这儿变得很热闹,我觉得自己年轻了不少,这点钱表示谢意。"

孩子们很高兴,第二天仍然来了,一如既往地嬉闹。老人再出来,给了每个孩子 15 美分。他解释说,自己没有收入,只能少给一些。15 美分也还可以吧,孩子仍然兴高采烈地走了。

第三天,老人只给了每个孩子 5 美分。孩子们勃然大怒,"一天才 5 美分,知不知道我们多辛苦!"他们向老人发誓,他们再也不会为他玩了!

结合心理动机相关的知识,你对这个故事有什么感悟?对我们的学习有什么启发?在小组讨论中分享你的感悟。

四、调节学习情绪策略训练

(一)发现乐趣,找到信心

提高自己的自学研究能力,找到适合自己的各科学习方法是学习的重要方面。请回想你在学习中感到最有乐趣、最自信、有成就感的情况,发现自己最快乐的学习体验,从中寻找适合自己的学习方式。

(二)科学用脑

大脑皮层有兴奋与抑制两种状态,当某一神经中枢兴奋时,其他神经中枢就处于抑制休息状态,当某一神经系统长时间兴奋工作时,将出现保护抑制再用脑。保证睡眠,注意营养,相对积极、平静的心境,利于大脑思维。

（三）放松你的思绪

再请观察图3-22,看看有什么发现？这是一种知觉心理现象。在你学习疲劳时,换一种内容和心情,将会大大降低疲劳感,并增添学习的乐趣。你可以向他人描述你所看到的,并与他人的观点进行比较,看看有无不同。（解释参考附件D）

图3-22　趣味心理图片

（四）发现一门学科的美

每一门学科都有自己的特点,就像世间万物,都有自己的价值和精妙所在一样,认真体会,你就可能感受到一门学科的美。这种美感需要我们去感知,更需要我们去发现。如果你能够感受到,你的学习状况和效果将令人惊奇。

（五）养成幽默与自信

请欣赏一则小故事,并分享你的感受。

阿姆斯特朗在迈上月球时,因一句"我个人迈出了一小步,人类却迈出了一大步"而家喻户晓,但一同登月的还有一位叫奥尔德林,他的名字对我们来说虽然陌生,但同样让我们敬佩。在庆祝登月成功的记者招待会上,有一位记者突然向奥尔德林提出了一个很尖锐的问题:"作为同行者,阿姆斯特朗称为登陆月球的第一人,你是否有点遗憾?"现场气氛一下子凝固了,在众人有点尴尬的注视下,奥尔德林很风趣地回答道:"各位,千万别忘记了,回到地球时,我可是最先迈出太空舱的!"他环顾四周笑着说:"所以,我是从别的星球来到地球的第一人。"大家在笑声中,给予他最热烈的掌声。

五、学习与创造性

有句格言说得好:"打败别人,得第一名,不是最重要的。最重要的是,你能不能学会尊重你自己,能不能发现自己的潜质在哪里。"

（一）了解多元智力理论

美国发展心理学家、哈佛大学教授加德纳（Howard Gardner）的多元智力（Multiple Intelligences）理论明确人的能力是多元的,学习是丰富的,要寻找自己的智力优势。

在《心智的结构》一书中,加德纳首次提出并重点论述了多元智力理论的基本结构。加德纳认为,支撑多元智力的是个体身上相对独立存在着的、与特定的认知领域或知识范畴相联系的8种智能。这8种智能分别是语言智能、音乐智能、逻辑数理智能、视觉空间智能、身体运动智能、自我认识智能、人际智能和自然观察智能。

加德纳认为，心理测量学家花了太多的时间给人排名次，而很少考虑怎样花些时间来帮助他们发现自己的潜在特质。

尽管现有的任何理论都不能真正揭示出人类智力的奥秘，多元智力理论克服了传统智力观念在认识上的偏狭，提出了更加科学的关于智力本质的认识。在大量科学实验和研究的基础上，加德纳重新定义了智力，提出了衡量智力的新标准。

（二）创造性地学习

学习本身就是一种创新，因为学习者学会和掌握了新的知识技能。而较高的学习能力往往包含有更多的创造性学习成分。创造性学习就是指将已知的知识重新组织而获得新的、具有一定价值的学习结果的过程。调查发现，善于创造性学习的大学生大多具有以下人格特征。

（1）独立性。他们在学习中往往不满足于接受现成的结论，爱发表自己的见解，常用新颖方式处理事件，用特殊方法解决问题，学习的结果也别具一格。对世事常持怀疑态度，超脱习俗之窠臼。

（2）甘愿冒险。他们在学习中不受分数的左右，敢于标新立异，不随便顺从他人的意见，爱自行其是。即使遭受阻碍或诽谤，也不改变信念。

（3）自信。他们的自我期望很高，兴趣广泛，善于自我控制和自我调节。凡提出设想，力求实现。

（4）坚持不懈。他们不怕困难，执着探究，常常达到迷恋的程度，为了解决一个问题，可以废寝忘食，能以百折不挠的精神克服挫折。

（5）富有幽默感。他们不以与众不同为忤，能自得其乐，幽默成性，可以巧妙地将自己的观念表达出来。

在学习活动中，创造是一种境界，学习的最终目的就是可以自由创造生活或工作。这种创造性是学习的方向，也是学习的手段。我们需要相信，创造是可以自我培养的。经常有意识地进行创造性训练，可以帮助我们更有效地学习。

（三）观念训练

请欣赏一则真实的故事，它对于我们的学习有什么启发？在小组中分享你的感悟。

纽约里士满区有一所穷人学校，是贝纳特牧师在经济大萧条时期创办的。1983年，捷克籍法学博士普热罗夫发现，50年来，该校学生在纽约警察局的犯罪记录最低。

普热罗夫展开了漫长的调查活动。从80岁的老人到7岁的学童，只要能联系到的在该校学习和工作过的人，他都寄去一份调查表，问：圣·贝纳特学院教会了你什么？在将近6年的时间里，他共收到3756份答卷。有74%的人回答，他们知道了一支铅笔有多少种用途。他决定马上进行研究。

普热罗夫首先走访了纽约市最大的一家皮货商店的老板，老板说："是的，贝纳特牧师教会了我们一支铅笔有多少种用途。我们入学的第一篇作文就是这个题目。当初，我认为铅笔只有一种用途，那就是写字。谁知铅笔不仅能用来写字，必要时还能用来做尺子画线，还能作为礼品送人表示友爱；能当商品出售获得利润；铅笔的芯磨成粉后可作润滑

237

粉；演出时也可临时用于化妆；削下的木屑可以做成装饰画；一支铅笔按相等的比例锯成若干份，可以做成一副象棋，可以当做玩具的轮子；在野外有险情时，铅笔抽掉芯还能被当做吸管喝石缝中的水；在遇到坏人时，削尖的铅笔还能作为自卫的武器……总之，一支铅笔有无数种用途。贝纳特牧师让我们这些穷人的孩子明白，有着眼睛、鼻子、耳朵、大脑和手脚的人更是有无数种用途，并且任何一种用途都足以使我们生存下去。我原来是个电车司机，后来失业了。你看，现在我经商。"

普热罗夫后来又采访了一些该校毕业的学生，发现无论贵贱，他们都有一份职业并且生活得非常乐观。而且他们都能说出一支铅笔的至少 20 种用途。普热罗夫再也按捺不住这一调查带来的兴奋。调查一结束他就放弃了在美国寻找律师工作的想法，匆匆回国。目前，他是捷克最大一家网络公司的总裁。

训练项目三　战胜考试焦虑

一、考试焦虑情绪

对于目前的大学生来说，各式各样的考试仍然是学业中一个必要的环节——无论是平常的教学考试，还是课余的考级、考证，甚至求职应试等。大部分学生在实际学习中都能够锻炼出适合自己的应对方式。

实际上，学生对考试感到紧张、兴奋、焦虑等，在一定范围内是正常的，适度的焦虑可以帮助注意力集中，反应迅速，思维敏捷，利于水平发挥。

而考试焦虑是一种严重影响考试水平发挥的情绪反应。考试焦虑指考试前或考试中因为过分担忧、紧张、焦虑等情绪，引发学习效率低下，考试发挥不良，甚至可能出现其他身心不适等。

（一）心理学分析：为什么考试可能成为滋生紧张情绪的土壤

有的学生因考试紧张，不能正常发挥自己的水平，主要是由于求胜心切，加重了心理负担，求胜动机在大脑皮层的某一区域形成了占主导地位的兴奋中心，致使其附近区域处于抑制状态，这会破坏知识之间的联系，妨碍了对知识的调动与提取，而记忆的暂时中断往往会加重焦虑情绪，从而加深考生对考试成绩得失的忧虑，于是导致恶性循环，容易造成错答、漏答或不知如何应答。在焦虑的状态下，学生的分析、综合、抽象、概括等具体思维能力无法正常发挥，从而导致考试失败。

（二）造成考试焦虑的原因

造成考试焦虑既有客观因素，也有主观因素。客观因素主要有考试本身、外界对考生的学业期望、考试氛围等。竞争程度越激烈，越容易引发考试焦虑。外界对考生的学业期望,包括家长、亲友、老师等。对一些不能正确对待外界期望的考生来说,受到学业期望越高,可能越看重学业成绩,因而对考试失败的恐惧越高,越容易产生考试焦虑;而那些学业期望较低的学生,一般不会产生考试焦虑。

考试压力的传递,即学生间的相互影响也会造成考试焦虑。如一些学生人为制造紧张空气,使部分学生感到压力,整天笼罩在焦虑和恐惧之中。

主观因素主要有几方面。一是气质特点。敏感、易焦虑、过于内向、缺乏安全感和自信心、做事追求完美的学生在考试中容易出现考试焦虑。二是考试经验。大学生多数在中学时代都有考试成功的经验,而进入大学后,偶然的考试失败会加剧这部分学生的考试焦虑,将过去考试成功归于题目容易、运气好,而将大学的考试失败归结为自己不聪明、能力差,就会对自己失去信心,因而面临考试就会紧张焦虑。三是知识掌握与复习准备。如果复习准备不足,对考试没把握,自然会产生考试焦虑。四是对考试外在价值的过分重视,考试成绩与大学生学业荣誉如奖学金、政治前途如入党等密切相关。因而,大学生会对考试成绩看重,特别是学业成绩优异的大学生,恐惧考试失败的心理压力更大,更容易出现考试焦虑症状。

二、战胜考试焦虑的策略训练

(一)自我模拟考试

这种方法主要用于平时、考前进行。

首先,自己给自己按照考试的一般形式出一套题目,可以按照平时学习的重点或者自己认为的重点来出题目。

其次,分几步来模拟。第一次,暗示自己:这只是一般的作业,没有时间期限,不会公开分数,但要尽快地好好完成。做完后分析并从中汲取经验。第二次,找一个安静的环境,暗示自己:这是自己给自己的考试,要按时完成,自己打分数。同样做完后,要做些分析。第三次,暗示自己:这是考试,要按时完成,尽量发挥出自己的水平。

经过几步这样的演练,相信焦虑的考生会对考试的整个过程有了把握,也能体验比较放松的情绪,了解紧张焦虑的产生是内在的一些调节不当,从而消除焦虑。

(二)考试信心训练

这种方法主要用于平时、考前进行。

首先,学会觉察自我的消极信念。静下心来,在一张白纸条上写下自己所有的对于考试及结果的担忧想法。

然后,学会挑战这些想法,进行自我质疑。针对所写出的每一种消极想法,问自己3个问题:这种想法有必要吗? 这种想法有危害吗? 那么我该采取怎样的态度?

(三)考前心理暗示克服考试焦虑

有益的心理暗示对一个人的认知、情绪、行为等有着微妙且至关重要的影响,尝试寻找适合自己的暗示语,在学习中或者考试时或许可以帮到你。

"我知道我能应对这个考试。"

"我已经尽力了,成绩的好坏并不重要。"

"没关系,无论什么结果我都能承受。"

"做错了,没有关系,可以从头再来。"

"不要紧,按时交卷就可以了。"

"今天的精神真好。"

"我的水平还不错嘛。"

"学习是自己的事,不必在意别人怎么想。"

"紧张是正常的,没关系。"

"很好! 到目前为止还不错,继续做下去。"

"我有信心,因为我已经尽力充分准备了。"

"能把自己的水平发挥出来,这是个机会!"

(四) 充分的复习准备

80％的人考试焦虑是由复习准备不充分引起的,因此,充分准备、提升实力是克服考试焦虑的根本途径。

(五) 放松训练

身体是头脑的延伸,所以当全身都放松了,头脑也会随之放松百分之九十以上。适当放松可以提高对考试焦虑的抵抗力。

1. 运动放松

慢跑、散步或者任何你喜欢的体育运动,都能帮助你调节身心节律,平衡情绪,让你感到更平和、更有活力。

2. 调息放松

以舒服的姿势坐好,保持身体两边的平衡;用鼻子深深地、慢慢地吸气,再用嘴巴慢慢地吐出来;想象身体各部位的放松,放松的顺序:脚、双腿、背部、颈、手心。

3. 由紧至松的身体放松法

这种办法适用于压力大者、失眠者,每天睡觉前做一次,20～30 分钟,持续 3 个星期以上,注意尽量让自己感觉舒适。具体方法为:首先平躺着,闭上眼睛。准备好以后,先把右脚紧绷到不能再紧绷为止,然后突然间放松。依次紧绷放松左脚、右手、左手、脸等,全身的各个部位。全身都循环一遍后,让身体自然地平躺成大字形,彻底地放松。起身时先动动手掌、脚掌,将身体侧向一边,再慢慢地起身,切忌骤然起身。

4. 想象放松

想象自己在轻柔的海滩上,暖暖的阳光照在身上,赤脚走在海滩上,海风轻轻吹拂,听海浪拍打海岸,将头脑倒空,达到放松的目的。也可以将场景换为任何你内心中、记忆里最美好、最难忘的地方。

5. 音乐放松

科学家认为,当人处在优美悦耳的音乐环境之中时,可以改善神经系统、心血管系统、内分泌系统和消化系统的功能,促使人体分泌一种有利于身体健康的活性物质,可以调节体内血管的流量和神经传导。音乐声波的频率和声压会引起心理上的反应。良性的音乐能提高大脑皮层的兴奋性,可以改善人们的情绪,激发人们的感情,振奋人们的精神。同时有助于消除心理、社会因素所造成的紧张、焦虑、忧郁、恐怖等不良心理状态,从而抒发情志,净化心灵,提高应激能力,达到心理自助的目的。

放松音乐一般选择一些优秀的中西古典音乐、交响乐、轻音乐,也可以上轻音乐网站进行选择。

训练项目四　学习自我训练方程式

一、自我学习调整：沙里淘金

思想对感情有着重要的影响,反之亦然。

(1)了解自己在学习、学业方面的主要消极情绪有哪些,找出产生这些消极情绪的潜在原因。

(2)如果你觉得有什么措施能够解决这一问题的话,就立即采取行动,而不是在那里无助地抱怨。如果找不出导致你产生消极情绪的明显原因,那这种消极情绪很可能是由于过于劳累所致。

(3)如果产生问题的原因不在你的控制范围之内,有几种办法来帮助你积极地面对环境。一种方法是用更加积极的方式来思考这一问题,尽可能地找出这一事件带来的有利一面。另外一种方法就是资源利用法,例如从挫折中寻找有价值的资源。

二、感恩学习之心

心怀感恩的人会逐渐发现生活中的美好之处,用积极的态度看待自己、他人以及生活,在情绪、行为上都将有正向的转变。

每一个学生能在校园学习、生活,实际上已经有很多人在为其服务,近到父母亲友、学校的教职员工,远到衣食住行,所涉及的包罗万象。他们都在尽可能地营造出适合我们的良好环境,尽管并非完美。

每天晚上,花一点时间,记下自己或者身边3件值得庆祝或感恩的事情,坚持做下去。

三、更新你的学习观念

请阅读以下文字，你有什么样的感悟和思考？并展开小组讨论。

教育的一个功用是提供学生充足的知识，告诉他们人类在不同领域努力的成果，同时要帮助他们，使他们的心智从所有传统的束缚中解脱，那么他就有能力探索和发现真相了。否则他的心智就会变得机械化，被刻板的知识拖累。

我们目前的教育到底是什么情况？它提供了你各种不同的知识，不是吗？你去上大学，也许你会成为工程师、医生、律师，你也许会得到数学或其他方面的博士学位，或者你攻读家政，学习如何管家、做饭等。但是没有人帮助你从传统的桎梏中解脱出来，让你一开始就保有一颗清新的、热切的心，然后你才有能力随时发现新的事物。

最难的一件事就是让人心从已知的事物中解脱，使它能随时发现新事物。有个伟大的数学家曾经说过，他为解决一个难题，头痛了好几天也找不到答案，有天早上当他和平常一样在散步时，忽然知道了答案。他究竟是怎么知道的呢？因为当时他的心非常的静，因此他能够自在地看这个问题，而这个问题本身就显露出了答案。一个人必须拥有解答问题的知识，但他又必须超越于知识之外才能得到解答。[1]

心理钥匙　学习动力自我测试

1. 请将题目中的陈述与自己的情况相对照，请对问题给出"是"或"否"的回答。答"是"则记1分，答"否"记0分，将得分相加，算出总分。

(1) 已经不想学习，想去找份工作。

(2) 把自己的时间平均分配在各科上。

(3) 除了老师指定的作业外，不想多做。

(4) 如果没有人督促，很少主动学习。

(5) 一读书就觉得疲劳和厌烦，只想睡觉。

(6) 如果有不懂的地方，根本不想弄懂它。

(7) 几乎毫不费力地就能实现自己的学习目标。

(8) 常想不用花太多的时间成绩也会超过别人。

(9) 为了对付每天的学习任务，已经感到力不从心了。

(10) 总是为了同时实现几个学习目标而忙得焦头烂额。

(11) 给自己定下的学习目标，多数因做不到而不得不放弃。

(12) 迫切希望自己在短时间内就大幅度提高自己的学习成绩。

(13) 为了实现一个大目标，不再给自己制定循序渐进的小目标。

---

[1] ［印］克里希那穆提. 人生中不可不想的事[M]. 北京：群言出版社，2004：194-195.

（14）只在喜欢的科目上狠下工夫,而对不喜欢的科目放任自流。

（15）认为课本上的基础知识没什么可学的,只有读大部头作品才有意思。

结果分析

如果你的得分在 0～4 分:说明学习动机上有少许问题,必要时可调整;

如果你的得分在 5～10 分:说明学习动机上有一定问题和困惑,可调整;

如果得分在 11～15 分:说明学习动机上有严重问题和困惑,需要调整。

2. 这是由美国心理学家编制的一份测量考试焦虑量表。可以自测,了解自己是否有考试焦虑症。

请阅读下面句子,选择最符合你感受的答案,不要用太多时间去思考。

（1）在进行测验时,我有信心,并且感到轻松。

（2）在考试时,我感到心烦意乱。

（3）考虑到测验的分数,妨碍了我进行测验。

（4）遇到重要的考试时,我会发呆、愣住。

（5）考试时,发觉自己尽想着我能否学成毕业。

（6）我越尽力想如何答题,越是慌乱。

（7）怕考得不好的念头,干扰我不能集中注意力专心答题。

（8）当参加重要的测验时,感到异常心神不安,神经过敏。

（9）甚至对测验有了充分准备,还是感到神经非常紧张。

（10）在发卷之前,开始感到极为不安。

（11）在测验中,我感到非常紧张。

（12）希望考试不要如此厉害地烦扰我。

（13）在重要的测验中,紧张得连胃也不舒服了。

（14）当进行重要的测验时,似乎被自己击倒了。

（15）当参加重要的测验时,感到非常恐慌。

（16）在参加重要的考试之前,非常担忧。

（17）在测验之中,发觉自己想着失败的结果。

（18）在重要的测验中,感到自己的心跳得特别快。

（19）在考试之后,试图不再担忧它,但是做不到。

（20）在考试中,神经是那样紧张,甚至把知道的内容也忘记了。

计分方法

第 1 题的 4 种选择是:从不＝4 分,有时＝3 分,经常＝2 分,总是＝1 分;2～20 题的 4 种选择是:从不＝1 分,有时＝2 分,经常＝3 分,总是＝4 分。依次将每题得分相加,即为总分。

情绪性的分数是将第（2）、（8）、（9）、（10）、（15）、（16）、（18）、（19）的得分相加。

忧虑性的分数是将第（3）、（4）、（5）、（6）、（7）、（14）、（17）、（20）的得分相加。

结果分析

可依据下面的数值判断自己的焦虑程度。

男生：总分在 30 分以下正常,30～35 分有轻度焦虑,36～45 分焦虑明显,46 分以上有较严重的焦虑。

女生：总分在 26 分以下正常,27～32 分有轻度焦虑,33～41 分焦虑明显,42 分以上有较严重的焦虑。

忧虑性和情绪性判断男女一样。忧虑性分数在 10 分以下正常,10～16 分有明显忧虑性,17 分以上相当忧虑。情绪性分数在 11 分以下正常,12～18 分有明显的情绪反应,18 分以上相当不稳定。

模块四

大学生拓展训练

知识目标

1. 了解拓展训练的起源与发展概况，认识学生拓展训练的意义。
2. 了解拓展训练项目的分类，各类项目的意义和价值。
3. 理解并掌握体验式拓展训练的理论和要求。

技能目标

1. 掌握拓展训练安全知识及规范。
2. 学会在拓展训练项目中学习团队工作方法，在拓展训练活动中体会在何种情况下能使有限的知识和技能释放出最大能量，弄清自己与他人的沟通和信任到底能深入到什么程度。
3. 掌握拓展训练感悟的要点，学会在交流与分享中将感悟提升。
4. 学会成长，并能够将拓展训练的感受和所得运用于日后的学习和工作中。

拓展训练导论

> 用勇气改变可以改变的事情,用胸怀接受不能改变的事情,用智慧分辨两者的不同。

【中国】李开复

训练项目一 拓展训练简介

拓展训练(Outward Bound)又称外展训练,原意是一艘小船离开平静的港湾,义无反顾地投向未知的旅程,迎接一次次的挑战。拓展训练采用国际流行的户外训练方法,通过各种精心设计的拓展训练项目,在应对挑战、解决问题的过程中,达到"磨练意志、陶冶情操、完善人格、熔炼团队"的目的。它以合作意识、进取精神的激发和升华为宗旨,利用大自然和人工创设的特殊情境,通过精心设计的各种"挑战极限"性质的活动,激发成员潜能,增强团队活力、创造性和凝聚力,达到提升团队生产力、提高团队绩效的目的。

一、拓展训练的起源与发展

1. 拓展训练的起源

拓展训练起源于第二次世界大战时期,当时来往于大西洋上的英国商务船队屡遭德国人袭击,有很多船只由于受到攻击而沉没,大批船员落水,由于海水冰冷,又远离大陆,所以,很多人都死在了海中,但仍有少数的人在经历了长时间的磨难后得以生还。英国军方的救生专家们对这一部分生还者进行了生理、心理方面的种种测试,发现他们都存在一些共同的特点,就是生还的水手大多并不是身体强壮的年轻船员,而是年纪较大的老船员,他们有着丰富的人生阅历、良好的心理素质、极强的求生欲望。这一现象引起了军事、教育、心理学专家的兴趣,经过一段时间的研究,专家们终于找到了这个问题的答案:当灾难来临时,决定你是否能存活的最关键因素不是你的体能,而是你的心理素质。年纪较大的船员有丰富的阅历和经验,有坚定的生存信念,所以最终生存下来。而年轻的船员在面对灾难时,精神的沮丧导致了心理防线的全面崩溃,从而造成了体力的急剧下降,最终导致死亡。

1934年,德国人科翰(Kurt Hahn)利用自然条件和一些人工设施,让那些年轻的海员做一些具有心理挑战的活动和项目,以提高他们的心理素质和海上生存能力,并培养他们在船触礁后的生存技巧,使他们的身体和意志都得到锻炼。实践证明效果显著,这项活动明显提高了海员的生存率。1941年,科翰在威尔士建立 Outward Bound 户外学校。目前,Outward Bound 已成为世界上最知名的体验培训机构。1942 年,Kurt Hahn 和英国人 Lawrence Holt 在英国创办了阿伯威海上训练学校,这种训练利用野外活动的形式,模拟现实的环境,以年轻海员为训练对象,对海员进行心理意志及生存能力训练,取得了良好的效果。这是拓展训练最早的雏形。

2. 拓展训练的发展

战争结束后,阿伯德威海上训练学校关闭了,但是这种新颖的培训模式被保留了下来。20 世纪 40 年代,拓展训练以其独特的创意和训练方式逐渐被推广开来,训练对象也由海员扩大到军人、学生、工商业人员等群体,训练的目标也由单纯的体能、生存训练扩展到心理训练、人格训练和管理训练等。但由于早期的户外活动中有许多未知因素尚未掌握,风险很高,故一段时间内并未十分风行。直到拓展训练引入美国后,这种状况才慢慢发生了变化。

美国引进 Outbound School 后,发现拓展训练可以更好地改变参与者的心态,这为嬉皮士盛行期的美国教育打了一针强心剂,也使越战后人们的消极心理得到修复。美国培训界因此非常青睐拓展训练,继而兴起了一股探索、研究和完善拓展训练的热情,使得拓展训练的理论基础得以长足的发展。而在拓展训练实践方面,一些培训机构把高风险体验带入了设计好的游戏中,在安全可控的条件下给人同样的启迪。其间,先后有两家机构对拓展训练的发展做出了重大贡献,其一是户外发展学校(Out Wall Bound School),其二是 PA 主题式冒险训练机构(Project Adventure Inc.)。两者分别从个人发展和团队建立两个方向切入,虽有不同的训练结构,但共同运用了户外拓展训练的教学模式,强调"从做中学",并且设计了许多具体的体验。但拓展训练第一次真正引起企业的关注,还是在 20 世纪 70 年代末 80 年代初的时候,从那以后才开始迅速在企业培训中流行起来,并快速传播到全世界。随后,拓展训练逐步在欧美流行开来,20 世纪 70 年代在美国相当流行。

3. 拓展训练在中国

20 世纪 90 年代中期,拓展训练进入中国。在 1995 年由原北京拓展训练学校(现北京人众人拓展训练有限公司)董事长刘力先生引入中国市场,中国第一批受训人员是新华社全体职工,从此开始了拓展训练在中国的发展历史。中国第一个拓展训练基地也诞生在新华社房山绿化基地。早期主要作为公司培训的一种手段,由一些专门的人力资源培训公司在运作。直到近几年拓展训练才作为一种培训、学习方式,被企事业机关单位所认可。同时,其内涵和外延不断扩展,目前国内外这个领域有许多提法:Outward Bound(户外跳跃)、Adventure Education(冒险教育)、Project Adventure(冒险计划)、Team Adventure(团队冒险)、素质拓展、潜能拓展、心理拓展等,逐渐演变成为现代人和现代组织的全新学习方法和训练方式。

2002 年在教育部体育卫生司的倡导下,我国 7 所高校进行了野外生存训练课的尝试,首次在学校体育课程中引进了拓展训练的内容。2003 年由团中央、教育部、全国学联发出倡议,在全国北京大学、清华大学等 63 所高校开始试点实施"大学生素质拓展计划",在较大范围内开展素质拓展活动,虽然其内容与真正的拓展训练理念还有较大的不同,但却意味着拓展训练在高等院校内开始发展了。

随着试点的开展，拓展训练在学校教育中的重要性引起了许多学者的关注。随着学校体育教学中开展拓展训练的可行性和必要性的研究，2007年2月在武汉召开的全国共青团学校工作会议上明确提出了全面推进素质拓展计划的要求。目前，越来越多的高校甚至中学，已经将拓展训练纳入到日常的教学活动或第二课堂活动中来，并建立了相关的拓展训练基地，拓展训练得到了快速发展。

二、拓展训练的特点

拓展训练是一种体验式学习，但在体验的同时，加入总结、分享、提高、应用等环节，强调先行后知。整个过程要完成5个步骤的循环，如图4-1所示。第一，参与活动，具体地经验和体验，去体会和感受；第二，我们反思这些体验和感受，逐渐脱离具体的事件而在一般抽象层次对我们所感悟到的东西进行深思熟虑的思考；第三，将我们反思的内容纳入理性的思考，推广到普遍，上升到理论；第四，尝试着将我们学习到的理论运用于实际，制定自己的行动方案，在有机会时，进行下一次的实践活动，进而又一次的体验，又开始了新一轮的学习过程。这个学习圈是不断循环的，学习者在体验中不断升华、内化。

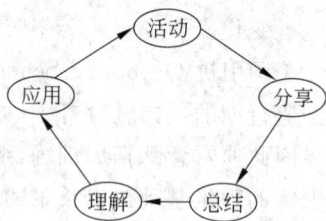

图 4-1 拓展训练学习圈

拓展训练与传统学习方法相比有以下特点。

（1）从形式上讲：大多数是让学员在户外利用一些自然条件和人工设施来进行培训。

（2）从内容上讲：关注的是人的非智力层面的因素，如观念、态度、人格等，而并非知识、技能。

（3）从培训方式和方法上讲：采取的是互动式，学员会在教练的带领下做一些项目，项目结合了许多生活和工作中的情境，教练只告诉任务和规则，活动自己做，做完项目后大家围坐下来一起回顾，联系生活和工作，从活动中能得到哪些启发，大家畅谈感受、相互学习，由此完成一次培训活动。

（4）拓展训练是"体验越多，收获越多"。体验式训练中的每一个活动都是精心设计的，按照学员的需求控制其中的条件，使体验更加有组织、有目的，更为个性化。学员积极参与是"体验"的关键。

训练项目二 拓展训练理论基础

拓展训练强调体验、感悟、成长，在其发展的过程中，也在不断借鉴和吸收当下管理和教育理论来丰富和完善自己的思想体系。其理论基础主要有 PDCA 工作方法、激励理

一、PDCA 工作方法

PDCA 是最早由美国质量管理专家戴明提出来的,所以又称为"戴明环"。PDCA 工作法具体指:P(Plan)——计划;D(Do)——执行;C(Check)——检查;A(Action)——行动等 4 个环节的循环(图 4-2)。它是全面质量管理所应遵循的科学程序。全面质量管理活动的全部过程,就是质量计划的制定和组织实现的过程,这个过程就是按照 PDCA 循环不停顿地、周而复始地运转的。

图 4-2　PDCA 循环

1. PDCA 工作方法的实施步骤

PDCA 循环作为全面质量管理体系运转的基本方法,应用了科学的统计观念和处理方法,其实施需要搜集大量数据资料,并综合运用各种管理技术和方法。一个 PDCA 循环一般都要经历 4 个阶段、8 个步骤。其中,4 个阶段就是 P、D、C、A;8 个步骤包括如下内容。

(1) 分析现状,发现问题。

(2) 分析问题中各种影响因素。

(3) 分析影响问题的主要原因。

(4) 针对主要原因,采取解决的措施,包括"为什么要制定这个措施?"、"达到什么目标?"、"在何处执行?"、"由谁负责完成?"、"什么时间完成?"、"怎样执行?"。

(5) 执行,按措施计划的要求去做。

(6) 检查,把执行结果与要求达到的目标进行对比。

(7) 标准化,把成功的经验总结出来,制定相应的标准。

(8) 把没有解决或新出现的问题转入下一个 PDCA 循环中去解决。

2. PDCA 工作方法的优点

(1) 周而复始。PDCA 循环的 4 个过程不是运行一次就完结,而是周而复始地进行。一个循环结束了,可能解决了一部分问题,但还有问题没有解决,或者又出现了新的问题,再进行下一个 PDCA 循环,依此类推。

(2) 大环带小环。一个团队或组织整体运行的体系与其内部各子体系的关系,是大环带小环的有机逻辑组合体。

(3) 阶梯式上升。PDCA 循环不是停留在一个水平上的循环,不断解决问题的过程就是水平逐步上升的过程(图 4-3)。在 PDCA 循环中,每一个循环为一个"提高期",两个循环间为"稳定期"。这样就形成了阶梯式的上升,而不是直线上升,所以,持续改进是在提高和稳定中交替进行的,没有提高就无须稳定,没有稳定也无须提高。

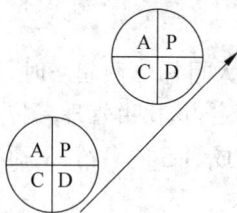

图 4-3　PDCA 循环阶梯式上升

拓展训练借鉴戴明博士的 PDCA 工作方法,强调计划、执行、检查、行动，将从本质上提高团队的工作能力，提升团队的整体水平。

二、激励理论

激励理论是行为科学中用于处理需要、动机、目标和行为四者之间关系的核心理论。行为科学认为，人的动机来自需要，由需要确定人们的行为目标，激励则作用于人内心活动，激发、驱动和强化人的行为。

1. 内容激励理论

早期的激励理论研究是对"需要"的研究，回答了以什么为基础或根据什么才能激发调动起工作积极性的问题，包括马斯洛的需求层次理论、赫茨伯格的双因素理论、麦克利兰的成就需要理论等。最具代表性的马斯洛需求层次理论就提出人类的需要是有等级层次的，从最低级的需要逐级向最高级的需要发展。需要按其重要性依次排列为：生理需要、安全需要、社会需要、尊重需要和自我实现需要。并且提出当某一级的需要获得满足以后，这种需要便中止了它的激励作用。

2. 过程激励理论

过程激励理论认为，通过满足人的需要实现组织的目标有一个过程，即通过制定一定的目标影响人们的需要，从而激发人的行动，包括弗洛姆的期望理论、洛克和休斯的目标设置理论、亚当斯的公平理论、斯金纳的强化理论等。

弗洛姆(V. H. Vroom)的"期望理论"认为，一个目标对人的激励程度受两个因素影响：一是目标效价，指人对实现该目标有多大价值的主观判断。如果实现该目标对人来说，很有价值，人的积极性就高；反之，积极性则低。二是期望值，指人对实现该目标可能性大小的主观估计。只有人认为实现该目标的可能性很大，才会去努力争取实现，从而在较高程度上发挥目标的激励作用；如果人认为实现该目标的可能性很小，甚至完全没有可能，目标激励作用则小，以至完全没有。

在弗洛姆之后，美国管理学家E. 洛克(E. A. Locke)和休斯(C. L. Huse)等人又提出了"目标设置理论"。概括起来，主要有3个因素。

(1) 目标难度。目标应该具有一定的难度，轻而易举就能实现的目标因为缺乏挑战性而不能调动起人的奋发精神，激励作用不大。而过高的目标也会使人望而生畏，从而失去激励作用。因此，应把目标控制在中等难度上。

(2) 目标的明确性。目标应明确、具体，诸如"尽量干好"、"努力工作"等笼统空泛、抽象性的目标，对人的激励作用不大。而能够观察和测量的具体目标，可以使人明确奋斗方向，并明确了自己的差距，这样才能有较好的激励作用。

(3) 目标的可接受性。只有当成员接受了组织目标，并与个人目标协调起来时，目标才能发挥应有的激励功能。为此，应该让成员参与组织目标的制定，这比由管理者将目标强加于成员更能提高目标的可接受性，可以使成员把实现目标看成自己的事情，从而提高目标的激励作用。

激励是拓展训练中用以提高团队战斗力、高效开展工作的有效手段。准确而适度的激励,会大大增加团队的工作热情,激发其创造性与主动性。激励理论提示拓展训练需要采用多种多样的激励方式,以使激励的作用得到充分发挥。

三、领导理论

1. 领导的定义

不同的人对领导有着不同的理解与阐释,根据《管理学基础》中的解释,领导是在一定的社会组织和群体内,为实现组织预定目标,运用其法定权力和自身影响力影响被领导者的行为,并将其导向组织目标的过程。根据中国企业领导力和党政干部领导力训练专家唐渊先生在《领导新法》中的解释,名词的领导是指领导者;动词的领导则是指领导活动,而领导活动是指领导者在一定的环境下,为实现既定目标,对被领导者进行统御和指引的行为过程。两者结合,所谓领导,就是领导者进行领导活动,率领着一群人去达到目标。

2. 领导的功能

领导的功能指领导者在领导过程必须发挥的作用,即领导者在带领、引导和鼓舞下属为实现组织目标而努力的过程中,要发挥组织、激励和控制作用。

(1) 组织功能

组织功能指领导者为实现组织目标,合理地配置组织中的人、财、物,把组织的三要素构成一个有机整体的功能。组织功能是领导的首要功能,没有领导者的组织过程,一个组织中的人、财、物只可能是独立的、分散的要素,难以形成有效的生产力。通过领导者的组织活动,人、财、物之间的合理配置,构成一个有机整体,才能去实现组织的目标。

(2) 激励功能

激励功能指领导者在领导过程中,通过激励方法调动下级和成员的积极性,使之能积极努力地实现组织目标的功能。实现组织的目标是领导者的根本任务,但完成这个任务不能仅靠领导者一个人去动手亲自干。他应在组织的基础上,通过激励功能的作用,将全体成员的积极性调动起来,共同努力,"众人拾柴火焰高",领导的激励功能,形象地说就是要使众人都积极地去拾柴。

(3) 控制功能

控制功能指在领导过程中,领导者对下级和成员,以及整个组织活动的驾驭和支配的功能。在实现组织的目标过程中,"偏差"是不可避免的。这种"偏差"的发生可能源自于不可预见的外部因素的影响,也可能源自于内部不合理的组织结构、规章制度、不合格管理人员的影响,纠正"偏差",消除导致"偏差"的各种因素是领导的基本功能。

(4) 教育功能

领导者需要将自己的思想和价值观交流给他人,指导他人接受自己的影响并说服他人相信它们。领导者还需要从他人的经验中吸取恰当的教训,相互学习,并激发自信心。

3. 领导的方式

（1）权威型领导方式

领导者运用其个人具有的职权、影响力制定决策，运用奖励、责罚方法促使下属执行组织目标，并由领导监督执行，即集大权与决策于自身，一切由领导决定，下级只能执行。此种方式的优点：处理抢救、紧急情况动作快；控制力强；效率高；适用缺乏参与能力的下属，如新参加工作者。

（2）民主参与型领导方式

权力定位于群体，适用于成员知识、技能比较成熟的群体，能参与决策时，通过集体讨论，在一定范围内可以由群体决定工作内容和方法，有一定自主权。此种方式体现领导者重视员工信息交流，不仅关心任务的完成，而且关心下属，提高工作效率和质量，不适合处理紧急情况。

（3）自由放任型领导方式

领导者很少运用权力，而把权力定位于成员，给下属高度的独立自主权，制订计划、制定决策、推行工作，领导者只布置任务及提供资料，很少参与执导、协调、监督、检查等职责。此方式使用比较少，适用于知识、技能成熟，能自我指挥与控制的少数专业人员。能充分发挥成员的聪明才智；促进产生新观念、新设想、新技术。

以上3种领导方式，任何一种领导方式的运用，都取决于环境情况，即需因人、因事、因地、因时而异，3种领导方式各有其特点，而绝不是某种类型一概不好，或某种类型绝对完善；应在具体情况下选用不同方式。

4. 领导原则

领导原则控制着完成管理任务的质量，是管理的核心，它外化出来的行为是可测评的，能弥补领导权威、风格、技术和能力的不足。

（1）成果导向。追求可持续性的工作成果和工作效益，这是基本的工作目标，偏功利性。

（2）整体贡献。团队利益高于个人利益，了解关注整体，考虑流程和周边环节，服务于整体利益，也就是全局观。

（3）聚焦重点。将有限的人力、物力以及时间和精力（各项资源）投入到最重要的几项工作中（一般为3～5项），这是时间管理的重要原则。

（4）用人之长。发挥员工长处，利用长处，不花大量精力弥补其个性的短处，这是人力资源管理的根本原则。

（5）充分信任。善于倾听、尊重员工、勇担责任，在组织内建立充分的信任关系，营造公平、平等的氛围。

（6）积极思维。摆脱固有思维，坚持正确的信念，乐观积极做好本职工作，凡是往好的方面想。

领导力训练是拓展训练的重要方面，现代领导理论可以启迪拓展训练的方案设计，也可以帮助学员更好理解和实施拓展活动。尤其是人力的安排、分工、协调以及组织管理等方面需要领导理论的指导。

训练项目三　拓展训练的流程环节

按照科尔布(Kolb，1984)的体验式学习圈，结合拓展训练的实践经验，通常我们将拓展训练分为破冰启航、活动体验、反思与分享、总结应用 4 个环节。

一、破冰启航

破冰，也称开营，是拓展训练的第一课，要求学员之间、学员和教练彼此认识，消除陌生感，建立互信，同时帮助学员对训练采取开放的态度，在整个训练中具有至关重要的作用。

破冰可以让大家在轻松的环境中，摆脱级别的限制，体验全新的人与人之间的关系；让成员之间进行身体和肢体接触，打破成员之间的害羞和陌生感，增进相互的理解、信任及团队合作精神，使自己成为该团队中的一分子，并能迅速发挥各自的作用，使团队在最短的时间内得以高效运转。一般来说，破冰在室内或室外进行，主要包括快乐相见、团队建设、建立契约、热身游戏等环节。

1. 快乐相见

（1）特别问候

在热身教室门前集合队伍，教练带领团队成员进入教室，向大家问好，此时教练会教给学员拓展训练独特的回答问候的方式，即"好"、"很好"、"非常好"。

（2）人工降雨

一般来讲，可以把掌声分成 4 类：小雨、大雨、狂风暴雨、爱的鼓励。此时教练要将 4 类掌声通过演示一一交给学员：小雨是轻轻地鼓掌；大雨是用力地鼓掌；狂风暴雨是一边用力地鼓掌，一边尖叫，一边踩脚；爱的鼓励是当伙伴进行挑战或分享时鼓励的掌声，节奏是"1、2、1、2、3"。注意：拓展训练中，小雨类的掌声用得不多。

（3）自我介绍

教练团队介绍。这里用"教练"这个词汇来称呼拓展训练的指导者。教练在拓展训练中扮演着环境创造者、活动组织者、成长推动者、信息反馈者等角色，因此在破冰环节中教练会向学员做精心、精彩的介绍，以获得学员的信任。教练在拓展训练中是一个特别的角色，其教学折射出"无为而有为"的思想。

学员自我介绍。如果学员之间是陌生的，每位学员需要进行简单的自我介绍，一般包括姓名、单位、对参加此次拓展训练的期待；如果学员之间是熟悉的，只要介绍自己的姓名和期待就可以了。学员通过自我介绍，一来彼此之间可以尽快地熟悉起来；二来有利于教练对学员有更进一步的了解，以便在后面的项目实施中更有针对性。

（4）爱的初体验

通过握手、按摩运动、跳兔子舞等游戏，让学员有一些身体上的接触，进一步的打破学员的陌生感和害羞感。

（5）介绍拓展的起源与发展

详细内容见本章 246 页"拓展训练的起源与发展"，这里不再赘述。

2. 团队建设

（1）分组

分组可以使学员彼此之间有更多的个人接触和激发想法的机会。为了拓展项目的有效开展，分组时每个队的人数一般为 12～15 人。

（2）团队文化建设

团队文化包括队长、队名、队徽、队训、队歌、队形、队旗等要素，团队文化建设的目的是让大家在进行建设的过程中彼此了解和交流，表达思想并逐渐形成一个统一的文化意识。大家在这个过程中可以逐步感受团队的氛围，形成团队归属感。

（3）团队展示。团队用自己独特的方式将团队文化的内容展示出来。这是首次集体亮相，不可以怠慢。

3. 建立契约

每个团队都需要有自己的规范，建立起良好的团队契约，对团队及项目开展的保驾护航有着重要价值。这些契约也就是团队共识，要求每个人都必须遵守。

4. 介绍课程安排

教练通过介绍活动给学员一个总体的轮廓，有利于学员知道每个项目在课程中的位置和作用。

5. 开始破冰游戏

破冰，是打破坚冰的意思。在培训领域可以达到破冰目的的活动叫破冰游戏。破冰游戏是培训开始的必要环节，有了破冰游戏可以使培训者更好地了解整个培训团体，也便于参加的成员快速相互融合、彼此熟悉和拉近彼此距离。

二、活动体验

在拓展训练中，游戏的运用相当广泛，活动以项目（游戏）为载体，或者说学习本身就是在精心设计的经典项目中体验学习。这是因为游戏是一个最好的自我表现方式，参与其中的每个人都会表现出种种不同的行为，诸如顺从、独裁、领导、投机取巧等。

1. 热身运动

热身运动又称准备运动，前者因生理反应而得名，后者则属一般性概念。热身运动是指在运动以前，用短时间低强度的动作，让接下来运动时将要使用的肌肉群先行收缩活动一番，以增加局部和全身的温度以及血液循环，并且使体内的各种系统，包括心脏血管系统、呼吸系统、神经肌肉系统及骨骼关节系统等能逐渐适应即将面临的较激烈的运动，来预防运动伤害的发生。

运动热身是任何运动训练的重要组成部分，拓展训练也不例外。热身的重要性在于可以避免运动损伤的发生,减少损伤的风险系数。缺乏足够的热身运动,是引起各种运动伤害最主要的原因之一。热身是身体活动之前进行的运动,热身后有很多的益处。热身的首要作用是让身心做好准备接受艰苦的训练,帮助身体增加身体的核心温度——肌肉温度,肌肉温度的增加可以使肌肉更松弛,更灵活。有效的热身可以增加心率次数和呼吸的深度与频率,增加血液流量和血液氧气及血中营养给肌肉,这些可以帮助肌腱与关节接受更多的艰苦训练。

热身运动方式以选择该项目相近的运动为佳。如伸展操、跑步、跳绳、有氧运动等都是不错的选择,做之前应先活动一下关节,这样可以减少运动伤害。

不论选择何种,我们都要先热身再做伸展操,如图4-4所示。要保证从头到脚全身活动开,通常包括以下几项:①头部运动;②肩关节运动;③扩胸运动;④体转运动;⑤弓步压腿;⑥侧压腿;⑦膝关节运动;⑧踝关节运动;⑨全身运动;⑩高抬腿。

图 4-4　热身运动之伸展操

热身时需要注意拉伸大腿后部肌肉、内侧肌肉、小腿(后部)肌肉、肩部肌肉,以便于拓展活动的有效开展。

2. 活动介绍

一般来说,活动体验占体验式学习50%的时间,或者更长,在活动前学员需要明确了解活动项目的有关信息,包括项目名称、项目性质、项目任务、项目规则和安全注意事项,这样便于学员有一定的心理准备并能有效地进行活动策划。

3. 活动体验

学员在教练点拨、指导下按照项目规则进行活动体验,完成项目任务。在活动进行的过程中,教练会时刻进行安全监控,把握团队中每一个成员的表现以及整个团队在活动不同阶段时的对策,并做好相关记录工作。

4. 活动体验的价值

(1)提供真实的学习

活动体验的结果能够及时地得到反馈。成败显得具体而真实,学员很难拒绝面对他们的结果,不需要有专人评判。因此,清晰的结果,而且是能够展现过程的结果,对一个体验活动有着特殊的价值。

（2）提供外在的挑战

外部竞争往往能够让一个人或者集体更加充满力量。置身于"危险情境"或者"挑战情境"中，个人不仅是因他人的行为互相依赖，也是为了情感上的互相支持。很多情况下，外在挑战更能有力地塑造一个人或者一个团队。

（3）提供行动的机会

在真实的体验中，人们发现自己所不知道的事就会引发主动学习。行动是可见的，行动本身就是一个思考的过程。体验式学习的关键在于看到自己的无知，承认自己的无知，然后开始寻找答案，这时，学习就开始了。

（4）提供合作的契机

团队体验在一个人的社会化进程中作用巨大。因此，在活动情境中，团队的重要性也就清晰地被凸显出来。人们开始发现个人在团队中的作用，真实地感受到个人是团队中的一分子。在团队协作中，人们第一次发现他们在思想上的恐惧和挫折并非是孤独的，合作也因而成为一种真实的需要。

三、反思与分享

当每个活动结束时，体验式学习中最闪亮的部分就开始了。没有反思与分享的游戏，是只有体验而没有学习的游戏。反思与分享决定了我们能否从经验中学习。学会从经验中学习，需要跨越不少障碍。对于我们所经历的一切，如果没有总结，即使成功了，也无法延续，因为我们不知道成功的原因；而一旦失败了，则无法避免再次失败，因为我们不知道失败的根源。当然，成功与失败只是一种定义，若把定义去除，成败就还原为经验了，"没有成败，只有成长"的训练理念就会呈现出来。成长是一种生活的必需。

在游戏活动结束后，大家需要在教练的带领下，把自游戏引发出来的体会引向深入，使游戏活动和游戏的主题紧密结合起来。

（1）学员在阴凉处围成一个圆圈坐下，每个学员都可以看到对方（图4-5）。

图4-5　分享中

（2）每一个学员发表自己的体会和感受。对团队而言，对事物的认识及其行为的抉择,必须取决于个人。因为人们对同一件事情会有不同的想法,情感属于个人,是对是错全看个人的判断。所以,团队应该对个人的抉择给予尊重。

(3)教练引导总结。在分享阶段,教练会根据自己观察的情况对不同的学员提出不同的问题,做出引导,达到培训目的。或者,根据项目的培训目标以及分享点利用现实生活中的事例对学员进行引导、启迪。

分享为我们提供了这样的资源:看问题的角度更多、理解问题更深入。分享的很大价值在于提出并讨论各种观点。在分享时,学员们相互交流自己的担忧、烦恼、看法与种种情感,人们会非常惊讶:大家居然有如此多相似的东西。这种"和大家一样的感觉"也是推进团队建设与增强学习效果的重要资源。

四、总结与应用

这个环节让学习和现实生活之间产生联系,也让学习具有现实价值,因为学习的最终目的在于让我们更有效地在现实中生活。这个环节的特殊性比较强,常常会因为项目不同、学习目的不同、参加对象的需要不同而变化。

1.总结时的关注点

(1)体验精髓,适时传递。

(2)活动精华,切中要害。

(3)访谈所得,有的放矢。

(4)现场观察,提供反馈。

(5)学员分享,尝试聚焦。

(6)微型演讲,知识补充。

(7)故事类比,迁移引申。

2.应用评估

拓展训练的效果在于学习者能否将体验所得迁移到外在世界,并让自己有所提升。按照常规,主要反映在以下4个方面。

(1)学习者的个人评价

即学习者个人对此次训练活动作出效果好坏的点评。教练将所有参与学习人员的个体评价进行汇总、分析,就可以得出对学习效果的总体判断。

(2)对学习过程进行评价

就是评价在学习过程中所使用的具体手段、方法是否合理、有效,学习过程中的每一环节、每一步骤是否满足或达到了预先所设定的要求。

(3)学习者的行为改变

学习的目的是提高能力,而能力是通过具体行为表现出来的。因此,对培训效果的评价就是要看参与学习的人员是否在工作和生活的行为上发生了根本的变化。

(4)行为改变的结果评价

学习效果的工作评价应该以组织工作绩效为标准。也就是说,工作行为的改变带来的是工作绩效的提高。如果体验式学习能够带来这种积极效果，也就可以认为学习实现了预期的目标。

训练项目四 拓展训练的安全规范与简单救援技术

一、拓展训练安全规范

（一）安全理念

安全是拓展训练的生命线。只有在项目实施时将安全控制在能够接受范围内的前提下才能实现优质的培训；同时，通过拓展训练向参训者传达安全理念，使安全也成为参训者体验的一部分。总的方针就是100％的安全保障。

因此，参训学员必须做到教练口令不容置疑，不乱攀爬，不乱踢，不乱跳，要把身上的硬物取出，学员之间要相互关照。在项目进行过程中，如教练发现大家的动作有危险，要立即制止，请大家不要再继续，各位需要立即停下手中的动作；同时如果有队员感到身体不适，需立即示意教练，教练要做出适当调整。

（二）禁烟禁酒

在拓展训练的过程中严禁学员喝酒，否则学员的行为就不受意识的控制，容易发生安全事故。在拓展训练的场地上严禁学员吸烟，烟头容易将保护绳索或其他装备烧坏，造成安全隐患。

（三）三大原则

（1）教练口令不容置疑。学员必须严格执行教练的口令，应做到令行禁止。
（2）最高境界。当教练喊到"最高境界"时，所有学员必须保持安静，做到"静悄悄"。
（3）守时。所有的学员必须按照教练要求按时到达场地，不能迟缺；否则，必须接受惩罚。

（四）健康询问

教练应在破冰时向学员询问疾病情况，看是否有学员患有严重的心脏病、高血压等心脑血管疾病，是否有半年内做过骨头、胃部大手术的，是否有患有脊椎劳损、经常性脱臼等问题的，还要询问是否有即将做妈妈的。如果有存在以上问题的学员，教练应针对性地限制其参加项目。

另询问有无恐高症的学员，如果有，可告知拓展训练的一大特色就是根治恐高症。
最后，叮嘱学员如果有任何不舒服的要立即向教练报告。

（五）关于环保

美丽的户外拓展场地只允许留下欢声笑语和美丽的靓影，不得乱吐口香糖或乱扔饮料瓶等垃圾，要注意环保，活动结束后，每队派一人负责场地卫生的打扫与保洁工作。

（六）服装要求

在进行拓展项目时，要求参训学员穿着运动服、运动裤、运动鞋，以方便项目的顺利进行。

（七）禁止使用手机

在拓展训练时，教练要求所有的参训学员将手机关闭或调到振动状态，禁止接打电话和发短信，保证拓展训练的顺利开展。

（八）介绍课程安排

教练通过介绍活动给学员一个总体的概括，有利于学员知道每个项目在课程中的位置。

二、简单救援技术介绍

拓展训练虽然有一定的保护，但依然存在危险。学员在遇到危险或发生意外的时候，需要了解一些基本的救援技术。

（一）人工呼吸

人工呼吸适用于心脏骤停以及因麻醉、电击、中毒、溺水、颈椎骨折等伤病所引起麻痹的病员。

应先松解衣领及腰带，并消除病员口腔内的异物、黏液及呕吐物等，以保持气道通畅和人工呼吸的有效性。

1. 口对口人工呼吸法

（1）伤员仰卧位，以双层纱布盖于口上。操作者一手将病员下颌托起，尽量使头部后仰，解除舌后坠所致的呼吸道梗塞；另一手将鼻孔捏紧，以防气体由鼻孔逸出。

（2）操作者深吸一口气，紧贴病员口部向嘴内吹气，直至胸部升起为止。吹气时用力要均匀，如病员牙关紧闭可松开鼻孔捏紧口唇行口对鼻吹气。

（3）吹气完毕，操作者头转向一侧，并立即松开捏鼻或捏口唇的手，让病员胸廓自行回缩将气排出。如有回气声，即表示气道畅通，可再吹气，成人吹气 12～16 次/分，儿童一般 20 次/分。

2. 仰压式人工呼吸法

（1）伤员仰卧，背部垫枕，使肩及枕部略低，头偏向一侧。

（2）操作者跨跪于病员两股外侧或位于病员一侧，屈曲两肘关节，将两手横放在肋弓上部,手指自然分开置于胸部肋骨上,拇指向内。

（3）将体重支于两手,使身体向前逐渐加压于胸部。2秒钟后放松两手,操作者直跪起,经2秒后,再按上述方法反复进行。

3. 俯压式人工呼吸法

（1）伤员俯卧,一臂伸于头前,一臂屈曲垫于面下,头偏向一侧。

（2）操作者跨跪于病员两腿外侧,以手掌压于病员下背部,手指自然放在肋骨上,小指放于最低肋骨处。

（3）操作者两臂垂直,使身体徐徐前倾,以身体重力逐渐加压于病员,至操作者两臂与掌垂直位宜,保持此姿势2秒钟。

（4）将身体逐渐退回原姿势,使压力放松,经2秒后再如上述方法反复进行。

（5）此法适用于呼吸道分泌物较多而不能及时清除的病员。

（二）指压止血法

指压止血法是一种简单而有效的临时止血法,多用于头部、颈部及四肢的动脉出血。

其方法是：根据动脉走行位置,在伤口的近心端,用手指将动脉压在邻近的骨面上而止血;亦可用无菌纱布直接压于伤口而止血。然后再更换加压包扎法,或用止血带进行止血。

（三）包扎

目前,常用的制式包扎材料有急救包、三角巾、绷带、四头带等。包扎需注意以下几点。

（1）快。发现、暴露、检查、包扎伤口要快。

（2）准。包扎部位要准确。

（3）轻。动作要轻,不要碰压伤口,以免增加伤口流血和疼痛感。

（4）牢。包扎牢靠、松紧适宜,打结时要避开伤口和不宜压迫的部位。

（5）细。处理伤口要仔细。当找到伤口后,先将衣服解开或脱去。在紧急或寒冷情况下,可将衣服剪开,以充分暴露伤口;足受伤后,应脱掉鞋袜。伤口内的异物,不可随意取出,以防引起出血。在可能情况下,伤口周围用酒精或碘酒消毒,接触伤口面的敷料必须保持无菌,以防止加重感染。四肢包扎时,指（趾）端应露出,以便随时观察局部血液循环情况。

（四）搬运伤员

搬运伤员的目的是迅速、安全地将伤员搬运到救护机构,伤员能得到及时的救治。因此,队员在抢救中必须熟悉各类伤员的搬运方法,选用各种就便运送工具,做好伤员的搬运工作。

（1）单人搬运法。适用于轻伤员。常用的方法有：掮法、背法、抱法、腰带抱运法。

（2）双人搬运法。适用于头、胸、腹部的重伤员。常用的方法有：椅托式搬运法、拉车式搬运法。

（3）担架搬运法。担架是最舒适的一种搬运工具，是搬运伤员最常用的方法，只要条件许可，应尽量采用制式担架搬运法。尤其是对于脊椎损伤的伤员必须采取这一办法，对颈椎受伤的伤员还要放置颈托。首先，将担架放在伤员的伤侧，坚硬物品要从口袋中取出。由两名担架人员，单腿跪在伤员健侧，一人托住伤员的头部和肩背部，另一人托住伤员腰臀部和膝下部，伤员能合作者，嘱其双手拖住担架员颈部，这样互相协作，同时起立，将伤员轻放在担架上。其次，伤员躺在担架上，体位以舒适为宜，最好用被褥垫平，空隙处用衣物或软草等填实，以免在后送途中摇晃，担架上的扣带应当固定好。

（4）注意事项。一般应先止血、包扎、固定后搬运。动作要轻而迅速，避免和减少震动。

担架行进时，伤员的头部应在后，脚在前，这样后面的担架人员则可随时观察伤情变化，发现异常变化，应及时妥善处理。

行走时，尽可能使担架平稳，防止颠簸；上坡时，伤员头部朝前，下坡时相反。

训练一　意志磨练

有了坚定的意志，就等于给双脚添了一对翅膀。

【美国】乔·贝利

这是一些需要敢于挑战、并不容易完成的项目，这些项目需要大家克服自我心理障碍，直面人性弱点，并用心去体会信任、勇敢、责任、坚持。这些项目需要大家在困难面前树立信心、迎难而上、磨练意志，以达到提高意志品质的效果。

训练项目一　背摔

这是一个个人挑战与团队合作相结合的项目。项目任务是：要求全体队员轮流上背摔台，背对大家，身体笔直倒下，由下面的队员安全将其接住，如图 4-6 所示。

图 4-6　背摔瞬间

背摔所需材料是：背摔台一个、体操垫一块、布条一根。

1. 安全要求

（1）所有学员需要将身上的硬物取下，学员不允许戴眼镜。

（2）学员不足 11 人，不能操作此项目。

（3）所有队员都要参与，不能有旁观者。

（4）凡体重超过 100 公斤以上学员要格外注意并采取措施保护。

2. 项目分享

项目结束后，团队成员需要集中起来进行分享活动。请每个队员谈谈自己的体验和感悟。本活动主要涉及以下几方面的内容。

（1）学会换位思考，同理心。为什么在下面时觉得很容易，到了上面却有些害怕？

（2）做好本职工作，就是减轻团队的压力。

（3）信任是如何产生的？对彼此的了解；有效的、严谨的规则；好的能力和态度；过去的成功经验等。

（4）对社会、对团队、对他人的责任感。

（5）成功源于对本能的突破。

3. 学以致用

（1）站在下面时看这个项目觉得很容易，到了上面却有些害怕。这需要我们学会换位思考，培养自己的同理心。

（2）如果姿势正确，在背摔的时候下面的伙伴胳膊不太疼，而姿势不正确的时候下面伙伴胳膊很疼。这个现象提示我们做好自己，规范行为有时候就是减轻团队的压力。

训练项目二　空中断桥

这是一个个人挑战项目。看着空中高高的断桥，每位学员的心里都会激起阵阵波澜。有人兴奋、有人恐惧、有人担心、有人害怕，尤其是身体素质欠佳的学员更会产生不安，女学员会纠结。这个项目需要学员在困难面前树立信心、迎难而上，激发潜力，战胜自我，突破自我，超越自我，切身感悟到"断桥一小步，人生一大步"，学会换位思考。

这个项目的任务是：要求每位队员通过高空器械架的立柱爬到距离地面 8 米左右或更高的断桥，走到桥板一端，跨步跳到桥板的另一端，再跳回来，安全回到地面，如图 4-7 所示。

图 4-7　空中断桥

1. 安全要求

（1）学员在攀爬过程中，要注意将自己的身体和立柱保持为三角形，同时用自己的足弓踩踏立柱巴蹬的水平横杠上，不允许踩踏在下方的斜杠上或三角形空隙内。

（2）断桥上的学员跨越时尽量保持两臂侧平举，不要抓身前的保护绳，适应困难的队员仅能一手轻扶绳子协助维持身体重心平衡,禁止紧握保护绳子影响绳子的滑动。

(3) 过断桥必须采用跨越动作,不能在断桥上跑、窜、蹦、跳。

2. 项目分享

项目结束后,团队成员需要集中起来进行分享活动。请每个队员谈谈自己的体验和感悟。本活动主要涉及以下几方面的内容。

(1) 面对未知、压力与恐惧,如何果断地做出决策。如何克服恐惧心理? 感觉跳过去时困难,还是回来时困难呢? 过去时难是信心问题;回来时难是因为环境的再次改变产生新的压力。

(2) 学会换位思考。

(3) 团队激励和个人激励、相互理解的重要性。激励别人是提高团队战斗力、高效开展工作的有效手段。准确而适度的激励,会大大增加团队成员的工作热情,激发其创造性和主动性。

(4) 行动是克服恐惧心理的良方。

(5) 请记住威力-卡瑞尔万能公式的三大实施步骤。

第一,问你自己:"可能发生的最坏情况是什么?"

第二,如果你必须接受的话,就准备接受它。

第三,很镇定地想办法改善最坏的情况。

3. 学以致用

(1) 同样的距离,在地面上跳非常容易,为什么到了高空就难了。你会发现遇到困难,有时候最大的敌人是自己,关键在于突破自我。有超越极限、挑战自我的勇气,要有勇于挑战的习惯,成功的机会就多得多。

(2) 突破个人心理障碍,不轻易否定自己,不轻易说:"我不行"。每个人都蕴藏着极大的能力和丰富的资源,不试永远不知道自己的能力,勇敢地跃出第一步,成功就离你不远了。

(3) 人对环境的4种反应:第一离开环境;第二改变环境;第三适应环境;第四抱怨环境。我们可能无法改变风向,但我们至少可以调整风帆。

(4) 为什么上面人在跳的时候,觉得太远,而下面的队员觉得很简单,甚至觉得可以更远? 这需要人们学会换位思考。

(5) 伙伴的激励给人们以力量和鼓舞。准确而适度的激励,会大大增加团队成员的热情、创造性和主动性。在日常的生活中多欣赏别人,给别人以肯定的信息会是一种很好的表达。

训练项目三　空中单杠

这也是个人挑战项目,比空中断桥更有难度。高高的空中单杠,让人们望而生畏,直直的空中爬杆也考验着人们的意志。这个项目需要学员克服心理障碍,建立自信心,增强自我控制能力;通过相互鼓励、相互保护的活动,亲身体验相互信任、相互负责的团队精神。

项目的任务是:要求每位队员顺着立柱爬到圆台上(图 4-8),并在起跳点站稳,奋力跃出,用手去抓或触摸单杠(图 4-9),然后安全回到地面。

图 4-8　爬上圆台

图 4-9　奋力跃出

1. 安全要求

(1) 在上升前必须复查安全装备的正确穿戴,并确认两组地面保护已经准备就绪,否则不能开始攀爬。攀爬上升过程中要让保护绳松紧适度,太松太紧都不能起到有效安全保护。

(2) 学员在攀爬过程中,要注意将自己的身体和立柱保持为三角形,同时用自己的足弓踩踏立柱巴蹬的水平横杠上,不允许踩踏在下方的斜杠上或三角形空隙内。

(3) 所有保护队员必须戴上手套,在保护队员进行轮换时,必须向新保护人员讲述保护动作要领,确保能够正确操作。

2. 项目分享

项目结束后,团队成员需要集中起来进行分享活动。请每个队员谈谈自己的体验和感悟。本活动主要涉及以下几方面的内容。

(1) 信任队友。自信来自团队、实力、责任感;团队的鼓励很重要,自己从负面影响的思考慢慢转化为积极影响。

(2) 机遇与风险并存时,应如何做? 要乐于承认事情就是这样的。能够接受发生的事实,就能克服随之而来的任何不幸;学会换位思考。

3. 学以致用

(1) 克服这次的恐惧和体验这次的经历,人们忽然发现能力有时候需要激发。心动还需要行动,有时候行动更让人们获得信心。去做一些自认为做不到的事情,当然首先需要确认安全和支持的存在。

(2) 因为生活中的单杠不会总在你面前晃悠;这需要我们做事要目标明确,沉着冷静,准备充分,行动果断。

训练项目四　攀岩

关于攀岩的来源曾有一个美丽的传说：在欧洲阿尔卑斯山区悬崖峭壁的绝顶上，生长着一种珍奇的高山玫瑰。相传只要拥有这种玫瑰，就能获得美满的爱情。于是，勇敢的小伙子便争相攀岩，摘取花朵献给心爱的人。拓展训练中的攀岩也是个人挑战项目。能够锻炼学员坚持到底的决心和毅力；向自我能力挑战，超过自我，认识潜能开发的重要，锻炼体能。

攀岩的任务是：要求每位队员沿着岩壁尽量向上攀爬，如图4-10所示。

图4-10　攀岩进行中

1. 安全要求

（1）每个人攀岩前要安全员及教练检查安全带，保护者要及时收绳。

（2）每5人操作后应检查主绳外皮是否有损坏。

（3）放下时掌握好速度，不可过快。

2. 项目分享

项目结束后，团队成员需要集中起来进行分享活动。请每个队员谈谈自己的体验和感悟。本活动主要涉及以下几方面的内容。

（1）攀岩所需条件，挑战极限的感觉，挑战自我，争取更好。

（2）互相鼓励的感受及确立目标的重要性。

3. 学以致用

（1）要成功就必须具有良好的身体素质。平时要加强锻炼，强化身体机能。

（2）不同的路线、不同的方法攀登，都可能成功。所以设定合理目标，制定适合自己的方法，条条大路通罗马。法无定法，适合自己的才是最好的。

（3）榜样的力量，通过学习别人获得经验。

训练二　熔炼团队

不管一个人多么有才能,但是集体常常比他更聪明和更有力。

【前苏联】奥斯特洛夫斯基

拥有团队意识是当前社会一个人的基本素质要求,而培养团队意识、熔炼团队精神需要一定的训练。参加盲人方阵、穿越黑洞、无敌风火轮、有轨电车等拓展训练项目,可以帮助人们更好地理解团队的含义,掌握团队工作方法,以及锻炼人际沟通、协作等能力,培育团队精神。

训练项目一　盲人方阵

这是一个团队合作项目,目的是培养非常状态下的沟通和决策能力,学习团队工作方法。

这个活动要求在规定时间(30分钟)内,利用提供给队员的资源(一些绳子)及大家的聪明才智组成一个面积最大的正方形,且队中所有成员相对均匀的分布在4条边上,如图4-11和图4-12所示。

图4-11　寻找绳子

图4-12　任务完成

1. 注意事项

(1) 任何人在项目进行过程中,未经教练的许可不得擅自摘掉眼罩。违者将予以重罚,请大家认真对待。

(2) 且动作要缓慢,不要莽撞以免碰伤队友和自己。

(3) 项目结束后,由队长向教练报告"任务完成"后,等待教练的口令行事。

(4) 当听到教练发出的"好,结束"口令后,所有队员把手伸入眼罩内,轻轻捂住双眼,慢慢揉搓眼皮后再睁开眼睛，等适应光线后再摘下眼罩。

2．项目分享

项目结束后，团队成员需要集中起来进行分享活动。请每个队员谈谈自己的体验和感悟。本活动主要涉及以下几方面的内容。

（1）学员回顾完成正方形的方法，怎样确认四边等长、四角为直角、对角线相等。

（2）团队工作方法，团队工作流程。

（3）有效的领导。

（4）在非正常的沟通状态下如何提高团队的工作效率；怎样用不擅长的沟通方式有效表达或者接收信息。

（5）缺勤理论：暂时的放弃是一种勇气，也是为了长久的收益。沉默有时候不是坏事。

（6）个人对团队的态度要更积极、更主动，但个人有想法、办法时可采用适当的途径来发表、阐明。

（7）有限理论：在规定的时间内（短时间）做事情要迅速地做决定；没有最好只有更好，找到比较好的方法后就要坚定地去执行；最好的不一定是适合的，适合的不一定是最好的；有限代替绝对，满意代替最佳。

3．学以致用

（1）大家在确定最终方案前往往会经历 PDCA 工作方法。这个方法可以让大家更有序进行方案的制定。

（2）在团队活动中需要有领导角色的存在，来协调各方面的意见和建议。性格急躁者需要学会耐心和控制情绪。

（3）在非正常的沟通状态下，怎样用不擅长的沟通方式有效表达或者接收信息。

（4）有限理论提示人们有时候需要放弃，并进行适当的选择和做出适当的决定。

训练项目二　穿越黑洞

这个活动的名字听起来充满神秘和令人神往。其实这是一个团队合作项目，主要任务是：要求小组所有成员在 n 秒内（其中 n 为小组成员的个数），全部穿过一个特定的绳圈。主要的目的是：训练学员学习团队工作方法，认识到行动的重要性。

1．注意事项

（1）活动过程中所有成员必须将眼镜摘下，以免套绳圈时被眼镜刮伤。

（2）活动尽量在平坦的草地进行，同时注意消除场地内的不安全因素。

（3）穿越绳圈时注意脚下的绳索，不要被绊倒。

（4）令行禁止：在项目进行过程中，如教练发现大家的动作有危险，要立即制止，请大家不要再继续，各位需要立即停下手中的动作。

（5）练习过程中，如需计时可示意教练，请教练帮助计时。

2. 项目分享

（1）团队在拿到任务后，是怎样准备的？你在其中做了哪些工作？

（2）给团队和自己打个分（满分为 10 分），扣分的原因在哪里？

（3）如果项目完成得成功，需要思考：成功完成任务最主要的原因是什么？有办法做得更好吗？

（4）如果项目失败，需要思考：项目失败最主要的原因在哪里？如果再来一次，会怎么样？

3. 学以致用

（1）有的小组一直讨论，一直在尝试各种方法，练习的次数很少，最后没有完成任务。所以要果断、找到适合的方法就好。有些行动的效果是熟能生巧，方法再好，不去练习也很难成功。

（2）有的小组在练习时就已经达到了要求，但最后却没有成功，说明细节决定成败，做任何事情要谨慎、细心，过程很重要，但结果更重要。

（3）在任务布置的时候，有的伙伴认为时间太短，任务不可能完成，只有见了结果才好最后下结论。不要轻易否定自己，要勇于尝试，任何事情做了不一定成功，但不做就永远不会成功。

训练项目三　无敌风火轮

无敌风火轮又称坦克链，是一个充满趣味和想象力的活动，是一个团队合作项目。这个项目的训练目的是：提高组织纪律性，磨合团队；学习合理利用有效资源；突破思维定式，进行创作；培养竞争意识。

项目任务是：在 40 分钟内，每个团队要用所给的资源制作一个可以容纳此队所有队员的运输带，此运输带可以载着所有队员前进，40 分钟后每个队用自己制作的运输带进行 15 米距离的比赛，如图 4-13 所示。

图 4-13　无敌风火轮

1．注意事项

（1）只允许用所给的材料制作，在制作的过程中不允许向教练询问任何问题。

（2）在比赛前进过程中不允许队员的脚踏地。

（3）制作不成功的团队不得参加比赛。

（4）剪刀不能进行抛接。

2．项目分享

项目结束后，团队成员需要集中起来进行分享活动。请每个队员谈谈自己的体验和感悟。本活动主要涉及以下几方面的内容。

团队工作方法；团队工作流程。团队在集体完成任务时，确定决策人是迈向成功的第一步；在制作的过程中，大家是如何确定制作方法的，领导力在此时是如何体现的；在有限的时间和资源的条件下，大家是如何地利用资源的，并且这个团队完成这项任务的效率如何。

3．学以致用

（1）在资源有限的情况下，积极运用 PDCA 工作方法。

（2）尤其要理解，抱怨解决不了任何问题。

（3）计划、组织、协调能力在整个活动中起到的关键作用；服从指挥、一丝不苟的工作态度也缺一不可；队员间的相互信任和理解、团队合作和沟通是活动能够顺利完成的最基本的因素。可以说，心灵的默契是团队合作的最高境界。

训练项目四　有轨电车

这个游戏是团队合作项目，目的是：要求学员体验团队互相配合的重要性，尤其是配合默契的重要性。这个项目非常挑战团队的协调一致、调节协作的能力。

这个活动看似简单，做起来却不容易。项目的任务是：队员两脚分别踩着两根长3.6米、宽0.15米的木板，手提两根与木板连接的绳子，按照教练的命令前进或后退。最后团队队员利用有轨电车从起点到达终点，如图4-14所示。

1．安全要求

（1）活动中要保持步调一致，遇到情况及时调整，如果调整不及时出现摔倒状况，手要扔掉绳子，同时大声告诉队友停止前进。

（2）不要把绳子缠绕在手上，失去平衡的时候要把脚向两侧踏，不要向中间踏。

（3）在项目中随时提醒可能会触及障碍物的学员注意安全。

（4）如果拐弯，要控制好速度以免摔倒。

2．项目分享

项目结束后，团队成员需要集中起来进行分享活动。请每个队员谈谈自己的体验和

图 4-14　有轨电车

感悟。本活动主要涉及以下几方面的内容。

（1）对活动中存在的问题进行回顾，尤其是那些起关键作用的学员，齐心协力与唱反调的结果如何等。

（2）统一指挥对完成任务的作用，指挥者和领导者的区别和相同各是什么？

（3）体会个人目标与团队目标的关系。

（4）体会成功与失败的感受。

3. 学以致用

（1）经验是在不断的失败和尝试中总结出来的，积极的尝试对完成任务的重要性，如先期演练对于实际工作的价值。

（2）体会良好沟通对团队合作的重要性，感受个人目标的实现有赖于团队目标的实现。团队目标的实现需要团队中的每个人发挥作用，个人在组织中起积极作用时也许不明显，但一旦起破坏作用，对组织的危害就非常大。

（3）体验简单事情复杂做和复杂事情简单做的不同结果。

训练三 合力制胜

> 单个的人是软弱无力的，就像漂流的鲁滨逊一样，只有同别人在一起，他才能完成许多事业。

【德国】叔本华

小合作有小成就，大合作有大成就，不合作就很难有什么成就！什么是合作呢？顾名思义，合作就是互相配合，共同把事情做好。世界上有许多事情，只有通过人与人之间的相互合作才能完成。一个人学会了与别人合作，也就获得了打开成功之门的钥匙。通过天梯、空中相依、穿越电网、穿越沼泽等项目的训练，能体验到合作制胜带来的喜悦，体会到合作的重要性。

训练项目一 天梯

可谓天梯一小步，人生一大步。高高的天梯让学员感到敬畏。这是一个两人合作项目，项目的任务是：两人结成一组，尽力攀上最高处。攀爬过程中，不准抓天梯横木两头的铁索和胸前的保护绳。保护者不得拉保护绳以帮助学员完成任务，如图 4-15 所示。

图 4-15 天梯

这个项目的目的是：培养学员体会相互合作的重要性；通过队员相互合作发现对方及自己的长处，利用长处来弥补各自的短处；通过两人的相互帮助来增进两人的相互沟通和彼此的了解；通过团队的鼓励和支持来增强团队的凝聚力；体会通过帮助别人和被别人帮助经艰苦努力达到成功的成就感。

1. 注意事项

（1）除有心脏病、高血压、哮喘和严重腰伤者等患者外，要求全体学员均要完成。

（2）要求全体学员学会正确使用安全带和安全帽。

（3）要求学员之间相互检查安全带并相互鼓励；每一名攀爬者必须有两名同伴进行保护（一个主保护，一个副保护）。

（4）攀登者要穿长裤。

（5）放下时动作要慢；下降时，同伴扶住最后一根长木以防止天梯晃动伤人。

（6）二不允许：不允许拉胸前保护绳，不允许拉横木两边的钢缆。

（7）二允许：允许拉横木上的绳套，允许抓安全带的腰带部分。

（8）只许踩大腿根部和肩窝。

（9）令行禁止，没有教练指令，不允许开始攀爬。

2. 项目分享

项目结束后，团队成员需要集中起来进行分享活动。请每个队员谈谈自己的体验和感悟。本活动主要涉及以下几方面的内容。

（1）天梯体现拓展的两个主题：积极进取、合作。

（2）一个人是否可以独立完成任务。

（3）要提高攀爬速度，关键是什么。

（4）完成此项目有何启示。

3. 学以致用

（1）只有通过亲自的经历才能知道事情的难易程度，不要让事情的表面现象成为你成功路上的障碍。

（2）用自己的实际行动来检查预想的结果。

（3）体会合作的重要性，发现别人及自己潜在的长处，增强对自己能力的信任度。

（4）复杂和困难的目标可通过分析目标的方法来增强自己的信心和减轻心理压力。

（5）确立目标与成功之间密不可分。

（6）通过帮助别人使自己认识到自己的成功往往包含在你帮助别人成功的里面。

（7）通过与人的相互帮助来实现两人的相互沟通和彼此了解。

（8）协作中更重要的是要主动伸出你的手。

训练项目二　空中相依

空中相依，顾名思义是在空中需要相互支持应对挑战的项目。这个项目要求两人结成一组，顺着柱子爬到 7 米的高空，两人相对从自己的起点位置走到另一端终点，如图 4-16 所示。

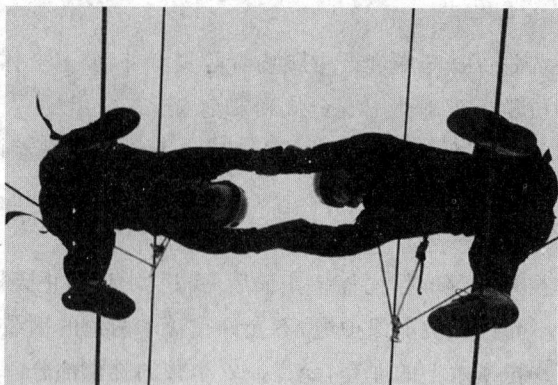

图 4-16 空中相依

项目的目的是：培养学员体会相互合作的重要性；通过掌握平衡体会两人默契的感觉；体验经艰苦努力共同走过的路程后的成就感；体验在全体队员的鼓励下坚持走过距离的喜悦感，享受集体支持的重要性。

1. 注意事项

（1）头、颈、肩、腰、背、椎有问题者；严重心脑血管疾病、低血糖者不能够做这个项目。

（2）参训学员要系上安全带并戴上安全帽。

（3）向上攀爬时速度不能过快。

（4）攀登者要穿长裤。

（5）参训队员不能留长指甲，长发要盘入头盔。

（6）令行禁止，没有教练指令，不允许开始攀爬。

2. 项目分享

项目结束后，团队成员需要集中起来进行分享活动。请每个队员谈谈自己的体验和感悟。本活动主要涉及以下几方面的内容。

（1）体验互相协作的重要性。

（2）合作的重要性。

（3）体会工作中配合默契的重要性。

（4）体会帮助他人和被他人帮助获得成功的成就感。

3. 学以致用

（1）障碍往往来自我们的心理，克服心中的障碍是我们首先需要面对的。

（2）困难的时候人们更容易相互支持，但自己需要信任别人。

（3）合作需要有一定的能力作为基础，提升自己的能力是必须的。

（4）协作中主动伸出你的手更重要。

训练项目三　**穿越电网**

这个活动有趣而且富含深意,来源于一个有趣的故事。一支行进在敌人后方的侦察小分队,在行进过程中遇到敌人电网的阻隔,40分钟后敌人的巡逻小分队将到达这里,所有人必须在这段时间内通过才能继续去完成任务。

这是一个团队合作项目,其目的是:锻炼学员学习团队的工作方法;增强相互合作的团队精神;体会计划和精心操作的重要性;认识每个人在团队中的角色及其作用;理解细节的重要性。活动的任务是:要求学员在规定时间(40分钟)内,全队队员从"电网"的一侧,在不触动"电网"的情况下通过"网眼"穿越到另一侧,如图4-17所示。

图 4-17　穿越电网

电网是指一张4米宽、1.6米高的绳网("四框麻绳",框内经细棉纶绳拉出15~20个高低、大小、形状各不相同的网眼),最小的网眼可勉强通过比较瘦小的学生。

1. 注意事项

(1) 不允许蹿跃过网。

(2) 搬运队员过程不允许抛接,通过后先放脚再放头。

(3) 搬运女队员,必须脸朝上。

(4) 如在夏季,学员可穿着越少越好,女生不要穿裙子。

(5) 将身上的硬物取出。

2. 项目分享

项目结束后,团队成员需要集中起来进行分享活动。请每个队员谈谈自己的体验和感悟。本活动主要涉及以下几方面的内容。

(1) 团队工作运用了哪些方法?

(2) 做项目时具体是怎么分工的?都有哪些团队角色?

(3) 为什么第一个网眼虽然是最好过的,但却最容易触网?为什么触网的往往是作保护的队员,而不是通过的队员?

（4）是否对项目的资源有通盘的考虑？

3. 学以致用

（1）英国剑桥大学贝平博士认为，每个集体中的成员都会担任两种角色，职务角色和集体角色。职务角色是显而易见的，而集体角色却是潜在的，不易被认识的。要建立一个成功的领导集体，应注重集体角色的研究与搭配。

一个成功的领导集体必须是8种不同角色的有机组合，它们是协调员、智多星、塑造家、监督员、信息员、实干家、凝聚者、善后者。角色的8个类型，不一定是相对应的8个人，实践证明，一个相对成功的团队，必然是8个角色相对齐备，只不过，应领导集体人数多少不一，可能是多人承担一个角色，或一人承担多个角色。

（2）工作质量与执行者的关注程度成正比，细节决定成败。在工作中不能忽视各种隐患，哪怕是微不足道的细节。对机会的把握：机会往往只降临一次，容易丢失，不容错过，要珍惜每一个机会。

（3）在选择团队成员时，不仅要考虑到成员的技能，还应考虑成员的性格类型是否能够相互配合来完成。对资源进行管理：网眼的大小、人员的体型、特长，每个网眼、每个成员包括时间都是我们的资源，要学会合理利用资源，要对所掌握的资源有一个清醒的认识，分工要合理、明确，不能浪费资源。

训练项目四　穿越沼泽

这是一个团队合作项目，要求全体成员要具有团结一致、密切合作、克服困难的团队精神；制定周密计划，在规定的时间（30分钟）内，挪动桶和木板，通过沼泽，到达对岸。本项目主要是训练学员的组织协调和队员之间良好沟通的能力。

1. 注意事项

（1）该项目一般适宜10～14人做，多余的人可在下面做保护或指挥，8人以下不能做。

（2）摆放器材时，木板头压在铁桶一半位置。

（3）一个桶上禁止平着放两块板。

（4）铁桶、木板必须到达放置标志的垂直平行位置时，才算完成。

（5）搬动木板时，手不得压在木板下，也不得在木板上横向滑动，需要挪动木板的队员需要戴上手套。

2. 项目分享

项目结束后，团队成员需要集中起来进行分享活动。请每个队员谈谈自己的体验和感悟。本活动主要涉及以下几方面的内容。

（1）游戏热身回顾。信息有没有被重视，沟通的作用，肢体语言的表达，沟通定义等；沟通的障碍问题，表达方式的重要性，接受信息反馈工作的连续性等。

（2）团队工作方法、流程、计划，即是否制定了计划，有了计划后是否很好地沟通，让团队所有成员理解。如何有效沟通？

（3）分工是相对的，合作是绝对的。在团队中，每个人都有存在的价值，但被摆错了位置很痛苦。

3. 学以致用

（1）个人对团队的态度要更积极、更主动，但个人有想法、办法时可采用适当的途径来发表、阐明。

（2）有限理论：在规定的时间内（短时间）做事情要迅速地做决定；没有最好只有更好，找到比较好的方法后就要坚定地去执行；最好的不一定是适合的，适合的不一定是最好的；有限代替绝对，满意代替最佳。

训练四　竞争激励

如果你不能战胜对手,就加入到他们中间去。

【美国】商界名言

现代竞争,不再是"你死我活",而是更高层次的竞争与合作,现代企业追求的不再是"单赢",而是"双赢"和"多赢"。建立正确的竞争观,培养现代竞争中的合作意识、双赢意识,正是红黑对决、合力建桥、鼓舞人心等项目带给我们的最大收获。

训练项目一　红黑对决

让学员了解市场规则的建立与形成,体验市场竞争的残酷性与现实性,培养积极、客观的心态看待与面对市场竞争,在社会竞争中建立正确的竞争观,培养竞争条件下的合作意识、双赢意识是本想活动的主要目的。这是一个团队合作项目,要求两个团队分别代表两个公司,双方通过出牌进行交易,最后盈利多者获胜,得分计算方法见表 4-1。牌只有红、黑两种。

表 4-1　红黑对决得分表

轮次	一	二	三	四	五	六	七	最终结果
A 公司								
B 公司								

情景导入:学员分成两大组,分别是有竞争关系的两个集团公司,各下辖两个实业公司、分别有着不同行业的竞争关系。两个公司之间是两两竞争的关系,可以看作大家生产同一种产品,都有同一个市场。红黑可以理解成一种战略。

1. 注意事项

(1) 两个公司各有红、黑牌各一张,双方通过出牌进行交易。

(2) 双方同时出红各亏损 30 万元,双方同时出黑各盈利 30 万元;一方出红一方出黑,红方盈利 60 万元,黑方亏损 30 万元。

(3) 第三轮结果乘 3,第六轮结果乘 6,其他保持不变。

(4) 第一轮结束后,两公司可为今后交易谈判,第七轮不可谈判。

(5) 所有交易费用来自银行贷款,需要予以偿还。

(6) 每一轮小组商量时间为 5 分钟,每个小组采用少数服从多数的原则决定出牌结果。

2. 项目分享

（1）项目背景介绍

本项目是在管理界广为人知的"囚徒困境悖论"博弈游戏基础上加以发展创新而来的,原始背景是这样的:甲、乙两个嫌疑犯被警方逮捕了,警方没有足够的证据确定他们有罪。警方把两人分开关押后,分别和他们见面,并提供相同的选择:如果其中一个人作证检举另外一个人,而另外一个人保持沉默的话,这个沉默的同谋将被判处整整10年监禁,背叛者将被释放;若两个人都保持沉默,警方只能给每个人6个月的轻微指控;如果两个人都背叛对方,他们都将被判处5年监禁。

当一个囚徒假定他们俩都自私自利,要将自身的监禁期限缩至最短时,困境就出现了。每个囚徒有两个选择:与同谋合作,保持沉默;或者背叛同谋,供出证据。每种选择的结果都依赖于同谋的选择。但是,任何一个囚徒都不知道他同谋的选择,即使他们能交谈,亦无人能肯定相信对方。

让我们来设想故事中的囚徒,如果他们理性地做出自己的最佳选择。如果他的同伴保持沉默,他的最佳选择是背叛,因为这样他能获得自由,而不是得到轻微6个月的判决。如果他的同伴背叛,他的最佳选择仍然是背叛,因为背叛他只需监禁5年而非10年。同样地,另一个囚徒的理性思考也会导致相同的结论,并因而选择背叛。

一个囚徒选择合作将是不理性的,即使他能肯定另一个囚徒会合作。如果从团体(两个囚徒组成)的最优利益来考虑,正确的结论将是两个囚徒彼此合作,因为这将使他们的总监禁时间减少到6个月,任何其他的结果都将比两个囚徒的合作要差。然而,由于每个人都只追求他们的个人利益,两个囚徒都得到了更长的判决,这实际既伤害了团体的利益,也伤害了他们的个人利益。

（2）了解竞合思想,增强在竞争环境下善于合作,把握机会的能力;启发竞争环境下的全局观念、胸怀气量以及突破思维定式以实现双赢。

3. 学以致用

（1）圆满的合作关系是相互的,如果你丝毫不肯让步,便不能期望别人与你合作。相反地,你也不可能老是扮演让步的角色,任何人予取予求。合作绝不表示屈服。

（2）真正的胜利者则持着"大家一起赢"的态度:如果我帮助你获胜,那么我也就胜利了。

（3）设身处地为别人着想,设法了解他的处境和观点。

（4）乐于付出,你会发现得到的比付出的多。为自己着想也不忘他人的权益,谋求两全其美之策,这种关系自然令人满意乐于合作。一般人看事情多用二分法:非强即弱、非胜即败。其实世界之大,人人都有足够的生存空间,他人之得不必就视为自己之失。

训练项目二　合力建桥

这是一个团队合作项目,刚拿到任务时大家可能会感到手足无措,甚至怀疑能否完成任务。这就是团队合作项目的真正意义所在。本活动的目的是:团队成员能够理解分工协作的重要性,学会合理利用资源。这个活动要求在规定的时间(50分钟)内和不能完全沟通的情况下共同完成一座桥梁的设计和制作(图4-18)。每个团队拥有的资源是报纸50张、剪刀1把、胶带2卷(一大一小)、水笔1支。

图4-18　合力建桥

1. 注意事项

(1) 桥梁的要求:符合建筑学原理,美观、耐用。

(2) 造桥过程中,各队之间有两次沟通讨论的机会,每次沟通时间不超过5分钟。

(3) 学员在活动中使用剪刀时注意安全,只能手递手传递,严禁抛扔。

(4) 教练口令不容置疑,令行禁止。

2. 项目分享

(1) 团队关于桥梁的创意是怎么产生的?

(2) 在团队合作过程中大家的协调程度如何?

(3) 在建桥过程中,每位学员的角色是怎么分配的? 大家做得怎样?

(4) 各个团队是怎样讨论最终的方案的?

(5) 建桥过程中,团队与团队之间、团队成员之间是如何沟通的?

(6) 有限的时间内如何利用有限的报纸、胶带完成桥梁的设计与制作?

3. 学以致用

(1) 在沟通存在困难的时候,需要找到有效的沟通方式,并让这种沟通使其他成员接受。

（2）在一个比较复杂的任务当中，分工协作需要考虑到每个人的特长，然后进行明确的分工和资源的分配和利用。

训练项目三　鼓舞人心

这是一个团队合作项目，主要目的是：训练学员的理解团队合作的重要性，学习团队工作方法，并养成不轻言放弃的精神。

本任务要求：将一个排球放在鼓面上，把球连续地颠起，在完成一定次数下，并创造尽可能多的颠球记录。

1．项目规则

（1）每人牵拉一根或两根鼓上的绳子，必须抓握绳子的末端绳套处。

（2）将一个排球放在鼓面上，在大家的通力协作下，使鼓有节奏地平稳地把球连续地颠起。

（3）球颠起的高度不低于鼓面 30 厘米，球不得落到鼓面以外的其他地方，否则重新计数（图 4-19）。

图 4-19　鼓舞人心

（4）可以采用竞赛的形式，给团队增加外部压力，从而有更高的绩效，练习 30 分钟，然后比赛 3 轮，取最好成绩，一般前 5 个球内失误，可以重新开始。

（5）可以采用小鼓和大鼓组合进行的方式，第一阶段各小组 15 个人使用小鼓颠球，而后与别的小组一起合作用大鼓颠球，从而体验团队与团队的合作。

2．注意事项

（1）要求学员注意爱护鼓，不要将鼓摔到地上，不要在地上拖拉鼓面，以防鼓面磨损。

（2）学员不得穿带后跟的鞋参加颠球活动。

（3）在大风天气下要降低颠球数的要求。

（4）教练口令不容置疑，令行禁止。

3．项目分享

（1）在项目实施的过程中，我们经历了一次浓缩的团队发展的4个阶段：形成期、动荡期、规范期和高效期，并认真反思每个成员在团队发展的不同阶段应该怎么做。

（2）当团队处在一直的低迷的状态下，大家要放下包袱，抱着"不抛弃、不放弃、不抱怨"的心态来挑战，同时团队中要有很多人扮演鼓舞者，在每个时期都有大家的鼓励，比如"稳住"、"不要激动"的鼓励，还要勇敢向朋友说出自己的经验，勇敢分享，相互包容。

（3）要寻找团队协作的关键点：注意力的转移（鼓而非手）、精神决定力量、专注于目标。

（4）过程中不断总结提升，思考无论个人还是团队从胜利中走向更高的胜利的代价要远远小于从失败到成功的转变代价。

4．学以致用

（1）要学会感谢对手，两队虽然是竞争对手，但他可以给你很大的刺激，促使你有更好的表现。

（2）要善于目标管理，有阶段性目标，从50、100、200、300、400、500……逐步提高。

（3）要寻找团队协作的关键点：注意力的转移（鼓而非手）、精神决定力量、专注于目标。

（4）过程中不断总结提升，思考无论个人还是团队从胜利中走向更高的胜利的代价要远远小于从失败到成功的转变代价。

（5）和谐平衡（人、力量、心态、动平衡、目标平衡（从对于个数的关注转到平稳地落到鼓面上，这种现象））；规律方法改变和调整：从关注于弹起来到接得住；专注于目标、焦点，注意力的转移。

（6）体验到个人和团队的高峰体验，就是以十当一、鼓人合一、鼓球合一、多样性与统一性完美结合的和美境界，这种美好感觉可以让我们在工作生活中有更好的复制。

（7）分析项目操作过程中的好与坏的阶段，就会发现，团队活动就像在演奏音乐，从开始的摸索到最后的优秀，就是从乱弹琴、夸张化到悄然无声、不显山水的心理历练过程。

训练五 创新思维

如果你要成功,你应该朝新的道路前进,不要跟随被踩烂了的成功之路。

【美国】约翰·D.洛克菲勒

中国学生的动手能力、创新能力一向为人所诟病,正如杨振宁所说的:"中国留学生学习成绩往往比一起学习的美国学生好得多,然而十年以后,科研成果却比人家少得多,原因就在于美国学生思维活跃,动手能力和创造精神强。"参加头脑风暴、驿站传书、孤岛求生、雷阵,对于发散思维,突破思维定式,激发学员们创新意识有积极的作用。

训练项目一 头脑风暴

这是一个团队合作项目,目的是:激发学员的创新思维,鼓励学员更有创造力地去解决问题。任务是:请学员在1分钟以内针对铅笔或者其他任何一样物品想出尽可能多的它的用途。每个团队选出一人记载本队所想出的主意的数量,在一分钟之后,推选出本队中最新奇、最疯狂、最具有建设性的主意,想法最多、最新奇的团队获胜。

1. 注意事项

(1) 不许有任何批评意见,只考虑想法,不考虑可行性。

(2) 想法越古怪越好,鼓励异想天开。

(3) 可以寻求各种想法的组合和改进。

2. 项目分享

(1) 你是否会惊叹于人类思维的奇特性,惊叹于不同人想法之间的差异性?

(2) 头脑风暴对于解决问题有何好处,它适于解决什么样的问题?

(3) 你现在能想到的在现实的生活、学习、工作中可以利用头脑风暴的地方有哪些?

3. 学以致用

(1) 人的大脑是一个无比奇怪的器官,它所蕴藏的力量是无法估量的。在短时间内,聚精会神努力搜索大脑会有助于许多创造性思维的提出。

(2) 不要嘲笑人们想法的异想天开,要知道科技和人类的进步正是建立在一项一项的异想天开的基础上的。试想,如果不是古人一直希望像鸟儿一样在天空飞翔,又怎么会有莱特兄弟历尽艰辛去制造飞机?如果没有千里传音的想象,又怎么会有现在电话的产生?

(3) 在解决问题的时候,头脑风暴往往用来解决诸如创意之类的难题,但是它还取决于一个环境氛围的因素，只有在一个民主、完全放松的环境中，人们才能异想天开地解决问题。如果有的团队没有发挥好头脑风暴法的作用，不一定是成员缺乏创意，可能是团队缺乏一个民主的氛围。

训练项目二　驿站传书

这是一个既考验智慧也考验团队合作以及创意的活动，是一个团队合作项目。项目的目的是：让学员在传递信息的过程中体会信息失真的普遍性；启发参与者进行发散性思维，通过采取创造性的措施去达到减少"噪声"、更好沟通的目的。

项目的任务是：团队成员要将教练所下达的指令（数字）完整不变地快速依次传递给最前面的队友，如图 4-20 所示。

图 4-20　驿站传书

1. 项目规则

第一轮规则：项目开始后，队员做如下事情。

（1）所有队员不能说话。

（2）所有队员不能回头。

（3）后面的人的身体任何部位不得超过前面的人的肩缝的横截面及其延伸面。

（4）不能传递纸条或扔纸条。

（5）各队传递信息完成后，由最前面的队员将答案交给教练并举手示意。

（6）解释权和裁决权归教练。

（7）第一轮完成时间不超过 4 分钟。

第二轮、第三轮、第四轮分别在前一轮规则的基础上增加条件，其中时间越来越少。

每轮开始前讨论时间为 5 分钟。每轮得分记入得分记录表，具体表格见表 4-2。

表 4-2　驿站传书得分记录表

轮次＼队名					
第一轮	准确(50分)				
	速度(25分)				
	预计(25分)				
第二轮	准确				
	速度				
	预计				
第三轮	准确				
	速度				
	预计				
第四轮	准确				
	速度				
	预计				
合　计					

2. 项目分享

（1）为什么第一轮中一开始传递正确,但传到最后却传错了?

（2）为什么限制条件越多,时间要求越严格,大家依然能够想到方法?

（3）还有哪些好的方法,在想办法的过程中思维是如何发散的?

3. 学以致用

（1）跳出限制,创造性的突破思维定式。

（2）中间环节越多,传递的信息越容易失真。

（3）沟通渠道的重要性。

（4）合理利用规则、资源。

训练项目三　孤岛求生

在茫茫的大海上,由于发生海难,人员分别被汹涌的波涛分隔到了 3 个岛屿上。第一组队员,由于饥饿难耐,误食了一种食物,导致暂时性的双目失明;第二组队员,由于饥饿难耐,误食了一种食物,导致失去了言语能力,成为哑人,他们不能发出任何声音,周围是湍急的洋流。最后一组非常幸运,因为他们不仅吃饱了肚子,并且都没有中毒,所以他们是健全人,所在的岛屿叫珍珠岛。3 个岛屿的周围都是湍急的洋流。

盲人、聋哑人和健康人望着一望无际的大海,他们需要想办法回到陆地。站在重回人间的第一缕阳光下,在风声的边界,投入孤独与流浪的悲壮,坚持还是放弃,在生存的需求与生活的欲望间抉择，他们需要将固有的生活颠覆，感受人之本能。

这是一个团队合作项目，要求在规定时间（40分钟）内，3个岛上的队员完成任务书上的任务。活动的目的是：训练学员的主动沟通能力以及体会信息共享的重要性，尤其要学习运用资源和决策的重要性；当然，换位思考、突破思维定式也是本活动的重要方面。

1. 所需材料

木台（作小岛，面积约1平方米，高约20厘米）3个、木板两块、眼罩5副、塑料桶1个、网球或乒乓球3个、一次性筷子4根、生鸡蛋1枚、胶带1卷、A4白纸两张、笔1支、任务书3份（具体见附件E）。

2. 项目规则

（1）将所有队员分成3组，分别模拟盲人、哑人、健全人，并被请到3个岛屿上，如图4-21、图4-22和图4-23所示。

（2）3个岛屿之间的概念距离是数千海里，相互喊叫是没有用的。

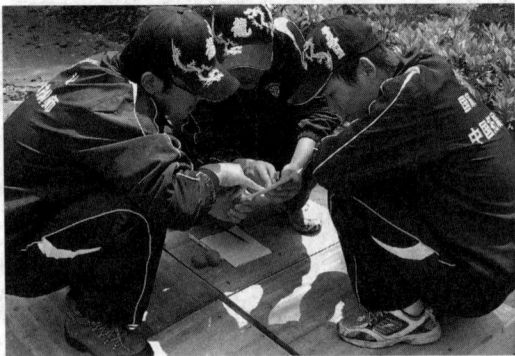

图 4-21　珍珠岛

图 4-22　盲人岛

3. 注意事项

（1）盲人组的队员不要磕腿和乱动。

（2）队员在搬动木板时，手不得压在木板下，也不得在木板上横向滑动，需要挪动木

图 4-23　哑人岛

板的队员需要戴上手套。

（3）项目结束后，戴眼罩的盲人把手伸入眼罩内，轻轻捂住双眼，慢慢揉搓眼皮后再睁开眼睛，等适应光线后再摘下眼罩。

（4）盲人组戴上眼罩后，被带到一个大约 20 厘米高的平台，慢慢站上去，注意不要掉下去。

（5）令行禁止。

4. 项目分享

（1）大家在拿到自己的任务书的时候有什么想法？

（2）大家觉得自己利用资源完成任务，完成得怎样？

（3）如果项目不成功，大家觉得问题出在哪里？

（4）大家觉得其他岛做得怎样？你们希望其他岛屿的人做些什么？

（5）完成任务的最大障碍是什么？

（6）在现实生活和工作中，有些人非常忙，忙来忙去却不知道在忙些什么。

5. 学以致用

（1）沟通的重要性。在现实生活和工作中，层级间、部门间存在很多的沟通障碍，越过沟通障碍需做到：①系统思考，充分准备；②沟通因人而异；③充分运用反馈；④积极倾听。

（2）运用时间管理窗（表 4-3），遵循 ABC 原则，合理安排工作。

表 4-3　时间管理窗

—	紧迫	不紧迫
重要	1st	2nd
	急	重
不重要	3rd	4th
	轻	缓

所谓 ABC 原则是一种分清工作轻重缓急，合理分配时间，保证重点工作优先完成的

一种时间管理分类排序法。A—vital—must be done—生死攸关且必须做；B—important—should be done—重要且应该做；C—trivial—may be done—琐碎的,可做可不做的。

按照把"重要"放在第一维度、"紧迫"放在第二维度的原则,我们要做的事情就被分为4类：重要而紧迫的事情(A)、重要而不紧迫的事情(B)、不重要而紧迫的事情(C)和不重要也不紧迫的事情(D)。按照时间矩阵,我们做事情的正确顺序是：第一要做的是"重要而紧迫"的事情；第二做"重要而不紧迫"的事情；第三做"不重要而紧急"的事情；最后做"不重要也不紧急"的事情或者不去处理。因此,根据时间矩阵,我们就能把纷繁的工作分出轻重缓急,优先顺序。

知道了正确的做事情顺序后,运用ABC法管理时间还需要进行一些具体的工作。第一,要明确方向,即明确自己近一段时间要做事情的目标。第二,列出工作清单,写得越详细越好。第三,分类并制定相应的学习、生活、工作任务表。根据做事情的正确顺序分别对清单上的内容进行分类,把一天中认为重要而且紧急的事情归入A类任务,把重要但不紧急、紧急但不重要的均列入B类任务,把不重要也不紧急的列入C类任务,如果还有某些事情无法确定,那么也归入C类中。

训练项目四　雷阵

这是一个团队合作项目。要求团队成员在规定时间(40分钟)内,全队队员通过一片模拟的布满地雷的地图,一旦触雷,则该队员会被"炸断"一条腿,该雷区有100余个区域,无规则的设有若干地雷,且地雷永久存在。全体成员依次从雷区入口进入,通过雷区,到达对岸。

训练目的是：突破思维定式,进行创新；同时学习团队工作方法,提高组织纪律性,以及学习合理利用资源的方法；学会认真倾听等。

1. 所需材料

雷阵图如图4-25所示。

2. 项目规则

(1) 左右两侧粗黄线无限延长,不可绕过。

(2) 所有学员分为2组,一组可从1～6任意格进入；另一组可从7～12任意格进入。

(3) 每次只允许一个人在雷区活动,如图4-24所示。

(4) 进入雷区者只能走相邻的格子,地雷的分布对学员是未知的,每走一格大声向教练通报格内数字,然后听教练的口令：当说"请继续",表示无雷,可以继续前进；当说"有雷"时,即表示队员被炸伤,请该队员按原路单脚返回至入口处。

(5) 被炸伤的队员单脚返回至入口处后,还有一次尝试的机会,若再一次被炸伤,即两腿均受伤,此时伤员需被健全队员按原路进入雷区将其背出。

图 4-24 雷阵

（6）被炸伤两次的队员不可再次独立行走进入雷区，只能依靠其他队员的协助完成余下的项目。

（7）雷区内队员不允许跨越、不允许踩线、不允许试探。

（8）违例的 6 种现象：重复触雷、踩线、未按原路返回、跨越格子、试探、非进入雷区者进入雷区；初始分 100 分，每次违例罚 1 分，每超过 10 分钟罚 5 分（规定时间：40 分钟）。

（9）不可以在雷区内做永久性记号，如图 4-25 所示。

出　口

109	110	111	112	113	114	115	116	117	118	119	120
97	98	99	100	101	102	103	104	105	106	107	108
85	86	87	88	89	90	91	92	93	94	95	96
73	74	75	76	77	78	79	80	81	82	83	84
禁区			67	68	69	70	71	72	禁区		
			61	62	63	64	65	66			
			55	56	57	58	59	60			
			49	50	51	52	53	54			
37	38	39	40	41	42	43	44	45	46	47	48
25	26	27	28	29	30	31	32	33	34	35	36
13	14	15	16	17	18	19	20	21	22	23	24
1	2	3	4	5	6	7	8	9	10	11	12

入　口

图 4-25 雷阵图

3. 项目分享

（1）项目做得比较成功的团队有哪些经验值得分享？在什么情况下被扣分数？

（2）大家是怎么记录路径的？

（3）为什么走斜线？为什么不敢走禁区？

（4）为什么有人会在同一个地方重复触雷？

4．学以致用

（1）项目一开始的时候，要求大家仔细听规则，就是要求我们要善于倾听，把所需要的信息收集全，这才有利于下一步的操作，如果我们没有认真地倾听规则，犯错误肯定是在所难免的。

（2）有一个很值得注意的现象，我们都能够主动利用身边的工具，很快地找到解决问题的捷径。俗话说"好记性不如烂笔头"，准确地记录会给大家的决策提供极大的帮助。

（3）在工作和生活中，许多东西是在人们意识为是"理所当然"的，这是一种"思维定式"，突破思维定式需要富于创新精神。

（4）决策的误区和细节的追求，杜绝重复犯错。

训练六 超越自我

共同的事业,共同的斗争,可以使人们产生忍受一切的力量。

【前苏联】奥斯特洛夫斯基

胜利墙、急速 60 秒、七巧板、感恩之旅,正是这一次次挑战极限,才使超越自我成为可能。人只要找准了目标,通过自己不懈的努力去奋斗,那么总会超越自己,超越一切。

训练项目一 胜利墙

相传在第二次世界大战时期,在波涛汹涌的大海上,一只商船被德国军队的炮弹击中,船在半小时后将会沉没,39 名船员的生命受到威胁。这时有一艘过往船只赶过来营救,可是船上没有任何营救设施,船员们只有靠自身的力量翻越 4 米多高的船身获得解救。

假设你们的团队遇到这种情况,要求在规定的时间(40 分钟)内,所有的队员爬过面前 4 米高的逃生墙。这是一个团队合作项目,要求全体队员具有团结一致、密切合作、克服困难的团队精神、体会团结就是力量的意义。

1. 项目规则

墙的正面为唯一通道,没爬上去的人不可以先到上面帮忙,爬上去的人不可以到下面帮忙,否则要重新爬上去。

2. 注意事项

(1)攀爬动作要领:只能踩大腿和肩窝,严禁踩头,严禁助跑。

(2)所有队员参与项目前都要将身上的尖锐物品(如眼镜、发卡、手表、钥匙、戒指等)放在一边,做完项目后再收回去,穿的硬底鞋与胶钉底鞋必须脱掉。

(3)拉人方法:腕腕相扣(如图 4-26 所示),严禁拉拽衣服、皮带等,轻拿轻放。

(4)抱石保护法(如图 4-27 所示):所有队员单腿向前迈出半步,前面的腿微弓,后面的腿略绷,双手掌心朝前,手肘略弯,呈满月状目视攀登队友的背部,以便发生倒坠时能及时做好保护。保护队员离墙较近时,可轻轻将队友贴在墙壁上慢慢滑下。保护队员离墙较远的,可双掌后挫卸力或侧边转卸力将队友轻轻放在脚下的垫子上。

(5)人梯动作要领:面对着墙(不可太近或太远)半蹲,手扶在墙面上。

(6)严禁同时搭两组人梯,两个人同时上。

(7)女生不能倒挂。

（8）近视眼达 500 度以上的人禁止倒挂。

（9）教练口令不容质疑，令行禁止。

图 4-26　拉人方法

图 4-27　抱石保护法

3. 项目分享

（1）开始看到有什么想法？做完后怎么想？完成项目涉及哪些要素？这些要素在团队中的作用是什么？

（2）把不可能的事情变成可能，为什么能做到？

（3）谁第一个上去？谁最后一个上去？为什么这样安排？

（4）谁做最下面的底座？人员如何产生？对于某些环节的困难，采取了哪些办法进行解决？是否取得了良好的效果？

（5）在尝试多少次之后大家开始感到失望，出现放弃的念头？什么原因使得大家重新恢复信心？有没有想过放弃最后一个人？比如体形过于庞大的学员。

对于团队中付出特别多的学员，你们是怎么想的？比如一直处于人梯最底层的学员。

4. 学以致用

（1）团队工作方法：PDCA 工作方法。

（2）团结协作、合理分工、互相鼓励、坚持到底的团队精神很关键；团结协作的要素：领导、任务目标分析、内部资源和外部资源利用、分工和流程、时间管理。

（3）甘于牺牲的奉献精神。

（4）学会感恩；感谢围在人梯下伸出双手保护我们的队友，是他们为我们的生命安全提供保障，为我们的翻越增加信心和勇气。

（5）高效团队的基本特征：共同的目标、良好的沟通与协调、全员参与、注重团队的学习。

训练项目二　极速 60 秒

美国电影《惊天动地 60 秒》讲述了一个窃车高手孟菲斯的故事。多年以来孟菲斯从未失过手，法律也没法制裁他。不过他决心金盆洗手，停止这项"工作"，过正常人的生活。

然而不久他的弟弟卷入一桩危险交易,为了救弟弟孟菲斯不得不在对方的指示下3天内偷到50辆豪车,于是他召集从前的兄弟计划帮助他。而此时,警察得知昔日大盗有行动,又在暗中跟上了他。《惊天动地60秒》在播出后被广大拓展训练公司应用到拓展训练过程中,该项目也称为"极速60秒"或"生死极速"。

这是一个团队合作项目,要求队员在规定的时间(60秒)内,将区域内的所有数字信息卡片按照从小到大的顺序准确无误地交给区域旁的教练。教练事先在这个区域内(封闭的环境)放好30张未知的数字信息号码牌,每一张号码牌的数字分别用一个形象的物体代表。这个项目主要是培养队员的团队意识,加强团队与团队的合作。

1. 项目规则

(1)教室内有一个固定不动绳圈,绳圈内有1～30的数字信息卡片,且卡片正面朝上(如图4-28所示)。

图 4-28 极速60秒

(2)每个队有两次进场的机会,每次进场时间为60秒。

(3)在60秒内将圈内的所有数字信息卡片按照从小到大的顺序准确无误地交给绳圈旁的教练。

(4)绳圈内只能有一位学员并且只有这位学员才可以碰绳圈内的卡片。

2. 项目分享

(1)在开始活动前大家的想法是什么?看到卡片又是怎么想的?

(2)完成该项目最大的困难在哪里?

(3)为什么有的团队没有成功?

(4)如何制定一个可行的方案;每个人的定位如何;如何及时调整自己的方案;如何相互配合才能完成该项目;如何做到突破思维定式,勇于创新。

3. 学以致用

(1)这个项目让人们体验到高速度的配合与成功的极大喜悦,让人们思考团队内的合理分工、有效计划以及强执行力的重要性。

(2)团队成员存在个体差异,只有将不同的个体聚在一起,发挥其优势,这些差异才会给团队带来极大的智慧和可能的成功。

（3）当然，"极速60秒"还会让人们感悟很多……

训练项目三 **七巧板**

"七巧板"作为游戏项目变幻无穷，寓教于乐，带给学员无限体验的空间，项目在沟通、协调、团队意识、领导力、执行力方面都有所展示并对提升这些能力非常有益。

这是一个团队合作项目，主要培养学员的合作意识；理解有效沟通；掌握如何利用资源；培养科学系统的思维，以及增强全局观念等。

项目开始，本项目的材料是七巧板5套（5种颜色）、任务书7份（具体任务书见附件F）。教练将团队分成7个工作组，把混在一起的35块七巧板随机发给7组，每组5块。要求各组在规定的时间（40分钟）内完成任务书上的任务。

1. 项目规则

（1）每组按以下位置坐在椅子上，每个组之间距离1.5米，实际上7个组为一个正六边形的6个顶点和1个中心点，如图4-29所示。

（2）队员所坐的椅子是不得移动的。在项目进行过程中，所有人的身体不得离开座位。所有七巧板和任务书只能由第7组传递。各组完成每个任务后举手示意教练，教练认可后方可获得相应的分数，并记录在记分表上，如表4-4所示，然后再进行下面的任务。

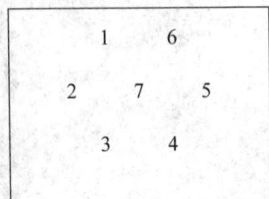

```
    1       6
2       7       5
    3       4
```

图 4-29　七巧板位置图

（3）学员在项目中使用七巧板时要注意安全，只能手递手传递，严禁抛扔。

表4-4　七巧板得分表

图别 组别	图一	图二	图三	图四	图五	图六	图七	总分
一组								
二组								
三组								
四组								
五组								
六组								
七组								

2. 项目分享

（1）团队利益最大化事实上就是使每支队伍的利益最大化。

（2）沟通时要尽量保持冷静。

（3）有效地获取资源。强调团队的信息与资源共享，通过加强资源的合理配置来提高整体价值。

(4) 合作的重要性。合理处理竞争关系,实现良性循环。

(5) 先期计划与各组之间交流的失误。

3. 学以致用

GE 公司总裁杰克·韦尔奇认为:管理就是沟通,沟通,再沟通。

大家由于物理状态上的孤立,在心理上也会产生一定的疏离感,再加上有各自不同的小目标,因此根本没有意识到我们是一个团队,而在不停地为各自的小目标而奋斗。

这种混乱状态,使得沟通失效,由于资源和时间有限,无可避免地,团队中就会出现抢夺资源的情况。

因此,沟通是第一要素。第二,学会资源整合,如人力资源、七巧板资源和任务书资源等。第三,学习目标管理。第四,理解双(多)边的竞争与合作关系。第五,创新精神。拿破仑·希尔说过,好点子身价是没有上限的,点子是所有财富的起点。

训练项目四 生命之旅

这是拓展训练的经典活动,是基于以下情景进行模拟的,即很多队员被困在一个不知名的地方,需要穿过一片原始森林才能获救。但队员当中有一部分人员由于受伤暂时失明,有一部分人则暂时失语。他们需要相互帮助才能走出这片森林。为了不遇到野兽,在整个过程中不能发出任何的声音,否则会惊动野兽,大家都会失去生命。

这是一个团队合作项目,主要训练学员用一段难忘的生命之旅来感悟、体验人生精彩,分享团队合作、真情、友情,学会感恩,并体验挑战自我。

1. 项目规则

(1) 在整个活动过程中,所有成员都不能说话,在行进时依靠肢体动作进行交流。

(2) 在整个过程中,盲人和哑人的手需要紧紧拉在一起,如图 4-30 所示,不得松开;盲人不得摘下眼罩,结束后,当听到教练发出"好,结束"的口令后,所有队员把手伸入眼罩内,轻轻捂住双眼,慢慢揉搓眼皮后再睁开眼睛,等适应光线后再摘下眼罩。

(3) 教练口令不容置疑,令行禁止。

2. 项目分享

(1) 大家牵你走过了重重关卡,在人生的道路上,有许多双这样的手帮助我们走过艰难的路,在以后还会有无数双手伴我们度过漫漫人生路的。你有没有感激过他们,你是如何表达你的感谢之情的?

(2) 沟通是合作的开始,沟通带来理解,理解带来合作;同时,沟通也是一个明确目标、相互激励、协调一致、增强团队凝聚力的过程。大家是如何在不能说话的情况下进行沟通的?如何给对方安全感?

(3) 在整个过程中,最重要的感受是什么?

图 4-30　生命之旅

3. 学以致用

（1）所谓送人玫瑰，手留余香。帮助别人不会使自己损失什么，反而能让自己收获友情、关爱和愉悦的心情。

（2）整个活动提示我们信任伙伴、理解盲人和他人。做到这一点需要能力，更需要心理的灵动。

（3）学会感恩。感谢帮助自己的人、感谢困境让我们成长等。

附件A "迷失丛林"工作表之专家的选择

1. 大砍刀
2. 打火机
3. 蜡烛
4. 一张防水毛毯
5. 一瓶驱虫剂
6. 药箱
7. 7 个大的绿色垃圾袋
8. 一盆轻便食物
9. 一个热水瓶（空的）
10. 蛇咬药箱
11. 3 支高尔夫球杆
12. 手枪
13. 手提收音机
14. 指南针（罗盘）

附件B 情感心理测试

不同的排列顺序会表现出不同的"导演风格",而人生其实就是一出自导自演的舞台剧,酸甜苦辣麻,各种滋味自有它的原因。想了解自己会演绎出什么样的人生,我们从第一幕看起——

把场景一当做第一幕的人:

精神贵族。好幻想,非常注重精神感受,追求气氛和情节的戏剧化,骨子里有种悲剧意识,喜欢凄凄婉婉的爱情故事,讨厌平庸,总希望自己的人生与别人不同。适可而止的话,这种类型的人会成为制造浪漫的高手,也会成为异性心目中最神秘的向往;但过度了,则会令周遭的人避犹不及,一般人可能评价你"做作",心理学家则会说你疑似"癔症人格"。

把场景二当做第一幕的人:

爱情实践家。如果你是女性,那么爱情基本上以你为主导,你注重自己的感受超过注重对方,如果爱情要结束,那么被甩的一定不是你,而是对方;如果你是男性,则正好相反,多情的你始终以对方为自己世界的中心,她的一颦一笑都能令你神魂颠倒,让你迷失自己。

把场景三当做第一幕的人:

孩子气的恋人。性格简单开朗,但也常耍小孩脾气。喜欢活泼热闹的氛围,对感情的投入不会太过深,很容易被人误解为"没心没肺",其实是因为尚未定性,不知道该对什么执著和坚持而已。

注:本结果解释仅供参考。

附件C　情绪词汇集锦

高兴	安然	狂喜	渴望	焦虑
喜欢	坦然	好感	快乐	反感
愉快	希望	内疚	悲伤	愠怒
憎恨	厌烦	感动	愉悦	悔恨
迷恋	柔情	恐惧	悲哀	冷漠
惧怕	妒忌	窘迫	恐慌	怨恨
冷淡	惊愕	萎靡	烦恼	仇恨
痛恨	忧虑	憎恶	爱慕	悲痛
抑郁	大怒	惊恐	恐怖	沮丧
懊丧	苦恼	气恼	愤怒	狂怒

放心的	开心的	振奋的	激动的	热心的
天真的	热情的	乐意的	欢乐的	活泼的
惊奇的	惬意的	欢笑的	虔诚的	发狂的
中意的	舒适的	入迷的	兴奋的	宽慰的
欢快的	快活的	厌恶的	气馁的	不愉快
善意的	伤感的	急躁的	爱恋的	不喜欢
难为情	痛苦的	尖刻的	难过的	心烦的

得意洋洋	欣喜若狂	心驰神往	轻松愉快
喜气洋洋	悠然神往	自鸣得意	逍遥自在
大惊失色	无忧无虑	没精打采	欢欣鼓舞
忧心忡忡	郁郁寡欢	高高兴兴	暴跳如雷
大喜过望	兴高采烈	胆战心惊	心神恬然
欢天喜地	温柔亲切	灰心丧气	心驰神往
心烦意乱	称心如意	勃然大怒	和蔼可亲
毛骨悚然	怒不可遏	惴惴不安	怒气冲冲

附件D 心理学图片参考解释

1. 线段观察法

答案：两条线段是等长、平行的。

2. 图片观察法

答案：你会看到以下内容。

(1) 一个花瓶。

(2) 一男一女,两个老人面对面。

(3) 两个带着大檐帽的男人面对面坐着,一个弹着吉他。

(4) 老人的耳朵处,看上去像一扇门,一个人从里面走出来。

附件E　孤岛求生任务单

珍珠岛任务

1. 器械：一双筷子、一张报纸、一段胶带、要求通过使用这些器械使鸡蛋从高处落下时不会碎。

2. 数学题：ABCDE
$$\begin{array}{r} ABCDE \\ \times\ 3 \\ \hline EDCBA \end{array}$$

A、B、C、D、E 各是几？

3. 基于一定的物理原理和器械,将所有的人集中到一个岛上。

哑人岛任务

将所有的人集中到珍珠岛。

规则

1. 只有哑人可以协助盲人移动。

2. 只有哑人可以移动木板。

3. 只有盲人完成了第一个任务后才能移动木板。

4. 哑人不得开口说话。

5. 岛的周围是激流,任何人和物品一旦落水都将被冲到盲人岛。

盲人岛任务

1. 将一个球投入到水中的一个桶中。

2. 将所有的人集中到珍珠岛。

规则

1. 完成第一个任务后才能离开盲人岛。

2. 岛的周围是激流,任何人和物品一旦落水都将被冲回盲人岛。

器械准备

1. 50cm×50cm 木台 12 个,高度为 20cm。

2. 80cm×20cm 木板两块。

3. 木桶或塑料桶一只。

4. 乒乓球或网球 3 个。

5. 一双筷子、一张报纸、一段胶带、一枚鸡蛋、一支笔。

6. 任务卡片。

附件F 七巧板任务书

一组任务书

你们组的任务是：

1. 用 5 种颜色的图形分别组成图一至图六，每完成一个图案将得到 10 分。

2. 用同种颜色的图形组成图七，完成后将得到 20 分。

3. 用 3 种颜色的 7 块图形组成一个长方形，完成后将得到 30 分。

每完成一个图案，请通知培训师，培训师确认后，将登记分数。

二组任务书

你们组的任务是：

1. 用同种颜色的图形分别组成图一至图六，每完成一个图案将得到 10 分。

2. 用 5 种颜色的图形组成图七，完成后将得到 20 分。

3. 用 3 种颜色的 7 块图形组成一个长方形，完成后将得到 30 分。

每完成一个图案，请通知培训师，培训师确认后，将登记分数。

三组任务书

你们组的任务是：

1. 用 5 种颜色的图形分别组成图一至图六，每完成一个图案将得到 10 分。

2. 用同种颜色的图形组成图七，完成后将得到 20 分。

3. 用 3 种颜色的 7 块图形组成一个长方形，完成后将得到 30 分。

每完成一个图案，请通知培训师，培训师确认后，将登记分数。

四组任务书

你们组的任务是：

1. 用同种颜色的图形分别组成图一至图六，每完成一个图案将得到 10 分。

2. 用 5 种颜色的图形组成图七，完成后将得到 20 分。

3. 用 3 种颜色的 7 块图形组成一个长方形，完成后将得到 30 分。

每完成一个图案，请通知培训师，培训师确认后，将登记分数。

五组任务书

你们组的任务是：

1. 用 5 种颜色的图形分别组成图一至图六，每完成一个图案将得到 10 分。

2. 用同种颜色的图形组成图七,完成后将得到 20 分。

3. 用 3 种颜色的 7 块图形组成一个长方形,完成后将得到 30 分。

每完成一个图案,请通知培训师,培训师确认后,将登记分数。

六组任务书

你们组的任务是:

1. 用同种颜色的图形分别组成图一至图六,每完成一个图案将得到 10 分。

2. 用 5 种颜色的图形组成图七,完成后将得到 20 分。

3. 用 3 种颜色的 7 块图形组成一个长方形,完成后将得到 30 分。

每完成一个图案,请通知培训师,培训师确认后,将登记分数。

七组任务书

你们组的任务是:

1. 领导团队在规定时间内完成任务,达到 1000 分的目标。

2. 指挥其他各组成员,用所有的 35 块图形组成 5 个正方形,每个正方形必须由同种颜色的 7 块图形组成。每完成一个正方形,你将得到 20 分,组成正方形的那个组将得到 40 分。

3. 支持其他各组成员,在规定时间内得到更多的分数,其他各组总分的 10%将作为你的加分奖励。

完成任务,请通知培训师,培训师确认后,将登记分数。

参 考 文 献

[1] 金正昆.社交礼仪教程[M].北京:中国人民大学出版社,2007.

[2] 李荣建.社交礼仪[M].北京:清华大学出版社,2007.

[3] 张岩松.新型现代交际礼仪实用教程[M].北京:清华大学出版社,2008.

[4] 张钊源,生铁.大学生必读教程[M].北京:经济日报出版社,2007.

[5] 王崇彩,冉斌.疯狂劲舞 素质拓展训练[M].深圳:海天出版社,2006.

[6] 徐畅,张晓红.大学生团队训练教程[M].合肥:安徽教育出版社,2007.

[7] 罗伯特·爱泼斯坦.创造力游戏[M].上海:上海科学技术出版社,2003.

[8] 罗玲玲.创意思维训练[M].北京:首都经济贸易大学出版社,2008.

[9] 陶学忠.创造创新能力训练[M].北京:中国经济出版社,2005.

[10] 尚致胜.沟通的魔力——如何处理人际关系[M].北京:北京大学出版社,2005.

[11] 王峻.问天之心——自我心理训练与潜能激活[M].上海:同济大学出版社,2005.

[12] 张大均,吴明霞.大学生心理健康教育[M].北京:清华大学出版社,2007.

[13] 黄希庭.大学生心理健康教育[M].上海:华东师范大学出版社,2004.

[14] 蔺桂瑞等.心理素质:成功人生的基础[M].北京:北京出版社,2005.

[15] [美]维吉尼亚·萨提亚,简·格伯玛利亚·葛莫利.萨提亚家庭治疗模式[M].北京:世界图书出版公司,2007.

[16] [美]卡伦·达菲,伊斯特伍德·阿特沃特.心理学改变生活[M].北京:世界图书出版公司,2006:110.

[17] 杨鑫辉.西方心理学名著提要[M].南昌:江西人民出版社,2005:454.

[18] 中国心理学会学校心理专业委员会2008年学术年会论文摘要集,7-19.

[19] 王晓刚.大学生心理健康[M].北京:清华大学出版社,2008:223/207-237.

[20] [美]Camile Helkowski,Chris E. Stout,Arthur E. Jongsma. Jr..大学生心理咨询指导计划[M].北京:中国轻工业出版社,2006.

[21] [印]克里希那穆提.一生的学习[M].北京:群言出版社,2004.

[22] 袁新.自我再认识[M].北京:高等教育出版社,2008.

[23] 孟庆荣,李莉.大学生心理健康[M].北京:清华大学出版社,2008.

[24] [美]盖瑞·查普曼(Dr. Gary Chapman).爱的五种语言[M].北京:中国轻工业出版社,2006.

[25] 叶斌.心理咨询师对你说[M].上海:华东师范大学出版社,1998:153-155.

[26] 贾晓明.大学生心理健康[M].北京:北京理工大学出版社,2005.

[27] [美]盖瑞·查普曼(Dr. Gary Chapman).爱的五种语言[M].北京:中国轻工业出版社,2006.

[28] 张怡筠.幸福其实很简单[M].石家庄:河北教育出版社,2007.

参 考 网 站

[1] http://www.rlzy.org/infos/Article/ShowArticle.asp? ArticleID=96

[2] http://www.cpedu.net.cn/ 中国心理健康教育网

[3] http://www.psyhealth.cn/ 中国大中学生心理健康在线